Nicolao Herminier

Simma Theologiae Tomus Secundus

Nicolao Herminier

Simma Theologiae Tomus Secundus

ISBN/EAN: 9783742808868

Manufactured in Europe, USA, Canada, Australia, Japa

Cover: Foto ©Andreas Hilbeck / pixelio.de

Manufactured and distributed by brebook publishing software
(www.brebook.com)

Nicolao Herminier

Simma Theologiae Tomus Secundus

SUMMA THEOLOGIÆ

AD USUM SCHOLÆ ACCOMODATA

TOMUS SECUNDUS,

QUI DUOS COMPLECTITUR TRACTATUM

I. DE SS. TRINITATE, II. DE ANGELIS.

QUIBUS ACCESSIT BREVIS INTRODUCTIO AD SCRIPTURAM SACRAM

AUCTORE

NICOLAO L' HERMINIER

SACRÆ FACULTATIS PARISIENSIS DOCTORE,
INSIGNIS ECCLESIÆ CENOMANENSIS CANONICO THEOLOGO,
ET IN EADEM ECCLESIA ARCHIDIACONO DE PASSAIO.

EDITIO PRIMA VENETA

AD POSTREMAM PARISIENSEM

Ab innumeris mendis expurgata, ac Indicibus locupletissimis aucta.

VENETIIS

MDCCLXI.

TYPIS JO. BAPTISTÆ PASQUALI.

CUM APPROBATIONE ET PRIVILEGIO.

TRACTATUS
DE
SANCTISSIMA TRINITATE.

CUM altissimum Sanctissimæ Trinitatis Mysterium exponere aggredior, hoc mihi primum obversatur animo, quod olim scribebat Augustinus lib. 1. de Trinit. cap. 3. *In iis*, inquit, *ubi quæritur unitas Trinitatis, Patris, & Filii, & Spiritus sancti, nec periculosius alicubi erratur, nec laboriosius aliquid quæritur*. Sed quoniam id oneris in se debent suscipere Theologi, ut vel abstrusissima Christianæ Religionis mysteria strenue defendant & explicent, in eo certe labor omnis noster impendetur, ut catholicum hoc dogma firmissimis Scripturarum, Traditionisque fundamentis stabiliamus, idemque ab innumeris hæreticorum cavillationibus & figmentis provirili vindicemus, ubi & nonnullas etiam expendemus quæstiones, quæ ad majorem hujus Mysterii intelligentiam solent ab omnibus vulgo Doctoribus Scholasticis pertractari.

Hic porro difficillimus Theologiæ nostræ Tractatus istis absolvetur disputationibus.

Prima erit de existentia & veritate Mysterii in hoc positi, quod tres Personæ unam eamdemque numero naturam habentes.

Secunda erit de processionibus divinis.

Tertia de relationibus.

Quarta de notionibus, atque item de missione & circuminceSSione.

Quinta de Personis & subsistentia in communi.

Sexta de Personis in particulari.

Quoniam vero ut apprime illhæc omnia intelligantur, nonnullarum vocum quas Theologi usurpare solent, necessaria maxime est cognitio, antequam ultra progrediamur; nativam, quoad fieri poterit, earum significationem adducemus; ut sublata omni ambiguitate, ea quæ deinceps disserenda sunt, melius explicari queant; imitamur hac in parte S. Hilarium qui librum de Synodis sic præfatur; *Quia frequens nobis nuncupatio essentiæ ac substantiæ necessaria est, cognoscendum est quid significet essentia, ne de rebus locuturi, rem verborum nesciamus*.

Hæc porro sunt vocabula quorum interpretationem tradituri sumus, apud Latinos quidem essentia, natura, substantia, existentia, persona, hipostasis, suppositum, subsistentia, consubstantialis, similis, Trinitas; apud Græcos vero οὐσία, φύσις, ὕπαρξις, πρόσωπον, ὁμοούσιος, ὁμοιούσιος, aliaque nonnulla de quibus sigillatim nunc dicendum est.

Quid sit essentia & natura.

ESsentia ex S. Augustino lib. 7. de Trin. c. 5. *Ab eo quod est esse appellatur essentia*. Observat idem S. Doctor cap. 6. apud antiquiores Latinos in usu non fuisse nomen *essentia*, sed eos naturam dixisse pro *essentia*, qua tamen voce utitur ipse passim & satis frequenter.

Familiare est SS. Patribus, ut *essentiam* accipiant pro *natura*, præsertim cum de Deo loquuntur. Sanctus Hilarius lib. de Synodis; *Essentia est res quæ est, vel ex quibus est & quæ in eo quod maneat, subsistit; dici autem essentia, & natura, & genus, & substantia uniuscujusque rei*. Sanctus Basilius Epist. 73. *Omoousion, hoc est ejusdem essentiæ, confitemur*, id est, ejusdem naturæ. Sanctus Augustinus lib. 7. de Trinit. cap. 6. *Tres Personas ejusdem essentiæ, vel tres Personas unam essentiam dicimus*. Sanctus Fulgentius de fide ad Petrum cap. 1. *Una enim est Patris & Filii & Spiritus sancti essentia*, id est natura. Et Concilium denique Toletanum sextum in professione fidei, *unius essentiæ & naturæ*.

Neque vero ab ista SS. Patrum loquendi ratione recedunt Scholastici Doctores; quamvis enim quælibet res in genere, cujusmodi sunt modificationes, attributa, & accidentia ipsa suam quandoque dicantur habere essentiam, quatenus essentia sumitur pro quidditate, conceptu formali, & ratione constitutiva cujusvis rei; tamen magis proprie essentia sumitur pro natura & substantia, ne si dicerentur in Deo esse tres essentiæ, tres intelligerentur naturæ, tres divinitates. *Humana inopia*, inquit S. August. l. 7. de Trinit. c. 4. *timuit dicere tres essentias, ne intelligeretur in illa summa æqualitate ulla diversitas*.

De nomine *natura* si spectetur communis ac receptissimus loquendi modus qui apud Theologos nunc viget, idem plane sentiendum est, quod modo dicebamus de essentia; videlicet *naturam* tribui nonnunquam & ipsis accidentibus, quodlibet enim accidens suam propriam dicitur habere naturam; sed *naturam* tamen proprie idem sonare ac essentiam & substantiam per oppositionem ad proprietates, hypostasim & accidentia rei; quo sensu unicam profitemur naturam in tribus Personis divinis, naturam scilicet divinam. Unde apud Philosophos & accurate loquendo, natura est attributorum omnium complexio, quæ res in certo quodam ordine entium collocatur. Videntur isti nomen *natura* referre solummodo ad res corporeas, quas naturales, idest physicas, appellant: juxta definitionem Aristotelis, natura est principium motus & quietis.

Extiterunt etiam inter Veteres qui propter etymologiam vocis, quæ videlicet *natura* sic dicta est quod nata sit, hanc Deo tribuere tantisper reformidarunt; observat Gregorius Nazianzenus orat. 43. de Deo *essentiam rectius quam naturam* dici, quo sensu essentia Dei dicitur supernaturalis; verum, ut mox dixi, jam usitatissimum est naturam sumere pro essentia, & substantia, Deoque illam ascribere.

Quod porro apud Latinos est *natura*, idem est apud Græcos *οὐσία*, idem & *φύσις*.

Οὐσία quidem priscis temporibus pro hypostasi seu persona accepta fuit. *Tota secularium litterarum schola*, inquit S. Hieronymus Epist. 57. ad Damasum, *nihil aliud hypostasim nisi οὐσίαν novit*: unde etiam Pierius Martyr & Presbyter qui de Trinitate catholice sentiebat, & Patrem & Filium duas esse *οὐσίας*, ut refert Photius cod. 119. tamen certum est nomine *οὐσίας* nihil aliud intelligi quam naturam, essentiam, substantiam.

Φύσις idem quoque est quod essentia, ut constat tum ex Scripturis, tum ex SS. Patribus, secundæ Petri 1. cap. pro natura usurpatur & Deo tribuitur. Quod idem videre est apud S. Basilium, lib. 1. contra Eunomium, S. Gregor. Nazianz. & alios passim.

Quid sit substantia, quid existentia.

SUbstantiæ nomen tripliciter apud Auctores accipitur; 1. pro eo quod substat accidentibus, pro subjecto accidentium. 2. pro hypostasi & persona. 3. pro essentia & natura, id est, re ipsa quæ per se subsistit independenter a suba subjecto inhæsionis. Jam vero quo sensu hoc substantiæ nomen Deo tribui debeat, paucis investigandum.

Ac 1. quidem nomen *substantia*, si priori sensu accipiatur, quanquam a substando derivatur, Deo tamen in hunc sensum tribui non solet a Theologis; norunt enim omnes in Deo non esse accidentia, ut recte observat S. Augustinus, lib. 7. de Trin. cap. 5. his verbis: *Si tamen dignum est ut Deus dicatur subsistere, de his enim rebus recte intelligitur, in quibus subjectis sunt ea quæ in aliquo subjecto esse dicuntur, sicut color aut forma in corpore.*

2. Si substantia sumatur pro hypostasi, diffiteri non possumus quin multi Patres hoc sensu illam acceperint; & idcirco tres dixerint in Deo substantias. S. Gregorius Nyssenus orat. catech. c. 1. *Pietatis ratio*, inquit, *scit etiam aliquam hypostaseon seu substantiarum ac personarum cernere differentiam in unitate naturæ*. S. Epiphanius hæresi 69. *Cum sint tres perfectæ substantiæ, una vero deitas Patris & Filii & Spiritus sancti*. Antiochenum Concilium per Encænias habitum in professione fidei tribus Personis divinis concedit *propriam uniuscujusque substantiam & ordinem & gloriam, ut sint quidem per substantiam tria, per consonantiam vero unum*. Cujus Concilii verba sic exponit, defenditque Sanctus Hilarius lib. de Synodis; *Idcirco*, inquit, *tres substantias esse dixerunt subsistentium Personas per substantiam edocentes, non substantiam Patris & Filii & Spiritus sancti diversitate dissimilis essentiæ separantes*.

At jam communis & receptissimus in Ecclesia usus invaluit, ut *substantia* nonnisi pro natura & essentia sumatur, atque adeo unica religiose dicatur esse in tribus Personis substantia, hoc est, unica natura unica divinitas; *Quis rogo*, inquit S. Hieronymus Epist. 57. ad Damasum, *ore sacrilego tres substantias prædicabit?* Et S. Augustinus lib. 5. *de Trin.* cap. 9. *Quia nostra*, inquit, *consuetudo jam obtinuit, hoc intelligatur, cum dicimus essentiam quod intelligitur, cum dicimus substantiam, non audemus dicere unam essentiam, tres substantias, sed unam essentiam vel substantiam*. Hoc idem testatur lib. 7. cap. 4. & 5.

Scilicet hic modus loquendi tutus est ab omni hæreseos suspicione, amabant quippe Ariani tres dicere in Deo substantias, ut tres dissimiles diversasque introducerent naturas, *Cohors hæreticorum*, inquit Concil. Sardicense, Epist. Synodica apud Theodoretum lib. 2. hist. cap. 8. & Tom. 2. Conciliorum pag. 694. contendit *diversas esse substantias Patris & Filii & Spiritus sancti, pronunciant & eas esse divisas. Nos autem hanc habemus Catholicam Apostolicamque traditionem & fidem atque confessionem, unam esse substantiam Patris & Filii & Spiritus sancti*.

Existentia quæ a Græcis dicitur ὕπαρξις, idem est ac rei cujusque extantia; sumitur nonnunquam apud veteres pro natura, quo sensu una dicitur esse in Deo ὕπαρξις, sed jam in usu positum est quod existentiæ nomen latius multo pateat, & cujusvis rei extra nihilum positæ competat, seu res illa sit substantia, seu sit attributum, seu sit modus, seu denique sit persona, hæc enim singula existunt.

Quid significent hæ voces persona, hypostasis, suppositum, subsistentia.

SYnonimæ sunt hæ quatuor voces de quibus sigillatim & paulo fusius dicendum est; neque enim plerosque hac in parte sequar Theologos, qui cum de Trinitate vel de Incarnatione agunt, ubi de hypostasi & persona sermo est, lectorem ad Metaphysicam & Philosophos remittunt, apud quos hæc dubio procul difficillima, nonnisi leviter & perfunctorie tractantur. Nos vero in his vocibus enucleandis paulo majorem adniadhibebimus coram, quod in iis nempe maximarum quæstionum in hocce Tractatu summam consistere novimus.

Quid sit persona.

PErsona, quæ si spectetur etymologia nominis, idem est ac natura per se una, recte definitur substantia rationalis, singularis, completa, & tota.

Dicitur *substantia* non substantiale quid tantum, persona enim est nomen concretum, individuum scilicet alicujus naturæ communis, ut Petrus, Socrates.

Dicitur substantia *rationalis*, quia personæ nomen tribui non solet nisi individuis naturæ rationalis; unde licet suppositum & persona duæ sint, ut mox dixi, voces synonymæ, tamen Bucephalus v. g. non dicitur persona sed suppositum; sicuti nec inanimata corpora, ut sydera & metalla dici possunt personæ.

Dicitur substantia *singularis*, quia persona per se existit: per se subsistit non in alio, universalia autem per se & seorsim ab alio non existunt, sed in singularibus; unde natura humana in genere non est persona, sed natura humana Petri.

Additur *completa*, hoc est, quæ non est pars alterius, unde anima rationalis sola non est persona, quia est substantia singularis sed incompleta; sicuti nec corpus solum est persona, recte autem Petrus ex anima & corpore compositus est persona. Ratio est, quia pars non existit proprie in se & per se, sed in toto & per totum.

Neque vero clarius explicari potest quid sit persona, quam si dicatur non solum substantia tota sed totum ipsum, ut egregie disserit S. Thomas compendio Theologiæ cap. 211. his verbis: *Hæc nomina, persona, hypostasis & suppositum, integrum quiddam designant, & id quod per se & seorsim sumptum est quid totum & integrum, proindeque persona & hypostasis, cum propter conjunctionem cum alio, interdum desinat esse integrum, jamque se habeat ut pars, desinit esse hypostasis aut persona. Unde in aliis a Christo hominibus unio quidem animæ & corporis constituit hypostasim & suppositum, quia nihil est aliud præter hæc duo. In Domino autem Jesu Christo præter animam & corpus advenit tertia substantia, scilicet divinitas, quæ quia in Christo non est pars, sed semper ut aliquod totum & integrum, quod sibi naturam humanam per ineffabilem quamdam unionem assumpsit; propterea persona, hypostasis & suppositum in Christo se tenet tantum ex parte naturæ divinæ.*

Denique dicitur *tota*, &, ut aiunt multi, ultimo terminata, hoc est, substantia quæ non modo suas omnes habet partes, sed quæ non est unita vel adjecta alteri a quo perficiatur & cujus sit pars; id quippe requiritur necessario ad perfectam rei totalitatem, unde ad conficiendum numerum binarium non modo requiruntur duæ unitates, sed & aliunde necesse est ut illæ unitates alteri unitati vel numero non adjiciantur; si enim numero binario addatur aliqua unitas, jam ille non erit numerus totalis sed partialis, pars scilicet ternarii numeri. Hinc natura divina præcise non est persona; licet enim sit substantia singularis & completa, tamen non est ultimo terminata; Pater vero seu Deus generans est persona, quia est substantia singularis ultimo terminata, quæ non possit ulterius communicari alteri in quo sit & subsistat; quod idem de Filio & Spiritu sancto dicendum est.

Et similiter, si sermo sit de mysterio Incarnationis, una est duntaxat in Christo persona, increata nempe & Verbi divini; quia natura humana quæ seorsim a Verbo Dei foret persona, utpote quæ esset per se ultimo terminata; tamen unita Verbo non est persona, quod ipsi nempe unita est & adjecta,

jecta, & in eo per modum partis, non sui juris, tota sed non totum.

Theologis hoc modo rationem personæ explicantibus præiverat S. Augustinus lib. 15. de Trin. cap. 7. *Persona*, inquit, *est idem quod singulis quisque homo, hoc est, separatim & per se solum existens*.

Ex ista autem definitione patet personam non esse accidens, non esse substantiam universalem, non esse alterius partem. Sed nec tamen cum Scoto aliisque nonnullis dicas in triplici hac negatione positam esse rationem intrinsecam & constitutivam personæ; id quippe non minus videtur habere absurditatis quam si dicas specificam hominis differentiam consistere in negatione equinitatis, quia homo non est equus. Scilicet persona non est aliquid negativum sed vere posita est, natura videlicet ipsa singularis completa & tota.

Atque cum mox dicimus personam nihil aliud esse quam naturam singularem, totam, & ita personæ ideam & notionem explicuimus per meram naturæ totaliter, qua nimirum natura hoc ipso & præcise censetur subsistere, quod per se sola est, sui juris & seorsim ab omni alio; id certe non debet intelligi nisi de persona creata, nec potest ad divinam facile accommodari. Ratio est quia docet Catholica fides tres esse in Deo personas; at si natura divina diceretur persona eo ipso quo censetur tota & per se sola seorsim ab omni alio, non posset nisi unica admitti persona in Deo; quemadmodum unicam admittunt Judæi, Sabelliani, Sociniani, qui cum fide divina non credant tres esse in Deo Personas, Deum concipiunt unica subsistentia absoluta subsistentem eo præcise quod est substantia completa, & tota, cui nihil deest, sui juris est, & ab omni alia secreta.

Est igitur, ut puto, aliter ratiocinandum de persona increata ac de creata, cum in Deo non unica sit Persona sed triplex, una vero tantum sit natura singularis, completa, & tota. Scilicet dicendum est subsistentiam divinam, in abstracto sumptam seu personalitatem esse modum quemdam substantialem naturæ formaliter superadditum, is quippe modus substantialis triplex est in Deo, natura vero unica. Hic modus subsistendi substantialis est, non accidentalis; constituit enim suppositum in ratione suppositi, relativus est non absolutus; uti enim docebimus postea, non datur in Deo subsistentia absoluta, tres sunt tantum relativæ.

Quid sit hypostasis.

Certum est de hoc nomine hypostaseos in primis Ecclesiæ temporibus acerrime disputatum, aliis hypostasim pro natura & essentia sumentibus, aliis pro persona & supposito.

Si sermo sit de ea Ecclesiæ ætate quæ dissidium Antiochenum præcessit, docet Petavius lib. 4. de Trinitate cap. 10. hypostasim apud Veteres frequentissime usurpatam pro natura & essentia, rarissime vero pro persona, quod idem tradit illustrissimus Huetius Origenianorum lib. 2. quæst. 2. num. 3. Contra vero Bullus in defensione fidei Nicænæ sect. 2. cap. 9. contendit multisque probat hypostasim apud autores Græcos quasi recepto & communi usu pro persona acceptam.

Norunt omnes notum super ea dissidium quod dicitur Antiochenum, aliis cum Meletio dicentibus in Deo tres hypostases, aliis cum Paulino unam hypostasim. Meletio adhæserunt S. Basilius & Gregorius uterque Nazianzenus & Nyssenus, aliique fere Orientales. Paulinum vero sequebantur Athanasius & Epiphanius, & omnes prope Occidentales.

Eo vero usque hoc eodem quarto seculo exarsit dissidium vel inter Catholicos Præsules, ut se mutuo velut hæreticos

reticos propterea exagitarent; qui enim tres in Deo hypostases admittebant, Sabellianismi accusabant alios qui unam tantummodo hypostasim prædicabant, hi vero alios tanquam Arianæ perfidiæ reos agebant quod tres hypostases dicerent. At de sola voce motam fuisse altercationem, tandem agnitum est in Concilio Alexandrino sub sancto Athanasio; qui enim tres dicebant in Deo esse hypostases, per hypostasim intelligebant personam; & qui unam dicebant hypostasim, per hypostasim intelligebant naturam; ut eleganter scribit S. Gregor. Nazian. orat. de laudibus S. Athanasii; *Res profecto ridicula*, inquit, *vel potius miseranda: diversæ fidei speciem præbuit levis & jejuna de vocum sono altercatio, hic deinde & Sabellianismus ob tres personas excogitatus est, & Arianismus ob tres hypostases, quorum utrumque pertinax contendendi studium effinxerat.*

Neque tamen res omnino finita ubique est, dubitavit enim adhuc S. Hieronymus, quo sensu usurpanda esset vox hypostaseos, ut scribit ad Papam Damasum Epist. 57. *Non novi Vitalem*, inquit, *Meletium respuo, ignoro Paulinum, quicumque tecum non colligit, spargit, hoc est, qui Christi non est, Antichristi est. Trium hypostaseon novellum a me homine Romano nomen exigitur. Interrogamus quid tres hypostases posse arbitrentur intelligi? Tres personas subsistentes, aiunt, respondemus nos ita credere. Non sufficit sensus, ipsum nomen efflagitant, quia nescio quid veneni in syllabis latet clamantius, si quis tres hypostases, aut tria enypostata, hoc est tres subsistentes personas non confitetur, anathema sit. Et quia vocabula non edidicimus, heretici judicamur. Discernite si placet, obsecro; non timebo tres hypostases dicere si jubetis. Tota secularium litterarum schola nihil aliud hypostasim nisi ousiam novit. Et quis rogo, ore sacrilego tres substantias prædicabit? Quisquis tria esse, hoc est, tres esse hypostases, id est ousias dicit, sub nomine pietatis tres naturas conatur asserere. Absit hoc a Romana fide. Taceantur tres hypostases, si placet, & una teneatur. Aut si rectum putatis tres hypostases nos dicere, non negamus.*

Ex his autem perspicuum maxime est ratam non fuisse apud Veteres, nec fixam hujus vocis hypostaseos significationem, eamque pro natura quandoque usurpatam & aliquando pro persona. Sed jam nemini licitum esse hypostasim sumere pro natura, juxta receptissimum in Ecclesia usum quo sumitur solum pro persona confitentur omnes. Hanc significationem ei tribuit præter multos Patres Concilium generale secundum in Epistola Synodica quam ad Damasum aliosque Romæ congregatos Episcopos scripsit, ubi ex legitima Baptismi forma colligit unam esse Patris & Filii & Spiritus sancti naturam *in tribus perfectis hypostasibus*. Sequenti sæculo Concilium Calcedonense in fidei expositione unam in Christo esse hypostasim docet *μίαν ὑπόστασιν*; certe per hypostasim intelligens personam, in hunc enim finem celebrata est hæc Synodus, ut duas Christo contra Eutychetem assereret naturas. Sic & idem colligitur ex quinto generali Concilio can. 5. & sexto generali in expositione fidei.

Occasione vocis hypostaseos, cujus interpretationem tradimus, nonnulla dicenda sunt de nomine *προσώπου*, quod teste doctissimo Petavio lib. 4. de Trin. cap. 2. significat apud Græcos rem particularem & individuam ac per se subsistentem, neque ut hypostasis pro natura vel essentia capitur aliquando. Hæc vocabula *πρόσωπον* & *persona* a theatris translata sunt, ibi enim histriones cum alios ludunt imitanturque, plures vicissim suscipere personas dicuntur; adeo ut ejusdem hominis varia fit ac dissimilis persona. In quo fucum fecere olim Sabelliani profitentes tria esse *πρόσωπα* in Deo vel tres Personas,

sed

sed quæ per se non existerent distinctæ, sed sola specie & adumbratione constarent. Unde ex adverso Catholici cogebantur dicere non Personas utcunque tres, sed tres Personas in una hypostasi τρία ἐν ὑποστάσει πρόσωπα, aut Personas hypostaticas, id est, veras, solidas, subsistentes; id colligitur ex S. Basilio epist. 349. & 391.

Quid sit suppositum, quid subsistentia.

NOmen *suppositi* idem significat, ut diximus, quod persona, cum hoc solum discrimine quod nomen personæ solis tribuitur substantiis ratione præditis, Deo, Angelo & homini; suppositum vero substantiis irrationalibus, equo, bovi, &c. Non videtur hoc nomen frequentissime usurpatum ab antiquis Patribus Latinis, in ea omnino significatione qua nunc sumitur in Scholis, ut sit idem ac persona; occurrit tamen apud S. Ambrosium lib. in Symbolum Apostolorum c. 13. ubi loquens de anima humana a Verbo divino assumpta, *Hanc*, inquit, *pro totius humani generis salute in unitatem suppositi assumpsit*.

Subsistentia proprium denotat modum existendi in substantia, is autem modus duplex est; primus est independentia a subjecto qua substantia constituitur in esse substantiæ, & prout opponitur accidenti, ut constat ex ejus definitione, qua dicitur ens per se subsistens, hoc est, independens a subjecto inhæsionis; alter quo substantia constituitur in ratione suppositi, & in substantiis creatis est totalitas naturæ singularis, in Deo autem est incommunicabilitas alteri tanquam supposito.

De subsistentia plura dicemus postea, cum examinabimus quot sint subsistentiæ in Deo, & utrum præter tres subsistentias relativas aliqua detur absoluta.

Quid significent consubstantialis apud Latinos & Ὁμοούσιος apud Græcos.

SIgnificant hæ voces Filium Dei unum in natura & substantia cum Patre, ac proinde verum ac summum Deum. Neque alia ex causa ὁμοούσιον suo Symbolo insertum voluerunt Patres Niceni, quam ut Arianorum fraudes & perfidiam funditus subverterent, qui confiteri semper detrectarunt Filium ejusdem omnino cum Patre esse naturæ, verumque Deum. *Quid est aliud*, inquit S. Ambr. l. 3. de fide c. 7. *cur ὁμοούσιον Patri nolint Filium dicere, nisi quia nolunt verum Filium Dei confiteri, sicut auctor ipsorum Eusebius Nicomediensis epistola sua prodidit, dicens: Si verum, inquit, Dei Filium & increatum dicimus, ὁμοούσιον cum Patre incipimus confiteri. Hæc cum lecta esset epistola in Concilio Niceno, hoc verbum in tractatu fidei posuerunt Patres, quod id viderunt adversariis esse formidini, ut tanquam evaginato ab ipsis gladio ipsorum nefandæ caput hæresis amputarent.*

Et S. Athanasius lib. de Synodis, *Vocis istius*, inquit, *exquisita ratio, cum omnem ipsorum simulationem, siquidem illum dicant ex Deo esse, redarguit; tum omnes eorum argutias, quibus simplices circumveniunt, excludit. Sane cum omnia sophisticis calumniis adulterare & immutare possint ad arbitrium, solam hanc dictionem, ut qua ipsorum convincit hæresim, reformidant; quam quidem Patres pro munimento & arce contra omnia illorum impia commenta scriptam objecerunt.*

Quid vero variis ac sophisticis objectionibus, quas solebant Ariani proponere adversus illam vocem, sit respondendum, videbimus postea; ubi Verbi divini cum Patre æterno consubstantialitatem asserendo, Patres Nicenos ab omni calumnia vindicabimus; satis sit in præsenti loco claram ὁμοουσίου ideam & significationem adducere.

De hoc vocabulo loquitur Concilium Toletanum XI. in confessione fidei: *Hic etiam unius cum Patre substantiae creditur, propter quod & homoousios Patri dicitur, hoc est, ejusdem cum Patre substantiae; ὁμοῦ enim Graece unum, οὐσία vero substantia dicitur, quod utrumque conjunctum sonat cum substantia. Nec enim de nihilo, neque de alia aliqua substantia, sed de Patris utero, id est de substantia ejus, idem Filius genitus & natus esse credendus est.* Quatenus autem spectat etymologiam vocis ὁμοούσιον Patrum Toletanorum mentem non approbat Petavius, quod, inquit, ὁμοῦ idem est ac *simul*, unde Latini non uni substantialem, sed consubstantialem reddiderunt.

Deinde quod de hac ὁμοούσιον voce dixerunt multi, eam vim ejus esse, ut ad Sabellianos quoque revincendos una plane sufficiat, quia unam trium esse substantiam & tres distinctas Personas significat, certe id nequaquam ipsi convenit, sed solummodo Filium esse de Patris substantia, non ex alia, neque ex nihilo. Quin potius vox ista cum per se videatur solum exhibere unitatem substantiae, & persona sit substantia singularis, nullam potuit ansam praebere Sabellianis falsum suum dogma de unitate personae in Deo instaurandi, quod Filius Dei unius esse substantiae definiretur. Quamobrem, uti egregie observat S. Basilius Epist. 78. idcirco Patres Nicaeni prudentissime haec alia Symbolo suo addiderunt, *Deum de Deo, lumen de lumine, Deum verum de Deo vero*. Quibus verbis satis ostenderunt Patrem & Filium duas esse Personas, unam gignentem, aliam genitam.

Caeterum fatendum est veram & nativam hujus vocis ὁμοούσιον significationem, non minus iis in rebus locum habere quae numero discrepant intra eamdem speciem, quales sunt Petrus & Paulus qui dici merito possunt consubstantiales, quam in illis quae eadem numero constant substantia. Sed quia vox omnis quae duplicem patitur sensum, ex subjecta materia debet accipi, haec unitatem in natura numerica secum infert: quod nimirum usurpatur in Deo cujus natura multiplicari non potest.

Quamvis autem vox ista ὁμοούσιον fuisset in Nicaena Synodo solemniter constituta, tamen nonnullis etiam Catholicis visum est, alteram fidei Christianae professionem in ejus locum sufficere, & ὁμοιούσιον una addita littera pro ὁμοούσιον dicere, quae vox significat Filium esse similis non ejusdem cum Patre substantiae; hi propterea dicti sunt Semi Ariani, quorum princeps fuit Basilius Ancyrae Episcopus, ab Arianis plurimum distare se jactitabant; quod Filium Dei Patri per omnia, adeoque in natura similem asserebant.

Atque de hac eadem voce quae Filium denotat Patri similem varie judicarunt Catholici Scriptores, quidam enim illam funditus rejiciendam putarunt, quasi de Deo pronunciari nunquam debeat, quod videlicet id quod alteri simile dicitur, proprie loquendo non est idem cum eo in natura & substantia, velut homo qui ad similitudinem Dei factus dicitur, & quia insuper nomen *similis* de accidentibus non de substantiis dicitur, sic ratiocinantur S. Athanasius lib. de Synodis, S. Basilius Epist. 141. S. Ambrosius lib. de divinit. Filii cap. 2. & S. Cyrillus dialogo 1. de Trinit.

Sed cum iidem Patres aliique passim ὁμοιούσιον interpretabantur de similitudine per omnia in natura videlicet ac substantia, non modo hanc vocem Filio non denegabant, sed & eam maxime amplectebantur, uti colligere est ex S. Athanasio orat. 2. 3. & 4. contra Arianos. Ex S Hilario l. 2. de Synodis. Ex S. Basilio Epist. 41. Ex S. August. lib. 3. contra Maximum c. 15. & ex S. Cyrillo Alex. l. 3. in Joan. c. 5.

De aliis quibusdam terminis qui ad explicandum hocce mysterium usurpari solent.

SUnt & alii termini quibus frequenter uti solent Theologi ad majorem hujus mysterii intelligentiam; de his tamen pauca nunc dicemus, unumquemque suo loco fusius explicaturi. Ejusmodi sunt processio, relatio, notio, proprietas personalis, facultas & actus notionalis, missio, circumincessio, Trinitas, &c. quanquam illos omnes terminos tanquam novos atque in Scripturis & SS. Patribus plane inusitatos impie rejiciant Sociniani.

Processio nihil est aliud quam emanatio unius Personæ ab alia, & in Deo admittitur sine ulla dependentia ex parte Personæ procedentis. Filius procedit a Patre, & Spiritus sanctus a Patre & Filio; hoc nomen expresse legitur in Scripturis, Joan. 8. Christus ait, *Ego ex Patre processi*.

Relatio, nomen quoque frequentissime usurpatum apud SS. Patres, ac præcipue apud S. Augustinum in libris de Trin. Hæc relatio, ut dicemus, fundatur in origine; ubi primum enim una Persona oritur ab alia, duplex statim exsurgit relatio, una producentis ad procedentem, & altera procedentis ad producentem; unde pro duplici processione quæ est in Deo, quatuor admittuntur relationes.

Notio, est character seu nota distinguens unam Personam ab alia, qualis est v. g. innascibilitas in Patre, eum distinguens a Filio & Spiritu sancto.

Proprietas personalis ex proprie loquendo dicitur perfectio relativa, quæ unamquamque Personam divinam constituit in ratione talis Personæ; unde cum tres tantum sint Personæ, tres quoque solummodo admittuntur proprietates personales, seu, ut ajunt, formæ hypostaticæ, nimirum Paternitas, filiatio & spiratio passiva, quanquam sint quatuor relationes & quinque notiones.

Sunt insuper in Deo facultas & actus notionales, intellectus Patris prout est principium, *quo* generationis Verbi, est facultas notionalis, intellectio autem est actus notionalis. Et similiter voluntas Patris & Filii, prout est principium *quo* Spiritus sancti, est facultas notionalis, & volitio est actus notionalis. Scilicet intellectio divina (idem fit judicium de voluntate) sumitur dupliciter, nimirum essentialiter & notionaliter; essentialiter quando non habetur ratio nisi attributorum essentialium, & est cognitio præcise: quo quidem sensu communis est tribus Personis; sumitur autem notionaliter, cum locum tenet notionis & specialis in Patre characteris; quo sensu in solo reperitur Patre.

Missionis nomen qua una Persona dicitur mitti ab alia, frequens est in Scripturis. Joan. 12. Christus ait, *Qui misit me Pater*. Cap. 15. *Cum autem venerit Paracletus quem ego mittam vobis a Patre*. Rom. 2. *Deus Filium suum misit*. Hæc missio non ea quidem est inter Personas divinas, quæ fiat per autoritatem & imperium, ut cum herus mittit servum; sed quæ fit per originem, quæ fundatur in origine quam una Persona ducit ab alia.

Circumincessio quæ a Græcis dicitur περιχώρησις est intima & reciproca divinarum Personarum in invicem existentia sine confusione Personæ; intelligitur ex perfecta earum identitate in natura, & ex iis Scripturæ locis colligitur, in quibus Personæ dicuntur unus Deus, Joan. 14. *Ego & Pater unum sumus*. Et iterum, *Ego in Patre, & Pater in me est*.

Trinitas sic appellatur, inquit Isidorus l. 7. Origin. c. 4. *Quod fiat totum unum ex quibusdam tribus quasi Trinitas*. Quæ quidem etymologia non placet doctissimo Petavio dicenti per vocabulum Trinitatis per se non significari unitatem naturæ, sed Personarum distinctionem, sive tres qui unus sunt Deus, *Non quæ unum sunt*, inquit, *sed quæ numerabiles sunt*. Unde Magister Sentent. lib. 1. distinct. 22. cap. *Trinitas est unum nomen, quod de nulla Persona sigillatim dicitur, sed de omnibus simul, quod non dicitur secundum substantiam, sed quasi pluralitatem designat Personarum*.

Hoc *Trinitatis* vocabulum sic usu receptum est & consecratum, ut aliud *triplicis* licet ei significatione prope par non probetur, *Nec quoniam Trinitas est*, inquit S. August. l. 6. de Trinit. c. 7. *ideo triplex putandus est; alioquin minor erit Pater solus, aut Filius solus, quam simul Pater & Filius*. Unde Toletana Synodus X. in professione fidei sic loquitur: *Non triplex, sed Trinitas & dici & credi debet*. Sic non dicitur *triplex deitas*, & itidem dicitur *trina deitas*, non ex alia causa, inquit Petavius, quam quia usus obtinuit, *quem penes arbitrium est & jus & norma loquendi*.

De veritate & existentia mysterii SS. Trinitatis.

CUm hæc sit sanctissimæ Trinitatis fides Catholica, *ut unum Deum in Trinitate & Trinitatem in unitate veneremur, neque confundentes Personas, neque substantiam separantes*, ut legitur in Symbolo quod S. Athanasii dicitur, hic duo potissimum demonstranda sunt, videlicet ex una parte veram esse in Deo & realem trium Personarum distinctionem, ex altera vero unicam in his tribus Personis esse naturam.

Tertia quæstio erit postea, utrum ratione naturali demonstrari possit altissimum hocce Mysterium.

Quarta denique an cognitum fuerit cum Judæis, cum Philosophis Gentilibus.

An sint in Deo tres realiter distinctæ Personæ.

REalem trium Personarum distinctionem rejecerunt omnes fere antiquiores hæretici, quales sunt Simon Magus, Apelles, Basilides, Valentinus, permulti e Montanistarum secta, aliique similes qui ab ipso Religionis ortu pessime de SS. Trinitate senserunt. Putat doctissimus Petavius horum omnium fere hæreticorum qui SS. Trinitatis professionem oppugnarunt, parentem fuisse Platonem, quod plerique illi unum esse summum & ingenitum principium asserunt, a quo inferioris aliquod principii genus ac numinis esse productum aiunt, quod deinceps procrearet omnia.

Ut ut sit, Personas divinas aperte confundebat sub finem secundi sæculi quidam Asiaticus nomine Praxeas, quem singulari libro refellit Tertullianus, de eodem vero sic loquitur lib. de præscriptione hæreticorum cap. ultimo: *Sed post hos omnes etiam Praxeas quidam hæresim introduxit, quam Victorinus corroborare curavit. Hic Deum Patrem omnipotentem Jesum Christum esse dixit, hunc crucifixum, passumque contendit, mortuum præterea seipsum sibi sedere ad dexteram suam cum profana & sacrilega temeritate contendit*.

Eandem hæresim vehementius propugnavit Noetus circa annum 245. contendebat Patrem & Filium & Spiritum sanctum non natura solum, sed etiam persona unum esse Deum, iis fretus Scripturæ testimoniis quæ plures negant esse Deos. De Noeto hæc memorat Epiphanius hæresi 57. *Damnatus fuit Noetus & ab Ecclesia ejectus a beatæ memoriæ Presbyteris, qui cum in errore pertinax paulo post mortuus fuisset, honore sepulturæ privatus fuit*.

Successit postea Sabellius qui perversum idem dogma subinde fovit, atque aggressus tradidit circa annum Christi 257.

157. unam in Deo admittebat Personam triplici tamen appellatione Patris, & Filii, & Spiritus sancti donatam in Scripturis propter varia officia, variosque effectus. *Hæc opinio*, inquit S. Epiphanius hæresi 62. *eumdem esse Patrem & Filium & Spiritum sanctum, ut ad eamdem hypostasim tres appellationes conveniant, aut perinde atque in uno homine corpus & anima & spiritus inest. Ita ut corporis instar sit Pater, animæ Filius, Spiritus denique in ipsa divinitate humani spiritus instar habeatur*. Addebat Solis similitudinem in quo triplex inest efficacia illuminandi vis, calefaciendi, & rotunda figura sive corpus ipsum solare, ac vim quidem calefaciendi respondere Spiritui sancto, illuminandi Filio, Patrem vero totam esse substantiam.

Post Sabellium ejusdem erroris patrocinium susceperunt quamplurimi; Paulus Samosatenus, qui cum Christum diceret merum hominem, Personarum Trinitatem itidem sustulit; uti & postea Photinus, Priscillianistæ aliique plures ejusdem surfuris.

Sed & ista pestilentissima hæresis vires resumpsit sæculo decimo sexto æræ Christianæ, ex quo exorta est impia Socinianorum secta auctoribus Lælio Socino Senensi & Fausto Socino illius nepote; hic multa scripsit adversus Catholicam fidem, quæ vel excogitavit ipse vel excogitata ab antiquioribus hæreticis arripuit; duobus continentur tomis qui extant in ea librorum collectione quæ Fratrum Polonorum bibliotheca dicitur, sic nempe appellantur Sociniani quos inter eminent præcipue Wolkelius, Sklitingius, Crellius, & Smalcius viri, quod dissimulari non potest, non vulgari eruditione ac litteratura præditi, sed qui intemperantioris criticæ ingenio pulsi, dempta omni revelationis auctoritate, omnia vel expressissima Scripturæ testimonia ad solum rationis trutinam expendunt & contorquent.

Quoad præsentem vero quæstionem attinet, renovato Sabellianorum errore docent unicam esse in Deo Personam, nempe Patrem qui solus verus est & summus Deus; Christum autem non extitisse ab æterno nisi in mente Dei, sed merum esse hominem; & Spiritum Sanctum non esse Personam divinam, sed virtutem Dei & efficaciam.

Rem quoque hic habemus adversus Judæos, qui licet unum verumque colant Deum, tres tamen Personas non agnoscunt. Hos dimicabimus ex veteri Testamento quod non parum luculenta suppeditat argumenta.

CONCLUSIO.

Tres sunt in Deo Personæ realiter distinctæ.

Probatur 1. ex nonnullis veteris Testamenti locis, quanquam inibi non tam aperta sit hujus Mysterii revelatio facta, ut docent SS. Patres, egregie vero S. Gregor. Nazianz orat. 37. *Sic enim se res habet*, inquit, *vetus Testamentum Patrem aperte prædicabat, Filios obscurius, novum autem Filium perspicue ostendit, & Spiritus divinitatem subobscure quodammodo indicavit*.

Primus locus quem proferre solent Theologi post S. Hilarium lib. 4. de Trinit. S. Ambrosium lib. 6. in Hexameron c. 7. S. Chrysostomum hom. 8. in Genesim, Theodoretum quæst. 19. in Genesim, S. Fulgentium lib. de fide ad Petrum c. 1. & alios passim SS. Patres, sumitur ex primo capite Geneseos, ubi Deus hominem conditurus sic loquitur, *Faciamus hominem ad imaginem & similitudinem nostram*. In quibus verbis exprimitur saltem plurium inter se consultatio, quæ certe aliorum esse non potest quam divinarum Personarum, eximium est præ cæteris quod loco mox citato scribit Theodoretus, ut ex probato Scripturæ testimonio Trinitatem asserat. *Cum dicitur Faciamus*, inquit,

ex-

expressit numerum Personarum, cum dixit ad imaginem, eandem esse naturam ostendit.

Hujus testimonii vim frangere conati sunt veteres Judæi, atque id etiamnum tentant Sociniani, dicentes Deum secum ipsum loqui in plurali numero *Faciamus*, uti assolet quivis artifex, quoties ad agendum sese accingit.

Sed ejusmodi evasionem omnino vanam probat adversus Judæos S. Basilius homil. 9. in Hexamer. *Quis enim faber*, inquit, *nullo cooperante stipatus inter sua artis instrumenta desidens sibi ipsi admurmurat dicens, Faciamus gladium.*

Respondebant alii Judæi Deum hac voce *Faciamus*, deliberare cum Angelis, quod quidem in Scriptura plus semel exprimitur, ut cum de Achabi Regis internecione consilium habuit cum exercitu cœlesti.

At inepta plane est ejusmodi responsio, ut arguit S. Ambr. l. 6. Hexam. c. 7. *Sed & Judæi conticescant, & Ariani cum suis paribus obmutescant, qui dum unum a consortio divinæ operationis excludunt, plures inferunt, & prærogativam quam Filio negant, servulis donant.* Scilicet quæ ibidem sequuntur verba *ad imaginem & similitudinem nostram*, evasionem occludunt, non enim una Dei est & Angelorum similitudo.

Respondent insuper Sociniani stilum esse Hebraicæ linguæ, ut persona summæ autoritatis loquatur in plurali numero, cum aliquod imperium exprimit.

Sed facile revincitur hæc responsio; tum quia Deus ibidem loquitur in plurali, cum imperium non exprimit, *Ecce Adam quasi unus ex nobis*; tum quia Rex v. g. in suis edictis loquitur in plurali, *Volumus*, quia tunc repræsentat totam rempublicam; secus vero si in aliis loquatur circumstantiis, non enim dicit, nos ambulamus, nos loquimur.

Sunt autem alia quoque loca in eodem veteri Testamento, ex quibus Personarum in divinitate pluralitas colligitur, cujusmodi est iste Geneseos 3. *Ecce Adam quasi unus ex nobis factus est*, ut interpretantur S. Basilius lib. 5. contra Eunomium; S. Augustinus lib. 11. de Genesi ad litteram c. 39. & S. Cyrillus lib. 3. contra Julianum.

Ejusdem generis est hoc aliud testimonium Geneseos 11. ubi sic loquitur Deus; *Venite, descendamus & confundamus linguam eorum*, ut exponunt S. Basilius lib. contra Eunomium, S. Cyrillus dialogo 3. de Trinit. & Theodoretus orat. 2. ad Græcos.

Item & colligitur ex Abrahami colloquio, Geneseos c. 18. ubi tres conspecti dicuntur, quos Abrahamus ipse non semel singulari numero appellat, unde trium Personarum distinctionem & unam in Deo essentiam significari putant S. August. lib. 2. de Trinit. & S. Cyrillus Alex. l. 1. contra Julianum.

Denique & ex istis plerumque locis eamdem divinarum Personarum distinctionem colligunt plerique SS. Patres ex Geneseos 19. *Dominus pluit super Sodomam & Gomorrham sulphur & ignem a Domino de cælo*; ubi per Dominum & Dominum designantur Pater & Filius. Ex Psalm. 2. *Dominus dixit ad me, Filius meus es tu, ego hodie genui te.* Quem locum de Christo intelligendum constat ex Actorum 13. cap. & ex c. 1. Epist. ad Hebræos. Ex Psal. 44. *Propterea unxit te Deus Deus tuus oleo lætitiæ præ consortibus tuis*: Deus ungens, Pater est; Deus unctus, Filius.

Item ex Psal. 109. *Dixit Dominus Domino meo, Sede a dextris meis*, quæ quidem verba Christus Matth. 22. & Lucæ 20. adducit ad probandam Messiæ divinitatem. De Verbo quoque divino tanquam de Persona distincta loquitur Salomon Proverb. 8. *Dominus possedit me initio viarum suarum, antequam quidquam faceret, a principio, ab æterno ordinata sum.* Isaiæ 6. *Seraphim clamabant alter ad alterum & dicebant, Sanctus.*

ctus.

ctus, *Sanctus*, *Sanctus Dominus Deus exercituum*. Quibus apertæ tres distinctæ Personæ designantur, ut docet S. Fulgentius lib. de fide ad Petrum.

Probatur 2. hoc idem catholicum dogma ex novo Testamento, ubi trium divinarum Personarum distinctio clarius exprimitur.

Ac primo quidem ea omnia novi Testamenti loca proferre merito possemus, quæ vel de Filio Dei, vel de Spiritu sancto mentionem faciunt, in his quippe veram ac realem Personarum distinctionem astrui facile quivis animadvertit; sed aptius erit illa percensere postea, cum Filii & Spiritus sancti divinitatem suo loco afferemus: interim ea solum adducere juvat quæ Trinitatem ipsam aperte demonstrant.

Luculentissimum profecto est argumentum quod petitur ex baptismo Christianorum sub hac verborum formula, *Ego te baptizo in nomine Patris & Filii & Spiritus sancti*; Christo rem ita præcipiente, Matth. 28. *Baptizantes eos in nomine &c.* ubi certe clarissime exprimitur mysterium SS. Trinitatis, quia non solum Pater, Filius & Spiritus sanctus nominantur tanquam distinctæ Personæ, sed & illis etiam unica assignatur natura, virtus & autoritas; neque enim aliqua creatura cum Deo Patre connumeraretur, in cujus videlicet nomine, uti & in veri Dei nomine & autoritate daretur baptisma. Atque hoc quidem testimonio usi sunt omnes SS. Patres. S. Athanas. orat. 3. contra Arianos. S. Greg. Nazianz. orat. 32. & 37. Nyssenus orat. Catechet. cap. 39. S. Basilius lib. 3. contra Eunomium. S. Hilarius lib. 3. de Trinitate. S. Ambros. l. 1. de fide cap. 1. S. Hier. Epist. ad Hedibiam. S. Epiphanius heresi 62. S. Cyrillus Alex. l. 1. in Joan. cap. 2. S. Chrysost. homil. de Trinit. Theodoretus lib. 5. divinorum Decretorum epitom. S. Fulgentius lib. de Incarnatione cap. 11. & alii passim.

Huic testimonio duo potissimum respondent Sociniani.

Primum est, hoc quod Christiani dicuntur baptizari in Spiritu sancto, nihil aliud significare quam eos baptizari in virtute Spiritus sancti, vel in ejus doctrina; non autem in ejusdem Spiritus Persona; neque enim Persona divina abluimur.

Alterum est, ex ista forma recte non colligi Filium & Spiritum sanctum in natura & virtute æquales esse cum Patre; siquidem in simili prope casu personæ creatæ Deo persæpe adjunguntur in Scripturis, Exodi 14. *Et crediderunt Domino & Moysi servo ejus*. 1. Reg. cap. 12. *Timuit omnis populus nimis Dominum & Samuelem*. Unde etiam 1. Corinth. 10. Israelitæ dicuntur baptizati in Moyse, *Et omnes in Moyse baptizati sunt, in nube & in mari*. Quo fit ut potuerit baptismus institui in nomine Patris qui solus est Deus, Filii tanquam creaturæ Patris, & Spiritus sancti tanquam creaturæ Filii.

At quod primum proferunt Sociniani plane nullius est momenti; licet enim baptizemur in virtute & doctrina Spiritus sancti, non inde sequitur Spiritum sanctum non esse Personam; baptizamur enim in virtute etiam & doctrina Patris, adde quod postea demonstrabimus Spiritum sanctum in Scripturis veram esse Personam, non meram Dei virtutem.

Plus virium non habet altera Socinianorum evasio; tum quia verisimile non est Christum instituisse baptisma in nomine Dei & creaturæ; tum quia, ut observant plerique Patres, non ait Christus in nominibus, sed in nomine; ut una ostendatur Patris, & Filii & Spiritus sancti potestas. Quod autem Israelitæ dicuntur baptizati in Moyse, sensus est eos esse baptizatos per Moysem, id est, per ministerium Moysis; neque enim putabat Apostolus posse baptismum dari in nomine cujuvis creaturæ,

turæ, qui 1. Corinth. 1. sic loquitur, *Num in nomine Pauli baptizati estis?* alia duo loca non egent explicatione.

Secundum testimonium petitur ex baptismo Christi, uti refertur Math. 3. Marci 1. & Lucæ 3. ubi nempe tres agnoscuntur divinæ Personæ, Pater qui loquitur, Filius qui baptizatur, & Spiritus sanctus e cœlo descendens sub specie columbæ; hoc loco utuntur S. Athanas. in posteriori Epist. ad Serapionem, S. Epiphanius in Ancorato, S. August. lib. 4 de Trinit. cap. 21. S. Hilarius in Matthæum can. 3. & alii.

Neque est quod dicant Sociniani, Spiritum sanctum eo loci virtutem Dei esse & efficaciam, non autem veram personam. Namque Dei virtus valde improprie diceretur e cœlo descendere super aliquem; certe descensus actio est alicujus personæ, non proprietatis cujuspiam, nec nisi inepte diceretur dari baptisma in nomine alicujus virtutis & efficaciæ.

Tertium momentum ad astruendam Trinitatem sumitur ex S. Joanne qui tres Personas nominatim & expresse appellat, cap. 14 *Ego rogabo Patrem*, inquit Christus, *& alium Paracletum dabit vobis, ut maneat vobiscum in æternum*. Cap. 15. *Cum venerit Paracletus quem ego mittam vobis a Patre, Spiritum veritatis qui a Patre procedit*. Ubi certe tanquam distinctæ habentur Personæ, is qui rogat & qui rogatur, qui mittit & qui mittitur, qui procedit & a quo fit processio: quod similiter in hæreticos urgent SS. Patres. S. Athanas. orat. 5. contra Arianos, S. Greg. Nazianz. orat. 37, S. Basilius lib. de Spiritu sancto cap. 8. S. Hilarius lib. 8. de Trinit. S. Ambros. lib. 5. de fide. S. Augustin. lib. 1. de Trinit. cap. 8. & alii passim.

Quartum denique momentum petitur ex celebri testimonio 1. Epist. S. Joan. cap. 5. ubi sic legitur, *Tres sunt qui testimonium dant in Cœlo, Pater, Verbum, & Spiritus sanctus, & hi tres unum sunt*. Quo sane nihil illustrius desiderari potest ad astruendum SS. Trinitatis mysterium. Sed cum hujus versiculi veritatem evertere pluribus argumentis conentur non modo hæretici, sed & nonnulli viri catholicæ professionis eruditissimi, animus est quæstionem longiori oratione persequi in singulari appendice, quam præsenti disputationi subnectemus.

Nunc vero in antecessum monemus, non esse audiendos qui dicunt hocce S. Joannis testimonium, tametsi genuinum supponatur, plane nullius esse roboris ad asserendam sanctissimam Trinitatem; ex eo nimirum quod, inquiunt, Pater, Verbum & Spiritus sanctus non alio sensu dicuntur unum, quam in versiculo sequenti spiritus, aqua & sanguis dicuntur unum; spiritus autem, aqua & sanguis non sunt quid unum in natura, sed solum in ratione testimonii.

Respondemus enim ex hoc ratiocinio ad summum colligi posse luculentum non esse hunc versiculum ad probandam naturæ unitatem in tribus Personis; quanquam ex eodem diserte assertur realis Personarum distinctio. Et ratio est quia Pater, Verbum, & Spiritus sanctus dicuntur testes qui testimonium dant in cœlo Jesum Christum esse Filium Dei; sed solius Personæ veræ & subsistentis est testimonium dare; si enim Verbum esset solus oris flatus transiens, profecto non esset testis; nec Spiritus sanctus, si quædam esset tantum Dei virtus, ut garriunt Sociniani; male utique Pater, Verbum, & Spiritus sanctus dicerentur testes, solus Pater foret testis: igitur ex illo versiculo eruitur saltem realis Personarum distinctio; quod imprimis nunc probandum nobis incumbit.

Probatur 3. ex SS. Patribus qui prioribus Ecclesiæ sæculis floruerunt, & veram proinde Christi Domini & Apo-

sto-

stolorum doctrinam referunt; idque argumentis genus multum ponderis habet adversus Socinianos, qui a sincera Christi doctrina alienos se non esse audacter profitentur.

In Epistola S. Barbaræ hæc leguntur Num. 6. *Nam de nobis Scriptura dicit loquente Patre ad Filium, Faciamus hominem ad imaginem & similitudinem nostram.*

S. Ignatius Martyr expressam nec semel mentionem facit de Trinitate in suis Epistolis, sic v. g. loquitur Epist. ad Ephesios num. 7. *Ut qui lapides sitis templi Patris, praparati in Dei Patris ædificium, sublati in alta per machinam Jesu Christi quæ est crux; Spiritu sancto pro fune utentes.*

In Epistola S. Polycarpi Martyris sub finem legimus doctrinam Ecclesiæ Smyrnensis his verbis contentam, *Per Jesum Christum gloria Deo Patri, & Filio, & Spiritui sancto.*

S. Justinus Apologia 2. ad Antoninum Imperatorem tres Personas recenset, easque a Christianis adorari perhibet his verbis: *Sed non verissimi illius Dei Patris videlicet justitiæ ... Filium & Spiritum Propheticum colimus & adoramus.*

Athenagoras Apologia pro Christianis pag. 11. *Quis igitur non miretur nos qui Deum Patrem prædicamus & Deum Filium & Spiritum sanctum, ita ut & unionis eorum vim & ordinis distinctionem exponamus, impios & sine Deo homines vocari.*

Theophilus Antiochenus lib. 2. ad Autolicum, *Tres dies*, inquit, *qui præcessere creationem duorum luminarium Trinitatis mysterium sacrosanctum repræsentant videlicet Deum, Sermonem, Sapientiam.*

S. Irenæus lib. 4. cap. 14. *Et propter hoc in omnibus & per omnia unus Deus Pater, & unum Verbum, & unus Filius, & unus Spiritus Sanctus, & una fides, & salus omnibus credentibus in eum.*

S. Clemens Alexand. lib. 3. Pedagogi cap. 12. *Laudemus*, inquit, *Patrem & Filium, Filium inquam pædagogum & magistrum, una cum Sancto spiritu, qui unus est omnia, in quo omnia, per quem omnia unum, per quem est quod semper est.*

Tertullianus dedita opera refutans Praxeam, eo quod Personarum distinctionem negabat, sic disserit lib. contra eundem Praxeam cap. 2. *Fidei eorum qui credunt in Patrem & Filium & Spiritum sanctum, hanc regulam ab initio Evangelii decurrisse, etiam ante priores quosque hæreticos, nedum ante Praxeam hesternum, probabit tam ipsa posteritas omnium hæreticorum, quam ipsa novellitas Praxeæ hesterni.*

S. Cyprianus lib. de unitate Ecclesiæ, *De Patre & Filio & Spiritu sancto scriptum est, Hi tres unum sunt.* Epistola 73. quæ est ad Jubaianum, *Quæro cujus Dei? si Creatoris ..... si Christi .... si Spiritus sancti.*

Hæc porro perpetua fuit SS. Patrum a primis Ecclesiæ temporibus ad nostram usque ætatem & nunquam interrupta traditio super illo fundatissimo Christianismi dogmate, aliis autem hujusmodi testibus hic referendis supersedeo, ne sim nimius in re alioquin exploratissima.

Atque id insuper ex eo abunde confirmatur, quod simul ac in tota retro antiquitate receptissimam hanc fidem ausus quispiam est impugnare, in eum protinus tanquam novatorem & hæreticum insurrexerunt omnes Catholici Doctores, quod ipsum de Noeto denarrat S. Epiphanius hæresi 57. num. 10. his verbis: *Post hunc alius quidam hæreticus Noetus nomine prodiit, neque multis abhinc annis... qui alieno spiritu afflatus ea dicere ac docere ausus est quæ nec Prophetæ, nec Apostoli, nec Ecclesia ab initio senserit, ac ne cogitavit quidem.*

Sic loquuntur Patres Antiocheni Concilii adversus Paulum Samosatenum tom. 1. Conc. pag. 843. *Decrevimus*, inquiunt, *fidem*

fidem scripto edere & exponere, quam a principio habemus traditam & servatam in Catholica & sancta Ecclesia, usque in hodiernam diem a beatis Apostolis.

Sic denique iisdemque ducti principiis, Arium impie de SS. Trinitate sentientem tanquam hæreticum damnarunt Patres Niceni; quod nempe receptissimam totius Ecclesiæ fidem impeteret, ut scribit S. Athanasius testis hac in re locupletissimus lib. de decretis Nicænæ Synodi. *Ecce nos*, inquit, *demonstramus istiusmodi sententiam a Patribus ad Patres quasi per manus traditam esse.*

Quibus demum accedit; Christianis non semel objecisse Paganos tanquam absurdissimum, quod tres deos colerent, eumque ut veri nominis Deum adorarent, qui supplicio ultimo fuerat a Judæis traditus; uti nempe colligitur ex veteribus Christianæ fidei Apologistis ex S. Justino Apologia prima, & ex Origene lib. 8. contra Celsum, qui nempe id objiciebat Christianis, & quod ex una parte deorum multitudinem irridebant, & ex alia Patrem Deum ipsi adorarent & Christum Deum. Quod certe argumento est invictissimo certam stabilemque fuisse Christianorum doctrinam, tres esse in Deo Personas, unumque in illis verum & summum Deum; si enim ea tum communis omnium fides fuisset solum Patrem esse verum Deum, huic Paganorum accusationi facile respondissent nostræ Religionis defensores, nec Filium nec Spiritum sanctum a Christianis coli tanquam Deum, quod nemo unquam respondit.

Solvuntur objectiones.

QUoniam inter eos qui trium in Deo personarum distinctionem oppugnarunt, emicuit potissimum Crellius Socinianorum antesignanus, qui lib. 2. *de uno Deo Patre* ratiocinationes prope innumeras totidemque sophisticas, & ad ludificandum argute collectas proponit, ut hoc catholicum dogma funditus evertat, in hoc noster præsens erit labor, ut ejusmodi difficultates clare ac nitide dissolvamus.

Volunt equidem nonnulli e Theologis non aliter respondendum ejusmodi objectionibus Philosophicis, quæ solent adversus fidei nostræ mysteria proponi, quam si dicantur hæc ratiocinia habere quidem nonnihil roboris secundum naturæ leges, non autem in ordine supernaturali; in creatis, ut aiunt, non in divinis. Addunt nihil esse commune Philosophiæ & revelationi, & Patres cum disputant adversus hæreticos & infideles, nusquam conatos esse mysteria fidei cum Philosophiæ ratiociniis conciliare.

Verum ego quidem puto periculosam esse & Theologo indignam hanc respondendi rationem, quod videlicet Paganorum & hæreticorum incredulitatem aperte foveat; siquidem eo solum fundamento fidei nostræ mysteria rejiciunt, quod ea putant cum lumine naturali & & naturæ legibus manifeste pugnare; quocirca e re Theologorum est ejusmodi responsiones adducere, quibus patefiat nihil esse in mysteriis quod a ratione sit alienum; debent enim pro officio cavere diligenter, ne Religio Christiana Ethnicorum ludibrio exponatur.

Verum quidem est Patres invehi nonnunquam in Philosophos aut potius Sophistas, qui altius quam par est scrutando mysteria, ad normam rerum pure naturalium, nulla omnino habita ratione revelationis, ea clare ac nitide explicare volunt; sed eum certe de rebus Theologicis disserendi modum non spreverunt Patres, quo scilicet Paganorum vel hæreticorum sophismata dissolvuntur, quod nimirum fides cum ratione non pugnat, nec veritas cum veritate, ita v. g. inter alios S. Augustinus lib. 2. de doctrina Christiana cap. 31. *Disputationis disciplina*, inquit, *ad omnia*

omnia genera quæstionum, quæ in litteris sanctis sunt, penetranda & dissolvenda plurimum valet, tantum cavenda est ibi libido rixandi, & puerilis quædam ostentatio decipiendi adversarium.

Objicit itaque Crellius lib. 2. sect. 1. cap. 1. illud dogma contradictionem involvit, atque adeo ipsum evertit, in quo unus Deus simul & tres Dii statuuntur: sed tale est dogma de tribus in uno Deo Personis; siquidem ita dici solet, Pater est Deus, Filius est Deus, Spiritus sanctus est Deus, ac proinde tres sunt Dii summi; aliunde vero unus tantum admittitur Deus: igitur illud dogma manifestam involvit contradictionem.

Nego min. Neutiquam enim hoc posito Trinitatis mysterio statuuntur tres Dii, siquidem unica & plane eadem numero natura divina est in tribus Personis, quod quidem ita esse & sentimus & dicimus propter evidentissima Scripturarum testimonia, quæ ex una parte veram & realem Personarum distinctionem prædicant; ex altera vero unitatem in natura, unum Deum astruunt. Ex quo certe sequitur nullam esse in hac nostra responsione petitionem principii, hoc ipsum enim quod respondemus, aperte revelatum in Scripturis ostendimus.

Instat Crellius; ex hac opinione sequitur Patrem esse Filium & Spiritum sanctum, ac vicissim; adeoque Personarum distinctionem tolli; sic enim argumentari juvat; Unus ille Deus est Pater; at Filius est unus ille Deus, idem numero qui Pater modo dictus fuerat: ergo Filius est Pater.

Nego sequelam, & ad probationem respondeo mirum esse quod in re tam seria argumentum proponat Crellius adeoque puerile & ridiculum; novit enim vir in arte syllogistica versatissimus, plane vitiosum esse hunc syllogismum qui constat ex puris particularibus; aliter & ita mihi liceret argumentari: Petrus est homo; Paulus est homo; ergo Petrus est Paulus, quod certe ab omni ratione foret alienum.

Instat iterum, & probat ex adverso tres esse Deos, si sint tres Personæ; ex eo quod Petrus est homo, Paulus est homo, Joannes est homo, recte sequitur tres esse homines; ergo similiter ex eo quod Pater est Deus, Filius est Deus, Spiritus est Deus, sequitur tres esse Deos.

Nego cons. & paritatem; ratio discriminis est quia natura humana multiplex est numero in multis hominibus & distinctis suppositis humanis; natura autem divina una est & singularis, non multiplex in distinctis Personis, Patre scilicet, Filio, & Spiritu sancto. Atque iterum repeto in hac quoque responsione non esse petitionem principii, quia Scripturæ docent tres esse in Deo Personas, eædem verò Scripturæ, uti & ratio naturalis clamant unam esse naturam divinam.

Instabis, cum eodem Crellio; Ubicunque reipsa multiplicantur subjecta, multiplicantur etiam illa quæ de singulis distincte dicuntur, quot sunt homines, tot sunt animalia, tot corpora, tot substantiæ: ergo in multis Personis divinis multiplicari debet divinitas.

Dist. ant. Si hoc ipsum quod de multis dicitur non sit essentialiter unum numero, C. si sit essentialiter unum numero nec de se multiplicari possit, N. Hac igitur ex causa ad res divinas non transscrimus præfatum axioma, quod natura divina de se multiplicari non potest, essentialiter est una numero; & consequenter his verbis, *Pater est Deus, Filius est Deus, Spiritus sanctus est Deus, & tamen non tres sunt Dii. Pater est æternus, Filius est æternus, Spiritus sanctus est æternus, & tamen non sunt tres æterni;* sophistice non ludit symbolum Athanasianum, ut impie scribit Crellius, unde exempla a rebus creatis petita, nullum hic habere debent locum.

Neque vero alia responsione opus est ad solvendam hanc aliam Crellii cavillationem; valet, inquit, hoc argumentum, Pater est persona divina, Filius est persona divina, Spiritus sanctus est persona divina: ergo tres sunt Personæ divinæ: ita a pari; inquit ille, debet istud valere, Pater est Deus, Filius est Deus, Spiritus sanctus est Deus: ergo tres sunt Dii.

Scilicet ratio discriminis apertissima est; idcirco enim ex primo syllogismo tres in Deo inferimus Personas, quia ratio personæ multiplicatur, ut docent Scripturæ quæ tres Personas vere & realiter distinctas numerant; ratio vero divinitatis multiplicari non potest, unicus enim absolute Deus statuitur in iisdem Scripturis.

Instat Crellius; Ipsa *Dei* vox, personæ nomen est, nomen enim Dei ejus est imprimis, qui imperium in alios habet, imperare autem nonnisi Personarum est: ergo vel est unica Persona ex eo quod unicus est Deus; vel tres sunt Dii, ex eo quod tres sunt Personæ.

Dist. ant. Personæ nomen est confuse & abstrahendo a numero Personarum, C. explicite quasi unica absolute significetur Persona, subdistinguo; si sermo sit de Deo prout sola ratione naturali innotescit, C. prout per fidem & revelationem cognoscitur, N. Revera si sola ratione naturali innitamur, cogitabimus Deum ut unicum quoddam supremum ens unica personalitate subsistens, quomodo illum concipiunt Judæi & Pagani; sed non ita Deum intelligimus præsupposita fide & revelatione; apertum quippe est ex Scripturis tres esse in Deo Personas; unde simile argumentum proponi non debet a Crellio, qui Scripturarum auctoritatem non respuit.

Instabis; Persona nihil est aliud quam natura rationalis individua: ergo si sunt tres Personæ, tres sunt naturæ, adeoque tres Dii.

Dist. ant. realiter, entitative, C. formaliter, N. Persona igitur & natura in Deo non distinguuntur quidem realiter entitative, neque enim v. g. paternitas & essentia divina in Patre duæ sunt entitates separabiles, vel relative inter se oppositæ; quæ quidem duo solum signa sunt distinctionis realis: at distinguuntur formaliter, vel ex eo ipso quod persona multiplicatur, natura vero non multiplicatur; ea enim confundi non possunt, & formaliter distinguuntur, quæ diversas habent ideas, diversos conceptus, diversas notiones: sed ejusmodi sunt ea quorum unum multiplicatur alio non multiplicato: igitur natura & persona in Deo distinguuntur formaliter, quod sufficit ut plane nullius roboris sit Crellii argumentum.

Objicit iterum Socinianus; si tres essent Personæ in Deo distinctæ, quælibet Persona divina foret trina in Personis, ac proinde una esset simul & non una. Nam, inquit ille, Deus ille unus trinus est in Personis: sed quælibet Persona divina est Deus ille unus: ergo necesse est quamlibet Personam divinam trinam esse in Personis.

Nego sequelam, & ad probationem dist. Deus ille unus trinus est in Personis, si Deus sumatur totaliter & adæquate, C. si sumatur specialiter & inadæquate. N. Vox igitur Dei quandoque sumitur totaliter & adæquate pro eo omni quod est Deus, quo sensu dicimus Deum esse trinum in Personis, quasi diceremus Deum tres habere Personas, tres in Deo esse Personas: & præterea Deus sumitur specialiter & inadæquate pro eo qui ad certam Personam determinatur, quo sensu dicimus Patrem esse Deum. Quibus positis manifesta videtur fallacia argumenti quod proponit Crellius in majori enim propositione aliter sumit nomen Dei, aliter vero in minori; in majori Deum sumit totaliter, in minori specialiter & inadæquate.

Objicit postea; hoc mysterium manifeste

niſeſte ſeipſum evertit, quod ſtare non poteſt cum iſto axiomate ab omnibus recepto, *Quæ ſunt eadem uni tertio, ſunt eadem inter ſe*: ſed ejuſmodi eſt myſterium Trinitatis; ſiquidem hoc poſito, Pater, Filius, & Spiritus ſanctus ſunt quid idem realiter cum natura divina, & tamen non ſunt quid idem realiter inter ſe, ſed realiter diſtinguuntur: implicat igitur myſterium Trinitatis.

Solent reſpondere multi e noſtris ſic diſtinguendo; quæ ſunt eadem uni tertio ſingulari & incommunicabili, ſunt eadem inter ſe, concedunt; quæ ſunt eadem uni tertio univerſali & communicabili, negant. Porro, inquiunt, Pater, Filius, & Spiritus ſanctus ſunt revera quid idem realiter cum natura divina, ſed aliunde eſt communicabilis, ac proinde tribus diſtinctis citra ſui diviſionem poteſt communicari; quo fit ut verum non ſit præfatum axioma, quando tertium illud cum quo alia ſunt quid idem, communicabile eſt.

Reſpondent alii; Quæ ſunt eadem uni tertio ſunt eadem inter ſe ſub eodem reſpectu ſub quo ſunt eadem uni tertio, C. ſub alio & quocumque reſpectu, N. Scilicet id ſufficit ut intactum & veriſſimum maneat præfatum axioma, neceſſe non eſt ut quæ ſunt eadem cum aliquo tertio, ſub aliquo reſpectu, ratione alicujus attributi vel formalitatis, ſint propterea eadem inter ſe ſub omni reſpectu & ratione cujuslibet attributi; nam v. g. Petrus & Paulus ſunt unum ſpecie in natura humana, neque tamen ſunt unum inter ſe, quia nempe non ſunt unum ſub omni reſpectu, ratione cujuslibet attributi, non ſunt enim unum in natura numerica. Quamobrem ex eo quod Pater, Filius, & Spiritus ſanctus ſunt idem cum alio tertio, nempe cum natura divina, ſequitur ſolum tres illas Perſonas eſſe unum Deum, quod ita eſſe nos volumus; ſed non debet propterea colligi eas eſſe unam perſonam, non ſunt enim quid idem cum aliqua perſona & in ratione perſonæ.

Objicit Crellius; Poſito Trinitatis myſterio, eadem res foret ſimul una & multiplex, communicaretur & non communicaretur; natura enim & perſona ſunt una eademque res, natura autem una eſt perſona multiplex; natura communicatur, perſona incommunicabilis eſt: abſurdum conſequens: igitur &c.

Diſt. maj. eadem res ſub diverſo reſpectu, ſub diverſa formalitate conſiderata, C. ſub eodem reſpectu ſub eadem formalitate, N. Solutio intelligitur ex dictis.

Objicit inſuper; unius ejuſdemque rei tres eſſe non poſſunt ſubſiſtentiæ; quia unius rei non poſſunt plures eſſe formæ ejuſdem rationis, ſive ſubſtantiales ſint, ſive accidentales; non poſſunt unius eſſe plures exiſtentiæ, inhærentiæ, non plures rationalitates, non plures longitudines aut albedines, niſi forte ſecundum diverſas partes. Et ratio hæc eſt, quia non poteſt eadem res bis aut pluries eſſe id quod eſt, ſed ſemel tantum; alias daretur progreſſus in infinitum: ergo in eadem natura divina tres eſſe non poſſunt ſubſiſtentiæ.

Nego ant. & ad probationem diſt. Unius rei non poſſunt plures eſſe formæ plane ejuſdem rationis, conceptus, & muneris, C. diverſæ rationis, diverſi muneris & officii, N. Sunt autem hujuſmodi tres ſupremæ deitatis ſubſiſtentiæ; alia enim ratio ſubſiſtentiæ Patris, alia ſubſiſtentiæ Filii, & alia ſubſiſtentiæ Spiritus ſancti, ut patet ex earum definitionibus. Neque vero per tres illas ſubſiſtentias Deus eſt ter id quod eſt, ut ſomniat Crellius, ſemel enim eſt Pater per ſubſiſtentiam Patris ſemel non bis aut ter eſt Filius per ſubſiſtentiam Filii, &c.

At, inquit ille, ſi tres admittuntur in Deo Perſonæ, cur non plures, cur non infinitæ ſtatuentur?

Reſpondemus tres in Deo ſtatui Perſonas divinas, non plures, non paucio-

res,

res, quia trium duntaxat mentionem faciunt Scripturæ perpetuo & constanti SS. Patrum consensu roboratæ, in hoc enim stabiliendo numero quærenda est revelatio & autoritas, non ratio.

An sit una in tribus Personis divinis natura.

DUO sunt hominum genera qui naturam divinam in tribus Personis unam esse negant. Primum est eorum omnium hæreticorum qui ab exordio Christianæ professionis ad hanc usque ætatem Verbi divini & Spiritus sancti divinitatem oppugnarunt, quales Ariani, Macedoniani, Sociniani in tribus Personis divinis admittant, ne unam quidem specie naturam in iis agnoscunt; in illos omnes disputandi locus erit postea, cum supremam divinitatem & Filio Dei & Spiritui sancto vindicavimus.

Sunt alii qui licet fateantur veram ac summam divinitatem esse in Filio & Spiritu sancto, uti & in Patre, aiunt tamen his tribus Personis competere solum unitatem specificam, non unitatem numericam. In eo versabatur errore Joannes Philoponus, qui Dei naturam contendebat sola communitate unam, quemadmodum natura humana in multis hominibus una est, teste Nicephoro hist. lib. 18.

Ab his valde non dissidebat Joachimus Abbas; licet enim doceret, *quod Pater, & Filius, & Spiritus sanctus sunt una essentia, una substantia, unaque natura; veram unitatem hujusmodi, non veram & propriam, sed quasi collectivam & similitudinariam esse fatebatur. Quemadmodum dicuntur multi homines unus populus, & multi fideles una Ecclesia*, ut colligitur ex Concil. Lateranensi cap. *Damnamus*.

Eundem errorem paucis abhinc annis renovavit anonymus quidam autor libelli gallico idiomate scripti, ubi cum acriter insurgit adversus universam Scholasticorum turbam, quasi de catholico Trinitatis dogmate falso ac perperam sentiant loquanturve: hoc potissimum nomine eos redarguit quod unam in tribus Personis divinis essentiam agnoscunt, docens aperte tres esse in Deo naturas, essentias, substantias; adeoque nonnisi ex prudenti quadam œconomia antiquos Patres negasse in Trinitate tres esse Deos, cum aliunde nihil quicquam erroris contineat hæc propositio; in hos autem omnes sit

CONCLUSIO.

Una est non specie tantum sed numero natura divina in tribus Personis.

Probatur 1. ex iis Scripturæ testimoniis quæ Deum aperte prædicant unum, Deut. 6. *Dominus Deus tuus, Deus unus est*. Rom. 3. *Unus Deus*. 1. Corint. 8. *Non est Deus nisi unus*. Ephes. 4. *Unus Deus*. Hæc quippe loca aliaque similia in quibus diserte negatur plures esse Deos, invicte probant naturæ divinæ unitatem numericam & singularem; natura enim quæ non est una nisi specie in multis individuis, non est proprie una sed multiplex; non est realiter sed ratione tantum & per mentem una.

Probatur 2. ex SS. Patribus.

Tertullianus lib. contra Praxeam cap. 2. sic loquitur de tribus Personis divinis: *Tres autem non statu nec gradu, nec substantia sed forma, nec potestate sed specie: unius autem substantiæ & unius status, & unius potestatis quia unus Deus*. Cap. 12. *Cæterum etsi ubique teneam unam substantiam in tribus cohærentibus*.

S. Athanasius aut alius Autor dialogi 1. de Trinitate, *Essentia neque proprietatem habet non communem hypostasibus quæ essentiæ subsunt, nec numeri multiplicationem admittit, cum sit unica & singularis*.

S. Gregor. Nazianz. orat. 37. *Nec voluntate scinduntur aut potentia dividuntur*,

tur, aut denique quidquam eorum quæ dividuis rebus contingunt, hic quoque reperitur. Sed individua in dividuis est divinitas. Et orat. 45. *Simplex Dei essentia, individua uniusque modi est.*

S. Gregor. Nyssen. orat. catechetica cap. 3. ait ineffabilem esse hujus mysterii altitudinem. *Quomodo*, inquit, *idem & cadat sub numerum & non cadat, & divisum cernatur & comprehendatur in unitate distinctumque sit ac discretum consistentia & hypostasi, & subjecto non sit divisum.* Certe unitas quæ non cadit sub numero, est unitas numerica. Legendus est insuper liber ad Abladium *Quod non sint tres Dii*; ubique enim hancce unitatem numericam & singularem astruit; *Natura*, inquit, *una est ipsa, secum unita, penitusque ac prorsus unitas individua est ..... quæ non una cum singularibus qui ejus participes sunt, dividitur.*

S. Ambrosius in Symbolum Apostolorum, *Una est igitur*, inquit, *in tribus deitas, & tria sunt in quibus una deitas.* Et lib. 5. de fide cap. 1. negat naturæ humanæ unitatem ex eo quod duo dicuntur homines, cum sit unitas naturæ in Deo, ex eo ipso quod Personæ sunt unus Deus. *Et ideo non potest unus homo dici in significatione & numero duorum, quia non est unitas, ubi est diversitas; unus autem Deus dicitur & Patris & Filii ac Spiritus sancti gloria & plenitudo signatur.* Id certe unitatem numericam manifeste astruit.

S. Augustinus idem docet passim in suis libris de Trinitate lib. 5. cap. 8. *Non dicimus tres essentias, sic non dicimus tres magnitudines.* Lib. 7. cap. 2. *Non quia Pater non est Filius, & Filius non est Pater, aut ille ingenitus, ille autem genitus; ideo non una essentia, quia his nominibus relativa eorum ostenduntur; uterque autem simul una sapientia, & una essentia, ubi hoc est esse quod sapere.* Idem habent S. Fulgentius lib. decem object. 7. S. Cyril. Alex. dialogo de Trinitate. S. Damascenus lib. 1. cap. 11. S. Anselmus lib. de Incarn. Verbi cap. 3. quibus ultro astipulantur omnes Scholastici Doctores.

Probatur 3. ex Conciliis.

In magno Concilio Nicæno hanc fidei professionem palam emisit Ozius, *Unum consilium, unum regnum, unam voluntatem, unam dominationem in res omnes creatas, tam quæ visu, quam quæ mente & intelligentia percipiuntur, unam divinitatem & eandem essentiam confiteri nos oportet Patris & Filii & Spiritus sancti.* ut refert Gelasius Cizicenus lib. 2. hist. Conc. Nicæn. cap. 12. Tom. 2. Conc. pag. 174.

In Epistola Synodica Conc. Alexandrini anno 362. hæc leguntur, *Unam autem hypostasim sese intelligere, partim quia Filius ex essentia Patris sit, partim quia in tribus sit identitas naturæ.*

In professione fidei Conc. Toletani III. *Persona alius sit Pater qui genuit, alius sit Filius qui fuerit generatus, unius tamen uterque substantiæ ... Spiritus æque sanctus confitendus a nobis & prædicandus a Patre & Filio procedere, & cum Patre & Filio unius esse substantiæ; tertium vero in Trinitate Spiritus sancti esse personam, qui tamen communem habeat cum Patre & Filio divinitatis essentiam.* Tom. 5. Conc. pag. 997. idem habetur in Toletano IV. in VI. in XI.

Lateranense Concilium cap. *Firmiter*, de summa Trinitate; *Hæc sancta Trinitas secundum communem essentiam individua*, quod idem definit cap. *Damnamus*.

In Conc. Florentino sess. 18. Joannes nomine Latinorum de natura divina sic disserit, *quæ cum una numero sit, idcirco non ea ratione communis dicitur esse, qua est humanitas, sed rationem tantum habet communis, quatenus communicabilis est*, addit, *realem identitatem naturæ manere in unaquaque persona*:

Probatur denique ratione. Scilicet constat, vel ipsis fatentibus adversariis, unicum esse Deum, plures Deos sola agnoſcit gentilitas: ſed ſi unicus eſt Deus, unam eſſe numero naturam divinam non ſpecie tantum neceſſe eſt; quicquid enim unum eſt ſpecie tantum, hoc ipſum multiplicatur in multis individuis; unde natura humana quæ una eſt ſpecie, multiplicatur in multis hominibus, proprie non eſt una ſed multiplex, non ſingularis ſed communis & univerſalis; quo fit ut multi dicantur eſſe homines, non unus tantum ſit homo: ergo cum plures dicere deos horreſcat animus; unam conſequenter numero & individuam eſſe deitatem in tribus Perſonis divinis fatendum eſt.

Objicies: Familiare fuit antiquis Patribus, ut eandem naturæ divinæ unitatem in tribus Perſonis tribuerent, quam naturæ humanæ in multis hominibus: at certe natura humana non eſt una numero, ſed ſpecie tantum in multis hominibus: ergo.

Major propoſitio conſtat ex variis illorum teſtimoniis. Id præ cæteris docet S. Gregorius Nyſſenus lib. ad Ablabium, hanc enim naturæ humanæ cum divina paritatem urgens, eo venit ut diceret, *abuſum quemdam eſſe conſuetudinis ut eos qui natura diviſi non ſunt, per ipſum naturæ nomen pluraliter nominemus ac dicamus, Multi homines; cui ſimile eſt, ſi quis dicat, Multæ naturæ humanæ .... At vocem* Deus *cum cautione & obſervatione per ſingularem figuram enunciat (Scriptura) hoc proſpiciens & cavens ne diverſæ naturæ plurali ſignificatione deorum in divina eſſentia ſubintroducantur*. Et lib. de Fide ad Simplicium, *In divinis quoque dogmatibus*, inquit, *nullam natura differentiam efficit genitum vel non genitum eſſe, ſed quemadmodum in Adamo & Abele una humanitas ſive natura humana, eodem modo in Patre quoque ac Filio deitas ſeu divina natura una eſt*.

S. Baſilius lib. 2. contra Eunomium ſcribit, *Unam eſſe ſubſtantiam in omnibus hominibus*. Lib. 4. *Filios & Patres ejuſdem eſſe ſubſtantiæ, & omnium quæ genita ſunt, eamdem eſſe cum genitore naturam*.

S. Cyrillus Alex. lib. 7. Theſauri cap. 1. *Si ea de cauſa*, inquit, *putant hæretici non eſſe Filium Patri conſubſtantialem, quoniam neque Pater, & propter differentiam perſonarum, ſubſtantiarum quoque differentiam introducunt; quomodo Abel & Adam conſubſtantiales dici poterunt, cum neque Abel dici poſſit Adam, neque Adam Abel!*

Et S. Auguſtinus Epiſt. 170. probat dedita opera unam eſſe Patris & Filii, & Spiritus ſancti naturam. *Sicut homo*, inquit, *gignit hominem non alterius naturæ, ſed ejus cujus ipſe eſt, vide quam impie dicatur ipſe non genuiſſe id quod ipſe eſt*. Quibus ſimilia docent alii quamplurimi.

Diſt. maj. Ut eamdem tribuerent naturæ divinæ unitatem quam humanæ, eamdem quoad aliqua, C. quoad omnia, N. Scilicet id unum voluerunt laudati Patres eamdem unitatem naturæ eſſe in tribus Perſonis quæ reperitur inter homines; quoad ſimilitudinem & æqualitatem, quæ nimirum opponitur diverſitati, non quoad perfectam identitatem quæ opponitur diſtinctioni & multiplicatis. Hujus reſponſionis veritas invicte probatur ex duplici momento.

Primum eſt, quia iidem illi Patres, quorum nonnulla objiciuntur loca, apertiſſime docent naturam divinam in tribus Perſonis unam eſſe ea unitate qua fiat ut non ſint tres dii ſed unus Deus, quoad ſane unitatem numericam inducit: conſule quæ mox adducta ſunt in probationibus. Sic v. g. S. Auguſtinus Epiſtola mox citata. *Hæc Trinitas unjus ejuſdemque naturæ atque ſubſtantiæ, non minor in ſingulis quam in omnibus, nec major in omnibus quam in ſingulis .... Quanto magis conſervat in ſeipſo, ut ſint hæc tria & ſingula Deus, & ſimul omnia non tres dii, ſed unus Deus*.

Alterum momentum depromitur ex ipſo.

SS. Pa-

SS. Patrum proposito his in locis; nimirum in id solum laborant, ut Arianos impugnent qui Filium Dei volebant Patri inæqualem, dissimilem & ab eo diversum in natura; quocirca promptum erat SS. Patribus in hacce disputatione naturæ humanæ cum divina paritatem usurpare, & merito quidem; nam, quicumque filius, si vere filius naturalis est, æqualis est necessario & ejusdem naturæ cum patre, ejusdem inquam unitate similitudinis & æqualitatis, sicut Adam & Abel.

Satis vero fuit his sanctis Doctoribus unitatem naturæ specificam, æqualitatis, similitudinis asserere Personis divinis, quia de ejusmodi unitate solummodo agebatur, & prudentissimo quidem consilio nihil tunc pronunciarunt de unitate numerica, ne alio distraheretur disputatio, novisque subinde difficultatibus proponendis ansa præberetur & occasio.

Nec moror quod Gregorius Nyssenus loco citato putet nonnisi per abusum dici *multos homines*; si enim hac in parte nonnihil excessit respondens objectioni quę tres Personas divinas tres esse Deos inferebat ex tribus hominibus, certe non in fidem & Theologiam peccavit S. Doctor, qui non semel docet ibidem non posse catholice dici tres esse deos in Trinitate. *Necesse est*, inquit, *ex vi Theorematis in alterutrum prorsus dissimilium duorum incidere errorem, & vel tres dicere deos (quod nefas est) vel testimonio nostro non comprobare quod Filio Spirituique sancto deitas adsit*. Igitur nefas esse putat tres dicere deos.

Instabis; Hæc unitas numerica naturæ, sive, ut aiunt, tautoussia reputabatur apud veteres merus Sabellianismus, cujus rei testis locupletissimus est S. Hilarius qui lib. de Synodis eam appellat *hæresim unionis*, & lib. 6. de Trinitate sic habet, *Unionem detestantes*, *&c.* igitur.

Nego ant. Hæc quippe hæresis unionis in eo posita erat, quod divinæ Personæ in una confundebantur, ut docebant Sabelliani; neque enim hi vocati sunt unquam in crimen hæreseos, quod unam in Deo agnoscerent naturam. Id certe liquet manifeste ex ipsomet S. Hilario, qui sic duo hæc vocabula *unionis* & *unitatis* usurpat, ut unio cadat in Personas, & unitas in naturam, lib. 4. de Trinit. *Absolute Pater Deus, & Filius Deus unum sunt, non unione personæ sed substantiæ unitate*.

Instabis; S. Hilarius lib. de Synodis approbat quod definit Concilium Antiochenum, Patrem, Filium, & Spiritum sanctum tria esse secundum substantiam; *Quod autem dictum est*, inquit, *ut sint quidem per substantiam tria, non habet calumniam*. Igitur.

Respondeo idcirco hanc Synodi Antiochenæ definitionem non improbasse S. Hilarium, quia existimavit substantiam ab illis Patribus accipi pro persona. *Id circo*, inquit, *tres substantias esse dixerunt, subsistentium personas per substantias edocentes*.

Instabis; Declarat ibidem S. Hilarius nihil aliud nomine unitatis intelligere se quam paritatem & æqualitatem, quando nempe de eo loquitur, *Unum idcirco dicuntur esse quia par sit*. Ergo non agnoscit naturam unam esse unitate numerica, sed specifica tantum.

Dist. ant. Paritatem & æqualitatem quæ excludat unitatem personæ, C. unitatem numericam naturæ, N. Hanc esse Hilarii mentem facile intelligitur, si locus integer referatur. *Æqualitatem dico*, inquit, *id est, indifferentiam similitudinis, ut similitudo habeatur æqualitas, æqualitas vero unum dicitur esse quia par sit, unum autem in quo par significatur, non ad unicum vindicetur*. Ibi enim Sabellii peræque ut Arii doctrinam impugnat S. Doctor.

Obicies; Tres in Deo naturas singulares, tres substantias agnoverunt Antiqui, si aut nihil aut parum dubitaverint deos affirmare: sed istud manifestum est ex Tertulliano & S. Ambrosio.

Ex Tertulliano quidem qui lib. adversus Praxeam cap. 13. scribit nonnisi ex quadam œconomia vetitum esse Catholicis ne dicant tres esse deos. *Cæterum si ex conscientia qua scimus Dei nomen & Domini, & Patri & Filio, & Spiritui sancto convenire, deos & dominos nominaremus, extinxissemus faces nostras etiam ad martyria timidiores, quibus evadendi quoque pateret occasio jurantibus statim per deos & dominos, ut quidam hæretici quorum dii plures.*

Et ex S. Ambrosio qui lib. 5. de Fide cap. 3. hac sibi proposita Arianorum objectione, *Si solum verum Deum Patrem, ita & Filium dicitis, & unius substantiæ Patrem & Filium confitemini, non unum Deum sed duos Deos inducitis.* Neutiquam, ut nunc moris est apud Theologos, respondet Patrem & Filium non esse duos Deos sed unum Deum, unam numero naturam habentes, sed aliud plane contrarium reponit his verbis: *Si legimus Scripturas divinas inveniemus pluralitatem magis in ea cadere quæ diversæ discretæque substantiæ sunt, hoc est, inæqualia.*

Nego min. Ex adductis quippe testimoniis certo liquet cautum fuisse in tota retro antiquitate ne plures dicerentur Dii, cum istud maxime gentilitatem & idololatriam redoleat.

Jam vero nihil omnino conficitur ex Tertulliani verbis; neque enim ex œconomia solum negandam esse Deorum pluralitatem scribit, qui ibidem congerit rationes in Scripturis & revelatione fundatas, ut plures non esse deos ostendat. *Itaque deos*, inquit, *omnino non dicam nec dominos, sed Apostolum sequar, ut si pariter nominandi fuerint Pater & Filius, Deum Patrem appellem, & Jesum Christum Dominum nominem, solum autem Christum potero Deum dicere, sicut idem Apostolus.*

Sed nec firmius est quod objicitur ex S. Ambrosio, ibi enim utitur argumento ad hominem adversus Arianos, qui duos esse deos inferebant ex eo quod Filius diceretur Deus a Catholicis, quia, inquiebant illi hæretici, Scriptura non usurpat numerum pluralem, nisi cum loquitur de naturis homogeneis. His ita dictis ab Ariano, ejusque vestigiis insistens Ambrosius, observat *juxta Scripturas pluralitatem magis in ea cadere quæ diversæ substantiæ sunt* retorto scilicet in Arianum argumento: sed inde non sequitur ea tantum ex causa trinitatem deorum negasse sanctum Doctorem, quia tres illi dii unam speciæ naturam habent, ibidem enim unitatem numericam ejusdem naturæ divinæ in tribus Personis astruit apertissime his verbis: *Itaque dicentes Patris & Filii discretam esse substantiam, differentemque deitatem, duos utique ipsi deos asserunt. Nos cum & Patrem confitemur & Filium, asserendo tamen unius esse deitatis non duos Deos, sed unum Deum dicimus.*

Appendix de testimonio S. Joannis.

HOc testimonium quod supra diximus luculentissimum ad probandam trium Personarum distinctionem, legitur 1. Epist. Joan 5. vers. 7. his conceptum terminis: *Tres sunt qui testimonium dant in cælo, Pater, Verbum, & Spiritus sanctus, & hi tres unum sunt.* Sed de hujus veritate & sinceritate non constat apud omnes.

Putavit Erasmus supposititium esse hunc versiculum, & Mss. codices Græcos in quibus non legitur ex posterioribus Latinis in quibus occurrit, fuisse reformatos; quapropter in primis sui novi Testamenti editionibus eum expunxit, in eo magis culpandus quod S. Hieronymum apologia adversus Stunicam, tanquam varium parumque sibi constantem habeat, quod hunc textum Latinis exemplaribus propria auctoritate addiderit sanctus Doctor.

Idem suspicatus pari audacia scribit Faustus Socinus Comment. 1 in Joan. *Hieronymus*, inquit, *ut is qui, ut recte de eo Erasmus alicubis scribit, non satis prudenter sæpe ad victoriam & ad causæ suæ defensionem & favorem multa trahebat, nactus forte exemplar aliquod aut etiam forte plura exemplaria, in quibus particula ista adjecta fuerat ut frans animadverti non posset, adversus fidem aliorum omnium *exemplarium tam Latinorum quam Græcorum lectionem particulæ istius tanquam germanam defendere & promovere cœpit, conquerens publice eam culpa & fraude hereticorum abrasam e vulgatis codicibus fuisse.* Unde nihil non moliti sunt postea Sociniani, ut hujus versiculi sinceritatem everterent.

Sed nemo fusius apertiusve in hunc Joannis versiculum tanquam spurium invectus est, quam Richardus Simonius, vir cætera Catholicus & in ejusmodi Scripturæ lectionum critica peritissimus, tractat istam quæstionem in critica novi Testamenti, 1. p. cap. 18. & in dissertationem critica de Mss. codicibus novi Testamenti quam ad calcem tertiæ partis apposuit, ubi testatur se multos lustrasse Mss. codices Græcos in multis bibliothecis, septem in Regia & quinque in Colbertina, in quibus uti & in multis aliis Latinis exemplaribus, desideratur laudatus versiculus. Suspicabatur primum his Scriptor eum e margine, in qua per modum scholii reperiebatur, subinde in textum irrepsisse; sed conjecturam hanc mutavit in citata dissertatione, putat enim eumdem Anglicano exemplari, cujus meminit Erasmus, fuisse insertum, postquam ad usum Græcorum Latina exemplaria Græce reddita sunt in Concilio Lateranensi sub Innocentio III. In hujus suæ causæ præsidium alia multa congerit momenta Simonius quæ a nobis refellentur cum ea quæ in contrariam partem longe firmiora suppetunt, paucis adduxerimus.

CONCLUSIO.

Non est assutus, sed genuinus versiculus septimus cap. 5. Epist. S. Joannis.

Probatur primo ex ipso contextu, ibi enim post hunc versiculum septimum, de quo quæstio est, incipit octavus ab ista particula *Et*, his nempe conceptus verbis, *Et tres sunt qui testimonium dant in terra, &c.* quæ particula *Et* quoniam copulativa est, manifeste supponit & postulat septimum, *Tres sunt qui testimonium dant in cœlo, &c.* Præterquamquod versu nono S. Joannes ad utrumque respiciens sic habet, *Si testimonium hominum accipimus, testimonium Dei majus est*, quod supponit duos præcedentes versiculos, aliter clara & nitida non esset Apostoli ratio. Certe non est certior criticæ regula qua judicetur in aliquo textu quamdam particulam non esse assutam, quam si ea posita oratio sit clara, ea vero sublata inter se singula orationis verba non cohæreant.

Probatur secundo ex SS. Patribus. Neque vero cum nonnullis commemorabo testimonium Tertulliani e lib. cont. Praxeam cap. 25. *Tres unum sunt, non unus Pater, Filius, & Spiritus sanctus.* Ad hunc enim versiculum nullibi S. Joannis Tertullianum respicere non omnino constat. Omitto etiam referre, quod multi duplex Athanasii testimonium proferunt, unum ex disputatione cum Ario, alterum ex libro primo de unica veritate Trinitatis ad Theophilum, constat quippe apud omnes eruditos hoc utrumque opus non esse sancti Athanasii.

Verum hæc nostra sententia aperte colligitur ex S. Cypriano, qui hunc versiculum manifeste laudat lib. *de unitate Ecclesiæ*, ubi probans in Ecclesia servandam esse unitatem, adducit illud Scripturæ, *Ego & Pater unum sumus;* additque, *Et iterum de Patre & Filio, & Spiritu sancto scriptum est, Et hi tres unum sunt.* Quem certe locum nullibi reperias quam in Epist. S. Joannis cap. 5. vers. 7.

Ex S. Hieronymo in suo ad Epistolas canonicas prologo, ubi conqueritur has Epistolas a nonnullis translatoribus interpolatas, *Illo*, inquit, *præcipue loco, ubi de unitate Trinitatis in prima Joannis Epistola positum legimus, in qua etiam ab infidelibus translatoribus multum erratum esse a fidei veritate comperimus, trium tantum vocabula, hoc est, aquæ, sanguinis & spiritus in sua editione ponentes, & Patris Verbique ac Spiritus testimonium omittentes; in quo maxime & fides Catholica roboratur, & Patris & Filii ac*

Spiritus sancti una divinitatis substantia comprobatur.

Scio equidem communiorem nunc apud eruditos Criticos sententiam, hunc prologum non esse S. Hieronymi, ut inter alios probant ex professo Simonius loco supra citato, & doctissimi Monachi Benedictini annotationibus in eumdem prologum, qui legitur sub finem tom. 1. novæ editionis operum S. Hieronymi. Sed si S. Hieronymi non est hoc opusculum, quod certe longiori oratione expendere non est præsentis instituti; autoritatis est tamen non omnino spernendæ ad hanc nostram sententiam corroborandam, siquidem est autoris antiquissimi, qui ad minimum scripsit sæculo septimo.

Versiculi nostri meminit insuper Vigilius Tapsensis lib. 1. contra Varimadum cap. 5. his verbis, quibus Christi divinitatem astruere conatur: *Et Joannes Evangelista ait: In principio erat Verbum, & Verbum erat apud Deum, & Deus erat Verbum. Item ipse ad Parthos, Tres sunt,* inquit, *qui testimonium perhibent in terra, aqua, sanguis, & caro, & tres in nobis sunt: Et tres sunt qui testimonium perhibent in cælo, Pater, Verbum & Spiritus, & ii tres unum sunt.*

Nec refert quod liber iste credatur a nonnullis post Bellarminum adjudicandus Idacio Hispano Episcopo; si enim ita est, proferimus testimonium viri clarissimi quarto sæculo degentis, Tapsensis autem nonnisi quinto devixit.

Præclarum est in hujusce veritatis confirmationem quod legitur in professione fidei quam Eugenius Carthaginensis Hunnerico Wandalorum Regi obtulit ano. 484. a quadringentis fere Episcopis subsignatam, ubi sic habetur: *Et ut adhuc luce clarius unius divinitatis esse cum Patre & Filio Spiritum sanctum doceamus, Joannis Evangelistæ testimonio comprobatur; ait namque, Tres sunt qui testimonium perhibent in cælo, Pater, Verbum, & Spiritus sanctus, & hi tres unum sunt.* Hoc testatur & comprobat Victor Vitensis lib. 3. de persecutione Africana. Quod invicto est argumento, tunc omnes Africæ Episcopos hunc septimum versiculum habuisse in suis bibliorum codicibus, quem confitenter adversus Arianos laudarunt nullis reclamantibus.

Eumdem commemorat S. Fulgentius responsione ad objectionem decimam Arianorum, pridemque a S. Cypriano citatum testatur: *In Patre ergo*, inquit, *& Filio, & Spiritu sancto unitatem substantiæ accipimus, Personas confundere non audemus: Beatus enim Joannes Apostolus testatur dicens, Tres sunt qui testimonium perhibent in cælo, Pater, Verbum, & Spiritus, & hi tres unum sunt,* Quod etiam beatissimus Martyr Cyprianus in Epistola *de unitate Ecclesiæ confitetur dicens.... Dicit Dominus, Ego & Pater unum sumus; & iterum de Patre & Filio & Spiritu sancto scriptum est, Et tres unum sunt.*

Probatur 3. ex ingenti numero Mss. codicum in quibus legitur iste versiculus. Extat in quodam Ms. codice Corbeiensi qui asservatur in Bibliotheca S. Germani a Pratis, quique perantiquus est & optimæ notæ. Erat in iis codicibus quibus usi sunt autores editionis Complutensis anno 1510. qui tamen teste Ximenio Cardinali in præfatione laborem omnem & curam impenderunt in conquirendis antiquissimis & emendatissimis exemplaribus: Extant in exemplari quodam Britannico, quod tanti fecit acutissimus Erasmus, ut hunc versiculum in præcedentibus suis editionibus omissum, propterea restituerit in sequentibus. Extat in codicibus prope innumeris quos evolverunt Theologi Lovanienses, qui testantur quinque se duntaxat reperisse in quibus desideraretur. Extat insuper in iis omnibus exemplaribus quæ inter se contulit Robertus Stephanus; qui testis est ex sexdecim Græcis, & antiquissimis in septem solum desiderari hunc versiculum. Extat denique in aliis multis codicibus quos laudant indicantque doctissimi Benedictini in suis jam citatis annotationibus ad prologum S. Hieronymi in

Epi-

Epistolas canonicas editis in fine 1. Tomi operum S. Hieronymi.

Hinc est quod Censores Romani qui sub Urbano VIII. in emendandis sacris bibliis multum laborarunt, hunc septimum versiculum retinendum censuerunt, quamvis eundem viderent omissum in aliis exemplaribus.

Favet quoque decretum Concilii Tridentini quo recipiendos jubet singulos libros editionis vulgatae cum omnibus suis partibus, & prout in Ecclesia Catholica legi consueverunt; hinc enim ut manifestum est, nemini licet privata autoritate quamcunque codicum particulam ut spuriam vel assutam ablegare.

Objicies; ille versiculus merito creditur assutus qui multas prae se fert suppositionis notas: sed iste versiculus septimus multas & quidem graves prae se fert suppositionis notas.

Prima nota est quod in nullo fere exemplari Graeco ante quingentos annos exarato reperiatur; ejusmodi sunt septem codices Mss. qui leguntur in Bibliotheca Regia, quorum sex habentur sub istis numeris 1885. 2247. 2248. 2870. 2871. 2872. & alii quinque in Bibliotheca Colbertina sub numeris 871. 6123. 4785. 6384. 2844. praeter alios quamplures Graecos Mss. quos a se lustratos perhibet Simonius & in quibus deest hic versus; uti & constat ex Syriacis, Arabicis & Æthiopicis codicibus qui in bibliis Poliglottis habentur. Cum & aliunde idem versiculus desideretur in Latinis codicibus primae antiquitatis.

Altera hujus assumenti nota est, quod plerique etiam codices in quibus reperitur, inter se non consentiant. Testatur Lucas Brugensis in codice Mss. S. Andreae hunc nostrum versiculum qui nunc in bibliis nostris septimus est, octavum esse. Erasmus refert de utroque exemplari Constantiensi post testimonium sanguinis, aquae & spiritus haec haberi verba, *Sicut in caelo tres sunt, Pater Verbum, & Spiritus sanctus, & tres unum sunt.* Extant insuper exemplaria Graeca in quibus ad marginem versiculi octavi legitur scholium exponens de tribus Personis divinis spiritum, aquam & sanguinem; unde non levis est conjectura ejusmodi scholium, quod certe hic ipse est noster versiculus, & margine in textum irrepsisse aliorum exscriptorum manu; quod ita factum esse putat Simonius, & probat exemplo codicis cujusdam qui extat in Bibliotheca regia, in quo e regione illius versus, *Tres sunt qui testimonium dant in terra, spiritus, aqua & sanguis;* legitur ad marginem, *Spiritus sanctus, & Pater, & Filius.*

Tertia falsitatis nota ex eo maxime colligitur, quod nemo ex antiquis ante Victorem Vitensem qui degebat quinto saeculo, hunc versiculum citaverit, quanquam utile ac peropportunum fuerit SS. Patribus hoc versiculo uti adversus haereticos, luculentissimo certe in Sabellianos peraeque ac Arianos. Hoc testimonio usus non est S. Athanasius ad asserendam Filii Dei divinitatem, uti nec S. Hilarius, S. Gregorius Nazianzenus, S. Basilius, S. Chrysostomus, S. Leo. Quin immo S. Cyrillus Alexandrinus lib. 14. Thesauri cap. 5. plurima Scripturarum congerens loca ad probandam Spiritus sancti divinitatem, citat expresse versum octavum, *Tres sunt qui testimonium dant in terra, &c.* nulla omnino mentione facta septimi versiculi.

Atque idem contingit S. Ambrosio lib. 1. de Spiritu sancto cap. 6. tum & S. Augustino qui libris integris contra Maximinum Arianum, nullibi laudat versiculum nostrum; & insuper lib. 3. cap. 22. inde Trinitatem astruit quod in octavo versiculo per spiritum, sanguinem & aquam, significantur Pater, & Filius & Spiritus sanctus. Ex quibus luce meridiana clarius est septimum, de quo nunc disputamus, versiculum, in iis exemplaribus non extitisse quibus utebantur laudati Patres. Neque enim tot eruditi Scriptores Catholicae fidei acerrimi vindices omisissent in simili occasione locum, ex quo funditus convellebatur haereticorum error; vel dicatur

neces-

necesse est manca & imperfecta fuisse sacra volumina quibus utebantur hi omnes antiqui Patres, quod omni verisimilitudine vacat.

Quibus adde Dydimum Alexandrinum, Oecumenium, Bedam & alios antiquiores Scripturarum Interpretes hujus versiculi nullam fecisse mentionem in suis ad S. Joannis Epistolam commentariis. Quin & observatione dignissimum est, S. Hieronymum, qui in emendandis sacris codicibus studium omne suum & laborem feliciter collocavit, hunc tamen versiculum omisisse, cum primam S. Joannis Epistolam recensuit.

Nego min. & ad singula momenta respondeo.

Ad primum, vere quidem iste versiculus in multis exemplaribus & Græcis & Latinis desideratur. Sed negari quoque non potest, quin reperiatur in aliis quamplurimis æque veteribus, uti mox ostendimus. Ea quidem objectio probat quædam esse exemplaria in quibus desideratur iste versiculus, quædam vero in quibus legitur, sed neutiquam evincit priora istis esse anteponenda. Quin potius hac posita codicum varietate & discrepantia, conjici potius debere præfatum versiculum a veris exemplaribus fuisse expunctum, quam falso in alia infertum, ex eo colligendum puto, quod reperiatur in sinceris sanctorum Patrum scriptoris quæ multum antiquiora sunt iis Mss. codicibus in quibus desideratur iste versus, quandoquidem ad summum ab octingentis annis exarati videntur ejusmodi codices, qui proinde multo recentiores sunt Cypriano, Vigilio Tapsensi, Eugenio Carthaginensi, & Fulgentio. Quibus adde hunc versiculum tanquam genuinum omne ævo agnoscere omnes Ecclesias tum Latinas tum Græcas.

Neque vero plus virium est in altero ex varietate momento quod petitur codicum qui hunc versiculum diversimode repræsentant, modo in margine, modo tanquam scholium, modo ut octavum ordine, tum septimum; id quippe arguit solum incuriam atque insipientiam in quibusdam sacrorum codicum exscriptoribus, vel fraudem & malitiam in aliis, nam pro veritate illius textus reclamant testimonia S. Cypriani, Eugenii Carthaginensis & aliorum Præsulum Africanorum, Victoris Vitensis, & S. Fulgentii, quæ fide & antiquitate superant omnes Mss. codices.

Ex quibus manifeste liquet vanam esse Simonii conjecturam, qui hunc versum putat e margine in textum irrepsisse; erat enim in textu, antequam ullum quod nunc extet, componeretur scholium. Præterquamquod codex ille regius in quo suam conjecturam fundat Simonius, nonnisi a 500. annis descriptus est, ut ipse confitetur, quamquam alium ipse viderit codicem Ms. ab 800. annis exaratum sub Lothario II. qui hunc nostrum versum exhibet in textu non in margine.

Itaque verisimilius est præfatum versiculum in multis exemplaribus desiderari vitio & culpa cujusdam exscriptoris, qui postquam descripsit hæc priora septimi versiculi vocabula, *Tres sunt qui testimonium dant*, transivit ad octavum versiculum in quo eadem verba repetuntur; docet enim experientia satis communem esse similem lapsum, cum duæ lineæ nullo intervallo separatæ ab iisdem verbis incipiunt. Id apprime observant Monachi Benedictini loco jam citato in prologum Sancti Hieronymi; nemo, inquiunt, librorum genus aliquod non reperies ubi non inoleverint similia omissionum vitia. Docet Hieronymus lib. 6. comment. in Jeremiam c. 3. multa fuisse prætermissa in LXX. Interpretibus, quia secundo dicebantur. Insignis est ille locus qui rem istam plane conficit, Jeremiæ nimirum cap. 30. vers. 14. & 15. sic legitur scriptum, *Omnes amatores tui obliti sunt tui, teque non quærent, plaga enim inimici percussi te castigatione crudeli: propter multitudinem iniquitatis tuæ dura facta sunt peccata tua: Quid clamas super contritione tua? Insanabilis est dolor tuus, propter multitudinem iniquitatis*

tatis tuæ & propter dura peccata tua feci hæc tibi. Quod commentariis suis Hieronymus illustrans, apposite hæc inter multa observavit. *Quodque sequitur*, inquit, *quid clamas super contritione tua? Insanabilis est dolor tuus propter multitudinem iniquitatis tuæ*, in LXX. *non habetur*; videlicet *quia secundo dicitur propter multitudinem iniquitatis tuæ & dura peccata tua, & qui scribebant a principio additum putaverunt*. Sed commodiorem adhuc locum habes in libro Josue cap. 21. vers. 36. secundum Vulgatam. Nam iteratæ repetitiones eorum verborum, *Civitates quatuor cum suburbanis ejus*, quæ leguntur vers. 35. 36. & 37. erroris ansam præbuere scriptoribus qui vers. 36. prætermiserant decepti similitudine, vel eadem sermonis clausula quæ non solum incuriosorum, sed diligentium nonnunquam obtutus confundit in describendo libros. Si autem hac in materia exscribendo scilicet Epistolam S. Joannis, errasse supponitur aliquis Notarius, facile intelligitur parem mutilationem paucis excrevisse in infinitum.

Addi potest hunc versum e textu S. Joannis expunctum ab Arianis, paris enim corruptelæ hæretici non semel arguuntur a SS. Patribus, ut colligere est ex S. Ambrosio qui lib. 3. de Spiritu sancto cap. 10. Arianis exprobrat quod hunc locum *Deus spiritus est*, e sacris codicibus deleverant. Similis perfidiæ hæreticos redarguit Socrates lib. 7. hist. cap. 32. quod nimirum ex hac ipsa S. Joannis Epistola cap. 4. hæc verba sustulerant, *Omnis spiritus qui confitetur Jesum Christum in carnem venisse, ex Deo est*.

Ad tertium momentum respondeo revera quidem multos Patres hunc versiculum non commemorasse, sed nemo nescit ejusmodi argumentum negativum esse & nullius roboris, cui prævalere debet argumentum positivum quod petitur ex auctoritate plurimorum e SS. Patribus vel antiquioribus supra laudatis.

Addo insuper forte hunc versum omisisse multos Patres cum disputarent adversus Arianos, quod noverant hæc verba *Et hi tres unum sunt*, ab illis hæreticis in magno pretio non haberi, ad probandam unitatem naturæ in tribus Personis divinis, ex eo videlicet quod eadem plane verba habentur in versu octavo de spiritu, sanguine & aqua, ex quibus tamen verbis sola colligitur unitas testimonii non naturæ; vel quia ad eosdem confutandos hæreticos aliud in Evangelio suppetit testimonium his verbis contentum, *Ego & Pater unum sumus*, quod æque manifestum est ad evincendam unitatem in natura. Vel demum dici potest nonnullos ex illis Patribus incidisse in mutila exemplaria e quibus expunctus fuerat versiculus quo quæstio est.

Instabis; Cum ista sententia, quæ genuinum, non assutum docet S. Joannis versiculum, S. Cypriani autoritate potissimum fulciatur, ruet profecto si non constet eum fuisse a Sancto Cypriano lectum in exemplari quod præ manibus habebat: sed non constat sequitur hunc versiculum a Sancto Cypriano fuisse lectum in exemplari quod præ manibus habebat. Quin potius verisimilius longe est Sanctum Doctorem habuisse præ oculis octavum duntaxat versiculum qui est de trium testimonio in terra, & quem accommodatitio sensu Patri, Filio, & Spiritui sancto applicabat. Idque eo confidentius factum a Cypriano judicamus, quod idem quoque præstitum fuit & a Sancto Augustino & a Facundo Hermianensi.

S. Augustinus lib. 2. contra Maximinum cap. 12. ex versu octavo hujus Epistolæ Joannis, astruit Christi divinitatem septimo neutiquam citato. *Sane falli te nolo*, inquit, *in Epistola Joannis Apostoli, ubi ait, Tres sunt testes, spiritus & aqua & sanguis, & tres unum sunt. Ne forte dicas spiritum, aquam & sanguinem diversas esse substantias, & tamen dictum esse, Tres unum sunt, propter hoc admonui ne fallaris; hæc enim sacramenta sunt, in quibus non quid sint, sed quid ostendant, attenditur .... Ut nomine spiritus significatum accipiamus Deum Patrem,*

nomi-

nomine sanguinis Filium, quia Verbum caro factum est, & nomine aquæ Spiritum sanctum.

Et certe si Augustinus versum septimum habuisset ante oculos, quorsum ad astruendam Christi divinitatem ad sensum accommodatitium confugisset? Quomodo autem hunc septimum omisisset, si in alio sensu quam accommodatitio extabat in operibus S. Cypriani quæ toties evolverat sanctus Doctor?

Et Facundus similiter lib. 1. cap. 3. octavum dumtaxat versum citat quem tribus Personis divinis accommodat: *Nam* inquit, *& Joannes Apostolus in Epistola sua de Patre, & Filio, & Spiritu sancto sic dicit, Tres sunt qui testimonium dant in terra, spiritus, aqua, & sanguis, & hi tres unum sunt.* Quod quidem probat ex allato S. Cypriani loco, *Quod testimonium*, inquit, *S. Joannis Apostoli, S. Cyprianus Carthaginensis Antistes & Martyr in Epistola sive libro quem de Trinitate scripsit, de Patre, Filio, & Spiritu sancto dictum intelligit.* Unde merito colligitur in operibus S. Cypriani quibus utebatur Facundus, defuisse hunc S. Joannis versiculum septimum.

Nego minor. Si enim S. Cyprianus præ oculis in suo exemplari habuisset tantummodo versiculum octavum, qui est de trium testimonio in terra, & quem ad tres Personas divinas accommodasset, obscure admodum & præter morem locutus fuisset, cum aliunde non admonuerit ibi esse figuram tribus Personis applicandam: at simpliciter & sine ulla figura scribit Cyprianus, *De Patre, & Filio, & Spiritu sancto scriptum est, Et hi tres unum sunt.* 2. Si versum octavum accommodasset tribus Personis divinis, ordinem trium istarum vocum, *spiritus, aqua, sanguis*, servasset, sic appellasset Spiritum sanctum immediate post Patrem, utpote qui significatur per aquam.

Quod autem ad hujus conjecturæ confirmationem profert Simonius exemplum S. Augustini & Facundi, quasi ea sit ratio agendi familiaris Scriptoribus Africanis, nihil omnino efficit; idque unum sequitur: ad sensum accommodatitium confugisse Augustinum & Facundum qui mutilis exemplaribus haud dubie utebantur, ut diximus, neutiquam vero S. Cyprianum.

Facundo autem nulla debet haberi fides, cum ait S. Cyprianum de Patre, Filio, & Spiritu sancto intellexisse, quod legitur versu octavo S. Joannis de spiritu, aqua, & sanguine; id quippe sine ullo fundamento affirmat, crediderim potius S. Fulgentio majoris certe fidei & autoritatis, qui non modo septimum hunc laudat versiculum, sed & eundem a S. Cypriano citatum perhibet, ut supra retulimus.

Et certe mentem S. Cypriani hac in parte assecutum non fuisse Facundum, constat ex ipsis Cypriani verbis, qui ait de Patre & Filio & Spiritu sancto *scriptum esse*, Epistola nimirum S. Joannis, Et hi tres unum sunt; non ait autem de Patre, & Filio, & Spiritu sancto *intelligi* quod scriptum est, Et hi tres unum sunt, quæ quidem duo maxime diversa sunt, ratio enim hæc loquendi qua utitur Cyprianus, ostendit manifeste eum ante oculos habuisse quod scriptum erat de Patre, & Filio, & Spiritu sancto, non autem solummodo, quod ipsis per accommodationem applicabatur.

Utrum ratione naturali demonstrari possit mysterium SS. Trinitatis.

Dupliciter aliquid potest demonstrari, positive scilicet & negative; demonstratur positive quando medium adducitur ratione naturali cognitum & cum ea re connexum, ut cum demonstratur existentia Dei ex creaturis. Aliquid demonstratur negative, quando solvuntur objectiones quæ adversus rem illam proponuntur.

Certum est mysterium SS. Trinitatis ratione naturali posse demonstrari negative; ita enim solvimus modo argumenta quæ proponi solent in hoc mysterium, ut evidenter pateat illud non esse impossibile. Sed quæstio est an demonstrari possit positive.

Sunt

Sunt autem duo in præsenti occasione apprime distinguenda, atque sedulo distinguendæ quæstiones, quarum una sit de existentia Trinitatis, & altera de ejus possibilitate; quanquam eas confundat vulgus Theologorum, qui iisdem argumentis probant mysterium Trinitatis non posse lumine naturali demonstrari existens, & non posse demonstrari possibile.

Claudianus Mamertus qui floruit quinto sæculo Viennensis Ecclesiæ Presbyter, existimavit hoc mysterium sola ratione naturali sine ullo divinæ revelationis auxilio cognosci posse; immo & illud etiam a Platone fuisse cognitum; id videlicet scribit Mamertus lib. 2. de statu animæ cap. 7.

Teste S. Bernardo Epist. 110. Petrus Abailardus eo venit insaniæ, ut altissima quæque mysteria, ipsamque Trinitatem solo ingenii sui acumine & subtilitate pervadere se facili negotio posse gloriaretur; quod quidem ipsi vitio verterunt Summus Pontifex Innocentius II. plerique Gallicani Præsules, & ipse S. Bernardus.

PRIMA CONCLUSIO.

Existentia SS. Trinitatis lumine naturali demonstrari non potest.

Probatur; Nam quidquid ratione naturali demonstratur existens, vel demonstratur a priori, vel a posteriori: atqui mysterium Trinitatis neque potest demonstrari a priori, neque a posteriori; non a priori quidem, quia nulla est causa Trinitatis; neque etiam a posteriori, quod enim nullos in natura producit effectus, non potest demonstrari a posteriori existens: sed Trinitas nullos in natura producit effectus, singuli enim effectus Dei sunt a Deo ut unus est, non ut trinus: ergo.

Quamobrem velut stupendum & ineffabile mysterium habetur Trinitas in Scripturis, Isayæ 53. *Generationem ejus quis enarrabit?* Mathæi 11. *Nemo novit Filium, nisi Pater, neque Patrem quis novit nisi Filius, & cui voluerit Filius revelare?* Quibus adde districte vetitum in Scripturis, ne quis nostrum profundiora Dei mysteria scrutetur, Job 28. *Sapientiam Dei unde invenies? latet enim ab oculis hominum.* Proverb. 25. *Qui scrutator est majestatis opprimetur a gloria.* Ecclesiastici cap. 3. *Altiora te ne quæsieris, & fortiora te ne scrutatus fueris.* Certe si quod sit in tota Christi religione mysterium profundum & inscrutabile, hoc sibi maxime vindicat SS. Trinitas.

Atque hoc quidem unanimi consensu docent SS. Patres.

S. Athanasius Epist. 1. ad Serapionem: *O stulti*, inquit, *atque ad omnia audaces & præcipites, quare non potius sanctam Trinitatem curiose scrutari desinitis, eamque esse duntaxat creditis, magistrum Apostolum hac in re imitati, cujus hæc sunt verba, credere enim oportet, &c.*

S. Ambrosius lib. 1. de fide ad Grat. cap. 10. *Impossibile est*, inquit, *generationis verbi divini scire secretum, mens deficit, vox silet.*

S. Augustinus lib. 15. de Trinitate, cap. 9. *Deum esse Trinitatem credimus potius quam videmus.*

Objicies: sic demonstrari existentiam Trinitatis. Ut ratione naturali innotescat existentia Trinitatis, satis est quod sola ratione naturali absque beneficio revelationis divinæ innotescat Deum intelligendo producere terminum in persona distinctum & in natura unum, quod appellamus Verbum; tum etiam volendo seu amando producere terminum sui amoris pariter distinctum in persona, unum in natura, quem appellamus Spiritum sanctum: atqui tria hæc ratione naturali innotescunt.

Ac primo Deum intelligendo producere suæ intellectionis terminum; omne enim agens agendo aliquid producit, suæ actionis aliquem producit terminum; intelligere autem est agere, intellectio est actio: ergo lumine naturali demonstratur Deum intelligendo producere aliquem terminum.

Secundo, terminum illum productum, esse distinctum in persona; ex eo nempe quod productum, est semper distinctum a producente; nihil ſeipſum produxit.

Tertio denique, terminum illum eſſe unum in natura, ex eo conſtat quod terminus ille ſit perfectiſſimus: atqui non eſſet perfectiſſimus niſi ejuſdem eſſet naturæ cum principio, cum Deo Patre: ergo tria hæc conſtant ratione naturali, idemque eſt judicium de termino amoris; ac proinde diſcurſu & ratiocinio infertur myſterium Trinitatis exiſtens.

Nego min. & ad probationem nego ſimiliter ullum ex his tribus præfatis ratione naturali innoteſcere.

Primo non innoteſcit Deum intelligendo producere aliquem terminum ſuæ cognitionis: vere quidem Deus cognoſcendo producit Verbum quem appellamus Filium Dei, ſed id fides ſola docet, & naturaliter non cognoſcitur; quin immo ſtando lumini naturali judicavimus cognitionem Dei eſſe quid improductum, Deum per ſe & immediate per ſuam ſubſtantiam cognoſcere, non per actionem realiter ab eo diſtinctam; ſiquidem, quod intellectus creatus producat cognoſcendo aliquod verbum mentis, hoc redolet, inquiunt multi Theologi, quandam imperfectionem, in eo nempe ſitam, quod intellectus per ſe & non niſi beneficio alicujus imaginis productæ poſſit objectum percipere: ergo ratione naturali non innoteſcit Deum intelligendo producere aliquem terminum.

Secundo, non innoteſcit terminum illum intellectionis divinæ eſſe diſtinctum in perſona. Eſto quod ratiocinio inferamus terminum per intellectionem productum, eſſe diſtinctum ab intelligente, quia ſemper agens aliud a ſe producit; nemo tamen unquam exiſtimabit terminum illum eſſe aliam perſonam ab intelligente, ad ſummum putabit Philoſophus terminum illum eſſe quandam imaginem repræſentativam objecti, quomodo apud nos verbum mentis intentionale, nobis exhibet atque repræſentat objectum cognitum.

Tertio, non innoteſcit ratione naturali terminum illum eſſe unum natura; innoteſcet enim dumtaxat terminum illum eſſe de genere imaginis, ſpeciei expreſſæ vim habentis repræſentandi quæcumque Deus cognoſcit; unde ad probationem diſtinguo: cognoſcitur terminum illum eſſe perfectiſſimum in ratione imaginis, repræſentationis, C. perfectiſſimum in omni genere, quaſi ſit ipſe Deus, quaſi aliqua Perſona divina, N. nam in intellectu humano verbum mentis non eſt homo, in intellectu Angelico verbum mentis non eſt Angelus; unde ſtupendum & ineffabile myſterium, quod Verbum mentis divinæ ſit Deus.

Adde quod, ſi Philoſophus ratiocinio utens eo veniſſet, ut judicaret Deum intelligendo producere terminum diſtinctum in perſona & unum in natura; eadem ratione colligeret Filium genitum producere intelligendo alium Filium; ſola enim fide nobis conſtat tres eſſe tantum Perſonas divinas; numerus Perſonarum nulla ratione definitur nam & ille Philoſophus in multis hæreret anceps & dubius; non poſſet enim concipere, quomodo Perſonæ illæ unus & idem eſſent Deus, non plures Dii; quomodo natura divina, quæ eadem eſt in tribus, fœcunda ſit in Patre & Filio, non in Spiritu ſancto; cur potius Verbum generetur quam Spiritus ſanctus, & alia id genus, quæ quidem oſtendunt manifeſte rationi naturali impervium eſſe myſterium Trinitatis.

Objicies; Demonſtratur Trinitas per effectus & conſequenter a poſteriori, ſi creaturæ ſint effectus Trinitatis: ſed omnes creaturæ ſunt effectus Trinitatis: ergo.

Diſt. min. Omnes creaturæ ſunt effectus Trinitatis in rei veritate, C. idque diſcurſu & ratiocinio cognoſcitur, N. Aut aliter; creaturæ ſunt effectus Trinitatis, quatenus eſt unus Deus, C. quatenus eſt Trinitas formaliter, N. Revera creaturæ ſunt a Deo qui trinus eſt in Perſonis, & ideo ſunt effectus Trinitatis; ſed iſtud non cognoſcitur naturaliter, nempe non cognoſcitur creaturas eſſe a Deo ut trino in Perſonis, hoc unum ratiocinio conſtat eſſe Deum: an vero ſit trinus in Perſonis ſola fides docet, ratio nullatenus demonſtrat;

strat: immo cognoscimus Deum tametsi esset unus in persona, recte tamen esse mundi opificem, proindeque per effectus & creaturas non demonstratur Trinitas Personarum in Deo.

Objicies; Ratione naturali cognoscitur Deum esse fœcundum & quidem infinita fœcunditate, quia ejusmodi fœcunditas est perfectio: sed præcognita semel Dei fœcunditate clare intelligitur productio Filii per ejus intellectum & Spiritus sancti per voluntatem, ut fœcundus enim intelligitur producere terminum aliquem per quamlibet facultatem, & ut fœcundus infinite debet producere terminos naturæ infinitos: igitur ratione naturali cognoscitur Deum esse trinum in Personis.

Dist. maj. Deum esse fœcundum ad extra, hoc est, potentissimum qui omnia possibilia creare possit, C. fœcundum ad intra, quasi per intellectum & voluntatem produceret necessario personas distinctas, N. Hoc argumentum quod Raymundi Lullii est, jam abunde solvimus.

Objicies; Multi ex antiquis Philosophis lumine fidei destituti distinctionem Personarum agnoverunt; quod vulgo existimatur de Platone, qui Deum dixit omnium principium & regem, & illius principii patrem esse; de Trismegisto, cujus hæc creduntur esse verba: *Monas genuit Monadem, & in se suum reflexit ardorem.* Denique de Sybillis, quæ multa suis versibus asserunt, ex quibus colligi potest illis notum fuisse mysterium Trinitatis, a posteriori scilicet & per effectus, aut summo ingenii quo pollebant acumine.

Respondeo primo, apud antiquos nullum extare testimonium satis luculentum, ut colligamus illis notam & perspectam fuisse Trinitatem, ut patet ex iis quæ vulgo ab illis scripta laudantur: rem fusius postea examinabimus.

Respondeo secundo, veteres Philosophos ejusmodi notitiam non habuisse (si quam habuerunt) vi discursus & a posteriori per effectus, sed ex lectione sacrorum codicum veteris quidem Testamenti si de Platone & de Trismegisto sermo sit, & novi Testamenti, si de autore carminum Sybillinorum; is enim, ut dicimus, post natum Christum vixit, quisquis ille sit. Quibus adde plane fictitium esse quod ex Trismegisto qui Moyse antiquior sit vulgo refertur, apertum est enim in eo libro multa esse ex sacris codicibus Moyse non antiquioribus hausta.

Objicies; Cognoscimus evidenter mysterium Trinitatis esse a Deo revelatum; evidens est enim evidentia testimonii omnino irrefragabili Scripturam sacram esse verbum Dei, & consequenter revelatam esse a Deo Trinitatem, in ea enim expresse & clare legimus tres Personas unam eamdemque naturam habentes: atqui hoc posito evidenter demonstratur existere mysterium Trinitatis: siquidem demonstratur existere, id quod testatur Deus existens; Deus enim est verax, qui nec falli nec fallere potest, & ista omnia lumine naturali sine revelationis subsidio innotescunt: ergo evidenter demonstratur mysterium Trinitatis existens. Quæ demonstratio erit a simultaneo ut aiunt, per aliud scilicet evidenter cum ipsa Trinitate connexum, puta per evidentem revelationem & veracitatem Dei revelantis, ex quibus necessario & evidenter infertur veritas rei revelatæ, nempe distinctio trium Personarum quæ unam eamdemque naturam habent.

Ab illo argumento facile expedire se possunt nonnulli Theologi, qui negant evidentem esse revelationem fidei nostræ; hoc est, evidens esse Deum revelasse & veracem esse.

Verum meo quidem judicio temeraria est omnino, & Christianæ Religionis eversiva hæc sententia, ut fusius ostenditur in tractatu de Fide; siquidem certi sumus de fidei nostræ articulis, in quantum constat nobis Deum in suis dictis veracem illos revelasse: sed Deum revelasse constat per evidentiam miraculorum, quæ patravit Christus Dominus, ut suam a Deo Patre legationem probaret; nam Christo se esse Messiam dicenti, non credidissent homines, nisi prius in fidem & probationem suorum verborum fecisset sigua, quandoquidem idipsum dicere poterat quilibet Pseudopropheta: quapropter dici nequit revelationem non esse evidentem.

Respondeo itaque dist. min. Demonstratur evidenter existere mysterium Trinitatis, evidentia extrinseca, ut aiunt, evidentia testimonii & revelationis, C. evidentia intrinseca petita ab ipsa re, seorsim a revelatione cognita, N. fateor mysteria nostræ Religionis evidenter a nobis cognosci existere, evidenter inquam evidentia testimonii & revelationis, quia evidens est Deum illa revelasse, sed evidenter non cognoscuntur existere evidentia petita ab alio medio quam a revelatione. Porro, quando Theologi quærunt utrum demonstrari possint mysteria ratione naturali, v. g. mysterium Trinitatis quærunt utrum independenter a revelatione, sine beneficio revelationis divinæ ratio naturalis possit detegere, & evidenter demonstrare Trinitatem, quod sane fieri non potest nisi detur aliquod medium naturaliter cognitum cum Trinitate necessario connexum; quemadmodum recte dicimus demonstrari existentiam Dei, quia præter testimonium ipsius Dei testificantis se esse, medium habemus, naturaliter cognitum cum existentia Dei necessario connexum, nempe mundi compagem & fabricam.

Objicit Raymundus Lullus; Debet esse in Deo bonificativum, bonificabile, & bonificans: ergo in Deo tres sunt Personæ, hoc enim bonificativum est Pater, bonificabile est Filius, & bonificans est Spiritus sanctus.

Respondeo ne responsione quidem dignam esse ejusmodi objectionem, adeo est ab omni ratione aliena; cur enim Pater sit potius bonificativus quam Filius, cur Filius sit potius bonificabilis quam Spiritus sanctus si qua sit nempe significatio in istis barbaris vocibus, nemo certe dixerit. Unde hujus Philosophi doctrinam merito proscripserunt olim Theologi Parisienses, ut testatur Gersonius in tractatu de examine doctrinarum.

SECUNDA CONCLUSIO.

Non potest quoque demonstrari naturaliter & positive mysterium Trinitatis esse possibile.

Probatur; Nam ut demonstraretur positive possibilitas Trinitatis, deberet esse medium naturali lumine cognitum cum illius mysterii possibilitate necessario connexum: atqui nullum est medium naturali lumine cognitum cum Trinitatis possibilitate necessario connexum; nihil est enim in natura simile huic mysterio, & quod satis perfectam illius referat speciem & imaginem, ut inde colligi merito possit tres Personas unam eamdemque naturam habentes esse possibiles; in natura enim & apud Angelos & apud homines ubicumque sunt tres personæ, ibi sunt tres naturæ singulares: ubicumque una est singularis & individua natura, ibi est unica persona: ergo nihil omnino indicat posse dari tres Personas, unam eamdemque naturam singularem & numericam habentes, adeoque non demonstratur naturaliter Trinitas possibilis.

Objicies animam nostram tribus facultatibus a se invicem distinctis intellectu, voluntate & memoria præditam, esse sanctissimæ Trinitatis claram & expressam imaginem; tres enim illæ facultates sunt inter se distinctæ & cum anima realiter identificatæ: ergo reperitur aliquid prope simile Trinitati; proindeque demonstratur illius possibilitas.

Nego ant. anima enim non est nisi imperfecta Trinitatis imago; nam tres facultates animæ, intellectus, voluntas & memoria, non sunt tres personæ subsistentes, sed tres potentiæ formaliter tantum distinctæ; in quo quidem nihil est quod stuporem moveat, quodlibet enim ens singulare suas habet facultates formaliter distinctas, soli Deo competit tres habere proprietates, tres modos qui sint subsistentes & veræ Personæ; tum vero illas Personas realiter distinctas, unam eamdemque habere naturam singularem & individuam.

Ob-

Objicies; illud demonstratur possibile, quod non demonstratur impossibile: atqui mysterium Trinitatis non demonstratur impossibile; neque enim Gentiles, neque Judæi, neque Hæretici ullum possunt afferre argumentum adversus Trinitatem, cui non faciamus satis: ergo eo ipso Trinitas demonstratur possibilis.

Nego maj. & dico neque demonstrari Trinitatem esse impossibilem, neque demonstrari esse possibilem; scilicet nec qui impugnant illud mysterium, adducunt argumenta insolubilia, e quibus certo & evidenter colligatur illius impossibilitas, nullam enim involvit contradictionem; neque nos ex altera parte medium in natura habemus cum Trinitate connexum, quo ejus possibilitas demonstrari possit; proindeque mysterium illud neque demonstratur possibile, neque demonstratur impossibile.

Neque dicas nullum esse medium inter aliquid demonstrari possibile, & demonstrari impossibile; sicut nullum reperitur medium inter possibile & impossibile: tametsi enim nullum sit medium inter possibile & impossibile; quia quodlibet vel est possibile vel est impossibile, vel enim repugnat vel non repugnat, tamen datur medium inter demonstrari possibile & non demonstrari impossibile; medium scilicet per utriusque negationem, neque demonstrari possibile, neque demonstrari impossibile. Scilicet possibile & impossibile sunt duo contradictoria, inter quæ proinde nullum datur medium; sed demonstrare possibile & demonstrare impossibile non sunt contradictoria, quo fit ut inter ea detur aliquod medium.

Utrum ante Christi tempora mysterium SS. Trinitatis fuerit cognitum Judæis & Gentilibus.

Quoad Judæos super proposita quæstione hæc certa sunt:

Primo, nonnullam sanctissimæ Trinitatis revelationem extare in libris antiqui Testamenti, quæ sit tamen longe magis involuta, nec adeo clara & expressa ut in novo Testamento; id perspicuum maxime est ex iis locis quæ supra adduximus ad probandam trium Personarum divinarum distinctionem, si ad se invicem comparentur.

Secundo, sequitur inde apertam hujus mysterii revelationem concessam fuisse Patriarchis & Prophetis; his enim datum est nosse & interpretari Scripturas in iis saltem quæ ad Religionem maxime pertinebant. Præterquamquod id manifeste colligitur ex Scripturis, Math. 13. *Amen dico vobis*, inquit Christus, *quia multi Prophetæ & justi cupierunt videre quæ videtis, & non viderunt; & audire quæ auditis, & non audierunt*. Porro istud Prophetarum desiderium videndi Christum, supponit eos fide Incarnationis fuisse imbutos; adeoque & ipsis infusam Trinitatis fidem. Quod idem evincitur ex isto Joan. 8. *Abraham Pater vester exultavit ut videret diem meum; vidit, & gavisus est*.

Tertio, videtur etiam omnino negari non posse, quin inter peritiores Judæorum nonnulla fuerit Trinitatis cognitio; fuit

Quarto demum, verisimile est omnem Trinitatis revelationem & notitiam fuisse viris de plebe Judaica denegatam; neque enim tanti mysterii tamque absconditi negotio decebat rudem populum, quem in unius Dei cultum, ut ad idololatriam propensus erat, vix continere poterant Sacerdotes.

Quoad Gentiles & antiquos Philosophos spectat, duo hæc tanquam certa propugnari possunt.

Primum est, Gentiles Philosophos notitiam non habuisse Trinitatis notitiam; nam ipse Plato qui cæteris videtur de Deo dignius sensisse & de SS. Trinitate clarius disseruisse, in Epistola scilicet ad Dionysium, ubi tres Dei Personas in speciem designat, primam quæ rerum omnium est parens, secundam quæ est mens cunctorum artifex, & tertiam quæ est mundi anima; tamen non omnino constat, id de veris Personis potiusquam de divinis ejusdem Personæ attributis locutum fuisse hunc Philosophum. Quam-

Quamobrem hæc communis fuit veterum Patrum sententia, Origenis lib. 1. de Principiis cap. 3. S. Augustini lib. 10. de Civit. Dei cap. 23. S. Cyrilli Alexand. lib. 8. contra Julianum & aliorum passim, rectam & accuratam SS. Trinitatis notitiam non fuisse in Gentilibus Philosophis. Unde cum iidem Patres mysterium Trinitatis prædicando, argumentum aliquando petunt ex doctrina Platonis, cujus etiam nonnulla proferunt testimonia, ea tantum ex causa id faciunt; ut ridiculos habeant hæreticos qui hocce mysterium oppugnant, quod ipsi Gentiles utcumque agnoverunt.

Alterum est, Platonem aliosque Philosophos, si quam Trinitatis notitiam suis in scriptis expresserunt, totam ex Hebræis seu per colloquia, seu per eorum libros acceptam habuisse, id testantur Sanctus Justinus Apolog. 2. Sanctus Clemens Alexand. lib. 5. Stromat. Eusebius lib. 2. Præparat. Evangel. S. Augustinus lib. 2. de doctrina Christiana c. 28. Scilicet constat veteres illos Philosophos summo discendi desiderio captos Moysis aliorumque Judæorum libros avide arripuisse ac legisse.

De processionibus divinis.

DE divinis processionibus hæ proponuntur quæstiones.

Primo, quæritur an admittendæ sint in Deo processiones.

Secundo, quot sint processiones.

Tertio, an processio Filii sit generatio, non item processio Spiritus sancti.

Quarto, cur processio Filii dicatur potius generatio quam processio Spiritus sancti.

Quinto, quodnam sit principium proximum divinarum processionum.

An admittendæ sint in Deo processiones.

NOmine processionis intelligitur origo unius ab alio; processio & productio differunt inter se ut actio & passio; productio est actio & residet in agente, processio autem est veluti passio & origo quæ residet in eo qui producitur. Quæstio est an ejusmodi processio admittenda sit in Deo cum aperte repugnare videatur unam personam, quæ Deus est, ab alia procedere.

CONCLUSIO.

Probatur 1. Illud in Deo admittendum est, quod ipsi tribuunt Scripturæ: atqui processiones Deo tribuunt Scripturæ, in quibus Filius dicitur procedere a Patre, Psal. 2. *Ego hodie genui te*; Mich. 5. *Egressus ejus ex diebus æternitatis*. Joan. 8. *Ego ex Deo processi*, inquit Filius: & Spiritus quoque sanctus dicitur a Patre procedere, Joan. 15. *Spiritum sanctum, qui a Patre procedit*. Ergo sunt in Deo admittendæ processiones.

2. Ea vox quæ nihil aliud per se significat quam unius Personæ ab alia emanationem, non semel ab antiquis Ecclesiæ Patribus adhibita est, cum de tribus personis divinis mentionem fecerunt; quamquam nonnullis displicuerit, ob pravum nempe ipsius usum quo eam acceperunt Valentiniani, qui cum Æonas dicerent ex Bytho, seu Patre æterno, non sine substantiæ partitione prolatos, de processionibus divinis absurde omnino loquebantur, legendus super ea re Tertullianus lib. 8. contra Praxeam; *Hæc si quis putaverit*, inquit, *me προβολὴν aliquam introducere, id est, prolationem rei alterius ex altera, quod facit Valentinus, alium atque alium Æonem de Æone producens: primo quidem dicam tibi, non ideo non utitur & veritas vocabulo isto & re ac censu ejus, quia & hæresis utitur, immo hæresis potius ex veritate accepit quod ad mendacium suum strueret. Prolatus est sermo Dei an non? hic mecum gradum fige. Si prolatus est, cognosce prolationem veritatis, & videtis hæresis, si quid veritate imitata est, ... Hæc erit probolæ veritatis, custos unitatis, qua prolatum dicimus Filium a Patre, sed non separatum*. Verum eadem vox processionis vel

processionis nude ac simpliciter accepta pro emanatione unius Personæ ab alia, apud omnes Catholicos vim semper obtinuit; nemo enim negavit Filium procedere a Patre, & Spiritum sanctum ab utroque.

3. Et nonnulla potest adduci ratio ad probandam in Deo processionem, ex eo videlicet quod tres Personæ divinæ sunt inter se realiter distinctæ; sed ejusmodi distinctio in sola processione unius ab altera fundatur; sunt enim unius ejusdemque naturæ, unus Deus, adeoque penes naturam & substantiam non distinguuntur, sed penes rationem Personæ; quæ quidem distinctio ex eo solum admittitur quod una procedit ab alia, juxta commune hoc Theologorum effatum, Omnia in divinis sunt unum, ubi non obviat relationis oppositio, relatio autem originis fundatur in processione.

Objicies; Implicat manifeste eum qui est a se, procedere ab alio; sed Filius cum sit Deus, itidem vero & Spiritus sanctus, est a se: igitur.

Dist. min. Filius est a se, hoc est, nullam habet causam a qua sit & dependeat, C. nullum habet principium, N. Solutio facile intelligitur.

Objicies; Si daretur processio in divinis, una Persona esset altera prior; qui enim producit est prior, & qui procedit est posterior: atqui non est in Deo una Persona altera prior, quælibet enim Persona Deus est, in quem proinde non cadunt prius & posterius: ergo nomen processionis Deo indignum est.

Dist. maj. Una Persona esset prior, altera esset posterior secundum originem, C. secundum naturam, N. Dicimus itaque unam ex Personis divinis esse altera priorem origine, quia una alteram producit; sed non dicimus priorem esse natura & causalitate; quia cum ex Scripturis sacris constet quamlibet Personam esse Deum, tam Filium qui procedit a Patre esse Deum, quam Patrem a quo procedit Filius, judicavimus inde nullam esse aliam prioritatem in Patre respectu Filii, quam eam quæ præcise resultat ex eo quod a Patre Filius ducat originem. Unde omnem aliam a Deo rejicimus prioritatem; neque enim est in eo prioritas causalitatis, quia Pater Filii non est causa sed principium; non prioritas temporis, nam Pater non est Filio antiquior; non prioritas dignitatis, cum Pater non sit Filio nobilior, quia uterque Deus est; est vero prioritas originis, quæ non repugnat, sed ex eo necessario sequitur quod una Persona procedat ab alia, uti manifeste colligitur ex adductis Scripturæ testimoniis.

Instabis; Ille dici deberet prior natura Filio, qui Filio communicaret suam naturam: atqui Pater in divinis suam naturam communicaret Filio: ergo prior esset prioritate naturæ, si Filius ab eo procederet.

Dist. maj. qui Filio communicaret suam naturam cum dependentia ex parte Filii, C. sine ulla dependentia ex parte Filii, N. Jam vero Filio Dei Pater naturam divinam communicat sine ulla dependentia ex parte Filii, quod constat ex eo quod Filius sit verus & summus Deus, ut ipse Pater; unde Pater dici debet principium Filii non causa.

Instabis; universe loquendo beatius est dare quam accipere; ergo Filius accipit a Patre, is dependet a Patre.

Dist. maj. In eo qui dat libere & cum imperio, C. in eo qui dat necessario & non libere, N. Porro Pater divinus non generat Filium libere, sed per necessariam emanationem naturæ, quo fit ut Filius non dependeat a Patre, non subjiciatur Patri, a quo tamen vere procedit.

Objicies; ut Filius dicatur procedere a Patre, debet aliquid assignari in Filio quod vere producatur: atqui nihil potest assignari in Filio quod vere producatur; non essentia quidem divina quæ nec gene-

generans eſt nec genita; non perſona, quia quod productum dicitur, prius ſupponitur non fuiſſe quam produceretur; perſona autem Filii utpote quæ ſit Deus, fuit ſemper & ab æterno: ergo exulare debet a Deo nomen proceſſionis.

Nego min. & dico perſonam in Filio vere produci, natura quidem divina communicatur tantum, ſed perſona producitur: ad probationem vero diſt. Quod productum eſt aliquando incepit, non fuit ſemper; quod productum eſt in tempore, C. quod productum eſt ab æterno, N. Sic reſpondent ſancti Patres huic objectioni Arianorum, ubi oſtendunt Filium ab æterno genitum eſſe a Patre.

Quot ſint in Deo proceſſiones.

IN oppoſitum atque extremum errorem impegerunt Valentiniani & Sabelliani; illi quidem ut plurimos agnoſcebant Æones, ita & plures longe quam duas admittebant in Deo proceſſiones; Sabelliani vero omnem prorſus rejiciebant proceſſionem, quia Perſonas confundebant, in quos ſit

CONCLUSIO.

Duæ ſunt tantum in Deo proceſſiones, nec plures, nec pauciores, ſcilicet proceſſio Filii a Patre, & proceſſio Spiritus ſancti a Patre & Filio.

Probatur; quia tot ſunt admittendæ proceſſiones in Deo, quot eſſe legimus in ſacris Scripturis: atqui duas proceſſiones non plures nec pauciores legimus in Scripturis ſacris: nempe proceſſionem Filii a Patre, & proceſſionem Spiritus ſancti a Patre & Filio: ergo duæ ſunt proceſſiones in Deo.

Et certe tot ſunt proceſſiones, quot ſunt Perſonæ procedentes, & facultates immanenter operantes: atqui duæ ſunt tantum Perſonæ procedentes, ſcilicet Filius qui procedit a Patre, & Spiritus ſanctus qui procedit a Patre & Filio: duæ etiam ſunt tantum in Deo facultates immanenter operantes, nimirum intellectus & voluntas: ergo.

Objicies; Sufficit unica proceſſio quæ nimirum infinita eſt, infinitum enim non eſt multiplex, ſed proceſſio Filii a Patre infinita eſt: ergo ſufficit.

Reſpondeo præcipuam rationem cur admittantur duæ proceſſiones in divinis, eſſe quia duarum proceſſionum tantum mentio habetur in Scripturis, quo fit ut adverſus iſtam theſim ratione non ſit pugnandum; quia tamen morem uſitatum in ſcholis ſequi volumus, diſt. min. Proceſſio Filii infinita eſt in ſuo genere, C. in omni genere, N. Scilicet illa proceſſio quæ fit per intellectum, infinita eſt in ſuo genere intellectionis, ſed non eſt infinita in omni genere, puta in genere amoris, adeoque ſufficit.

Inſtabis; Ibi eſt unica proceſſio, ubi eſt unicus terminus formalis productionis: atqui in Deo unicus eſt tantum formalis terminus productionis, nempe natura divina: ergo unica eſt tantum proceſſio.

Diſt. min. Unicus eſt terminus formalis, nempe natura divina, unicus terminus communicatus, C. productus, N. Natura divina eſt quidem formalis terminus communicatus, quia per generationem communicatur Filio, & per ſpirationem Spiritui ſancto; ſed ſunt duo termini producti, nempe Filius qui per intellectum a Patre genitus eſt, & Spiritus ſanctus qui per voluntatem a Patre & Filio procedit.

Inſtabis: Si Pater per intellectum producat Filium, Filius eadem ratione per intellectum ſuum produceret alium Filium; & ſic plures erunt quam duæ proceſſiones: nulla quippe ratio eſt cur intellectio Patris ſit potius fœcunda quam intellectio Filii aut Spiritus ſancti; quin, & conſequenter forent in Deo infinitæ proceſſiones; abſurdum conſeq. ergo & antecedens.

Nego

Nego ant. quia, ut jam monui, docet Scriptura tres esse tantum Personas divinas; unde fit ut nonnisi duæ possint esse processiones (prima enim persona est innascibilis), & consequenter per intellectum Filii nullus producitur terminus. Addunt Theologi rationem petitam ex eo quod vis generandi fuit exhausta per productionem Filii qui terminus est infinitus intellectionis infinitæ; ac proinde alius non potest produci terminus in eodem scilicet genere intellectionis.

Objicies admittendam esse aliquam processionem quæ fit in Deo per bonitatem; omne enim bonum est sui diffusivum, sui communicativum: ergo non sunt tantum duæ processiones.

Nego ant. ad probationem dist. Omne bonum est sui diffusivum per suas facultates, C. per suam ipsam bonitatem immediate, N. Sensus istius axiomatis est bonum esse sui diffusivum, in quantum eo magis se communicat ens, quo perfectius est, summe bonum summe se communicet, sit summe sui diffusivum per suas nempe facultates, quod quidem Deo competit, qui per intellectum & voluntatem se communicat ad intra, & per omnipotentiam ad extra; non autem quasi fiat ab agente aliqua productio per ipsam bonitatem.

Objicies admittendam esse aliam processionem in Deo, quæ fit per omnipotentiam; siquidem omnipotentia est vere in Deo operans: ergo plures sunt quam duæ processiones.

Nego ant. quia omnipotentia est vere operans in Deo ad extra, ita ut terminus per illam productus sit creatus; non autem operans ad intra, ita ut terminus per illam productus sit Deus: aliter una Persona divina subjiceretur omnipotentiæ & dominio alterius Personæ divinæ; adeoque non est in Deo processio per omnipotentiam.

Objicies admittendam esse aliam processionem quæ fiat per memoriam; siquidem memoria est facultas Dei ad intra operans.

Nego ant. quia in Deo, qui omnia sibi præsentissima habet per actualem cognitionem, non est memoria proprie dicta. Præterquamquod, si in Deo memoria esset, ab intellectu non distingueretur, ac proinde alium & distinctum non haberet terminum.

Objicies; Æternitas aut quodvis aliud attributum, est ab essentia divina: igitur plures sunt quam duæ processiones.

Dist. ant. Est ab essentia tanquam a radice & fundamento, atque, ut ajunt Theologi, per quamdam emanationem, C. tanquam a principio reali & per veram productionem, N. Itaque attributa divina seu absoluta seu relativa, sunt quidem ab essentia divina a qua fluunt tanquam a radice, & quemadmodum in quovis ente proprietates quodammodo fluere ac derivari concipiuntur ab essentia; sed ejusmodi fluxus & emanatio non est vera & realis processio quæ importet distinctionem realem termini a principio producente.

An processio Filii sit generatio, non item processio Spiritus sancti.

Certum est inter Catholicos processionem Verbi a Patre æterno esse generationem; quanquam veteres hæretici qui divinitatem oppugnabant, Arius, Æcius, Eunomius & alii ejusdem farinæ homines, nusquam ferre potuerint ad Filium Dei transferri vocem generationis, quasi de se partes corporeas aliosque defectus in hominibus contingentes supponere videatur.

Id vero apertissimum est ex Scripturis; Psal. 2. *Filius meus es tu, ego hodie genui te*. Ex quo testimonio Christi Domini divinitatem probat Apostolus ad Hebræos cap. 1. his verbis, *Cui enim Angelorum dixit Deus, Filius meus es tu, ego hodie genui te?* Docens consequenter naturalem filiationem exinde colligi.

Psalm. 109. *Ex utero ante luciferum genui te*. Quod quidem de Christo Domino intelligendum esse constat ex verbis sequentibus, *Tu es Sacerdos in æternum secundum ordinem Melchisedech*, uti & divus Paulus de eodem Christo interpretatur ad Hebr. cap. 5. & ita deinceps fere omnes antiquissimi Patres ad confirmandam æternam Verbi generationem; ex his enim vocabulis, *ante luciferum*, æternitatem generationis colligunt, & per ista *ex utero*, ajunt ex substantia Patris per veram generationem procedere Filium.

Isayæ 53. *Generationem ejus quis enarrabit?* Proverbiorum 8. *Nondum erant abyssi, & ego jam concepta eram*. Ecclesiast. 24. *Ego ex ore Altissimi prodivi primogenita ante omnem creaturam*. Micheæ c. 5. *Et tu Bethleem Ephrata, parvulus es in millibus Juda, ex te egredietur qui sit dominator in Israel, & egressus ejus ab initio a diebus æternitatis*. Quæ quidem loca de æterna Verbi generatione communiter intelligunt SS. Patres.

Sed & longe clarius legitur in novo Testamento, ubi Christus dicitur passim Genitus, Unigenitus, Primogenitus, Filius Dei, quæ certe nuspiam dicta sunt de Spiritu sancto. Math. 3. cap. Pater æternus de cœlo exclamat, *Hic est Filius meus in quo mihi complacui*. Cap. 16. Petrus dicit Christo, *Tu es Christus Filius Dei vivi*. Joan. 10. *Unigenitus Filius qui est in sinu Patris*. Rom. 8. *Qui etiam proprio Filio non pepercit*.

Neque vero quidquam offensionis Deoque indignum habet vox illa generationis, quasi iisdem defectibus obnoxia sit ac hominum generatio, uti etiamnum pertendunt Sociniani, quibus merito respondemus quod olim in simili casu hæreticis reponebat S. Irenæus l. 2. c. 48. *Si quis nobis dixerit*, inquit, *quomodo ergo Filius prolatus a Patre est? Dicimus ei quia prolationem ipsam sive generationem, sive adapertionem, sive nuncupationem, aut quomodolibet quis nomine vocaverit generationem ejus inenarrabilem existentem nemo novit, non Valentinus, non Marcion, neque Saturninus, neque Basilides*. Quamobrem standum est firmiter apertissimis Scripturæ testimoniis quæ processionem Verbi a Patre appellant generationem, non item vero processionem Spiritus sancti; quod idem invicte probant alia passim loca in quibus Verbum dicitur Filius Dei; ut enim ait S. Fulgentius ad 2. objectionem Arianorum, *Filium dicat & genitum nesciat, quis Patrem valeat credere, quem non consideret genuisse?*

Cur processio Filii dicatur potius generatio quam Processio Spiritus sancti.

Dissimulare non possumus quin omnes fere SS. Patres, vel temeritatis vel etiam insaniæ eos accusaverint, qui generationem Verbi divini scrutari præsumentes, rationem quæritabant, cur ejus processio sit potius generatio quam processio Spiritus sancti; his nempe momentis innitebantur SS. Doctores, Is. 53. *Generationem ejus quis enarrabit?* Mat. 11. *Nemo novit Filium nisi Pater*. 1. Cor. 2. *Quæ sunt Dei nemo novit nisi Spiritus Dei*, aliisque similibus.

Ita v. g. post S. Gregor. Nazianz. orat. 29. & S. Basilium lib. 3. contra Eunomium, S. Chrysostomus homil. 4. de incomprehensibili Dei natura, ineffabilem testatur divinam generationem ex temporali divinitate: *Si enim*, inquit, *istam quæ mille celebrata testibus, oculis inspecta, manibusque contrectata est, interpretari tamen nullus potest; quem cumulum non excedunt furoris, qui ineffabilem illam generationem Dei ex mera curiositate anxie, scrupulosèque rimantur?*

S. Cyrillus Alexand. lib. 2. thesauri observat Filium Dei *ante luciferum fuisse genitum, quoniam in obscuritate & incomprehensibilitate & quasi in tenebris* pro-

profundis generationis modus vocatus sit.

S. Ambrosius lib. 1. de Fide cap. 5. *Si Paulus ea quæ audivit raptus in tertium cælum, ineffabilia dicit: quomodo nos exprimere possumus paternæ generationis arcanum, quod nec sentire potuimus nec audire?*

S. Augustinus tractatu 99. in Joan. *Quid illic intersit inter procedere & agere, longum est quærendo disserere, & temerarium cum disserueris definire.* Et lib. 2. contra Maximinum c. 14. *Cur Filius,* inquit, *dicatur Filius & non Spiritus sanctus, & quid inter nasci & procedere intersit, de illa excellentissima natura loquens explicare quis potest? Distinguere inter illam generationem & hanc processionem nescio, non valeo, non sufficio.* Quod idem fatentur Fulgentius ad objectionem 1. Arianorum. S. Bernardus sermone 1. in Pentecosten, & nonnulli similiter Doctores Scholastici, Magister Sentent. lib. 1. dist. 13. cap. 3. & 4. Gregorius, Gabriel, Major & Bellarminus lib. 2. de Christo cap. 4.

At ne cui videatur ab illis sanctis Doctoribus toto cælo distare Scholam quæ nunc in more positum habet, ut hujus discriminis rationem investigare studeat, fatendum est præfatam disputationem fuisse a citatis Patribus damnatam propter quædam vitia quæ non incurrunt hodie Scholastici. Scilicet alii negabant sic depromenda non esse argumenta ex penu rationis, ut in hac materia sufficiant; nec ad fidem & scripturas confugere necesse non sit. Contendebant alii ratiocinium ex eo non esse usurpandum, quod res habetur cum hæreticis qui vanas ac futiles plerumque rationes adducebant ad evertendam Filii divini generationem. Denique hoc tantum sensu præfatum discrimen non esse inquirendum aiebant, quod vanæ & sophisticæ ratiocinationes promiscue & sine delectu adhiberi non debent in re tanti momenti; quibus certe principiis aliunde certissimis neutiquam contradicunt hodierni Scholastici, cum istam quæstionem examinant.

Et noverant quidem Patres qui de generatione Verbi divini curiosius disputare non amant, utilissimum tamen esse ac prudentissimum de mysteriis quandoque disserere, sobrie nimirum & humiliter, uti & passim disputant præcipiente divo Petro 1. Epist. c. 1. *Paratos semper esse ad satisfactionem omni poscenti vos rationem de ea quæ in vobis est, spe.*

Quamobrem nil obstabit quominus aliorum Theologorum usitatam pridem methodum sequentes, rationem qualemcumque discriminis utriusque processionis proponamus, una aut altera quorumdam opinione rejecta, ex iis nempe quæ apud Scholasticos majorem videntur habere fidem; postquam tamen generationis definitionem, ex qua probe intellecta religata pendet hujus quæstionis determinatio, paulo fusius explicuerimus.

Generatio definitur, origo viventis a vivente principio conjuncto in similitudinem naturæ vi formaliter suæ processionis.

Dicitur *origo*; generatio enim hic sumitur passive & prout est in Filio genito; idemque est ac ortus, nativitas & species quædam processionis, nemo enim nescit generationem sumi quandoque active seu pro actione generantis.

Viventis a vivente; generans enim & genitum debent esse viventia; unde ignis nonnisi improprie loquendo dicitur generare ignem. Quod quidem etiam magis restringunt nonnulli qui addunt *viventis cognoscentis*, quia nempe arbor quæ est a vivente, non dicitur genita nec arboris filia.

Dicitur *principio conjuncto*; ut enim Aristoteles 8. Ethicorum c. 12. *Magis conjunctum est id quod natum est, ipsi nato, quam factum ei quod facit.* Scilicet in generatione generans partem substantiæ suæ intrinsecam communicat genito, quo fit ut filius sit veluti pars & membrum patris.

Additur *in similitudinem naturæ*, quia generans & genitum debent habere eamdem specie vel numero naturam, unde homo dicitur generare hominem, leo leonem: contra vero pilorum & capillorum productio non est generatio, ut observat S. Thomas quæst. 27. art. 2.

Denique *vi formaliter suæ processionis*, quia nimirum ut aliquis censeatur ab alio genitus, non tantum debet ab eo procedere similis in natura, sed procedere debet similis vi formaliter actionis per quam procedit, hoc est, debet actio per quam filius procedit postulare ex natura sua, ut terminus similis sit in natura. Unde Eva non censetur ab Adamo genita, licet ab eo processerit similis in natura, id quippe non exigebat actio per quam fuit e costa Adami educta. Atque hinc, ut mox dicemus, Spiritus sanctus non dicitur genitus, tametsi enim procedat similis & unus in natura cum Patre & Filio, hoc tamen non fit ex vi & natura actionis per quam procedit. His positis propositæ quæstioni nunc respondendum est.

Docet Suarez idcirco processionem Verbi divini esse generationem, quia fit per intellectionem actualem purissimam, quæ differentia est specifica Dei; quo præcise fit ut Verbum vi suæ processionis accipiat gradum specificum naturæ divinæ, ac proinde dici debeat genitum; non item vero Spiritus sanctus, qui cum procedat per volitionem, quæ non ipsa Dei natura & essentia est, sed proprietas tantum, non accipit vi suæ processionis formaliter gradum specificum naturæ divinæ, adeoque non est genitus.

Refellitur hæc sententia; primo, quia falsum supponit, nempe gradum specificum naturæ divinæ in intellectione actuali purissima esse positum, quod certe ab omni prorsus ratione alienum est, ut ostendimus in tractatu de Attributis. Secundo, quia licet intellectio actualis purissima foret differentia specifica Dei, processio tamen Verbi a Patre minus apposite diceretur generatio, eo quod fieret per intellectionem per quam communicaretur gradus specificus essentiæ divinæ: siquidem in illa etiam hypothesi vi intellectionis Pater communicaret solum Verbo gradum specificum, non totam essentiam; sed non sufficit ad generationem quod vi formaliter talis actionis communicetur gradus essentiæ specificus, debet communicari tota essentia, generans enim debet vi generationis producere sibi simile in natura & essentia, essentia autem complectitur non modo gradum specificum, sed & alios gradus genericos; homo generans hominem, non modo communicat vi generationis rationalitatem, sed & gradus genericos entis, substantiæ, animalis, &c. igitur apposita non est hæc ratio Suarezii.

Richardus a S. Victore contendit ideo processionem Verbi esse generationem, quia est communicatio naturæ fecundæ, non item processio Spiritus sancti. Nam, inquit, Verbum divinum accipit a Patre naturam fœcundam, producit enim cum ipso Patre Spiritum sanctum; at vero Spiritus sanctus accipit naturam sterilem, ipse non producit aliam personam.

Refellitur illa sententia. Primo, quia ad rationem generationis neutiquam necesse est ut is qui generatur, accipiat naturam fœcundam. Secundo, quia tametsi pertineret ad rationem generationis, ut is qui generatur naturam acciperet fœcundam; tamen Verbum Dei non deberet dici genitum, eo quod accipit a Patre naturam fœcundam, ea fœcunditate qua fœcunda est in Patre. Verbum enim accipit tantummodo naturam fœcundam ad spirandum non ad generandum, ac proinde vi talis processionis formaliter non accipit naturam similem; adeoque hac de causa

Ver-

Verbum dici non potest genitum potius quam Spiritus sanctus.

Sunt aliæ innumeræ super hoc negotio Theologorum sententiæ; quas hic referre longum nimis foret ac molestum; communem quæ Thomistarum est, amplectemur.

Conclusio.

Ratio propter quam Verbum dicitur genitum, non autem Spiritus sanctus, quia Verbum procedit per intellectum tanquam per facultatem assimilativam; at vero Spiritus sanctus per voluntatem, quæ non est facultas assimilativa.

Probatur; quia ut Verbum recte dicatur genitum, ex eo quod procedit per intellectum tanquam per facultatem assimilativam, satis est quod pertineat ad rationem formalem generationis, ut ille qui generatur, procedat similis in natura, & aliunde competat intellectui divino assimilare innata, non autem voluntati divinæ: atqui tria hæc constant.

Primo, pertinet ad rationem formalem generationis, ut qui generatur, sit similis in natura generanti, ut constat ex definitione generationis superius allata.

Secundo, competit intellectui divino assimilare in natura, cum enim intellectus ut sic vere assimilet; id est, producat terminum vere similem, veram objecti similitudinem & imaginem quæ dici solet species expressa, inde colligitur intellectum divinum utpote perfectissimum perfectissime assimilare: atqui intellectus qui perfectissime assimilat, profecto assimilat in natura: ergo competit intellectui divino assimilare in natura.

Tertio, voluntati divinæ non competit assimilare in natura; illi enim facultati non competit assimilare in natura quæ ex natura sua non producit nisi quamdam inclinationem, quoddam pondus: atqui voluntas divina ex natura sua non producit nisi quoddam pondus, quandam inclinationem, quo nimirum sensu & qua unitate duo amantes sunt quid unum: ergo voluntati divinæ non competit assimilare in natura: adeoque ratio propter quam Verbum Dei dici debet genitum, non autem Spiritus sanctus, est quia Verbum procedit per intellectum tanquam per facultatem assimilativam, non autem Spiritus sanctus.

Hæc porro sententia perquam usitata videtur in scripturis SS. Patrum qui nomen Filii & Geniti Verbo Dei vindicant ex eo quod Verbum est & intellectionis divinæ fœtus, adeoque Patris a quo procedit imago & species; sic inter alios,

S. Athanasius Epistola de Synodi Nicænæ decretis: *Quandoquidem*, inquit, *unus est Deus, necessarium quoque est unam Dei imaginem esse, quæ ipsius est Filius. Siquidem Filius Dei, ut ex Scripturis patet, ipse est Dei Verbum, & sapientia, & imago.*

S. Basilius homil. 16. in illud Joannis, *In principio erat Verbum*, sic disserit, *Cur Verbum? ut quod ex mente processit, ostendatur. Cur inquam, Verbum? quoniam sine motu genitum est. Cur Verbum? quoniam imago est Genitoris totum in se monstrans Genitorem.*

Clarius vero S. Augustinus, qui lib. 15. de Trinitate cap. 27. item aperte tradit: *Ipsa ostendit tibi Verbum verum esse in te, quando de scientia tua gignitur, id est, quando quod scimus dicimus; quamvis nullius gentis lingua significantem vocem vel proferamus vel cogitemus, sed ex illo quod novimus cogitatio nostra formatur, sitque in acie cogitantis imago simillima cognitionis ejus quam memoriam continebat, ista scilicet duo vel parentem & prolem tertia voluntas sive dilectione jungente. Quam quidem voluntatem de cogitatione procedere; nemo enim vult quod omnino quid vel quale sit, nescit, non tamen esse cogitationis imaginem, & ideo quamdam in* hac

hac re intelligibili nativitatis & processionis insinuari distantiam. Hic data opera tractat S. Doctor rationem discriminis ob quam Spiritus sanctus non est Filius.

Objicies; illa ratio non est apposita ad distinguendam processionem Verbi a processione Spiritus sancti, qua præsupposita Spiritus sanctus est genitus ut & ipsum Verbum: atqui etiam præsupposito quod Verbum procedat per intellectum & Spiritus sanctus per voluntatem, adhuc Spiritus sanctus est genitus ut Verbum; is enim genitus est qui procedit vere similis in natura: atqui Spiritus sanctus procedit vere similis in natura: ergo.

Nego min. & ad probationem dist. min. Spiritus sanctus procedit similis in natura in rei veritate & naturaliter, C. vi formaliter suæ processionis, N. Revera Spiritus sanctus procedit a Patre & Filio similis in natura cum illis, est enim idem cum illis Deus per naturam, sed non procedit similis in natura vi formaliter suæ processionis, hoc est, volitionis per quam procedit, ut mox ostensum est.

Instabis: Ille procedit vi formaliter suæ processionis similis in natura, qui procedit vi formaliter suæ processionis ut unus in natura; non est enim major similitudo quam unitas in natura: atqui Spiritus sanctus procedit vi formaliter suæ processionis unus in natura: nam ille procedit vi formaliter suæ processionis ut unus in natura, qui procedit per facultatem cujus est producere terminum unum in natura: atqui Spiritus sanctus procedit per facultatem, cujus est producere terminum unum in natura, nempe per voluntatem divinam: ergo vi formaliter suæ processionis procedit similis in natura cum Patre & Filio.

Nego min. & ad probationem nego pariter minorem; siquidem voluntas divina per quam procedit Spiritus sanctus, non postulat ex natura sua & vi suæ actionis formaliter aliud quid producere quam pondus & inclinationem: quod vero contigerit in Trinitate, terminum illius volitionis, seu amoris divini, nempe Spiritum sanctum, esse unum in natura cum Patre & Filio, id ex alia causa profectum est quam ex natura & exigentia ipsius actionis, ipsius volitionis.

Instabis; Vel voluntas divina exigit producere terminum unum in natura, vel solummodo terminum unum unitate morali & affectiva: sed illud secundum dici non potest; producere enim terminum unum unitate morali & affectiva, non competit nisi voluntati creatæ quæ est imperfecta: ergo voluntas divina exigit producere terminum unum in natura.

Nego min. quia generatim loquendo quælibet voluntas seu creata, seu increata, non exigit producere terminum unum alia unitate quam affectiva, metaphorica, juxta illud vulgare effatum, Duo amantes sunt unum.

Probabis min. Tam voluntas divina quatenus divina & perfectissima, exigit producere terminum unum in natura, etsi voluntas ut voluntas præcise producat solummodo terminum unum unitate morali & effectiva, quam intellectus divinus exigit producere terminum similem in natura, ex eo quod divinus est & perfectissimus, etsi intellectus id non habeat quatenus intellectus præcise: atqui intellectus divinus producit terminum similem in natura, quia divinus est, & perfectissimus; etsi intellectus id non exigat quatenus intellectus præcise: ergo pariter voluntas divina, quatenus divina & perfectissima, debet producere terminum unum unitate perfectissima, adeoque in natura; etsi id non habeat ut voluntas est præcise.

Nego maj. & par. dispar. est, quia intellectus ut sic producit terminum similem

milem vere, non metaphorice; unde inferimus intellectum, si sit creatus & imperfectus, producere similitudinem imperfectam quidem & intentionalem, sed tamen veram; si vero sit divinus, producere similitudinem perfectam & consequenter in natura: at vero voluntas ut sic non producit terminum unum vere, sed tantum unum unitate morali & affectiva; unde ex eo quod divina est & perfecta, sequitur solummodo illam producere terminum unum unitate perfectissima, sed metaphorica & affectiva; & consequenter quæ non est in natura, si nempe ratio habeatur naturæ ipsius facultatis.

Instabis; Supponit illa responsio intellectum ut sic, & quicumque tandem ille sit, producere terminum similem vera non metaphorica similitudine: atqui hoc falsum est; nam si intellectus ut sic produceret terminum similem vera similitudine, intellectus creatus produceret terminum similem vera similitudine. Atqui intellectus creatus non producit terminum similem vera similitudine, sed tantum similem similitudine intentionali: ergo præfata solutio supponit falsum.

Nego min. & ad probationem nego pariter minorem; siquidem similitudo licet intentionalis ab intellectu creato producta, est vera similitudo; illud enim veram similitudinem habere dicitur cum aliqua re, quod vere rem illam repræsentat: atqui ejusmodi est Verbum mentis creatum, tametsi non habet aliam similitudinem quam intentionalem; se habet enim ut tabella respectu rei repræsentatæ; sed tabella est vera similitudo non quidem in natura, sed tamen vera non metaphorica rei depictæ: ergo intellectus creatus producit veram similitudinem.

Instabis; Si intellectus divinus produceret terminum similem in natura; vel produceret terminum similem objecto cognito, vel similem principio intelligenti: atqui neutrum dici potest, non quidem primum; si enim intellectus producit terminum similem tantum cum objecto, hoc nihil attinet ad generationem, quia in generatione terminus productus debet esse similis principio generanti: non secundum, quia generatim loquendo intellectus non producit terminum sibi similem, non producit alium intellectum, sed terminum similem objecto cognito; producit enim imaginem & similitudinem objecti; ergo intellectus propriè non dicitur generans.

Respondeo primum intellectum divinum generare quatenus producit vi formaliter suæ actionis terminum similem & principio intelligenti & objecto cognito simul; scilicet in ista occasione principium intelligens idem est ac objectum cognitum, Deus est qui seipsum cognoscit & intime contemplatur; unde fit ut terminus procedens sit similis cognoscenti similis & objecto cognito, quod sufficit ut ejusmodi intellectio sit generatio, quatenus nempe Deus cognoscens alium sibi plane unum in natura producit per illam cognitionem.

Respondent alii multi & dicunt intellectum generare inquantum producit terminum similem principio, similem sibi cognoscenti. Ad probationem vero dist. ant. nunquam intellectus producit sibi simile; sibi, inquam, per se & præcise spectato, C. sibi quasi informato per objectum, N. Revera nunquam intellectus producit sibi simile, sibi, inquam, per se & præcise considerato, recte vero simile sibi per objectum informato; scilicet intellectus cognoscendo non agit per se præcise & unde spectatus est cum objecto, aut cum ejus specie intelligibili; unde vulgo dicunt Philosophi, intellectum intelligendo fieri rem intellectam; cujus propositionis sensus est, quod intellectus quodammodo afficitur & informatur per objectum quod efficienter concurrit cum ipso intelle-

ctu

ctu ad sui cognitionem; unde quando intellectus producit terminum suæ cognitionis, tunc producit terminum similem principio simul & objecto, & ita recte dicitur generare: quapropter intellectus divinus essentia divina quam contemplatur quasi informatus, producit terminum sibi similem, & consequenter terminum qui Deus est.

Instabis; Si intellectus ageret quatenus informatus objecto cognito, & ita produceret simile sibi; non modo intellectus divinus produceret Verbum in natura simile Deo, sed etiam simile in natura creaturis; cum enim creaturæ cognoscantur a Deo actu cognitionis quo ipsa natura divina, quandoquidem unicus est divinæ cognitionis actus perfectissimus, hinc sequitur intellectum divinum informari quoque creaturis cognitis: atqui tamen Verbum divinum non procedit ut simile in natura creaturis: ergo non procedit ab intellectu divino quatenus informato per objectum cognitum.

Nego maj. quia intellectus divinus informatur tantum objecto primario, nempe natura divina, creaturæ autem sunt objectum secundarium cognitionis divinæ: quo fit ut per cognitionem divinam primo & per se communicetur solum natura divina, non creaturæ simul cognitæ. Quemadmodum igitur generans non communicat filiis suis omnes proprios & personales caracteres, sed solum naturam communem & specificam, & tamen dicitur producere filium sibi similem; ita intellectus generare censetur & producere terminum similem eo ipso quo communicat naturam specificam; unde etiam Pater divinus suo intellectu communicat naturam divinam tantum, non autem suos proprios & personales caracteres.

Objicies; Spiritus sanctus etiam vi suæ processionis procedit ut terminus subsistens, ut vera in Deo Persona: sed terminus subsistens & vera in Deo Persona est vere Deus; terminus autem qui vere Deus est, similis est in natura: ergo Spiritus sanctus procedit similis in natura vi formaliter suæ processionis.

Nego maj. Reipsa quidem Spiritus sanctus est terminus subsistens, vera in Deo Persona, vere Deus Patri & Filio consubstantialis; sed ista ipsi non competunt nisi materialiter & identice ratione nimirum subjecti, & quia illa processio fit in Deo, in quo Persona quævis Deus est & vere subsistens, nullum accidens; non autem vi formaliter ipsius processionis, vi cujus Spiritus sanctus procedit tantum ut amor & impulsus, cum sit terminus productus per voluntatem. Aliud porro est quod dicitur Spiritum sanctum non esse per se Deum, non esse per se Personam divinam, terminum subsistentem; & aliud quod dicitur eum non procedere ut talem, ut Deum, ut Personam divinam. Revera Spiritus sanctus non procedit ut Deus, ut Persona divina, sed tamen est per se Deus & revera Persona; quemadmodum Eva non processit quidem ab Adamo ut homo, quia ex costa Adami aliud quodvis quam homo produci poterat, sed tamen erat vere per se & ex natura sua homo.

Instabis; Si Spiritus sanctus vi suæ processionis formaliter non procederet ut similis in natura, jam esset Deus per accidens & velut ex consequenti: absurdum conseq. ergo & ant.

Dist. maj. Esset Deus per accidens, eo sensu quod vi suæ processionis formaliter non esset Deus, C. eo sensu quod non esset vere & per naturam Deus, quemadmodum ipse Pater & Filius, N. Hic itaque manifesta æquivocatio est, fatemur enim, uti docet fides, Spiritum sanctum esse vere & per naturam Deum, sed dicimus non esse Deum & veram Personam vi formaliter suæ processionis, quatenus nempe divinitas ipsi non communicatur vi formalimaliter volitionis per quam procedit, quæ opinio mere philosophica est fidei catholicæ neutiquam contraria.

Quodnam sit principium divinarum processionum.

IN quolibet agente duplex distinguitur agendi principium, nempe principium *quod* & principium *quo*. Principium *quod* est suppositum cui tribui solet actio, juxta illud commune effatum, Actiones sunt suppositorum. Principium *quo* est id per quod veluti per aliquam virtutem suppositum agit. Et duplex etiam vulgo distinguitur, remotum & proximum: remotum est natura ipsa, proximum est ejus facultas seu potentia; sic v. g. Petrus est principium *quod* suæ cognitionis, anima est ejusdem principium *quo* remotum, intellectus est principium *quo* proximum.

Quod præsentem spectat controversiam, consentiunt omnes principium *quod* divinarum processionum esse Personas divinas, Patrem esse principium *quod* generationis Filii, Patrem vero & Filium esse principium *quod* processionis Spiritus sancti. Sed quæstio est de principio *quo* proximo earumdem processionum; ubi tres potissimum sunt Theologorum sententiæ.

Prima est Durandi, qui contendit solam naturam divinam, utpote per se immediate fœcundam, esse principium *quo* proximum processionum divinarum; cum Deus, inquit, ad intra non se communicat velut accidentaliter & per facultates, sed substantialiter & per naturam ipsam.

Secunda est S. Bonaventuræ, qui docet solam relationem esse principium *quo* proximum cujuslibet processionis, v. g. paternitatem esse principium *quo* proximum generationis Filii a Patre.

Tertia denique sententia quæ maxime communis est apud Theologos, statuit pro principio *quo* proximo processionum divinarum facultates vitaliter operantes in Deo, nimirum intellectum & voluntatem, cui sententiæ & nos subscribimus.

CONCLUSIO.

Natura divina per se, proxime, & immediate spectata seorsim a facultatibus, non est principium *quo* proximum processionum divinarum.

Probatur. Illa sententia admittenda non est, qua posita non satis distinguuntur inter se ambæ processiones divinæ; sed posita hac Durandi sententia non satis distinguuntur inter se ambæ processiones divinæ; Jam tum enim dici non potest cur Filius dicatur Verbum, sermo, λογός, non item Spiritus sanctus; cur processio Filii sit prior processione Spiritus sancti, adeoque cur processio Filii dicatur potius generatio quam processio Spiritus sancti; utraque enim processio in illa sententia esset æqualiter à natura divina. Præterquamquod nulla quoque reddi posset ratio cur duæ tantum sint processiones, non infinitæ numero; natura quippe divina cum sit infinite fœcunda, si per se spectetur, vel unam duntaxat processionem habebit, vel infinitas numero; quod utrumque cum sit aperte falsum, sequitur aliud assignandum esse principium *quo* processionum divinarum præter naturam divinam.

Objicies; Natura divina per se & immediate fœcunda est, cum nimirum eatenus sit infinite perfecta, id habet ex summa sua perfectione: ergo suam fœcunditatem non mutuatur ex suis facultatibus intellectu & voluntate.

Dist. ant. Fœcunda est radicaliter & in actu primo, quemadmodum in homine anima per se & immediate seorsim ab intellectu est intelligens radicaliter & in actu primo, C. actualiter & in actu secundo, N. Quemadmodum igitur natura divina seorsim ab intellectu & voluntate non est intelligens & volens, ita seorsim ab iisdem facultatibus non est fœcunda, agens quippe intellectuale non alia via se communicat quam per intellectum & voluntatem.

Objicies; Docent communiter SS. Patres Filium a Patre generari per naturam, quo fit ut dicatur Filius naturalis: ergo principium *quo* proximum generationis Verbi divini est natura divina.

Dist. ant. per naturam, id est, per operationem quæ non sit libera, liberi arbitrii sed naturæ & necessitatis, C. per naturam tanquam per principium proximum, per exclusionem intellectus, N. Id unum itaque volunt illi Patres Filium Dei, quoniam Deus est ipse summus non esse libero Patris æterni arbitrio subjectum, ab eoque genitum non fuisse ex libera sed ex necessaria voluntatis actione, quod certe verissimum esse confitemur.

Instabis intellectus & voluntas in Deo non distinguuntur ab ipsa natura, natura divina dici non debet operari per facultates ab ipsa distinctas, uti fit in rebus creatis, sed omnia per se operatur & immediate: igitur natura principium est proximum processionum divinarum.

Dist. maj. Non distinguuntur entitative, C. formaliter, N. Non sunt equidem intellectus & voluntas in Deo entitates realiter distinctæ a natura, sed uti fuse ostendimus in tractatu *de Attributis*, distinguuntur formaliter, quod sufficit ut recte dicatur Pater generare Filium per intellectum non per naturam divinam; quæcunque enim distinguuntur formaliter, ex diversitate concipiuntur, diversas habent ideas, diversas notiones.

SECUNDA CONCLUSIO.

Relationes divinæ non recte statuuntur pro principio proximo processionum divinarum.

Probatur; Illud non est principium processionum divinarum quod supponit processiones divinas, & earum duntaxat terminus est: sed relationes divinæ supponunt processiones divinas & ad summum sunt earum termini, paternitas v. g. supponit generationem Verbi divini; nam quod non resultat in Patre nisi ex generatione Verbi, supponit generationem Verbi: sed paternitas non resultat nec concipitur esse in Patre nisi supposita Verbi divini generatione (quanquam id non intelligitur de prioritate temporis, cum generatio Verbi sit ab æterno) quia universe loquendo relatio etiam essentialis resultat ex posito termino, & consequenter ex posita actione productiva termini, est enim veluti tendentia ad terminum: ergo relationes dici non debent principium *quo* proximum processionum divinarum.

At, inquies, quando relatio dicitur a nonnullis Theologis principium processionum divinarum, id intelligitur de relatione quatenus in aliqua e Personis divinis forma est hypostatica, quo sensu relatio non supponit processionem; non autem de relatione quatenus relatio est. Scilicet paternitas v. g. dupliciter spectari potest, vel ut forma hypostatica quæ nimirum constituit Patrem in ratione personæ, & concipitur eum veluti afficere ante generationem Verbi; vel ut relatio, & est ordo respectu Patris ad Filium. Revera, inquiunt, paternitas ut relatio concipitur posterior generatione Verbi, & ex ea resultat; non autem paternitas ut forma est hypostatica.

Respondeo nec paternitatem divinam sumptam sub ratione formæ hypostati-

cæ,

tæ, esse principium generationis Verbi divini. Siquidem ejusmodi forma hypostatica de se non est actuosa aut saltem per se, proxime & immediate; id unum habet ex formali sua ratione ut suppositum Patris constituat in ratione talis suppositi; sua quippe est cujuslibet attributi divini notio & idea; si hæc forma actuosa est, id certe præstat per facultates ipsius suppositi, non per se ipsa agit; sicut in Petro petreitas iners est & cujuspiam actionis expers, Petrus non generat filium per petreitatem, non intelligit nisi per intellectum, non amat nisi per voluntatem.

Objicies: Ab eo Pater divinus habet ut possit Filium generare, a quo habet simpliciter esse Patrem, sed a Paternitate Pater habet esse Patrem: ergo.

Nego maj. Aliud est quippe attributum in Patre per quod constituitur in ratione Patris, & aliud per quod constituitur proxime generans: duæ illæ notiones plane diversæ sunt; Pater per paternitatem ut forma hypostatica est, constituitur formaliter in ratione talis suppositi, per paternitatem, ut relatio est, actu refertur Pater ad Filium, & per potentiam gignendi, quæ alia non est præter intellectum, constituitur formaliter potens generare.

Ex quibus recte intellectis facile respondetur huic objectioni. Illud est in Patre divino ratio proxima generandi quod est ratio distinctionis quæ intercedit Patrem inter & Filium: atqui talis est paternitas: ergo. Scilicet alia est ratio formalis per quam Pater æternus constituitur generans, alia per quam distinguitur a Filio.

TERTIA CONCLUSIO.

Principia proxima processionum divinarum sunt intellectus & voluntas, intellectus quidem principium generationis Filii, & voluntas processionis Spiritus sancti.

Probatur; Ea sententia præ cæteris est assumenda, quæ Scripturis & SS. Patribus manifeste congruit; sed hæc nostra sententia Scripturis & SS. Patribus manifeste conformis est; Scripturis quidem, ubi Filius dicitur passim Verbum & Sapientia, quæ quidem ad intellectum pertinent, Spiritus autem sanctus dicitur Amor, Charitas, Gratia, quæ voluntatis sunt. Tum vero & id maxime consentaneum est doctrinæ SS. Patrum, qui quidem, ut supra observavimus, nomen Filii & Geniti Verbo divino vindicant, ex eo præcise quod intellectionis divinæ fœtus est & terminus per eam productus: igitur principia proxima processionum divinarum, sunt intellectus & voluntas.

Atque id ex eo maxime confirmari potest, quod in hoc systemate nullo negotio explicatur quicquid pertinet ad processiones divinas. 1. enim, si quæratur cur sint processiones in Deo, respondetur facultates in agente non esse in tres & otiosas; adeoque Deum debere aliquid producere per intellectum & voluntatem. 2. quare duæ sunt tantum processiones, non plures, non pauciores; statim respondetur quia duæ sunt tantum facultates activæ in Deo, intellectus & voluntas. 3. Si quæratur cur una sit origine prior altera; respondetur palam esse omnibus & rationi consentaneum processionem quæ fit per intellectum priorem esse ea processione quæ fit per voluntatem. 4. demum, cur una sit generatio potius quam altera; reponitur priorem quæ fit per intellectum esse generationem, quia intellectus est assimilativus; alteram vero non esse generationem, quia voluntas non est assimilativa. Quapropter in hac nostra sententia facillime solvuntur quæcumque difficultates proponi solent circa processiones divinas; adeoque aliis præfatis est anteponenda.

Objicies; Illud non est principium *quo* proximum generationis in Patre divino quod soli Patri non competit, sed commune est tribus Personis divinis; qua ratione enim tres Personæ divinæ unam numero habent naturam, unum quoque & eundem habent intellectum, unamque voluntatem; quemadmodum & voluntas non est propria Patris & Filii, sed una eademque est in Spiritu sancto: ergo intellectus non est principium generationis Filii, nec voluntas processionis Spiritus sancti.

Dist. min. Intellectus divinus communis est tribus Personis, si sumatur essentialiter, C. si sumatur notionaliter, N. Itaque intellectus in divinis (idemque sit judicium de voluntate) dupliciter sumi potest, essentialiter nempe & notionaliter: essentialiter, quando præcise ut intellectus est nulla notione affectus, & nihil est aliud quam facultas cognoscitiva præcise: notionaliter vero quando spectatur prout est notione paternitatis affectus in Patre. Revera intellectus divinus essentialiter sumptus, vel, ut aiunt, minus accurate loquendo, intellectus essentialis communis est tribus Personis divinis, sed notionaliter sumptus minime communis est, quod idem est ac si diceretur intellectum divinum fœcundum esse prout in Patre, non item prout est in Filio & Spiritu sancto, quamquam idem sit realiter in iis tribus Personis. Cujus quidem rei alia ratio nulla proferri potest, quam constans & definitus trium Personarum numerus, quæ duas tantum admittunt Processiones, quarum una est per intellectum, altera per voluntatem; his enim positis, Filius per intellectum non producit alium Filium, nec Spiritus sanctus per intellectum & voluntatem ullum producit terminum; jam enim plures essent Personæ quam tres, plures processiones quam duæ.

Instabis probando haud recte dici ex se intellectum divinum esse productivum in Patre potius quam in Filio; nam intellectus prout est in Patre, vel est aliquid absolutum, vel est aliquid relativum; sed neutrum dici potest; si enim dicatur intellectum divinum Patris esse aliquid absolutum, per illum Pater non generat, intellectus enim sic sumptus erit aliquid commune, & eadem redibit difficultas; scilicet quod est absolutum in divinis commune est tribus Personis, ex recepto axiomate, sola relatio multiplicat Trinitatem: si vero intellectus ille dicatur aliquid relativum, jam non poterit esse principium generationis Verbi, juxta rationem superius adductam; sic enim est posterior generatione, ex generatione resultat, eo nomine quod relativus est: ergo male dicitur intellectum divinum prout est in Patre, fœcundum esse & rationem generandi.

Nego ant. & ad probationem negata minore distinguo, quod est absolutum in divinis, commune est tribus Personis divinis, si sit absolutum sub omni respectu, sub omni formalitate, C. si sub aliqua tantum formalitate, & relativum sit sub alia, N. Reipsa quidem absoluta in divinis communia sunt, si sint absoluta, sub omni respectu, ut justitia, misericordia, æternitas, &c. non autem si sint relativa sub aliquo respectu: porro intellectus divinus conjunctus in Patre cum paternitate quæ relatio est, certe Patris maxime proprius est & minime communis tribus Personis, si nempe hoc pacto consideretur.

Objicies; Principium Filii debet esse realiter distinctum a Filio, producens quippe & productum, cum inter se habeant oppositionem relativam, realiter proinde distinguuntur; atqui tamen intellectus Patris realiter non distinguitur a Filio: igitur intellectus Patris non est

prin-

principium *quo* proximum generationis Verbi.

Dist. maj. principium *quod* realiter distinguitur C. principium *quo*, N. Scilicet processio unius ab alio in divinis importat solummodo distinctionem inter producens & productum, ut fert ipsa objectio; sed proprie loquendo solum principium *quod*, non principium *quo*, est agens, producens; actiones enim sunt suppositorum, facultates proprie non sunt agentia, sed virtutes agentium: igitur hæc regula qua dici solet principium realiter distingui a termino producto, intelligitur dumtaxat de principio *quod*, non de principio *quo*.

Instabis; Quod est id quo respectu alterius, est magis tale quam quod est id quod; id quo ferrum est calidum debet esse magis calidum quam ipsum ferrum, juxta illud axioma, *Propter quod unumquodque tale est, & illud magis tale*: atqui principium *quo* est id quo respectu principii *quod*: ergo si principium *quod* est realiter distinctum a termino, a fortiori principium *quo* debet esse distinctum.

Dist. min. Principium *quo* est id quo respectu principii *quod* in ratione principii, C. in ratione distinctionis, N. Solutio satis intelligitur. Scilicet principium *quo*, seu forma per quam suppositum agit, est quidem id per quod ipsum agit, sed non est id per quod formaliter distinguitur ab alio quocunque, unde intellectus Patris est principium *quo* Filii, tametsi a Filio non sit realiter distinctus.

Objicies; Principia processionum debent esse inter se realiter distincta; non minus enim debent esse distincta quam ipsi processionum termini: ergo cum intellectus & voluntas in Deo realiter non distinguantur, esse non possunt principia divinarum processionum.

Nego ant. una quippe res potest esse principium & causa diversorum & realiter distinctorum effectuum.

Quæres quomodo distinguatur intellectus essentialis ab intellectu notionali, & similiter voluntas essentialis a voluntate notionali.

Respondeo ea distingui inter se formaliter inadæquate.

Primo distinguuntur formaliter; siquidem ea distinguuntur formaliter quæ licet sint inseparabilia, tamen diversimode concipiuntur: sed intellectus & voluntas essentiales, licet inseparabiles sint ab intellectu & voluntate notionalibus, tamen diversimode concipiuntur, diversas habent ideas, diversas notiones; intellectus enim notionalis est fœcundus, non item intellectus essentialis; ergo distinguuntur formaliter.

Secundo distinguuntur inadæquate tantum. Ea siquidem distinguuntur inadæquate quæ se habent sicut includens & inclusum: sed intellectus essentialis & intellectus notionalis se habent ut includens & inclusum, intellectus enim notionalis includit essentialem: igitur intellectus essentialis & notionalis distinguuntur inadæquate tantum: quod idem sentiendum est de voluntate essentiali & notionali; tum vero de actibus essentialibus & notionalibus.

De relationibus divinis.

Circa relationes divinas hæc examinari solent a Theologis.

1. An sint relationes in tribus Personis divinis.

2. Quot sint admittendæ ejusmodi relationes.

3. An relationes illæ sint reales.

4. An ejusmodi relationes sint veræ perfectiones.

5. An & quomodo relationes originis distinguantur, tum inter se, tum ab essentia divina.

Denique, quomodo speciatim distinguatur spiratio activa a paternitate & filiatione.

An admittendæ sint relationes in Deo.

SUnt in Deo relationes duplicis generis; quædam communes, aliæ propriæ.

Communes eæ dicuntur quæ tribus ex æquo competunt Personis divinis, quales sunt identitas, æqualitas, & similitudo. Sex possunt admitti in qualibet Persona divina; quælibet enim Persona duas habet relationes identitatis, duas æqualitatis & duas similitudinis; Pater v. g. est idem cum Filio &, idem cum Spiritu sancto, æqualis est Filio & æqualis Spiritui sancto, ac demum similis Filio & similis Spiritui sancto, quod idem plane dixeris de Filio respectu Patris & Spiritus sancti, & de Spiritu sancto respectu Patris & Filii.

Relationes propriæ in Deo eæ sunt quæ vel uni tantum conveniunt Personæ, ut paternitas quæ convenit soli Patri, vel saltem duabus tantum ut spiratio activa quæ solis convenit Patri & Filio.

Hæ relationes dicuntur relationes originis, quia nempe fundantur in origine, resultant ex origine vel data vel accepta, qualis v. g. paternitas quæ est in prima Persona ob datam originem Filio, & filiatio quæ est in secunda Persona ob acceptam a Patre originem.

De his potissimum relationibus difficultas est, & quæritur an quædam sint admittendæ in singulis Personis divinis. Teste S. Toma q. 32. art. 2. Præpositivus qui ineunte Theologia Scholastica floruit, negabat ullas esse in Personis divinis relationes seu proprietates quibus constituantur ac distinguantur inter se, utpote quæ seipsis tales sunt; hanc sententiam amplexus est Gregorius Ariminensis in 1. dist. 26. & nuperus quidam Scriptor anonymus qui Gallico idiomate universam Scholæ Theologiam imprudenti censura notare ausus est.

Hanc opinionem paulo infra impugnabimus, cum de Personis in communi agetur, ubi videlicet manifeste ostendemus aliquid admittendum esse in unaquaque Persona divina per quod constituatur, quodque proprium sit uni, non commune aliis. Cum autem juxta commune effatum, omnia absoluta in divinis communia sint, ejusmodi proprietates relativas esse vel potius relationes omnino necesse est.

Quæ sint in Deo relationes.

QUæstio non est, ut jam dixi, neque de relationibus Dei ad creaturas, neque de relationibus communibus, quales sunt identitas, similitudo, æqualitas Personarum; agitur solum de relationibus originis.

CONCLUSIO.

Quatuor sunt relationes originis in tribus Personis divinis, nempe paternitas in Patre, filiatio in Filio, spiratio activa in Patre & Filio, & spiratio passiva in Spiritu sancto.

Probatur; Quia in Deo duæ sunt processiones nec plures nec pauciores, ut fuse ostendimus supra: sed ex qualibet processione resultant duæ relationes, una nimirum producentis ad procedentem, altera vero procedentis ad principium: ergo quatuor sunt in sanctissima Trinitate relationes originis, paternitas quæ resultat in Patre ex eo quod genuerit Filium; filiatio quæ est in Filio ex eo quod genitus sit a Patre; spiratio activa quæ resultat in Patre & Filio ex eo quod per modum unius principii producunt Spiritum sanctum, & spiratio passiva quæ est in Spiritu sancto, ex eo quod procedat a Patre & Filio.

Objicies; Si essent in Deo quatuor relationes originis, cum ejusmodi relationes sint reales, non mera entia rationis, quaternitas esset in Deo: adeoque jam non esset mysterium Trinitatis,

sed

sed quaternitatis: absurdum consequens, ut definivit magnum Lateranense Concilium adversus Joachimum Abbatem, qui reprehensione dignos judicaverat hæc Petri Lombardi verba, *Quoniam quædam summa res est Pater & Filius & Spiritus sanctus, & illa non est generans, neque genita, neque procedens*. Ergo non sunt in Deo quatuor relationis origines.

Dist. maj. esset in Deo quaternitas relationum, C. quaternitas personarum, N. Porro sit in Deo quaternitas relationum, sint quinque notiones, sint mille & amplius attributa, hoc nihil ad mysterium Trinitatis, quod in Trinitate quidem consistit, sed in Trinitate personarum non in Trinitate relationum, uti nec in Trinitate processionum, notionum, &c. attributorum.

At, inquies, ejusmodi relationes sunt realiter inter se distinctæ, adeoque quatuor sunt res, quatuor realiter distincta, quatuor realitates: sed istud officere videtur mysterio SS. Trinitatis: ergo.

Nego ant. quia nimirum singulæ illæ relationes a singulis realiter non distinguuntur, quandoquidem spiratio activa realiter non distinguitur a paternitate & filiatione, ut mox ostensuri sumus.

An relationes divinæ sint reales.

RElationes in Deo duplicis sunt generis, ut supra observatum est; aliæ communes, nimirum identitas, æqualitas, similitudo: aliæ vero propriæ & originis, nimirum paternitas, filiatio &c.

De relationibus originis levis est difficultas inter Theologos, quam quæstionem cum tractant, ejusmodi relationes dupliciter considerant, nimirum ratione subjecti in quo sunt, & ratione termini ad quem referunt, seu ut barbare loquuntur, secundum suum esse in, & secundum suum esse *ad*.

Jam vero reales sunt utrovis modo spectatæ. Siquidem illud est reale quod existit nemine cogitante, nec merum rationis figmentum est: sed quatuor relationes divinæ existunt in Personis divinis nemine cogitante, nec mera sunt rationis figmenta; paternitas enim v. g. non solum cogitatur aut fingitur esse in Patre, sed vere in eo residet tanquam proprietas personalis & subsistens; igitur relationes originis reales sunt, tum ratione subjecti quia realiter modificant subjectum, vera sunt attributa Personæ in qua insunt, tum ratione termini quandoquidem referunt unam Personam ad aliam; per paternitatem enim realiter, positive, nemine cogitante, Pater opponitur Filio, refertur ad Filium.

Major est difficultas de relationibus communibus, puta de relationibus identitatis, æqualitatis, similitudinis.

Volunt Thomistæ aliique nonnulli Theologi, ejusmodi relationes non esse reales sed rationis, eo nimirum quod illarum fundamentum non multiplicatur in Personis divinis, in iisque non est realiter distinctum. Contra vero illas esse reales docent *Scotistæ*, quorum sententiæ subscribimus.

CONCLUSIO.

Relationes identitatis, æqualitatis & similitudinis in Deo sunt reales.

Probatur; illæ relationes sunt reales quæ a parte rei & nemine cogitante existunt, ita ut non sint mera rationis figmenta: sed istæ relationes existunt in Personis divinis a parte rei, neque sunt mera rationis figmenta; constat enim v. g. Patrem esse a parte rei vere & realiter unum cum Filio in natura, eique æqualem & similem: igitur istæ relationes sunt reales, non entia rationis.

Objicies; Requiritur ad relationem realem, ut ipsius fundamentum multiplicetur in extremis: sed natura divina quæ fundamentum est identitatis, æqualitalitatis & similitudinis Personarum divinarum, in iis non multiplicatur: ergo istæ relationes non sunt reales.

Nego maj. etenim satis est si extrema in quibus reperitur relatio, multiplicentur, nec omnino necesse est ut fundamentum multiplicetur. Ratio est quia relatio non stat inter duo fundamenta; sed inter duo extrema, inter subjectum & terminum propter aliquod fundamentum; unde nil impedit quominus resultet vera relatio realis inter duo extrema, tametsi non multiplicetur fundamentum ejusdem relationis. Quin immo in relatione v. g. identitatis fundamentum debet esse unum non multiplex; neque enim identitas esset inter Patrem & Filium, nisi unam eamdemque numero naturam divinam haberent; unde sequitur non debere fundamentum relationis multiplicari in extremis, ut relatio sit realis & positiva.

Instabis; Si non multiplicaretur fundamentum relationis in ambobus extremis, in subjecto & termino, inde sequeretur idem ad seipsum referri: absurdum conseq. ergo & antecedens.

Nego maj. Et ratio est quia fundamentum alicujus relationis non est id quod refertur, sed ratio & causa propter quam subjectum refertur ad terminum: unde licet supponatur fundamentum idem & non multiplicatum, non idem propterea refertur ad seipsum, sed subjectum dicetur referri ad terminum propter fundamentum, quod unum & commune est cuilibet extremo. Quapropter non dicitur naturam divinam Patris æqualem esse naturæ divinæ Filii, sed Filium æqualem esse Patri in natura divina.

Instabis; Si æqualitas Personarum esset relatio realis, daretur consequenter similis relatio realis inter attributa divina quæ dubio procul æqualia sunt, nimirum æqualiter infinita, æterna, &c. absurdum consequens, ergo & antecedens.

Nego min. Nihil est enim absurdi, quod admittantur relationes æqualitatis inter attributa divina absoluta quæ in multis conveniunt inter se & in aliis differunt: porro ejusmodi relationes sunt reales, non sunt enim a nobis fictæ, non sunt entia rationis, cum ante quamlibet mentis operam unum attributum sit simile & æquale alteri, immensitas v. g. æqualiter æterna ac omnipotentia.

An relationes originis sint veræ perfectiones.

Dubitatur num quælibet relatio originis formaliter sumpta & quatenus præcisa ab essentia divina loco sit perfectionis in ea Persona cujus est proprietas; an v. g. paternitas vera sit perfectio in Patre, filiatio in Filio.

Quæstio hæc quæ prima fronte magni momenti esse non videtur, nonnihil tamen difficultatis habet; nec parum, ut video, plerosque torquet Theologos. Scilicet si ex una parte dicatur relationes originis & personales in unaquaque Persona esse perfectiones, sequitur inde in qualibet Persona desiderari aliquam perfectionem, in Patre enim non est filiatio quæ foret perfectio, in Filio non est paternitas quæ similiter foret perfectio, quod omnino videtur absurdum. Si vero ex altera parte relationes originis & personales non censeantur veræ perfectiones, dicendum erit id non esse loco perfectionis in Persona divina quod eam constituit, distinguit ac specificat; præterquamquod quidquid reale est, ut ajunt, est ens, adeoque verum & bonum in ratione entis, & hæc est ratio propositæ difficultatis.

Con-

CONCLUSIO.

Relationes originis sunt veræ perfectiones.

Probatur; Illud censeri debet perfectio in Persona divina, quod eam constituit & specificat; sed relationes originis constituunt ac specificant Personas divinas in quibus insunt; Pater enim constituitur in ratione Patris per paternitatem, Filius per Filiationem, & Spiritus sanctus per spirationem passivam; unde istæ relationes dici solent a Theologis proprietates personales: sunt igitur veræ perfectiones.

Et certe perfectio veri nominis dicitur illud attributum quod melius est ipsum quam non ipsum, respectu scilicet subjecti in quo inest: sed ejusmodi est quævis relatio originis & personalis, paternitas v. g. melior est, ut ita loquar, Patri, aut quod idem est, melius est Patri habere paternitatem quam non habere; melius est Filio habere filiationem quam ea carere; quandoquidem nec Pater concipi posset sine paternitate, nec Filius sine filiatione: igitur quævis relatio originis & personalis in Deo vera est perfectio.

Objicies; Si relationes originis dicerent perfectionem, sequeretur aliquam perfectionem desiderari, in qualibet Persona divina; paternitas enim non est in Filio, filiatio non est in Patre, &c. sed dici nequit Personas divinas aliqua perfectione carere: quælibet enim est infinite perfecta & Deus: igitur.

Huic argumento respondent nonnulli Theologi aliquam equidem relationem esse in una Persona quæ non est in alia, tamen non inde sequi unam perfectionem esse in una Persona quæ non sit in alia; quia nempe, inquiunt, quævis perfectio relativa quæ est in una Persona, est quoque in alia eminenter & identice ratione ipsius naturæ divinæ quæ in ea est; paternitas quæ est perfectio relativa Patris, est etiam in Filio, eo quod in Filio est ipsamet essentia & natura Patris, cui identificatur paternitas.

Verum & ab omni ratione & ab ipso quæstionis proposito aliena est ista responsio; hic enim agitur, ut monuimus, de qualibet relatione formaliter sumpta, hoc est, quatenus formaliter distinguitur ab essentia divina & ab ea præscindit; quæritur v. g. an paternitas secundum suam formalem rationem paternitatis accepta, aliqua sit perfectio, sermo non est de paternitate prout conjuncta est, vel, ut aiunt, identificata cum essentia divina; aliter unica esset relatio, aut relationes forent unica Dei perfectio. Scilicet cum dicunt Theologi ex tribus perfectionibus relativis, unam esse paternitatem, alteram filiationem & alteram spirationem passivam, concedant necesse est perfectionem paternitatis ita esse in Patre ut non sit in Filio, & filiationem ita esse in Filio ut non sit in Spiritu sancto, sumentes nimirum quamlibet relationem in sensu formali, non in sensu materiali, ut aiunt, & identico.

Quapropter respondeo distinguendo maj. Sequeretur in qualibet Persona divina desiderari aliquam perfectionem relativam, C. absolutam N. Revera fieri non potest ut in aliqua ex Personis divinis desiderentur perfectiones absolutæ, quæ nimirum pertinent ad Deum, cum quælibet Persona sit Deus; sed nihil absurdi est quod quævis Persona non habeat quamlibet perfectionem relativam; siquidem ejusmodi sunt illæ perfectiones relativæ, ut nec possint nec debeant esse singulæ in singulis Personis; eadem Persona habere non potest simul paternitatem & filiationem.

At, inquies, dici ergo poterit Patrem v. g. carere aliqua vera perfectione, siquidem in eo non est filiatio quæ censetur vera perfectio: absurdum consequens propter rationem mox adductam: igitur.

Dist. maj. vera perfectione relativa, C. absoluta, N. Scilicet nihil deficit in una ex Personis divinis, cum ipsi deesse dicitur perfectio relativa quæ est in altera: non minus perfectus est Pater, licet in eo non sit filiatio, quam, ea conditione qua

qua Pater, est nec debet habere nec potest. Quando autem dicitur Patrem divinum esse infinite perfectum, hoc intelligitur eo sensu quod sit infinitus in suo genere, in ratione scilicet Patris, non autem in omni genere; solus Deus trinus infinitus est in omni genere perfectionis; unde Deus trinus & adæquate spectatus dicit quidem omnes perfectiones tum absolutas tum relativas, non autem Pater, nec Filius, neuter enim continet perfectiones personales & relativas alterius; Pater non habet filiationem, Filius non habet paternitatem; aliter essent una eademque Persona.

An & quomodo relationes originis distinguantur tum inter se, tum ab essentia divina.

NEcesse non est hic repetere quæ in tractatu de Attributis diximus circa distinctionem quæ reperitur inter attributa divina seu inter se, seu cum essentia divina comparata, fusius a nobis dicta sunt, ibi enim legere est & quid sit & quotuplex distinctio, quomodo distinguantur attributa divina; absoluta tum inter se, tum ab essentia divina; unde hæc solummodo compendiose dicemus.

Primo, relationes originis, si spectentur in ordine ad se & insuper relative opponantur, ut paternitas comparata cum filiatione & vicissim; spiratio activa comparata cum spiratione passiva & vicissim, distinguuntur realiter. Siquidem secundum axioma receptum apud Theologos, ea distinguuntur realiter in divinis inter quæ obviat relationis oppositio, idem quippe ad seipsum referri non potest: sed inter præfatas relationes obviat relationis oppositio; imo potius ipsæ sunt relationes quibus constituuntur & distinguuntur Personæ divinæ quæ inter se relative opponuntur: ergo istæ relationes originis distinguuntur realiter a se invicem.

Secundo, quatuor relationes originis, si considerentur comparatæ ad essentiam divinam vel attributa absoluta, non distinguuntur realiter distinctione scilicet reali majori. In Deo quippe non est distinctio realis major, nisi inter ea quæ opponuntur relative: sed relationes divinæ & attributa Dei absoluta ejusque essentia non opponuntur relative, ea scilicet relatione quæ fundata sit in origine, quæ sit inter principium & terminum: igitur.

Tertio, nec reperitur solummodo distinctio virtualis inter relationes & essentiam divinam atque attributa absoluta: ea quippe distinctio non sufficit ad explicandum SS. Trinitatis mysterium, ea ipsa est distinctio quam admittebant Anomæi quarto sæculo, & postea Nominales circa decimum quintum, denique multas secum infert contradictiones hæc recentiorum Theologorum sententia; ut invicte demonstravimus in tractatu de attributis: ergo.

Quarto denique, relationes originis distinguuntur formaliter tum ab essentia divina, tum ab attributis absolutis. Siquidem ea distinguuntur formaliter quæ licet sint inseparabilia, tamen diversimode concipiuntur: sed relationes & essentia divina atque attributa absoluta licet inseparabilia, tamen diversimode concipiuntur, diversas habent ideas, diversas notiones, definitiones; paternitas, v. g. & justitia diversas habent ideas & definitiones; ita ut sine maxima absurditate confundi non possint & promiscue usurpari: ergo relationes distinguuntur formaliter tum ab essentia divina, tum ab attributis absolutis.

Quomodo spiratio activa distinguatur a paternitate & filiatione.

QUoad spectat distinctionem relationum specialis agitatur quæstio de spiratione activa comparata cum paternitate & filiatione, & quod difficultatem augere videtur; de spiratione activa Patris respectu filiationis, & de spiratione activa Filii respectu paternitatis, in duplici conclusione mentem nostram aperiemus.

PRI-

PRIMA CONCLUSIO.

Spiratio activa non distinguitur realiter tum a paternitate, tum a filiatione.

Probatur; In divinis, juxta vulgare Theologorum effatum, non est distinctio realis major, nisi inter ea quae opponuntur relative, ea nimirum relatione quae fundata sit in origine; nullum quippe in Deo reperias aliud signum distinctionis realis: sed spiratio activa non habet oppositionem relativam fundatam in origine vel cum paternitate vel cum filiatione, neque enim spiratio producit paternitatem & filiationem, neque a paternitate, vel filiatione producitur: ergo spiratio activa non distinguitur realiter tum a paternitate, tum a filiatione.

Objicies: Illa distinguuntur realiter quae reperiuntur in suppositis realiter distinctis: atqui spiratio activa Patris & filiatio reperiuntur in suppositis realiter distinctis, nempe in Patre & Filio ergo spiratio activa Patris realiter distinguitur a filiatione; idemque ferri debet judicium de spiratione activa Filii comparata cum paternitate.

Nego maj. Siquidem natura divina Patris non distinguitur realiter a filiatione ex cõsensu omnium, quamvis reperiantur in suppositis realiter distinctis. Scilicet distinctio realis non admittitur in Deo nisi inter ea quae opponuntur inter se oppositione relativa fundata in origine, neque duo censentur distincta realiter hoc solum nomine quod reperiantur in distinctis suppositis.

Objicies; Ea distinguuntur realiter quorum unum est communicabile & aliud incommunicabile, & insuper quorum unum constituit aliquam personam, aliud vero nullam constituit; atqui spiratio activa communicabilis est & revera communis Patri & Filio, non item Paternitas & filiatio: praeterea paternitas constituit personam Filii, nullam vero Personam constituit spiratio activa: igitur.

Nego maj. Ut enim recte haec explicentur, quomodo nempe unum sit communicabile & aliud incommunicabile, unum constituat Personam, aliud vero non constituat, sufficit distinctio formalis, quae nimirum reperitur inter duas ejusdem entitatis perfectiones, quarum una est communicabilis, altera vero non est communicabilis; una constituit Personam altera non constituit. Haec quidem distinctio quam appellant virtualem plane insufficiens esset ad ista conciliandа quia una eademque perfectio non potest esse communicabilis & simul incommunicabilis, sed satis est si admittatur distinctio formalis.

Objicies; Relationes disparatae distinguuntur realiter, catenus enim sunt diversae relationes, non sunt nec concipi possunt tanquam una eademque relatio: atqui paternitas & spiratio activa sunt omnino disparatae, ac, ut ita dicam, diversae naturae: igitur distinguuntur realiter.

Dist. maj. Si aliunde opponantur relative, C. si non opponantur relative, N. Solutio capitur ex dictis.

Instabis: Filiatio & spiratio passiva distinguuntur realiter ex eo tantum quod sunt relationes disparatae; neque enim inter illas occurrit oppositio relativa, ut per se patet: ergo similiter spiratio activa Filii & paternitas realiter distinguuntur ex eo quod sunt relationes disparatae, tametsi non opponantur relative.

Nego maj. & dico filiationem & spirationem passivam non distingui realiter ex eo quod sunt relationes disparatae, bene vero ex eo quod opponuntur relative, non oppositione quidem relativa immediata, ut satis intelligitur ex ipsis vocibus, sed mediata, quatenus nempe filiatio conjungitur in Filio cum spiratione activa, qua mediante opponitur spirationi passivae quae est in Spiritu sancto.

Instabis; si filiatio distinguitur realiter a spiratione passiva ex eo quod oppositionem habet relativam saltem mediatam cum ipsa; si vero hanc relationem mediatam habere censetur, ex eo quod conjungitur in Filio cum spiratione activa quæ opponitur immediate spirationi passivæ, sequitur inde spirationem activam Patris habere similiter rationem mediatam cum filiatione; spiratio enim activa Patris conjungitur in Patre cum paternitate quæ opponitur immediate filiationi; unde certe colligere est similiter sufficientem esse oppositionem inter spirationem activam Patris & filiationem, oppositionem scilicet mediatam, ut censeantur realiter distinctæ.

Nego ant. & par. Ratio disparitatis est quia spiratio activa Patris communis est Patri & Filio, una eademque est in Patre & Filio; quo fit, ut ipsa considerata in Patre non contrahat oppositionem etiam mediatam cum filiatione, tametsi conjuncta sit in Patre cum paternitate quæ immediate opponitur filiationi; at vero filiatio conjuncta in Filio cum spiratione activa contrahit oppositionem relativam saltem mediatam cum spiratione passiva, mediante scilicet spiratione activa, quia ipsa filiatio activa non est communis utrique Personæ, sed est in solo Filio.

Quod autem ista unitas seu communitas spirationis activæ in Patre & Filio impediat quominus hæc eadem spiratio contrahat oppositionem mediatam cum filiatione, ex eo manifeste colligitur, quod non alia ex causa natura divina considerata in Patre & conjuncta in eo cum paternitate, quæ opponitur immediate filiationi, nullam oppositionem vel etiam mediatam cum filiatione contrahit; quia nimirum natura divina communis est Patri & Filio; quo fit ut natura divina Patris non dicatur distingui realiter a filiatione, uti nec natura divina Filii a paternitate.

Secunda Conclusio.

Spiratio activa distinguitur formaliter a paternitate & filiatione.

Probatur; ea distinguuntur formaliter quæ diversas habent ideas, diversas definitiones; ita ut promiscue sumi non possint: sed spiratio activa & ex alia parte paternitas & filiatio diversas habent ideas, diversas definitiones, ita ut a nemine possint confundi & promiscue sumi; siquidem spiratio activa est id quo Pater & Filius formaliter constituuntur spirantes, paternitas est id quo formaliter Pater constituitur in ratione Patris, per paternitatem Pater refertur ad Filium, per spirationem activam refertur ad Spiritum sanctum; spiratio activa communis est Patri & Filio, paternitas vero propria est solius Patris, filiatio solius Filii; spiratio activa nullam in Deo constituit Personam, paternitas vero & filiatio duas constituunt Personas: igitur diversas habent notiones, diversæ sunt formalitates, diversæ relationes, adeoque distinguuntur formaliter.

De notionibus divinis.

Notionis nomine in divinis intelligitur nota quædam, character quo una Persona innotescit & distinguitur ab alia, qualis est paternitas respectu Patris.

Certum est posse notiones tribui Personis divinis, ut scilicet proprios cujuslibet Personæ characteres facilius & promptius cognoscamus, cujus rei dubio procul fundamentum habemus in Scripturis quæ singulis Personis suas peculiares notas passim assignant. Id abunde ostendimus supra adversus quemdam Præpositivum, qui referente S. Thoma putabat nullas ejusmodi admittendas in Deo notiones, quod videlicet distinctæ perfectiones ac veluti formæ in abstracto cum simplicitate Dei conciliari non possint.

Quæstio est autem de numero illarum notionum; quod ut clarius innotescat, sciendum est tres valgo assignari a Theologis conditiones ad veram ac proprie dictam notionem.

Prima est ut pertineat ad dignitatem, hoc est, Personæ cuipiam tribuatur per modum perfectionis, cujus conditionis defectu improductivitas in Spiritu sancto non est notio, siquidem perfectionem non sonat id genus qualitatis.

Se-

Secunda, ut pertineat ad originem; notio quippe alicui Personæ tribuitur ut ab alia dignoscatur, discernatur; sed Personæ non distinguuntur nisi per aliam proprietatem relativam quæ pertineat ad originem, cætera enim communia sunt tribus Personis; cujus conditionis defectu omnipotentia non est notio in Patre, nec sapientia in Filio.

Tertia, ut sit propria uni vel saltem duabus Personis, tribus vero non sit communis propter rationem mox adductam, cujus conditionis defectu attributa absoluta non sunt notiones in Personis divinis.

Conclusio.

Quinque sunt notiones in Personis divinis, nimirum innascibilitas, paternitas, filiatio, spiratio activa, & spiratio passiva.

Probatur; Tot sunt notiones quot requiruntur ad facilius distinguendas Personas divinas ab invicem, & ut statim proprii earum characteres dignoscantur: sed quinque istæ notiones maxime requiruntur ad facilius dignoscendas Personas, & ut distinguantur ab invicem; innascibilitas quidem in Patre significat eum a nullo principio procedere, in quo differt a Filio & Spiritu sancto: paternitas notio est in eodem Patre qua differt a Filio, & filiatio qua Filius differt a Patre; spiratio activa designat Patrem & Filium tanquam spiratores, & in hac parte discrepantes a Spiritu sancto; denique spiratio passiva notio est in Spiritu sancto; proprius ejus character quo designatur ab utroque procedens: igitur quinque sunt notiones in divinis.

Objicies innascibilitatem non esse veram notionem. Siquidem innascibilitas est quid mere negativum, ut vox ipsa sonat: sed illud loco notionis esse non potest in Deo quod mere negativum est, negatio enim non est perfectio: igitur innascibilitas non est notio in Patre.

Nego ant. & ad probationem nego min. nimirum illud loco notionis non esse in Persona divina, quod est quid negativum; extant enim in Deo plurima attributa negativa, ut independentia, immensitas, &c. quæ sunt veræ perfectiones, ut fatentur omnes; sunt enim meliora ipsa quam non ipsa, melius est esse independentem & immensum quam non esse talem. Quapropter hoc principio, quod certissimum est facile intelligitur innascibilitatem in Patre esse perfectionem, est enim negatio originis; Patrem designat prout a nullo alio procedentem, quod aliquam sonat dignitatem & perfectionem.

Instabis; Si innascibilitas qua significatur Patrem a nullo accipere originem, esset vera perfectio, sequeretur loco imperfectionis esse originem accipere ab alio; adeoque imperfectionem esse in Filio & Spiritu sancto qui procedunt a Patre: sed nemo dixerit loco imperfectionis esse in Filio & Spiritu sancto, quod a Patre originem ducant, processio in divinis non est imperfectio: ergo nec innascibilitas est perfectio.

Nego ant. & dico perfectionem esse in Patre quod sit Persona a nullo procedens, a nullo trahens originem, & tamen processionem in Filio & Spiritu sancto neutiquam esse imperfectionem; quia nimirum Pater essentialiter est prima Persona, adeoque ei debetur innascibilitas tanquam proprius ejus character: at vero contra Filius & Spiritus sanctus essentialiter procedunt a Patre processio est nativus eorum character, unde perfectio est in Patre quod non procedat, perfectio est in Filio & Spiritu sancto quod procedant.

Instabis; Innascibilitas seu negatio principii convenit etiam naturæ divinæ: ergo non est notio & propria Patris nota.

Nego conseq. agitur enim hic de innascibilitate Personæ, comparantur Personæ divinæ ad se invicem, & tunc soli Patri convenit innascibilitas, quæ proinde in eo est vera notio; quantumvis natura divina sit quoque suo modo innascibilis, quia scilicet Pater non comparatur

cum

cum natura divina, sed cum Filio & Spiritu sancto.

Instabis; innascibilitas est perfectio absoluta: aliter quinque forent in Deo relationes: ergo communis est tribus Personis, adeoque non est notio in Patre.

Dist. ant. Absoluta eo sensu quod non est formaliter aliqua relatio, C. quod non pertineat ad relationem & originem, N. Scilicet innascibilitas est negatio originis, per illam Pater significatur non accipere originem; unde consequenter pertinet ad relationem, est enim negatio relationis quæ resultat ex origine; neque vero ad notionem absolute requiritur, ut nota illa sit vera relatio; immo tametsi foret absoluta, modo propria sit Personæ cujus dicitur notio, id sufficit.

Instabis, Si qua ex causa admitteretur innascibilitas tanquam notio in Patre, maxime ut facilius & promptius per illam intelligeretur Pater, prima SS. Trinitatis Persona a nullo procedens, nullum habens principium: sed propterea inutilis est innascibilitas: ea quippe notio inutilis est, ut per eam cognoscatur Pater tanquam primum principium sine principio; qua sublata satis adhuc intelligitur sine principio & a nullo procedens: sed sublata innascibilitate satis adhuc intelligitur Pater nullum habens sui principium, posita nimirum paternitate; si quis nempe hoc pacto ratiocinetur, Pater producit Filium per intellectum, Pater & Filius per voluntatem producunt Spiritum sanctum; sed hoc posito non est ulla in Deo Persona quæ sit principium Patris, sunt enim tres tantum Personæ: ergo posita paternitate & sublata innascibilitate sufficienter intelligitur Pater a nullo procedens; ac proinde inutilis est innascibilitas.

Nego min. & ad probationem dist. min. Posita paternitate satis intelligitur Patrem nullum habere principium, idque sublata innascibilitate non satis explicatur, C. id satis explicatur, N. Hoc itaque argumentum probat validum ex Scripturis erui momentum quo evincatur non esse in divinis aliam Personam a qua procedat Pater, adeoque ipsi competere innascibilitatem; sed adeo non sequitur ex ejusmodi ratiocinatione inutile esse tribuere Patri innascibilitatem, quin potius id aperte colligi debet; si enim constat non esse quartam personam quæ sit principium Patris, quia tres tantum sunt Personæ, hinc sequitur Patrem a nullo esse principio, & consequenter esse innascibilem; quo fit ut non immerito ipsi tribuatur innascibilitas tanquam notio, ut scilicet expresse declaretur quod ex facto discursu compertum est.

Instabis; innascibilitas est etiam communis Spiritui sancto; ergo non est notio in Patre, non est scilicet propria Patris.

Dist. ant. Innascibilitas sumpta pro negatione generationis, communis est etiam Spiritui sancto qui non generatur, C. innascibilitas sumpta pro negatione cujuscumque processionis, quo sensu accipitur, cum tribuitur Patri tanquam notio, N. Solutio facile intelligitur citra ullam interpretationem.

Objicies: Tam inspirabilitas in Filio, qua nempe intelligatur non posse spirari, notio est in ipso, quam innascibilitas notio est in Patre. Et ratio est quia idcirco admittitur innascibilitas tanquam notio distincta a paternitate; quia paternitas non satis designat Patrem a nullo esse principio, esse ingenitum: atqui pariter filiatio non satis declarat Filium non spirari: ergo qua ratione præter paternitatem admittitur in Patre innascibilitas tanquam notio, in Filio præter filiationem admittenda est inspirabilitas, quæ statim declaretur eum spirari non posse, qua notione differt a Spiritu sancto.

Nego maj. & par. Ratio disparitatis est quia sublata innascibilitate non satis intelligitur Pater a nullo principio procedere; ratio enim ingeniti non includitur in ratione præcisa paternitatis, non omnis enim qui pater est, est propterea ingenitus: at vero sublata inspirabilitate in Filio, satis intelligitur Filius non spirari, quandoquidem filiatio per se sola significat eum procedecedere per intellectum, adeoque non spirari per voluntatem.

Objicies; Admitti quoque debet ingenerabilitas in Spiritu sancto tanquam notio quæ significat eum generari, & in hoc differre a Filio: ergo plures sunt quàm quinque notiones.

Nego ant. Sublata enim ingenerabilitate satis intelligitur Spiritum sanctum non generari; quandoquidem per spirationem passivam capimus omnes eum spirari seu produci a Patre & Filio per voluntatem; adeoque non generari, seu non produci per intellectum; quo fit ut ingenerabilitas sit omnino inutilis.

Objicies; Notio est in Spiritu sancto improductivitas, quod nullam scilicet personam producat; in hoc enim differt a Patre & a Filio: ergo plures sunt quam quinque notiones.

Nego ant. Uti enim monuimus, una ex conditionibus ad veram notionem requisitis, est, quod ejusmodi attributum dicat perfectionem & dignitatem in supposito, cujus est notio; at certe juxta communem æstimandi modum apud homines improductivas, seu sterilitas non habetur ut perfectio: igitur hæc tribui non debet tanquam notio Spiritui sancto.

Objicies; Admittitur notio communis Patri & Filio, nempe spiratio activa, per quam respiciunt Spiritum sanctum quem producunt; ergo est alia admittenda notio in Filio & Spiritu sancto, per quam significetur ipsis hoc commune esse quod procedunt a Patre.

Nego cons. & parit. Ratio disparitatis est quia Filius & Spiritus sanctus per diversas actiones & facultates procedunt a Patre, Filius per intellectum, Spiritus sanctus per voluntatem; unde non videtur admittenda quædam notio quæ in hoc aliquid ipsis esse commune significet; at Pater & Filius Spiritum sanctum producunt per eandem facultatem, eandemque actionem, agentes per modum unius principii; unde in ipsis resultat una & eadem relatio, scilicet spiratio activa, quæ merito censetur notio qua differunt ab ipso Spiritu sancto.

Objicies; Usitatum videtur apud Theologos, ut omnipotentia tribuatur Patri tanquam notio, sapientia Filio, bonitas Spiritui sancto: igitur in divinis Personis multæ aliæ sunt notiones præter quinque recensitas.

Nego ant. hæc quidem attributa velut appropriationes, ut ita loquar, tribui solent Personis; sed non sunt in iis veræ notiones; notio quippe, ut diximus, debet pertinere ad originem; hæc autem attributa neutiquam pertinent ad originem, absoluta sunt & singula singulis Personis communia; igitur sunt notiones.

Cæterum, licet pro more in Scholis usitato hunc quinque notionum numerum retinendum proponamus, tamen nullam volumus hac in parte Theologiæ studiosis imponi necessitatem, res enim non pertinet ad fidem, & liberum est unicuique sentire quod voluerit.

De missione & circuminsessione divinarum Personarum.

Observat Petavius lib. 8. de Trinitate cap. 1. multum ad Trinitatis notitiam pertinere missionem personarum propter duas hæreses quæ ex adverso Catholicam fidem impetunt, Sabellianorum videlicet & Arianorum.

Sabelliani quidem qui unam in Deo asserebant Personam, incredibilem in modum convincuntur ex missione Personarum quæ tam expresse commemoratur in Scripturis, non potest enim unus & idem esse qui misit & qui missus est.

Contra vero Ariani istam ipsam missionem sibi favere gloriabantur, rati his ipsis testimoniis Filium Patre minorem & inferiorem declarari.

Igitur missio locum habere debet in Personis divinis, non semel enim Filius & Spiritus sanctus mitti dicuntur in Scripturis, Joan. 3. *Sic Deus dilexit mundum, ut Filium suum unigenitum daret* .... *Non enim misit Deus Filium suum in mundum ut judicet mundum*. Et postea: *Sicut misit me vivens Pater, & ego vi-*

[illegible]ro propter P[illegible] Cap. 15. legitur de Spiritu sancto, *Cum veneris Paracletus, quem ego mittam vobis a Patre.*

Ex his igitur patet adversus Sabellianos non unam in Deo esse Personam, sed plures, cum a seipsa mitti unica & singularis Persona non possit. Neque vero missio illa favet quidquam Arianis, nullam etenim inferioritatem & dependentiam arguit in eo qui mittitur, hæc missio non fit per imperium, sed necessariam naturæ emanationem.

Quæritur quid sit illa missio Personarum divinarum.

Missionem divinæ cujuspiam Personæ nihil aliud esse quam æternam unius ab altera processionem docuerunt nonnulli e SS. Patribus; ita S. Chrysost. homil. 39. in Joan. & S. Cyrillos Alexandr. lib. 4. in Joan. tum & in lib. 12. Thesauri postremo capite.

Alii missionis nomen ad solam quæ in tempore fit externi operis effectionem restringunt, Verbi scilicet missionem ad carnis nostræ assumptionem, sancti vero Spiritus in eo quod super Christum in columbæ specie venerit in flumine, & quod supra Apostolos venerit in igne, uti scribunt S. Gregor. Naziandz. orat. 34. S. Gregor. Nyssenus lib. de deitate Filii & Spiritus sancti. S. Basilius *lib.* 5. contra Eunomium. S. Augustin. tractatu in Jo. 26. & lib. 4. de Trinitate cap. 20. S. Ambros. lib. 5. de Fide cap. 3. & S. Fulgent. lib. 2. ad Monimum cap. 6.

Ex quibus concludit Petavius veram ac propriam missionis rationem, neque solam esse sempiternam unius Personæ ex altera processionem, neque solam efficientiam externam quæ uni illi quæ mitti dicitur, Personæ tribuitur, sed ex utraque conflatam, vel utramque requirit. Ad missionem quidem non sola sufficit æterna processio unius personæ ab altera, sed & colligitur ex temporali atque æterna quadam efficientia; unde in mysterio Incarnationis non solum a Patre, verum etiam a Spiritu sancto missus dicitur Filius, quod ille una cum Patre externum illud opus elaboravit, ut egregie declarat S. Fulgentius in fragmento lib. 8. contra Fabianum. *Filius igitur*, inquit, *est a Patre missus, non Pater a Filio, quia Filius est a Patre natus, non Pater a Filio. Similiter etiam Spiritus sanctus a Patre & Filio legitur missus qui a Patre Filioque procedit. Sed quia non uno modo in Scripturis sanctis dicitur missio, propterea in sacramento Incarnationis non solum a Patre, verum etiam a Spiritu sancto missus est Filius, quia mediator Dei & hominum homo Christus Jesus totius est Trinitatis operatione plasmatus.*

Deinde & ad missionem requiri insuper unius Personæ processionem ab altera ex eo liquet, quod Pater nusquam legatur missus, quamvis Pater non minus quam Spiritus sanctus externa specie identidem apparuerit, cujus rei alia proferri non potest ratio, nisi quod neminem habet, a quo procedat. *Pater*, inquit S. Augustin. lib. 2. de Trinitate cap. 5. *Cum ex tempore a quoquam cognoscitur, non dicitur missus; non enim habet de quo sit, aut ex quo procedat.*

Quamobrem missio nihil aliud est quam æterna productio, seu communicatio naturæ, in qua illud est, ut in tempore opus aliquod externum appareat; sic mitti a Patre Filium, est gigni naturam hominis assumpturum; mitti Spiritum sanctum est procedere externum aliquod opus efficientem.

Missio duplex distinguitur, una visibilis, altera invisibilis, quæ fit quando Persona missa in signo quodam sensibili exterius apparet, cujusmodi fuit missio Verbi in Incarnatione, & missio Spiritus sancti sub specie columbæ. Missio invisibilis fit, quando Persona mittitur ad collationem alicujus doni occulti & interni, ut cum mittitur specialiter Spiritus sanctus ad collationem gratiæ & donorum Dei.

De

De circuminsessione divinarum Personarum.

NOmine circuminsessionis intelligitur intima & mutua Personarum in invicem existentia, quæ nimirum ex multis Scripturarum testimoniis colligitur, ut cum Christus Joan. 14. cap. sic loquitur. *Ego in Patre, & Pater in me est.*

Hæc mutua Personarum in invicem habitatio fundatur potissimum in eo quod unam eamdemque numero habent naturam, *Ego & Pater unum sumus*, ut legitur ibidem. Cui quidem rei nihil obstat earumdem Personarum distinctio & oppositio, siquidem in eo sita non dicitur circuminsessio, in quo personæ distinguuntur & opponuntur.

De Personis in communi, & de subsistentia.

QUid sit Persona, an & quomodo differat tum ab essentia, tum ab hypostasi, subsistentia & supposito, item quot sint in Deo Personæ, abunde, ut par est, explicuimus initio hujusce tractatus; nunc examinandum superest; primo, an detur in unaquaque Persona aliquid proprium & specificativum quod sit reale & intrinsecum: secundo, quodnam sit illud proprium constitutivum Personarum, per quod divinæ Personæ constituuntur & specificantur.

An detur aliquid proprium cuilibet Personæ divinæ.

QUælibet Persona divina duplex habere videtur constitutivum, uti & quælibet alia res; aliud nimirum commune quod competit tribus Personis, qualis est natura divina, qualia sunt attributa absoluta; aliud proprium quod uni Personæ convenit non alteri, qualis est paternitas in Patre, filiatio in Filio, spiratio passiva in Spiritu sancto.

Certe quo tandem modo ætate nostra negare potuerit quidam Anonymus alioquin Catholicus, aliquod esse constitutivum, speciale, & proprium in qualibet Persona divina, proprias esse & personales proprietates reales quibus a se invicem distinguantur, vix in animum induxerim. In illam vero & absurdam & temerariam opinionem sit

CONCLUSIO.

Sunt in divinis Personis distinctæ proprietates & personales.

Probatur; Ratio naturalis & ipse sensus communis dictat aliquid esse proprium, personale, & distinctivum in iis personis quæ realiter distinguuntur ita ut confundi non possint, nec pro una re, pro una persona accipi; quæcumque enim distinguuntur, penes aliquid distinguuntur quod sit in uno & non sit in alio: sed tres Personæ divinæ realiter distinguuntur, ut docet fides Catholica; ita ut sine manifesta hæresi Pater, Filius, & Spiritus sanctus pro uno, hoc est pro una eademque Persona accipi non possit: ergo ab omni ratione & sensu communi penitus alienum est, suum singulis personis constitutivum proprium & personale denegare.

An vero dixerit Theologus iste antischolasticus paternitatem non esse in Patre, filiationem non esse in Filio, & spirationem passivam non esse in Spiritu sancto, vel tres illas proprietates seu perfectiones personales communes esse singulis Personis; Hoc si ita est, paternitas est in Filio, filiatio in Patre, ac proinde Pater est Filius, & Filius est Pater: pudet certe in refellendis ejusmodi næniis tempus terere.

Quod si ad hoc idem probandum autoritas quærenda sit, multa certe proferri possunt & Scripturarum & SS. Patrum, & Conciliorum testimonia.

Ex Scripturis quidem ea proferemus in quibus distinctæ rationes, distincta & diversa nominarem aliquam realem & positivam significantia tribuuntur Personis; Pa-

Pater dicitur generans, Filius dicitur genitus, Spiritus sanctus dicitur missus & procedens, quæ certe nomina non ii dicant fictitias & ad nutum excogitatas perfectiones, vere enim & realiter Pater est genitor, Filius vere genitus.

Præterea constat ex iisdem Scripturis Filium Dei fuisse incarnatum, non Patrem, non Spiritum sanctum, Joan. 1. *Verbum caro factum est*. Sed nisi sit aliquid in Filio, in quo nempe facta fuerit incarnatio, Pater & Spiritus sanctus peræque incarnati sunt ac Filius, quia, ut per se patet in hoc systemate, sublata quavis a Filio proprietate nihil aliud in eo admittitur præter naturam divinam tribus Personis communem, in qua proinde facta fuerit Incarnatio: sed si Incarnatio facta est in natura, tam Pater & Spiritus sanctus incarnati sunt quam Filius: igitur.

Secundo, eadem veritas legitur apud SS. Patres quorum nonnisi unum & alterum citare juvat in re tam clara & omnibus obvia.

S. Hilarius lib. 11. de Trinit. ad initium, loquens de Patre & Filio, *Unus uterque est*, inquit, *non unione sed proprietate, dum & unicuique proprium est ut unus sit, vel Patri esse quod Pater est, vel Filio esse quod Filius est, & id quod uterque in proprietate sua unus est*.

S. Gregorius Nazianzenus orat. 24. *Omnia quæcumque Pater habet, Filii sunt, excepta causa; quidquid item Filius habet, idem quoque Spiritus sancti est, si filietatem excipias*. Et orat. 37. *Quod unus genitus non sit*, inquit, *& alter sit genitus, & quod alter procedat, hoc effectum est ut alius Pater, alius Filius, alius Spiritus sanctus dicatur*.

S. Augustinus lib. 3. contra Maxim cap. 10. *Propter uniuscujusque proprietatem Personæ sunt*. Hæc porro communis est sancti Doctoris sententia in libris de Trinitate, ubi sexcenties docet tres Personas divinas esse quid unum in iis quæ ad substantiam attinent, in cæteris vero diversas habere proprietates & relationes.

S. Cyrillus Alexand. lib. 2. Thesauri cap. 3. *Cum simplex*, inquit, *natura deitatis sit, nunquam in plures Personas distingueretur, nisi quædam inveniretur differentia non secundum essentiam, sed secundum relationem*.

Sanctus Damascenus lib. 1. *Unum namque agnoscimus Deum in solis quidem proprietatibus paternitatis, filiationis & processionis secundum causam & causalem & personalem perfectionem, id est existentiæ modum differentiam intelligimus*.

3. Et id constat ex Conciliis.

Sophronius Patriarcha Constantinopolitanus in sexta Synodo, actione 11. *Deum appellat, subsistentiis, proprietatibus, intellectualibus semotum*. Et paulo post; *Hoc quidem propter naturam & identitatem substantiæ & coæquationem essentiæ, illud vero propter alterificas horum trium proprietates, propter quas dissimilitudinem proprietatum, quæ inconfuse unamquamque figurant Personam*.

Concilium Toletanum undecimum in confessione fidei cap. 1. sic loquitur. *In relativis Personarum nominibus Pater ad Filium, & Filius ad Patrem, & Spiritus sanctus ad utrosque refertur. Quæ cum relative tres Personæ dicantur, una tamen natura per substantiam creditur*.

Lateranense Concilium cap. Firmiter, ait Trinitatem *secundum proprietates personales discretam*.

Et in Florentino Joannes Latinorum nomine sic loquitur sess. 18. *Personis ex substantia proprietatibus consistit*. Et postea Marcus nomine Græcorum, *per suas proprietates*, inquit; *reipsa differunt Personæ*.

Objicit præfatus Scriptor; Manifestum est ex Scripturis & SS. Patribus Personas divinas ita prædicari similes & æquales, ut plane nihil habeant diversum quod sit in una non in alia. Joan. 16. *Omnia*, inquit Christus *quæcumque habet Pater mea sunt*. Hebræorum 1. Filius dicitur imago Patris, *Figura substantiæ ejus*.

S. Hilarius lib. de Synodis loquens de Per-

Personis divinis, *Nihil in se*, inquit, *diversum ac dissimile habent natus & generans*. S. Augustinus lib. 3. contra Maximum cap. 14. *Dando aliquid Patri quod non sit Filii, mendacem facit eundem Filium dicentem*, (*Omnia quæ habet Pater mea sunt*.)

Respondeo in hoc vano & futili argumento ne minimam quidem contineri difficultatem; cuivis enim legenti præfata loca perspicuum maxime est, Patrem & Filium eo sensu dici nihil diversum habere quod unam eamdemque habent naturam, non autem quasi suas quisque non habeat proprietates, id intelligitur in his ipsis locis, quorum similia reperias pene innumera apud eos potissimum SS. Patres qui cum Arianis disputabant de Patre & Filio Dei, seclusis semper & exceptis divinarum Personarum proprietatibus; ita S. Hilarius frag. 15. ait *Similem esse per omnia Filium Patri excepta innativitate*, S. Gregor. Nazianz. jam laudatus orat. 24. *Omnia quæcumque Pater habet Filii sunt, excepta causa, quid item Filius habet, idem quoque Spiritus sancti est, si filietatem excipias*. Et Concil. Florentium Tom. 13. pag. 514. *Omnia quæ Patris sunt, Pater ipse Filio suo unigenito gignendo dedit præter esse Patrem*.

Quamobrem vanum quoque est quod objicitur ex S. Augustini Epist. 177. ubi sic loquitur: *Quæris an triformem Dei Personam credamus, respondeo non me ita credere*. Certe quo sensu id intelligendum sit aperit ipse S. Doctor verbis sequentibus: *Una quippe forma*, inquit, *quia una deitas*. Cujusmodi est quod scribit S. Athanasius orat. contra Greg. Sabell. *Amborum una forma*. Et ibidem; *Condiscere religiose ex sacris Scripturis in tribus formam intelligere*.

At, inquit ille, S. Greg. Nazianz. orat. 37. ait nihil deesse in Filio ut sit Pater, *Neque enim Filio aliquid deest ad hoc ut sit Pater, nec enim defectus est filiatio*. Igitur existimabat paternitatem & filiationem nihil esse reale & intrinsecum Patri & Filio.

Nego conseq. ad summum enim colligeretur ex hoc testimonio Gregorium Nazianzenum in ea versatum sententia quæ multorum nunc Theologorum est, relationes nihil perfectionis addere Personis in quibus insunt; quod certe quantum vis falsum, fidei tamen Catholicæ aperte nihil præjudicat; sed si negatur relationes & proprietates personales esse in Personis, aliquid esse reale & intrinsecum uni Personæ quod non sit in alia dubio procul hæc opinio Sabellianismum manifeste inducit; fatentur enim Sabelliani varios esse in Deo respectus extrinsecos, uti diversa sunt nomina Patris, Filii, & Spiritus sancti, in hoc hæretici quod distinctas personalitates non agnoscant.

Instabis; Si quid esset proprium uni Personæ quod non esset in alia, si quid esset reale in Patre quod non esset in Filio, jam Filius non esset perfecta Patris imago, cum non repræsentaret quoad proprios & personales caracteres; item falsum esset quod ipse dicit Christus Joan. 14. *Quid videt me videt & Patrem meum* Quandoquidem non forent per omnia similes: igitur.

Nego ant. In hoc enim Filius est imago Patris, quod eamdem cum Patre habet naturam, eadem attributa, quanquam aliunde personales ejus proprietates non habeat; neque enim aliter rationem imaginis Filii erga Patrem expresserunt SS. Patres. *Per omnia ei similem*, inquit Damascenus orat. 3. de imag. *excepta ingeniti proprietate & paternitate*. Certe si hoc sensu Pater & Filius dicerentur similes, quod suos caracteres proprios & personales non servarent, jam inter eos non esset similitudo, sed identitas, non modo quoad naturam, sed & quoad personam; eatenus enim essent unum quatenus non differrent; sed nemo dixerit Patrem & Filium esse unum in ratione personæ, hoc enim aperte Sabellianum est: igitur non postulat ratio imaginis perfectæ etiam & substantialis (quam ultro admittimus in Verbo divino respectu

Patris) ut nihil proprium & personale habere dicantur.

Per quid Personæ divinæ constituantur.

Difficultas est an Personæ divinæ constituantur & specificentur per aliquid absolutum, an vero per aliquid relativum. Et ratio dubitandi est quia quominus ex una parte dicatur Personas divinas constitui per aliquid absolutum, vetat autoritas Concilii Florentini, in quo hæc leguntur verba loco principii nunc receptissima apud Scholasticos: *Secundum Doctores tam Græcos quam Latinos sola est relatio quæ multiplicat Personas in divinis productionibus*; sess. 18. tom. 13. pag. 254. Ex altera vero parte dici non potest Personas constitui per aliquid relativum; siquidem relatio supponit personam constitutam, exurgit enim ex fundamento & termino.

Verum ut perfecte tollatur hæc difficultas opus est aliqua distinctione; scilicet Personæ divinæ considerari possunt quatenus personæ præcise, secundum rationem communem & quasi genericam personæ; vel quatenus tales sunt personæ & secundum rationem, ut ita loquar, specificam talis personæ; quæri potest v. g. quodnam sit constitutivum ac specificativum Patris quatenus est persona præcise, & Patris quatenus est talis persona.

Sunt qui dicunt Personas divinas constitui per relationes, nequaquam vero per aliquid absolutum; sed aiunt in diversis, relationibus duplicem quasi respectum esse distinguendum, unum per quem subjectum aut quasi subjectum afficiunt; quo sensu dicuntur formæ hypostaticæ; alterum per quem explicite ad terminum referuntur, quo sensu vocantur simpliciter relationes. Jam vero, inquiunt Pater v. g. constituitur in ratione personæ per relationem, puta per paternitatem ut forma est hypostatica, constituitur autem in ratione Patris per eamdem paternitatem quatenus est relatio.

Nos vero dicimus Personas divinas constitui in ratione personæ per incommunicabilitatem seu per illam formalitatem per quam persona est persona; constitui vero in ratione talis personæ & a se invicem distingui per suas relationes proprias & personales. Atque in hoc solum nostra sententia differt a præcedenti, quod minus accurate dicant relationem sumi posse dupliciter, ut forma est hypostatica & ut relatio; nunquam enim forma hypostatica potest esse relatio, forma hypostatica abstrahit a relatione, est anterior relatione, est enim præcise id quo formaliter persona est persona: quapropter sit

PRIMA CONCLUSIO.

Personæ divinæ constituuntur in ratione personæ per suam personalitatem, seu incommunicabilitatem alteri tanquam supposito, non per relationem. Duæ sunt hujus assertionis partes.

Probatur prior pars. Per id Personæ divinæ constituuntur in ratione personæ præcise, per quod persona quælibet constituitur in ratione personæ, quod est ratio formalis constitutiva personæ: sed incommunicabilia alteri tanquam supposito est ratio formalis per quam persona in communi persona est, in hoc enim persona differt a natura singulari & individua quæ non est persona: igitur Personæ divinæ constituuntur in ratione personæ præcise per incommunicabilitatem alteri tanquam supposito; Pater v. g. intelligitur esse persona præcise, quia est incommunicabilis alteri tanquam supposito, hoc est quia totum est quoddam per se subsistens & sui juris.

Probatur vero altera pars, nimirum Personas divinas non constitui per relationes. Siquidem per illud formaliter non constituitur persona in ratione personæ, quod supponit personam constitutam: sed relatio supponit personam constitutam, præsertim si ejusmodi relatio fundata sit in origine; tunc enim exurgit ex productione termini quæ supponit personam productam;

quan-

quandoquidem actio est a persona, actiones sunt suppositorum: igitur Personæ divinæ constituuntur per relationes.

Objicies; Ejusmodi incommunicabilitas seu, ut alii loquuntur, forma hypostatica, non est aliquid relativum; quandoquidem expresse negatur Personas divinas constitui per aliquam negationem: sed Personæ divinæ non constituuntur nisi per aliquid relativum, ut enim definitum est in Concilio Florentino mox laudato, *Sola est relatio quæ multiplicat Personas in divinis productionibus*. Unde quidquid absolutum est in Deo, commune est Personis: igitur.

Dist. min. Personæ divinæ non constituuntur nisi per aliquid relativum, si sumantur formaliter quatenus sunt tales Personæ, C. quatenus personæ præcise, N. Persona enim præcise ut persona abstrahit ab idea & notione relativi, de se non est relativa; quamobrem Pater constituitur quidem in ratione Patris per paternitatem quæ relatio est ipsius ad Filium, sed per illam non constituitur in ratione Personæ præcise, prius enim concipitur esse Persona quam genuerit Filium, adeoque prius quam habeat paternitatem.

SECUNDA CONCLUSIO.

Quælibet Persona divina constituitur in ratione talis Personæ per suam propriam relationem.

Probatur, Per illud Persona divina constituitur in ratione talis Personæ, quod cuilibet Personæ proprium est & singulare: sed relatio propria est & maxime singularis cuilibet Personæ, paternitas Patri, filiatio Filio, & spiratio passiva Spiritui sancto: cætera vero communia sunt tribus Personis: igitur Personæ divinæ constituuntur ut tales Personæ per suas relationes.

De subsistentia.

SUbsistentia sumitur apud Philosophos pro modificatione quadam substantiæ, ea scilicet per quam substantia constituitur in ratione substantiæ opposita accidenti; unde substantia definitur ens per se subsistens, hoc est, independens a subjecto inhæsionis, ita per se existens ut alteri non inhæreat ad instar accidentium quæ per se non existunt, sed per substantias.

Item subsistentia sumitur a Theologis pro totalitate rei, si sumatur in abstracto, vel pro toto ipso, si sumatur in concreto, pro personalitate vel pro persona; quo sensu anima hominis sola non est subsistens, quia pars est hominis, non totum; quo sensu etiam natura humana in Christo non est subsistens, quia ut fusius explicabitur in tractatu de Incarnatione, pars est Christi, non totum.

Subsistentia quæ nunc ab omnibus communiter Theologis habetur ut terminus abstractus significans ultimum substantiæ terminum, rei totalitatem, personalitatem, sumebatur tamen a Veteribus pro nomine concreto & pro Persona.

Ita S. Ambrosius in Symbolum Apostolorum cap. 2. *Sabellius enim*, inquit, *unam docuit subsistentiam esse Patrem, & Filium, & Spiritum sanctum, unamque trinominem Personam. Sed dum omnes unam esse Personam reputat, nihil esse unamquamque designat*.

Joannes Maxentius in professione fidei, *Nos autem unum & idem sentientes subsistentiam esse quod & Personam, non dicimus Trinitatem in Christo inhabitare, sicut consueverunt Theodori Mopsuestiensis & Nestorii sectatores, quasi quid extra Trinitatem sit Christus sed Deum Verbum unigenitum Filium Patris Dominum nostrum Jesum Christum, qui pro nobis passus est carne, unum de tribus subsistentiis unius divinitatis esse credimus*.

Facundus Hermianensis apud Greg. Nazian. orat. 39. *Deum cum nomino*, inquit,

quit, *uno lumine illustramini simul & tribus. Tribus quidem secundum uniuscujusque proprietates, sive subsistentias, sicut placet aliquibus dicere, sive Personas.*

Anastasius Bibliothecarius præfatione in septimam Synodum: *Sed & illud notandum, quoniam ubicumque in hujus Synodi textu subsistentiam posui, Personam intelligi volui. Quod enim Græci hypostasis dicitur, hoc nonnulli Personam, nonnulli vero subsistentiam interpretati sunt. Porro subsistentiam, multi vero substantiam etiam interlexerunt. At illos ego secutus sum qui subsistentiam non substantiam, sed Personam intelligi voluerunt.*

Nunc vero cum invaluerit apud Theologos consuetudo, ut subsistentia sumatur in abstracto pro ea formalitate per quam substantia singularis & individua per se subsistit, hoc est, per quam persona est, quæritur quot sint in Deo subsistentiæ.

Quot sint in Deo subsistentiæ; an præter tres relativas quædam detur absoluta.

CErtum est tres esse in Deo subsistentias. Scilicet hoc nomine donantur illæ subsistentiæ quæ propriæ sunt Personis divinis, easque in ratione personæ constituunt, unde etiam dicuntur proprietates personales: sed tres sunt tantum ejusmodi subsistentiæ: nam tot sunt ejusmodi subsistentiæ, quæ nimirum Personas constituant in ratione personæ, quot sunt Personæ; quemadmodum tot sunt humanitates, quot sunt homines: sed in Deo tres sunt tantum Personæ, ut docet fides; ergo tres sunt subsistentiæ relativæ, scilicet subsistentia Patris, subsistentia Filii, subsistentia Spiritus sancti.

Ex quibus facile intelligitur cur spiratio activa non sit quarta quædam subsistentia relativa; licet enim ipsa sit relatio, tamen non est subsistentia, seu personalitas, non constituit enim personam in ratione personæ, sed reperitur in Patre & Filio, ut ita dicam, jam constitutis.

Illæ subsistentiæ dicuntur relativæ, tum quia relationibus sibi essentialiter conjunctis in tribus Personis modificantur, subsistentia Patris v. g. conjunctam habet in Patre paternitatem quæ relatio est; tum quia si non dicerentur relativæ, forent aliquid absolutum; sed quod est in Deo absolutum, unum est nec multiplicatur; ergo:

Sed quæstio est, utrum præter tres illas subsistentias relativas alia detur absoluta, quæ nimirum competat naturæ divinæ a tribus subsistentiis relativis præcisæ. Partem affirmantem tenent Scotistæ & alii nonnulli Theologi, rati Deum, ut Deus est præcise, esse ens ultimo completum adeoque subsistens, non subsistentia relativa, ut per se patet, sed absoluta & communi tribus Personis, quam subsistentiam rejiciunt alii, quorum sententiæ subscribimus.

CONCLUSIO.

Non datur in Deo subsistentia absoluta, & communis tribus Personis.

Probatur; Subsistentia absoluta ea dicitur quæ competeret naturæ divinæ per se consideratæ, & a tribus subsistentiis relativis præcisæ: sed nulla subsistentia competit naturæ divinæ per se consideratæ, & a tribus subsistentiis, seu personalitatibus abstractæ: si qua enim esset ejusmodi subsistentia quæ naturæ divinæ præcise competeret, ea certe, ut fatentur adversarii, communis esset tribus Personis divinis, ut & ipsa natura divina & attributa absoluta: sed impossibile est, & manifeste implicat aliquam subsistentiam communem esse pluribus personis: id quippe non potest esse communis pluribus personis, per quod formaliter persona constituitur in ratione personæ; multiplicato enim concreto & abstractum multiplicari necesse est: sed subsistentia est in qualibet substantia singulari & individua, id quod illa substantia persona est; subsistentia enim in abstracto idem est ac personalitas, subsistentia in concreto idem est ac persona, juxta pervulgatum Theologorum usum: igitur nulla la potest esse in Deo subsistentia absoluta & communis tribus Personis.

Scio equidem hanc vocis *subsistentiæ* significationem non admitti ab adversariis, qui cum tres tantum ex una parte in Deo Personas agnoscant, ex altera vero quatuor subsistentias, quarum una est absoluta, tres vero relativæ; volunt consequenter subsistentiam non idem esse ac personalitatem, nisi hoc intelligatur de subsistentia relativa, ajunt vero subsistentiam in genere nihil aliud esse quam substantiam per se existentem & completam, quod naturæ divinæ, inquiunt, per se consideratæ & antecedenter ad tres subsistentias relativas competit.

Verum ab illa significatione nominis *subsistentiæ* recedere non possumus, quia scilicet communi & recepto tum veterum tum recentiorum usu comprobata est, ut patet ex nonnullis antiquiorum testimoniis quibus mox ostensum est subsistentiam pro persona ab illis plerumque usurpatam; cum ergo linguarum arbiter sit usus, nec Theologum deceat de nomine quæstionem ullam movere, dubio procul hæc fixa debet esse subsistentiæ significatio, ut vel personam ipsam significet, si accipiatur in concreto, quemadmodum a multis Veteribus factum est, vel personalitatem, si sumatur in concreto, ut moris est nunc apud Scholasticos; adeoque tot sunt in Deo subsistentiæ quot sunt Personæ.

Objicies; Omnis natura substantialis est subsistens ex eo præcise quod substantia est: sed natura divina a tribus subsistentiis relativis præcisa, foret vera substantia: ergo & per se subsistens.

Dist. maj. est subsistens subsistentia sumpta pro independentia a subjecto inhæsionis, quomodo subsistentia aliquando sumitur & præsertim a Philosophis, est que differentia divisiva entis, C. sumpta pro personalitate; pro ea modificatione substantiæ singularis & completæ per quam persona est, N. Jam vero quæstio, est de subsistentia sumpta pro personalitate, pro subsistentia, quomodo sumitur a Theologis, qui docent naturam humanam in Christo non esse subsistentem, hoc est non esse personam, tametsi habeat subsistentiam sumptam pro independentia a subjecto inhæsionis, est enim vera substantia, non accidens.

Instabis; Deus ut Deus præcise idem est ac habens deitatem: sed habens deitatem subsistit, non solum ea subsistentia quæ posita est in independentia a subjecto inhæsionis, sed quæ ultimum est naturæ substantialis complementum, ultimus terminus: igitur naturæ divinæ a tribus subsistentiis relativis abstractæ competit subsistentia.

Respondeo 1. nimis probare hoc argumentum, probat enim antecedenter ad tres subsistentias relativas naturæ divinæ competere subsistentiam sumptam pro personalitate, habens enim deitatem videtur esse aliquid, aliquod suppositum: hoc ipsum autem nec contendunt ipsi adversarii, qui tametsi putent dari subsistentiam absolutam, hanc tamen non dicunt esse personalitatem; quatuor admittunt subsistentias, non quatuor Personas.

Respondeo 2. dist. maj. Deus ut Deus præcise significat subsistentiam confuse & indeterminate, C. clare & determinate, N. Deus enim præcise, per se, & primario significat naturam divinam, sicut homo per se & primario juxta claram & determinatam ideam significat naturam humanam; confuse quidem & indeterminate indicat suppositum habens humanitatem, non autem clare & distincte, quemadmodum ista vox Petrus: sic Deus præcise indicat primario naturam divinam, confuse & indeterminate suppositum habens deitatem non clare & distincte, nisi dicantur hac voce *Deus* tres Personæ divinæ; cum enim quæritur an sit aliquis habens deitatem, respondetur tres esse nempe Patrem, Filium, & Spiritum sanctum; quando vero dicitur Deus Pater, significatur clare & distincte habens deitatem.

Instabis; sub ea ratione Deus est subsistens,

sistens,

sistens, sub qua est operans & agens; actiones enim sunt suppositorum: atqui Deus ratione solius naturæ divinæ antecedenter ad tres subsistentias personales & relativas est agens; sic enim & sub illo respectu mundum creat & conservat, ut Deus scilicet præcise, non ut trinus: igitur Deus ut Deus præcise habet subsistentiam.

Respondeo 1. ut supra, hoc argumentum nimis probare, inde enim sequeretur Deum ut Deum habere personalitatem, quandoquidem actiones sunt suppositorum.

Deinde vero dist. Deus ut Deus agit, creat & conservat mundum, Deum tribus subsistentiis relativis Patris & Filii & Spiritus sancti subsistens, C. Deus ratione solius naturæ divinæ & seorsim a tribus subsistentiis relativis, N. Equidem juxta receptum axioma quo dicitur actiones esse suppositorum, inde sequitur Deum producere & conservare mundum, uno verbo agere quatenus subsistentem tribus subsistentiis relativis, non autem Deum subsistentem subsistentia quadam absoluta a tribus subsistentiis relativis distincta, hæc quippe omnino fictitia est. Et ratio est quia ex consensu adversariorum actio qua Deus mundum conservat communis est tribus Personis, est enim operatio ad extra, sic loquuntur adversarii, sic sentiunt: igitur necesse non est recurrere ad subsistentiam absolutam.

Instabis; Saltem competit Deo antecedenter ad subsistentias relativas agere ad intra; Deus enim ut Deus est intelligens, & prius concipitur generare Filium per hanc suam intellectionem, quam concipiatur Pater & habens subsistentiam relativam Patris, quæ scilicet non resultat nisi ex genito Filio: ergo Deus ut Deus antecedenter ad subsistentias relativas subsistit, eaque subsistentia est absoluta; proindeque datur in Deo subsistentia absoluta.

Nego maj. & dico non competere Deo ut Deus est præcise antecedenter ad subsistentiam Patris agere ad intra seu intelligere; vel enim illa intellectio esset essentialis, vel notionalis; si sermo sit de intellectione essentiali, ea fit a tribus Personis eodem intellectu agentibus: si sermo sit de intellectione notionali, ea fit a Patre solo. Scilicet Deus ut Deus non operatur, sed Deus ut trinus operatur ad extra & producit quæcumque communia sunt tribus Personis, Deus vero Pater producit Filium, Deus Pater & Filius producunt Spiritum sanctum.

Quibus adde non esse admittendam in Deo subsistentiam absolutam, ex eo quod secundum nostrum concipiendi modum Deus intelligeretur agens antecedenter ad subsistentias relativas; ejusmodi enim prioritas non est realis, sed rationis, quæ scilicet nihil ponit in Deo, qui ab æterno intelligit simul & ad Filium refertur.

Objicies; Natura divina per se & præcise sumpta, præintellecta tribus subsistentiis relativis, est incommunicabilis alteri tanquam supposito creato; per se enim sola seorsim a Patre, Filio, & Spiritu sancto est ens increatum & a creato maxime distinctum per suam scilicet differentiam specificam: sed natura divina non potest esse incommunicabilis alteri tanquam supposito sine subsistentia; hujus enim effectus formalis est reddere naturam incommunicabilem alteri tanquam supposito: ergo natura divina præintellecta tribus subsistentiis relativis habet subsistentiam quæ alia non est quam absoluta.

Dist. maj. & aliunde non est incommunicabilis alteri tanquam supposito increato, C. & est incommunicabilis cuicumque supposito etiam increato, N. Licet igitur natura divina videatur incommunicabilis supposito creato per suam præcise independentiam, per suam differentiam specificam, non est idcirco subsistens, quia non redditur incommunicabilis cuilibet supposito; quandoque idem communicatur suppositis divinis: at effectus formalis subsistentiæ est reddere naturam singularem & individuam formaliter incommunicabilem cuicumque supposito.

Insta-

Instabis; Tam natura divina præintellecta tribus subsistentiis relativis censetur subsistens & ultimo completa in genere scilicet entis absoluti, quamvis communicetur iterum tribus Personis, nec reddatur in omni genere incommunicabilis, quam ipsa censetur subsistens in Patre divino, tametsi non reddatur omnino incommunicabilis, sed & rursus communicetur Filio & Spiritui sancto: subsistentia enim est ultimum naturæ substantialis complementum in certo genere tantum non in omni: sed natura divina subsistens in Patre non redditur propterea incommunicabilis alteri cuicumque, communicatur enim rursus Filio & Spiritui sancto: igitur recte intelligitur naturam divinam reddi ultimo completam, in genere scilicet entis absoluti & per subsistentiam absolutam, tametsi non reddatur formaliter incommunicabilis cuicumque supposito.

Dist. min. Natura divina subsistens in Patre communicatur Filio & Spiritui sancto, natura divina præcise & materialiter sumpta, C. formaliter & quatenus subsistens per subsistentiam Patris, N. Igitur aliquid roboris esset in hoc argumento, si natura divina Patris communicaretur Filio formaliter quatenus est natura Patris, hoc est, conjuncta cum subsistentia Patris, tunc enim contingeret quod in sua hypothesi admittunt adversarii, nempe naturam divinam formaliter quatenus subsistentem inducere aliam subsistentiam, quod omnino repugnat: porro natura divina formaliter ut subsistens subsistentia Patris non communicatur Filio; tunc enim Filius esset Pater; in hypothesi autem adversariorum natura divina formaliter ut subsistens subsistentia absoluta communis esset tribus Personis; igitur.

Instabis; Natura quæ est ultimo completa in genere entis absoluti, est subsistens subsistentia absoluta, sed natura divina præintellecta tribus subsistentiis absolutis est ultimo completa in genere entis absoluti, huic enim nihil deest quicquam eorum quæ Dei notionem & ideam ingrediuntur: ergo.

Dist. maj. Si sit formaliter incommunicabilis alteri tanquam supposito, C. secus, N. Certe ut natura substantialis censeatur subsistens, satis non est quod ultimo completa sit, & ipsi nihil eorum desit quæ ad illam essentialiter constituendam requiruntur; debet insuper esse formaliter incommunicabilis alteri tanquam supposito; siquidem natura humana in Christo ultimo completa est, nec ipsi deest quicquam eorum quæ ad ejus essentiam pertinent, & tamen non est subsistens, quod nimirum non est incommunicabilis, quod non est totum sed pars, quod est in alio non sui juris: quamobrem natura divina per se præcise spectata & præintellecta tribus subsistentiis relativis non est subsistens, quia sic considerata est aliquo modo in alio, in supposito, est in tribus Personis, in Patre, Filio, & Spiritu sancto.

Objicies; Tres Personæ divinæ conveniunt in ratione subsistentiæ; tres enim singulæ subsistunt: ergo datur subsistentia communis & absoluta.

Dist. conseq. Communis, hoc est, quæ in iis una est unitate similitudinis, C. unitate indistinctionis, N. Ex eo quod tres Personæ divinæ subsistunt, sequitur in iis communem esse subsistentiam, quemadmodum tribus hominibus communis est natura humana; sed natura humana non est eo sensu communis tribus hominibus, quod tres illi homines habeant aliquam naturam humanam communem præter singularem, quæ in unoquoque eorum est, sed quia natura humana unius similis est naturæ alterius; igitur tres Personæ divinæ hoc tantum sensu habent subsistentiam communem quod tres habent subsistentias relativas similes in ratione subsistentiæ, non autem quasi in qualibet Persona du-

duplex sit subsistentia, una absoluta: altera vero relativa.

Objicies denique; Subsistentia absoluta est perfectio simpliciter simplex: sed omnis perfectio simpliciter simplex est in Deo: igitur subsistentia absoluta est in Deo.

Nego maj. namque, ut ajunt Theologi, illa perfectio non est simpliciter simplex, quæ est incompossibilis cum alia Dei perfectione: sed subsistentia illa absoluta foret incompossibilis cum alia Dei perfectione, nimirum cum tribus subsistentiis relativis & personalibus quæ sunt veræ perfectiones; redderet enim naturam divinam alteri tanquam supposito plane incommunicabilem: igitur subsistentia absoluta non est perfectio simpliciter simplex.

Deinde & dist. min. Omnis perfectio est in Deo totaliter & adæquate spectato, C. in Deo inadæquate spectato, hoc est in sola Dei essentia prout a subsistentiis & relationibus præcisa, N. Scilicet mirum non est si dicatur essentiam Dei non includere subsistentiam, quando videlicet sumitur ut præcisa a tribus suis subsistentiis.

At, inquies, essentia divina per sese est infinita: ergo omnem includit perfectionem.

Dist. ant. infinita in genere essentiæ, C. in omni genere, N. sic enim abstrahit ab omnibus proprietatibus relativis & personalibus, ab ipsis relationibus & subsistentiis quæ sunt totidem perfectiones.

An sint in tribus Personis divinis tres existentiæ, an tres res, tres quidditates, &c.

POstquam ea explicuimus quæ ad numerum Personarum, processionum, relationum, notionum & subsistentiarum attinent, quædam aliæ supersunt quæstiones quæ proponi solent de aliis nonnullis terminis: an scilicet tribus legitime possint Deo citra quamlibet offensionem; nemo enim dubitat quin ad certam regulam loqui debeat Theologus, præsertim cum altissimum tractat hoc mysterium, his nimirum utendo vocibus, quas Catholicæ Scholæ usus consecravit.

Quæres igitur primo num in tribus Personis divinis tres sint existentiæ, quemadmodum tres sunt subsistentiæ.

Respondeo affirmative: Nam ad hoc satis est quod cuilibet Personæ divinæ seorsim a natura divina consideratæ penes suam & propriam relationem personalem competat existentia: sed cuilibet Personæ divinæ a natura divina præcise competit existentia penes scilicet propriam relationem; quælibet enim relatio existit, est aliquid, est actu extra nihil: ergo tres sunt in Deo existentiæ relativæ præter existentiam absolutam naturæ divinæ.

Objicies; Si essent in Deo tres existentiæ relativæ, consequenter dici posset tria esse in eo entia, tres realitates, item & tres essentias; quæcumque entia habent diversas existentias; diversas quoque habent essentias: absurdum consequens, est enim in Deo una res simplex: igitur & antecedens.

Nego min. quoad singulas partes. Primo admitti possunt in Deo plura entia, si nomine entis intelligatur quidquid existit, quidquid est extra merum nihil, quo sensu omnis modificatio, omne attributum rei cujuspiam est ens. Secundo, sunt in Deo plures realitates; relationes enim & proprietates personales sunt totidem realitates quæ existunt realiter, actu, & positive, & realiter a se invicem distinguuntur. Tertio demum, dici potest plures esse in Deo essentias, si nimirum per essentiam intelligatur quidditas rei, conceptus objectivus, ratio constitutiva, quo sensu omnis modificatio, omne attributum, id omne quod existit suam habet essentiam: quanquam fateamur rectius dici unicam esse in Deo naturam unicam essentiam, ubi per essentiam intelligitur primum rei constitutivum, quod unicum est in Deo, nempe naturæ divina.

Certe qui tria esse in Deo negat, Sabellio aperte favet, inquit S. August. lib. 7. de Trinit. cap. 4. *Rursus non esse tria quædam non poteras dicere, quod Sabellius quia dixit, in hæresim lapsus est.* Tria autem hæc non sunt entia rationis, sed veræ realitates.

Instabis; Tres relationes sunt una & eadem res: ergo non sunt tres realitates.

Dist. ant. Una & eadem res, hoc est, una eademque natura & subsistentia, C. una & eadem res, hoc est, una & eadem realitas, N. Et subdistinguo: sunt una eademque res sumpta pro natura in sensu identico, C. in sensu formali, N. Hoc primum in ejusmodi quæstionibus advertendum, ut nativa terminorum significatio servetur sedulo, cum opus est, adhibita distinctione; eadem quippe vox plures plerumque patitur sensus.

Instabis; Si sint in Deo tres existentiæ, erunt consequenter tres durationes, duratio enim rei est ejus existentia permanens: sed dici non debet tres esse in Deo durationes: si enim tres essent durationes, tres erunt æternitates; si tres æternitates, tres erunt æterni, quod aperte pugnat cum Symbolo quod tribui solet S. Athanasio, ubi hæc leguntur, *Æternus Pater, æternus Filius, æternus Spiritus sanctus, non tamen tres æterni.*

Nego min. scilicet absurdum esse tres in Deo agnoscere æternitates, tres durationes. Ad probationem vero nego paritatem, quia nimirum si tres dicerentur æterni, tres viderentur Dii proinde induci. Quamobrem sic est loquendum in hocce mysterio ut nihil pronuntietur quod vel minimum, adversetur unitati naturæ & distinctioni Personarum; hæc enim duo palmaria sunt ad fidem SS. Trinitatis vindicandam. Cum autem dicuntur tres æternitates, tres existentiæ, tres res, tres realitates, statim & facile judicatur hæc intelligi de Personis una semper remanente natura, una entitate, una substantia: Non alio autem sensu prohibetur in Athanasiano Symbolo ne quis dicat tres æternos, quam ut unitas naturæ & consubstantialitas defendatur.

Quæres 2. an possit dici tres esse in Deo substantias.

Respondeo 1. tres substantias expresse dixisse multos ex Antiquis, præsertim vero ex Patribus Græcis, qui substantiam cum hypostasi plerumque confundebant, ut explicat Isidorus Etymolog. lib. 7. c. 1. his verbis: *Tres hypostases*, inquit, *quod resonat in Latinum tres substantias, quoniam vere apud Græcos substantia persona intelligitur, non natura.*

Respondeo 2. non esse tamen tres dicendas in Deo substantias, quia jam usus pridem invaluit in Ecclesia, ut substantia sumeretur pro natura, & una diceretur Dei substantia, sicut una dicitur natura, una divinitas. S. August. lib. 5. de Trinitate c. 9. *Quia nostra*, inquit, *loquendi consuetudo jam obtinuit, ut hoc intelligatur cum dicimus essentiam, quo intelligitur cum dicimus substantiam, non audemus dicere unam essentiam tres substantias, sed unam essentiam vel substantiam.*

Quæres utrum dici possit tres esse in Deo, quidditates, tres species, tres formas, tres entitates.

Ad primum respondeo nihil obstare quominus tres dicantur in Deo quidditates, quia juxta præsentem Scholæ usum quidditas est quædam formalitas, tres sunt autem formalitates relativæ & personales in tribus Personis; unde S. Thomas in 1. dist. 25. unica, art. 4. ad 2. *Si per quidditatem intelligitur non solum natura absoluta, sed ratio vel intentio cujuscumque vel substantiæ vel accidentis, vel rationis; sic in divinis quamvis sit unica quidditas absoluta, tamen sunt plures rationes relationum realium, & ita plures quidditates quodammodo.* Scilicet quidditas non est tantum substantiarum, sed & Personarum.

Secundo minus bene dicerentur in Deo tres esse species, siquidem vox ista non videtur etiam a Philosophis accommodata nisi ad significandam rei cujusvis naturam & substantiam, quo sensu duo homines dicuntur ejusdem speciei, hoc est, in natura humana similes.

Tertio nec dici debent in Deo tres formæ; quanquam enim ipsa etiam attributa absoluta dicantur nonnumquam ab antiquis Patribus formæ quædam, tamen id moris est nunc in Scholis ut forma sumatur pro substantia, & una forma dicatur in tribus Personis, quia una deitas est, S. Basilius lib. 1. contra Eunom. *Sicut formam servi suscepisse hominis substantiam Dominum suscepisse significat, sic cum in forma Dei esse dicat, divina substantiæ ei attestatur proprietatem.* Scilicet dixerat Apostolus, *Qui cum in forma Dei esset*, hoc est in natura, in substantia.

Quarto demum nollem similiter tres dicere in Deo entitates; quia, ut video, per entitatem intelligitur in Scholis ens totum prout omnia sua attributa, omnes suas proprietates complectitur; unde proprie loquendo una est Dei entitas, uti & una substantia singularis quæ plura habet attributa tum absoluta tum relativa, ita nempe ut unum ex illis attributis non sit entitas, quod idem nec de singulis Personis merito dixeris.

De Personis in particulari.

His expositis quæ ad nomen & ideam Personæ in communi, tum vero & quæ Personas divinas in universum spectant, nunc sequitur ut de tribus in particulari Personis dicamus.

De Persona Patris.

Circa divinitatem Patris nulla omnino controversia est, hunc enim esse verum Deum soli negant Athei qui nullum agnoscunt. Quapropter de illius nominibus hic solum agetur.

Primo Pater dicitur principium, Filii nempe & Spiritus sancti qui ab illo procedunt; quanquam ab ea voce abstinere voluerint nonnulli Patres, quia videlicet Arius inde probabat Filium non esse Deum, quod Deus sine principio est. Docent tamen alii vulgo Patres, ac postea Scholastici, omnes Patrem esse principium Filii, non quidem durationis, sed productionis ratione personalitatis, quanquam divinitas ipsa maneat expers principii.

Dubitatur autem num Pater dici possit initium Filii, adeoque Filius habere initium.

Respondeo proprie loquendo Patrem dici non debere initium Filii, tum quia id aperte indicat Apostolus ad Hæbreos c. 7. ubi sic loquitur de Melchisedech: *Neque initium dierum, neque finem vitæ habens, assimilatus autem Filio Dei.* Tum quia juxta communem Scholæ usum, nomen initii ut plurimum accipitur pro principio durationis, non pro principio productionis.

Quæritur insuper, an & quo sensu Pater dici possit principium & fons totius divinitatis.

Respondeo 1. apud antiquos Patres & Scholasticos receptissimam esse istam loquendi rationem; ita nempe inter alios Origenes lib. 1. de Principiis cap. 3. *In Trinitate nihil majus minusve dicendum est, cum unus divinitatis fons verbo ac ratione sustineat universa, spiritu vero oris sui, quæ digna sunt, sanctificatione sanctificet.* Nazianzenus or. 13. Patrem appellat *deitatis principium*. Et postea *autorem divinitatis*. S. Augustinus lib. 4. de Trinitate cap. 20.

Vide-

Videlicet ostendunt, quod totius divinitatis, vel si melius dicitur, deitatis principium Pater est.

Respondeo 2. eo sensu Patrem appellari fontem & principium totius divinitatis, quod eam totam sine divisione communicat Filio & Spiritui sancto, non autem quod ipsam divinitatem generet vel spiret; unde necesse non est ut sit distinctio realis inter Patrem & divinitatem.

Quæres utrum Pater dici possit author Filii.

Respondet S. Augustinus sub uno sensu; non autem sub alio posse hanc vocem usurpari, libro nempe 3. contra Maximinum c. 14. *Si propterea*, inquit, *Deum Patrem Deo Filio dicis autorem quia ille genuit, genitus est iste, quia iste de illo est, non ille de isto, fateor & concedo: si autem per nomen autoris minorem vis facere Filium Patremque majorem, nec ejusdem substantiæ Filium cujus est Pater, detestabor & respuam.* Scilicet quoniam autoris nomine sola significari videtur ratio principii sine distinctione & inæqualitate naturæ, eam usurpant plurimi Theologi ut valde sanam in fide Trinitatis, sequuntur hac in parte multos ex SS. Patribus tum Græcis tum Latinis, S. Athanasium orat. 2. contra Arianos, Nazianzenum orat. 29. & Hilarium passim in libris de Trinitate.

Quæres an Pater possit quoque dici causa Filii.

Respondeo negative, pridem enim in usu est apud Theologos ut abstineant a voce causæ, cum sermo est de Personis divinis; causa enim prior est, inquiunt, suo effectu prioritate naturæ, tum vero effectus dependet a causa unde est, nec satis est ad rationem causæ, ut sit verus & realis influxus per communicationem naturæ. Quapropter non est audiendus Aureolus qui 1. distinct. 29. contendit Patrem recte vocari causam Filii & Spiritus sancti; tametsi eodem quoque modo locuti fuerint nonnulli Patres & Græci & Latini; scilicet ad usum Scholarum attendendum maxime est in istis occasionibus.

Est aliud nomen videlicet *Patris*, quod tamen Ariani primæ Personæ proprie loquendo tribuendum esse negabant, rejecta Filii vera & naturali generatione, cui certe errori obstant manifeste plurima Scripturæ loca in quibus Deus Pater appellatur.

Nomen Patris in divinis dupliciter sumitur, essentialiter & notionaliter; essentialiter sumptum commune est tribus Personis, oritur enim vel ex ipsius hominis creatione, *Pater noster qui in cœlis est*, vel ex adoptione & generatione per gratiam, *ut sitis filii Patris vestri*. In quibus tres Personæ agunt per modum unius principii. Nomen Patris notionaliter sumptum significans eam paternitatem quæ resultat ex generatione Verbi, convenit soli primæ Personæ; Filius enim non genuit Spiritum sanctum, & ideo non est Pater.

Paternitas notionalis in Deo prior est paternitate essentiali, hæc enim Deo advenit in tempore, illa vero in eo est ab æterno. Quamobrem cum essentialia vulgo dicuntur in Deo priora notionalibus; hoc intelligitur de essentialibus ad intra, de natura scilicet divina & attributis, non autem de essentialibus ad extra, quæ proprie non sunt Deo essentialia, sed potius accidentalia, qualis est ista paternitas quæ dicitur Deo essentialis, non quod ad essentiam Dei pertineat, sed quia tribus convenit Personis.

Pater denique dicitur ingenitus. Hæc autem vox quæ universe spectata significat privationem vel negationem originis, tripliciter sumi potest; 1. prout excludit creationem, quo sensu tribus peræque convenit Personis; 2. prout excludit generationem, quo sensu competit Patri simul & Spiritui sancto, neuter enim fuit genitus; 3. demum prout remo-

removet quamcumque productionem, quo sensu competit soli Patri, ejusque est notio quæ innascibilitas appellari solet.

Ex illa voce *ingeniti* mirum est quot & quantæ cavillationes moliti sunt olim Ariani, ut inde Verbi divinitatem oppugnarent, ajebant enim ingenitum ab ipsa Dei substantia nequaquam differre, ut constat ex libris S. Augustini contra Maximinum, & ex SS. Gregorio Nyss. & Basilio adversus Eunomium, unde inferebant Dei substantiam seu divinitatem non competere Filio, quem fatentur omnes non esse ingenitum, cui argumento jam respondimus in tractatu nostro de Attributis, ubi actum est de distinctione attributorum, & idcirco diximus ingenitum seu rationem ingeniti differre a substantia Dei. Scilicet substantia Dei totam atque integram deitatem nomine positivo significat; ingeniti autem vox nonnisi unum ex attributis notionalibus Patris æterni & quidem ad instar negationis, ut per se patet.

De Persona Filii.

SUa sunt quoque nomina Filio Dei, qui secunda est SS. Trinitatis Persona.

Dicitur primo Filius Dei, ut patet multis Scripturæ locis, Psal. 2. *Filius meus es tu, ego hodie genui te*. Ps. 109. *Ego ante luciferum genui te*. Math. 28. *Baptizantes eos in nomine Patris, & Filii, & Spiritus sancti*. Hocque nomen ei maxime proprium est, quia solus proprie loquendo fuit genitus.

Dicitur secundo imago Patris, ad Colossenses, *Imago Dei invisibilis*. Hebræor. 1. *Splendor Patris & figura substantiæ ejus*. Idque soli etiam Filio competit, non Spiritui sancto, tametsi perfecte simili in natura & Patri & Filio: siquidem imago proprie est similitudo producentis per se & vi formaliter ipsius actionis: sed solus Filius procedit ut similis vi formaliter actionis per quam procedit, ut fusius ostensum est supra: igitur solus Filius proprie loquendo imago est Patris, Spiritus autem sanctus non est imago Filii.

Dicitur 3. Verbum, Joan. 1. *In principio erat Verbum, & Verbum erat apud Deum... Et Verbum caro factum est*. Quod neutri ex duabus aliis Personis tribuitur. Scilicet Filius imago est repræsentans Patri omnia quæ per actum cognitionis suæ videt; quemadmodum in nobis proportione servata admittitur aliquod mentis verbum res cognitas exhibens & repræsentans. Hujus autem tituli occasione quæstio proponi solet a Theologis, ex quorum cognitione procedat Verbum divinum.

Ex quorum cognitione procedat Verbum divinum.

SUpponendum est primo Verbum Dei esse in Deo terminum productum per intellectionem divinam, factum cognitionis divinæ, in quo omnia universim increata & creata veluti specie expressa, & speculo exhibeantur & repræsententur in Deo, quemadmodum in nobis verbum non est cognitio nostra, sed terminus per cognitionem productus: quæ sententia communis est Theologorum opinio adversus nonnullos, qui censent Verbum Dei non procedere ex actuali sed virtuali notitia Dei, Verbum esse potius intellectionem & notitiam actualem genitam, quam terminum per intellectionem actualem productum.

Supponendum est secundo, unicum esse realiter & entitative actum cognitionis divinæ, quo seipsum, suam essentiam, attributa absoluta, personas, tum vero creaturas possibiles & futuras videt ab æterno Deus.

Quærunt Theologi an Verbum quatenus Verbum procedat ex cognitione illorum simul, vel solum ex cognitione co-

eorum quæ necessario cognoscuntur a Deo; dixi Verbum quatenus Verbum, hoc est, per se & necessario, non autem materialiter tantum & concomitanter; fatentur enim omnes Verbum in rei veritate & materialiter procedere ex cognitione creaturarum, id vero negant de Verbo quatenus Verbum est.

Variæ sunt hac de re sententiæ.

Alii dicunt Verbum procedere solum ex cognitione essentiæ divinæ, & attributorum absolutorum, non autem ex cognitione trium Personarum & creaturarum.

Alii Verbum procedere ex cognitione essentiæ, attributorum absolutorum, & primæ Personæ seu Patris; non vero ex cognitione sui ipsius, Spiritus sancti & creaturarum.

Alii docent Verbum procedere ex cognitione essentiæ, attributorum absolutorum, Patris, & sui ipsius, non autem ex cognitione Spiritus sancti & creaturarum.

Alii Verbum procedere ex cognitione essentiæ, attributorum absolutorum, & trium Personarum; non vero ex cognitione creaturarum.

Alii volunt Verbum non solum procedere ex cognitione essentiæ, attributorum essentialium & trium Personarum, sed & ex cognitione etiam creaturarum possibilium, licet non procedat ex cognitione creaturarum futurarum & existentium.

Alii denique censent Verbum procedere ex cognitione essentiæ, attributorum absolutorum, trium Personarum, & omnium creaturarum, tum possibilium, tum existentium in quacumque temporis differentia: quorum sententiæ subscribimus: quod ut facilius evincatur.

Observandum est in tanta illa opinionum varietate hoc commune esse illis Theologis, qui docent Verbum non procedere ex cognitione essentiæ, personarum, & creaturarum simul, quod varia distinguant instantia, si non temporis, saltem naturæ in cognitione divina; ita ut intelligant alii prius Deum videre suam essentiam quam Personas, & consequenter dicant Verbum procedere ex cognitione essentiæ, non Personarum; alii concipiant Deum videre etiam in illo priori instanti Personas cum essentia, sed non videre creaturas; unde consequenter affirmant Verbum procedere ex cognitione essentiæ & Personarum divinarum, non autem ex cognitione creaturarum, & sic de cæteris.

Verum meo quidem judicio, nugatoria est omnino & extra rem illa distinctio instantium in cognitione divina: nam si qua esset ratio admittendi ejuscemodi distinctionem instantium in cognitione divina, maxime prioritas aut originis, aut naturæ quæ reperitur in illis objectis, quod nempe Pater est prior origine Verbo, Verbum est prius Spiritu sancto; & Deus ipse totus prior natura creaturis. Atqui hæc ratio non sufficit ut fingatur illa distinctio instantium in cognitione divina, & Verbum dicatur procedere ex cognitione essentiæ, non Personarum, non creaturarum; tum quia, licet ista sint distincta & unum sit alio prius origine, tamen simul & semel eodem actu cognitionis ea omnia Deus intuetur; tum quia sequeretur innumera adhuc admitti debere instantia in cognitione divina respectu creaturarum existentium. Siquidem inter creaturas existentes aliæ sunt aliis priores & natura & tempore: non est itaque sufficiens ratio admittendi hanc distinctionem instantium in cognitione divina, & sic ejuscemodi distinctio est prorsus nugatoria.

Præterea est etiam extra rem & propositum hæc distinctio instantium in cognitione divina? nam quæstio proponitur inter Theologos de Verbo Dei quale est, & ut se habet in rei veritate, prout est secunda Trinitatis Persona: sed Verbum Dei prout est in se & in rei veritate, est essentialiter manifesta-

ti-

tivum, & repræsentativum eorum omnium quæ Deus ab æterno cognoscit; ita ut per illud Deus videat seipsum, suam essentiam, Personas divinas, & omnes creaturas; at si fingatur Deum, eo ipso quo videt suam essentiam, nondum visis Personis divinis & creaturis, producere aliquod Verbum, profecto Verbum illud erit manifestativum solius essentiæ, non Personarum, non creaturarum; & consequenter non erit illud Verbum de quo movetur quæstio inter Theologos: ista igitur distinctio non est ad propositum. His positis sit

Conclusio.

Verbum procedit ex cognitione essentiæ, attributorum absolutorum, trium Personarum, creaturarum possibilium & existentium in quacumque temporis differentia.

Probatur; Verbum procedit ex cognitione eorum quæ sunt terminus objectivus cognitionis divinæ, & quæ Verbum de facto repræsentat Deo: atqui hæc omnia simul creata & increata sunt terminus objectivus cognitionis divinæ; aliter non esset unicus actus cognitionis divinæ vel foret imperfectus; & præterea Verbum Deo repræsentat simul omnia, aliter non esset unicum in Deo Verbum: ergo Verbum Dei procedit ex cognitione essentiæ, attributorum absolutorum, trium Personarum, creaturarum possibilium & existentium in quacumque temporis differentia. Unde notandus venit jure ac merito quidam anonymus scriptor qui in suo systemate de natura & gratia ait Verbum quatenus Verbum non repræsentare Deo creaturas existentes, sed solum possibiles, is quippe facile revincitur.

Primo ex ipsis Scripturis, nam Joan. 1. sic depingitur verbum, ut per illud omnia dicantur facta, *& sine quo factum est nihil*, sed si creaturæ fuerant factæ in Verbo & per Verbum, certe ab eo & in eo fuerunt cognitæ & per illud repræsentatæ, quemadmodum verbum mentis in architecto repræsentativum est domus quam sibi ædificandam proposuit.

Secundo, ea fuit S. Augustini doctrina, sic enim loquitur lib. 83. qu. 63. *In principio erat Verbum*, inquit, *quod græce λογος dicitur, latine & rationem & verbum significat; sed hic melius Verbum interpretamur, ut significetur non solum ad Patrem respectus, sed ad illa etiam quæ per Verbum facta sunt, operativa potentia. Ratio autem, & si nihil per illam fiat, dicitur.*

Tum vero & S. Thomæ 1. p. q. 34. art. 3. hæc scribentis: *Respondeo dicendum quod in Verbo importatur respectus ad creaturam. Deus enim cognoscendo se cognoscit omnem creaturam. Verbum igitur in mente conceptum est repræsentativum omnis ejus quod actu intelligitur. Unde in nobis sunt diversa verba secundum diversa quæ intelligimus. Sed quia Deus uno actu & se & omnia intelligit, unicum Verbum ejus est expressivum non solum Patris, sed etiam creaturarum.*

Objicies quæstionem hic non agitari inter Theologos, ex quorum cognitione procedat Verbum materialiter, concomitanter, & in rei veritate; constat enim Verbum sic sumptum procedere ex cognitione essentiæ, attributorum, Personarum, & creaturarum tum possibilium tum existentium, quia unicus est cognitionis divinæ actus, quia circa illa omnia simul objecta versatur: sed quæritur an vi formaliter suæ processionis Verbum necessario procedat ex cognitione eorum omnium quatenus talis est cognitio; quatenus est Personarum vel creaturarum cognitio: atqui hoc posito Verbum non procedit ex cognitione illorum omnium simul: ergo revera Verbum Dei non procedit ex cognitione essentiæ divinæ, attributorum, Personarum, & creaturarum omnium,

Transeat major propositio, nego min. nam Verbum vi formaliter suæ processionis procedit ex cognitione eorum, quorum est expressivum & manifestativum: atqui Verbum Dei est expressivum & manifestativum essentiæ, Personarum, & omnium creaturarum simul; in alio enim quam in Verbo Deus non videt illa omnia, nisi admittatur multiplex in Deo Verbum, quod nemo dixerit: igitur non tantum materialiter & concomitanter, sed vi formaliter suæ processionis Verbum Dei ut se habet, seu Verbum quatenus Verbum procedit ex cognitione essentiæ, attributorum, Personarum, & creaturarum tum possibilium tum existentium in quacumque temporis differentia.

Probabis min. Verbum non procedit ex cognitione eorum, ex quorum cognitione potuit non procedere; Verbum enim procedit necessario, & ut ens necessarium: atqui potuit Verbum non procedere ex cognitione creaturarum existentium, potuerunt enim creaturæ existentes non esse existentes, quo posito fuisset semper Verbum: ergo nonnisi materialiter & concomitanter Verbum procedit ex cognitione creaturarum existentium: nequaquam vero per se & vi formaliter ac necessario.

Dist. min. Verbum potuit non procedere ex cognitione creaturarum, Verbum prout manifestativum & expressivum tantummodo essentiæ & Personarum. C. Verbum prout manifestativum & expressivum essentiæ divinæ, trium Personarum simul & creaturarum, potuit non procedere ex cognitione creaturarum, N. Itaque in illa hypothesi in qua supponerentur non emissa libera decreta, quibus Deus decrevit mundum producere, & ideo creaturæ futuræ non fuissent, Verbum semper processisset, ut repræsentativum & manifestativum essentiæ & Personarum, non autem ut repræsentativum creaturarum existentium; unde fuisset aliud Verbum, saltem quoad illud munus quod haberet repræsentandi & exhibendi Deo ea omnia quæ cognoscit; variatur enim repræsentatio & terminus repræsentationis seu per cognitionem productus, ubi variatur objectum repræsentationis.

Instabis: sequeretur inde Verbum Dei esse necessario repræsentativum creaturarum; absurdum consequens, quia creaturæ potuerunt non esse, sunt enim contingentes; Verbum autem divinum non potuit non esse, est enim absolute necessarium: ergo Verbum non est necessario repræsentativum creaturarum; ac proinde ex earum cognitione Verbum non procedit.

Dist. maj. necessarium necessitate hypothetica, C. necessitate absoluta, N. Non est igitur absurdum quod dicatur Verbum esse necessario repræsentativum creaturarum necessitate hypothetica, quia revera cum Verbum sit repræsentativum eorum omnium quæ unico suæ cognitionis actu Deus videt, non possit vero Deus non videre creaturas consequenter ad decretum liberum quo voluit illas producere, necessitate saltem hypothetica necessario est illarum repræsentativum; Verbum enim adæquate correspondet cognitioni per quam procedit, nec excedit illam, nec exceditur ab illa, hæc enim est proprietas Verbi ut Verbum est: adeoque est necessario repræsentativum creaturarum necessitate hypothetica, præsupposita scilicet illarum futuritione & existentia.

Objicies Verbum procedere solum ex cognitione essentiæ divinæ. Nam procedit solum ex cognitione objecti primarii, objectum enim primarium prius cognoscitur quam secundarium; unde in illo priori Verbum producitur: atqui essentia divina est objectum primarium, Personæ vero & a fortiori creaturæ sunt objectum secundarium: ergo Verbum procedit solum ex cognitione essentiæ.

Nego ant. ad probationem dist. maj.

quando objectum primarium cognoscitur sine secundario, C. quando objectum primarium non cognoscitur sine secundario, sed unico eodemque actu utrumque simul cognoscitur, N.

Instabis; At concipimus procedere Verbum eo ipso quo Deus cognovit suam essentiam: ergo procedit ex cognitione solius essentiæ.

Dist. ant. Verbum ut repræsentativum essentiæ, Personarum & creaturarum tum possibilium, tum existentium simul, quomodo est in rei veritate verbum Dei, N. Solutio patet ex dictis.

Objicies Verbum non procedere ex cognitione sui ipsius, quia omni cognitio supponit objectum: sed Verbum non præsupponitur cognitioni per quam procedit: ergo Verbum non procedit ex cognitione sui ipsius.

Nego ant. ad probationem dist. maj. Omnis cognitio supponit objectum, si objectum sit motivum facultatis cognoscentis, C. si sit pure terminativum, N. Revera objectum quod est motivum facultatis præsupponitur cognitioni, quia movere non potest facultatem nisi existat, at vero non præsupponitur cognitioni, si objectum sit pure terminativum: porro Verbum & alia quæ cognoscuntur a Deo sunt tantummodo objectum terminativum illius cognitionis, non motivum.

Objicies. Verbum non procedere ex cognitione Spiritus sancti; quia si Verbum procederet ex cognitione Spiritus sancti, foret ejus imago: atqui nemo dixerit Verbum esse imaginem Spiritus sancti: ergo Verbum Dei non procedit ex cognitione Spiritus sancti.

Nego ant. ad cujus probationem nego maj. ut enim unum sit imago alterius, debet ab illo procedere: sed licet Verbum procedat ex cognitione Spiritus sancti, tamen non procedit a Spiritu sancto, Spiritus sanctus non est propterea principium Verbi quemadmodum non procedit a creaturis, tametsi procedat ex cognitione creaturarum, quod saltem de creaturis possibilibus docent plerique omnes Theologi; ergo Verbum non est imago Spiritus sancti, licet procedat ex cognitione Spiritus sancti.

At, inquiunt, Verbum universe loquendo est imago illius objecti, ex cujus cognitione procedit: ergo Verbum divinum foret in illa hypothesi imago Spiritus sancti.

Dist. maj. Est imago vel intentionalis, vel naturalis, C. naturalis semper. N. Scilicet satis est ad imaginem intentionalem si ea sit expressa similitudo & repræsentatio objecti cogniti, quomodo Verbum dici potest imago Spiritus sancti & creaturarum, quia in Verbo repræsentantur Spiritus sanctus & creaturæ, sed solius tamen Patris est imago naturalis, quia cum illo solo similem habet naturam vi formaliter suæ processionis ab eodem tanquam principio procedens; in quo sita est ratio imaginis naturalis.

Objicies; Objectum prius est cognitione, cognitio enim procedit ex objecto: sed creaturæ non sunt priores cognitione per quam Deus seipsum & suam essentiam contemplatur: ergo concipitur Deum prius cognoscere suam essentiam, & hujus cognitionis terminum esse Verbum Dei sic a Deo efformatum priusquam de creaturis cogitet.

Dist. maj. Si cognitio sit creata, non æterna, C. si divina sit & æterna, N. Porro hic sermo est de actu cognitionis divinæ, qui æternus est, unicus, & perfecte comprehensivus rerum omnium quæ Deo semel repræsentata fuerunt; absurdum enim foret admittere multiplex Dei Verbum, aut unicum quod non esset perfecte repræsentativum omnium simul cognoscibilium, & quæ revera actu cognoscuntur a Deo. Esto vero quod juxta nostrum concipiendi modum Deus prius intelligatur seipsum, suam-

suamque essentiam videre quam creaturas, hæc tamen prioritas locum sic habere non debet in cognitione divina, ut dicamus Verbum quatenus Verbum per se non repræsentare creaturas propter rationes mox adductas initio hujus quæstionis.

Inst. Si Verbum divinum processit ex cognitione creaturarum, debuit ab æterno habere aliquem respectum ad illas, absurdum conf. ergo & ant.

Dist. maj. ad illas ut cognitas, C. ut productas, N. Facilis est solutio.

Instabis; Verbum non procedit ex cognitione Dei libera: sed cognitio futurorum est libera in Deo, ut fatentur omnes: igitur.

Dist. min. est libera formaliter quatenus est futurorum, C. sumpta entitatve & realiter quatenus est unicus actus divinæ mentis omnia simul attingens.

DE
FILII DIVINITATE.

Celeberrimam hanc de suprema Christi divinitate dissertationem ordiemur a referendis quampluribus hæreticis, qui a Christo nato in quavis ætate hoc fundatissimum Religionis nostræ caput evertere conati sunt.

Sunt qui hæreticos, eorumque sensa & placita in varias distribuunt classes. Alii, inquiunt, docuerunt Christum esse purum hominem, purum Prophetam, ut multi ex antiquioribus, Paulus Samosatenus, atque etiamnum Sociniani, negantes proinde Incarnationem, seu unionem Verbi divini cum natura humana. Alii, ut Ariani, Incarnationis mysterium quodammodo agnoscentes, dixerunt Verbum divinum esse Deum, non autem Patri coæternum; sed creatum, vere factum, & divinitate plane diversa præditum. Alii denique, ut Semiariani, fassi sunt Verbum divinum esse Deum Patris coæternum & increatum, sed contendebant illud idem non esse Patri consubstantiale. Deinc illi Theologi in unumquemque ex istis hæreticorum erroribus peculiarem instituunt dissertationem, variis subinde & diversis utendo argumentis.

Nos vero qui pro more nostro brevitati & perspicuitati consulimus, quoniam ex ejusmodi divisionibus nascitur confusio, & aliunde in id unum consentiunt præfati hæretici, ut Christum vere summum Deum esse negent, vera ac suprema deitate præditum; hoc solum etiam demonstrabimus Jesum Christum Salvatorem nostrum esse verum supremumque Deum, hoc est, vera deitate, increata, æterna & omnipotenti præditum; hinc enim facile constabit Filium Dei esse Deum, & Verbum divinum esse æternum ac Patri consubstantiale, quod quidem Deo dante præstabimus recensitis primum hæreticorum nominibus servata temporum serie.

Ex iis primum tenet locum Simon Magus inter hæreticos facile princeps, qui multa quam absurdissima de Æonibus & Verbo commentus est, docens aperte Verbum Deo inferius, nec æternum, ut videre est apud Eusebium Cæsariensem lib. hist. Eccles. cap. 9.

Simonem secutus est Cerinthus, qui

Christum putabat merum hominem ex Joseph & Maria genitum, ut testantur S. Irenæus lib. 1. cap. 25. & S. Augustinus lib. de hæresibus cap. 2. adversus hunc hæreticum suum Evangelium scripsisse creditur S. Joannes Evangelista.

Tertium appellamus Valentinum, virum aliunde, ut aiunt, singulari doctrina & eruditione præditum. Is docuit Patrem æternum ab infinitis retro sæculis in silentio sepultum, tandem genuisse Verbum sibi tam inferius ut Patrem ipsum ignoraverit, ut scribunt Sanctus Irenæus lib. 1. cap. 1. & Theodoretus lib. 1. Hæreticarum Fabularum capite 7.

Quarto Ebion a quo Ebionitæ, qui expresse docuerunt Christum Dominum esse merum hominem ex Maria & Joseph prognatum: quod idem professi sunt Carpocrates impuræ Gnosticorum sectæ auctor & dux; Theodotus quidam Coriarius, Artemas seu Artemon Theodoti discipulus, & Berillus Bostrensis Episcopus.

Dehinc eamdem impietatem professus est Paulus Samosatenus, qui cum circa annum Christi 260. factus esset Antiochenus Episcopus, non modo omnem Personarum divinarum distinctionem sustulit, sed & apertissime docuit Christum esse purum hominem, non alia ex causa solitum appellari Deum, quam quia dotibus divinis præditus est. Adversus famosum hunc Hæreticum habita sunt Antiochiæ duo Concilia, primum anno 264. secundum anno 270. in quo quidem postremo & damnatus est Paulus Antiochenus, tum & e sede sua dejectus.

Successit Arius, a quo Ariani qui sua impietate adversus Christi divinitatem, variisque fictionibus sæculo quarto excitatis, universam turbarunt Ecclesiam. Is Presbyter Ecclesiæ Alexandrinæ, e qua fuerat primum dejectus, quod Meletio schismatico adhæserat, apertam in Christum professus est hæresim, docens Filium Dei seu Verbum non esse quidem puram ad instar cæterarum creaturam, sed nec esse verum summumque Deum Patri æterno consubstantialem, quippe qui factus est ex nihilo, seu ut ait, ex non extantibus; cum nempe mundus fuit a Patre conditus, damnata fuit impia hæc doctrina in Generali Concilio Nicææ habito a 318. Episcopis, anno 325. ubi ad confirmandam Verbi divinitatem, editum fuit Symbolum vocem *consubstantialis* expresse continens.

Quamquam vero authentica fuisset hæc definitio, mirum tamen quam varias tergiversationes adhibuerint postmodum Arius & ejus asseclæ, ut præfatam vocem *ὁμοούσιον* abrogarent, hinc enim innumeras congregarunt synodos, quæ in id omnes consentiebant, ut vocem illam proscriberent, & ut constanter negarent Filium Dei esse Patri æterno consubstantialem.

Circa Filii divinitatem tres potissimum erant tunc temporis & inter se dissidentes sententiæ.

Prima fuit Catholicorum, qui Filium Dei dicebant Deum verum & Patri æterno consubstantialem *ὁμοούσιον* juxta definitionem Nicænam, cui firmiter adhæserunt quotquot fidei Catholicæ amantes fuerunt ac vindices, qualis in primis S. Atanasius Ecclesiæ Alexandrinæ Patriarcha.

Secunda fuit Arianorum, qui e diametro Catholicis oppositi, dicebant Filium esse Patri dissimilem, græce *ἀνόμοιον* vel *ἑτεροούσιον*, diversum in natura.

Tertia fuit Semiarianorum, qui adhibito quodam temperamento mediam inter utrasque partes viam inierunt, dicentes filium Dei esse eum, æternum & Patri per omnia similem *ὁμοιούσιον*, sed tamen non esse ei consubstantialem; cui sententiæ & nonnulli citra impietatem vel hæresim per id temporis adhæserunt.

Plura non dicam de Arianis eorumque factionibus & dolis, quorum scilicet omnium accurata descriptio non est præsentis, utpote minus pertinens ad Theologos quam ad Historiæ Ecclesiasticæ scriptores.

Sæculo decimo sexto Arianorum perfidiam renovavit vel etiam auxit Michael Servetus Hispanus quidam medicus, qui Christi divinitatem simul & trium Personarum distinctionem sustulit; hujus suæ impietatis pœnas dedit Genevæ combustus promovente Calvino.

Michaelem Servetum secutus est Valentinus Gentilis, qui similiter apud Helvetios eadem ex causa supplicio addictus est.

Sociniani iisdem prodiere temporibus, sic dicti ab utroque Socino Lælio & Fausto; mirum est quantas radices egerit quantumve incrementum habuerit in Polonia, Transsylvania, aliisque finitimis regionibus impia horum hominum doctrina. Erat Lælius Socinus nobilis Senensis qui id primum in votis habuit, ut omnia Christianæ religionis mysteria funditus everteret, inaudita quadam opinandi licentia ratus soli standum esse rationi naturali. De rebus Theologicis scripsit in Polonia quo demum recesserat, ut facilius errores suos publicaret. Mortuo Lælio circa annum vitæ 37. eamdem doctrinam, qua jam non leviter imbutus erat Faustus Socinus ejus nepos, avide suscepit &.in dies propagavit variis scriptis, & diversis propterea peragratis regionibus usque ad annum 1604.

Socini sectatores fuere permulti, quos inter eminent Crellius, Smalcius, Wolzhelius, Schlitingius & alii, quorum opera quam facunde tam subtiliter exarata continentur una cum ipsius Socini scriptis in bibliotheca Fratrum Polonorum; quo nomine appellantur Sociniani.

Volunt porro Sociniani, quoad rem illam attinet, solum Patrem, qui solus quoque divina est Persona, Deum esse summum scilicet, æternum & omnipotentem; fatentur enim Christum eo nomine posse dici Deum, quod divinis dotibus sit præditus, vel propter temporalem gratiæ inunctionem, non autem quasi sit æternus, unusque in natura cum Patre, utpote cum sit merus homo, qui ante suam e Virgine Maria nativitatem nunquam extitit. Atque hi sunt quos præcipue in ista quæstione impugnabimus conjunctim cum Arianis.

CONCLUSIO.

Christus Dominus est verus & summus Deus, Patri æterno consubstantialis.

Probatur primo ex Scripturis. Scilicet ille est verus & summus Deus, qui passim in Scripturis sacris appellatur Deus sumpto nomine Dei proprie, non figurate & metaphorice, qui dicitur Filius Dei, non per gratiam & adoptionem, sed per naturam; qui insuper dicitur unus in natura cum Patre æterno, æternus ipse, immensus, omnipotens, qui dicitur omnia novisse vel etiam secretas cordium cogitationes, demum in iisdem Scripturis prædicatur tanquam cultu divino adoratus & adorandus; est enim plane impossibile eum non esse vera & suprema deitate præditum, cui singula hæc omnia simul tribuuntur: atqui talis est Christus Dominus Salvator noster, eaque omnia de illo dicuntur frequentissime in Scripturis, ut sigillatim ostendendum est.

Primo, Christus dicitur sæpissime Deus.

ID nimirum constat tum ex veteri tum ex novo Testamento.

Ac primum quidem ex veteri, ubi nempe legitur passim nomen, *Jehova*, ut verus Deus significetur, & tanquam ei soli maxime proprium, quippe cum idem sit ac ille qui est; solus enim verus Deus est ille qui est, ut patet ex c. 3. Exodi, cum Moyses proprium Dei nomen rescire voluisset, dixit ei Dominus, *Ego sum qui sum; sic dices filiis Israel, qui est misit me ad vos*. Unde & confitentur omnes fere Socinianos hoc idem nomen *Jehova*, cum absolute & sine restrictione ponitur, verum & supremum Deum indicare, nec Christo aut cuipiam Angelorum convenire.

Atqui tamen hoc Jehovæ nomen Christo non semel tribuitur in Scripturis, sic v. g. apud Isaiam cap. 8. vers. 13. *Dominum Jehova exercituum sanctificate; ipse pavor vester, & ipse terror vester, & erit vobis in sanctificationem; in lapidem autem offensionis, & in petram scandali duabus domibus Israel, in laqueum & in ruinam habitantibus Jerusalem*. In quo certe testimonio verus & summus Deus indigitatur sub nomine videlicet *Jehovæ* & Domini exercituum.

Sed ille idem certo & indubitate Christus est, ut constat ex sacris novi Testamenti Scriptoribus, quorum interpretationes respuere non possunt Sociniani.

Primo quidem Lucæ cap. 2. senex Simeon cum Jesum accepisset in ulnas suas, hæc Isayæ verba Christo applicat, *Qui*, inquit, *positus est in ruinam & in resurrectionem multorum in Israel, & in signum cui contradicetur*.

Secundo, ex S. Paulo ad Romanos cap. 9. ubi Christum sic designat loquens Judæis. *Offenderunt enim*, inquit, *in lapidem offensionis, sicut scriptum est, Ecce pono in Sion lapidem & petram scandali; & omnis qui credit in eum, non confundetur*.

Tertio, divus Petrus 1. Epist. cap. 2. hoc idem Isayæ oraculum Christo tribuit. *Per Jesum Christum*, inquit, *propter quod continet Scriptura, Ecce pono in Sion lapidem summum angularem... Hic factus est in caput anguli, & lapis offensionis, & petra scandali his qui offendunt verbo*.

His similia sunt innumera ejusdem Isaiæ, aliorumque Prophetarum testimonia.

Apud Zachariam cap. 11. hæc leguntur: *Dixi ad eos, si bonum est in oculis vestris, afferte mercedem meam.... Et appenderunt mercedem meam triginta argenteos; & dixit Dominus, Jehova, ad me, Projice illud ad statuarium, decorum pretium, quo appretiatus sum ab eis*. Igitur qui a Judæis venditus & appretiatus est juxta illum Prophetæ locum, ipse est Deus, *Jehova*.

Atqui Deus ille Dominus, *Jehova*, ipse est Christus Dominus, ut constat ex S. Matthæo cap. 27. ubi de Judæ proditoris facinore sic loquitur: *Tunc impletum est quod dictum est per Jeremiam Prophetam dicentem, Et acceperunt triginta argenteos pretium appretiati quem appretiaverunt a filiis Israel*.

Apud Malachiam cap. 3. hæc similiter habentur: *Ecce ego mitto Angelum meum, & præparabit viam ante faciem meam; & statim veniet ad templum suum dominator quem vos quæritis, & Angelus testamenti quem vos vultis. Ecce venit, dicit Dominus, Jehova, exercituum*. Certe Dominus ille exercituum, Deus & Dominator Israel qui venturus erat ad templum suum, quem quærebant Judæi, verus est & summus Deus.

Sed is ipse fuit Christus Dominus qui ante se misit Joannem Baptistam qui viam præpararet, ut constat ex Evangelistis, ex Mathæi cap. 11. *Sed quid existis videre? Prophetam? etiam dico vobis, & plus quam Prophetam. Hic est enim de quo scriptum est: Ecce ego mitto Angelum meum ante faciem tuam qui præparabit viam tuam ante te*, quod idem referunt S. Marcus cap. 1. & S. Lucas cap. 7.

Secundo, & manifestum est ex libris novi Testamenti nomen *Dei* tribui passim

Jesu Christo Salvatori. Scilicet quantumvis, ut libenter confitemur, nomen Dei sit nomen appellativum, quod dignitatem & auctoritatem cujuspiam designat, adeoque non soli vero Deo, sed & Angelis quandoque & hominibus tribuatur, tamen hoc unum maxime constat nomen Dei ad solum verum Deum significandum usurpari, cum absolute, sine addito, sine restrictione apud Autores sacros legitur juxta illud S. Pauli 1. ad Corinth. cap. 8. *Scimus*, inquit, *quia nihil est idolum in mundo, & quod nullus est Deus nisi unus. Nam etsi sunt qui dicuntur Dii sive in cœlo, sive in terra, (siquidem sunt Dii multi & Domini multi) nobis tamen unus Deus.*

Atqui in novo Testamento hoc Dei nomen absolute & nulla apposita restrictione sexcenties tribuitur Christo Domino; Joan. 1. cap. *In principio erat Verbum, & Verbum erat apud Deum, & Deus erat Verbum... Et Verbum caro factum est*. Ibidem cap. 20. Thomas Apostolus de Christo quem manu palpaverat, *Dominus meus & Deus meus*. Ad Rom. cap. 9. *Ex quibus*, inquit, *est Christus secundum carnem, qui est super omnia Deus benedictus in sæcula*. 1. Joan. 5. *Scimus quoniam Filius Dei venit & dedit nobis sensum, ut cognoscamus verum Deum, & simus in vero Filio ejus. Hic est verus Deus & vita æterna*. Sunt autem & alia prope similia testimonia numero infinita.

Nec dicas ex iis nihil confici ad astruendam Christi divinitatem, quia nomen *Dei* aliis etiam tribuitur passim in Scripturis, qui veram non supremam habent divinitatem, sed aliqua solum præditi sunt potestate & dignitate, quales sunt Angeli, vel etiam homines. Geneseos 31. Angelus dicit, *Ego sum Deus Bethel*. Exod. 7. Moyses appellatur Deus, *Dixitque Dominus ad Moysen, Ecce constitui te Deum Pharaonis*. Psal. 81. Terræ magnates dicuntur Dii, *Ego dixi, dii estis & filii Excelsi omnes*; quod etiam repetit Christus Ipse Joan. 10. *Nonne scriptum est in lege vestra, quia Ego dixi, Dii estis.*

Scilicet jam istam objectionem præoccupavimus monendo nomen *Dei* verum & supremum Deum significare, cum absolute, sine addito, sine restrictione in Scripturis legitur, uti manifeste liquet ex laudato S. Pauli testimonio. Quamobrem Angelus dicitur non Deus simpliciter, sed Deus Bethel, Deus fœderis, si tamen ejusmodi loca de mero Angelo, non de Deo ipso intelligenda sint, quod alibi examinabimus. Moyses non dicitur Deus sine addito, sed Deus Pharaonis; magnates terræ dicuntur non dii simpliciter, sed dii terræ. At Christus Dominus non semel aut raro, sed ubique passim in singulis fere paginis dicitur Deus & sine ulla restrictione.

Secundo Christus dicitur Filius Dei.

Alterum argumentum ex eo petimus quod in iisdem Scripturis Christus Dominus appellatur Filius Dei, non per gratiam quidem & adoptionem, sed per naturam. Ps. 2. *Dominus dixit ad me, Filius meus es tu, ego hodie genui te*; quem locum Christo applicat S. Paulus ad Hebræos c. 1. his verbis: *Tanto melior Angelis effectus, quanto differentius præ illis nomen hæreditavit, cui enim dixit aliquando Angelorum, Filius meus es tu, ego hodie genui te?* Matthæi 3. *Hic est Filius meus dilectus, in quo mihi complacui*. Et cap. 16. Petrus sic Christum alloquitur, *Tu es Christus Filius Dei vivi*. Joan. cap. 1. *Unigenitus Filius, qui est in sinu Patris, ipse enarravit*. Et cap. 19. *Quia Filium Dei se fecit*. Et cap. 20. *Hæc autem scripta sunt ut credatis quia Jesus est Christus Filius Dei*. Ad Romanos 8. cap. *Qui proprio Filio non pepercit, sed pro nobis omnibus tradidit illum.*

Neque est quod dicant Sociniani ejusmodi loca Scripturæ non aliam exhibere filiationem Dei quam metaphoricam & adoptivam, qua nempe viri sanctitate aut dignitate insignes dici solent filii Dei. quod utique confirmari potest ex iisdem Scripturis quæ Filii Dei titulum concedunt multis qui non sunt naturales Dei filii; sic v.g. Rom. 8. *Quicumque enim Spiritu Dei aguntur, ii sunt filii Dei*. Galat. 3. *Omnes enim filii Dei estis per fidem quæ est in Christo Jesu*. Ubi fideles dicuntur filii Dei, per adoptionem scilicet & per gratiam.

Jam vero, inquiunt Sociniani, mirum neutiquam est, si Christus qui verus fuit Messias dicatur nonnunquam in Scripturis Filius Dei, tum propter præclara ejus officia Redemptoris, Mediatoris, Prophetæ; tum propter excellentissima gratiæ dona quibus præ cæteris quibuscumque creaturis insignitus est, sed ex hoc Filii Dei titulo inferri non debet vera & proprie dicta filiatio quæ per veram & substantialem generationem parta sit.

Hanc namque Socinianorum cavillationem multis & quidem validissimis momentis facile revincimus.

Primo, ad id vel unus sufficit locus S. Pauli modo laudatus ex Epistola ad Hebræos; observat enim Apostolus ejusmodi filiationem Dei Christo competere, quæ nulli alteri creaturæ, & ne Angelis quidem convenire possit, *Cui enim Angelorum dixit, Filius meus es tu, ego hodie genui te?* Sed si Christus non esset Filius Dei nisi per gratiam & adoptionem, non esset ipsi tam propria & singularis hæc filiatio, sic enim & fideles filii Dei vocantur & sunt; itaque propria & naturalis est filiatio Dei quæ Christo tribuitur in Scripturis.

Secundo, id colligitur ex iisdem Scripturæ testimoniis, quæ si æquiori animo expendantur, non metaphoricam certe, sed naturalem filiationem exhibent; Christus enim dicitur Filius Dei *proprius*, Roman. 8. Filius *unigenitus*. Joan. 1. & ibidem *qui est in sinu Patris*, quod ostendit substantialem Verbi divini generationem, qualem docet Ecclesia Catholica.

Quibus adde nonnullos alios veræ & substantialis generationis caracteres, dicitur enim *imago Dei invisibilis*; dicitur *splendor gloriæ & substantiæ Patris*, Hebræorum 1. Certe is est vere Dei Filius per veram & naturalem generationem, cui veræ & naturalis filiationis caracteres tribuunt Scripturæ, sed Christo Domino, &c. ergo.

Præterquamquod ex loco supra laudato ex S. Joanne cap. 19. manifeste colligitur Christum eam sibi vindicasse filiationem Dei quæ non esset adoptiva & metaphorica, qualis competere potest hominibus justis; ex hoc enim sermone quo se Filium Dei esse significaverat Christus Dominus, eum morte dignum judicarunt Judæi, *Nos legem habemus, & secundum legem debet mori, quia Filium Dei se fecit*. Id autem intelligi non potest de filiatione adoptiva, quia Judæi hoc modo se filios Dei adoptivos esse & Deum Patrem habere gloriabantur: ergo de vera Dei filiatione Christi sermonem intelligebant Judæi, quod & suo postea silentio satis superque confirmat ipse Salvator.

Quod autem in confirmationem suæ responsionis ajunt Sociniani non raro contingere ut in Scripturis fideles & justi per gratiam filii Dei appellentur, filiatione scilicet adoptiva & quæ fit per gratiam, quia nulla prorsus alia cogitari potest, qua quis sit filius Dei, plane nullius momenti est. Primo enim falsum est hunc filii Dei titulum justis hominibus frequentissime datum, id enim uno aut altero tantum loco legitur. Secundo, si qui homines vel Angeli dicuntur filii Dei, nullus tamen eorum dicitur unigenitus, Filius Dei proprius,

qui

qui est in sinu Patris a principio, hoc est, ab æterno Deus & apud Deum, splendor paternæ substantiæ, & imago Dei invisibilis, quæ quidem & alia id genus Christo tribuuntur, & veram dubio procul ac naturalem Dei filiationem significant.

Denique quod aiunt Sociniani nullam aliam cogitari posse Dei filiationem quam quæ adoptiva est & per gratiæ communicationem datur, profecto hac in parte audiendi non sunt, sic enim obloquuntur quod ineffabilem Verbi divini generationem humana, & corporea generatione metiuntur, singula quæque divina vel altissima mysteria rationi mere naturali mancipantes; quanquam hanc ipsam Filii generationem stupendam & inenarrabilem ubique passim testificentur Scriptura & postea SS. Patres.

Tertio Christus dicitur unus in natura cum Patre æterno.

PErmulta sunt in Scripturis loca in quibus id apertissime legitur.

Primus quidem Joan. 10. cap. ut ostendat Christus se eandem cum Patre æterno habere potestatem, ait se unum esse cum eo, *Ego & Pater unum sumus*. Qua ex causa id intelligitur de unitate in natura, non de consensione voluntatis; in quem etiam sensum hæc eadem Christi verba acceperunt Judæi, cum ob rem enim volebant eum lapidare: *Sustulerunt ergo lapides Judæi, ut lapidarent eum*. Utpote cum idem plane esset quod dixerat Christus, *Ego & Pater unum sumus*; & quod se faceret Deum, *responderunt Judæi, De bono opere non lapidamus te, sed de blasphemia, & quia tu homo cum sis, facis teipsum Deum*: ergo hæc verba, *Ego & Pater unum sumus*, intelligebant Judæi de unitate in natura, quos hac in parte non redarguit sed confirmat ipse Christus, ex eo quod facit opera Patris. *Si autem facio*, inquit, *& si non vultis mihi credere, operibus credite, ut cognoscatis & credatis quia Pater in me est & ego in Patre*. Quapropter Judæi *quærebant eum apprehendere*.

Secundus locus sumitur ex forma baptismatis quæ legitur apud S. Math. cap. 28. ubi sic Apostolos alloquitur Christus: *Euntes ergo docete omnes gentes, baptizantes eos in nomine Patris & Filii & Spiritus sancti*. Ubi tres Personæ divinæ dicuntur unum habere nomen, *in nomine* adeoque unam potestatem & naturam, uti exponunt communiter SS. Patres, qui trium Personarum æqualitatem & consubstantialitatem ex hoc ipso testimonio colligunt.

Respondent quidem Sociniani inde minus probari Filii & Spiritus sancti æqualitatem cum Patre, qui baptizari in nomine Patris & Filii & Spiritus sancti hoc unum importat quod baptismus Christianorum fiat in nomine Patris qui baptismum instituit, Christi qui eundem prædicavit, & Spiritus sancti tanquam divinæ virtutis & efficaciæ qua abluuntur quicumque baptizantur.

At facili negotio revincuntur isti hæretici; primo, quia, ut aiunt Interpretes, Christus ait *in nomine*, non in nominibus, quod aperte indicat idem esse Patris & Filii nomen, eandem consequenter autoritatem & naturam. Secundo, quia nisi eadem esset trium Personarum autoritas, adeoque una natura, profecto Christus baptismum instituisset administrandum in nomine solius Patris, eique soli Deo non adjunxisset aliquam creaturam, uti colligitur ex S. Paulo, qui 1. ad Corinth. cap. docet nos baptizari non posse in nomine alicujus creaturæ: *Nunquid in nomine Pauli baptizati estis?* Tertio, quia in ejus solius nomine baptizari potest qui Deus est supremus, qui nempe est autor gratiæ & remissionis peccatorum, Deus enim est qui delet peccata, Isaiæ 43. *Ego sum ipse qui deleo iniquitates tuas propter me*.

At, inquiunt Sociniani, 1. ad Corinth. cap. 10. Israelitæ dicuntur baptizati in Moyse, *Omnes in Moyse baptizati sunt in nube & in mari*. Ergo baptismus dari potest

potest in nomine creaturæ.

Sed futilis omnino est ista objectio, 1. quia non ait Apostolus baptizatos fuisse Israelitas in nomine Moysis; sed in Moyse, hoc est, duce Moyse, per Moysen. 2. quia Filius & Spiritus sanctus in laudato testimonio Patri æterno adjunguntur, nequaquam vero Moyses.

Tertius locus petitur ex cap. 4. Epist. ad Galatas, ubi sic eos antea Gentiles alloquitur Apostolus: *Tunc*, inquit, *ignorantes Deum iis qui natura non sunt dii serviebatis; nunc autem cum cognoveritis Deum*, *&c.* Hoc argumentum maximi ponderis est adversus Socinianos, qui fatentur nos debere Christo servire tanquam Deo, in illa enim oppositione quam instituit Apostolus inter eos *qui natura non sunt dii*, quibus antea serviebant Galatæ, & Christum quem colebant & venerabantur, supponit manifeste Christum esse natura Deum.

Quartus locus depromitur ex cap. 2. Epist. ad Colossenses, ubi sic de Christo Salvatore loquitur Apostolus: *In ipso*, inquit, *inhabitat omnis plenitudo divinitatis corporaliter;* quo loco nihil apertius desiderari potest, ut probetur Incarnatio Verbi divini, in eo sita quod natura divina humanæ fuerit hypostatice unita: quod etiam proinde supponit naturam divinam totam fuisse in Christo, *omnis plenitudo divinitatis*, hoc est, tota divinitas, non particula tantum vel quædam dotes, non quædam derivata autoritas, sed ipsamet deitas. Unde ferri non possunt Sociniani, qui per divinitatem eo loci intelligunt perfectam divinæ voluntatis notitiam quæ Christo Messiæ inerat: si enim ita esset, non dixisset Apostolus omnem divinitatis plenitudinem in Christo inhabitasse, id scilicet intelligendo de creata quadam scientia.

Quintus locus sumitur ex 1. Epist. S. Joannis cap. 5. vers. 7. *Tres sunt qui testimonium dant in cælo*, *Pater*, *Verbum*, *& Spiritus sanctus*, *& hi tres unum sunt*. Quem quidem locum genuinum esse non assutum multis ostendimus supra. Ibi porro Pater, Verbum & Spiritus sanctus dicuntur quid unum, natura scilicet, non consensione tantum voluntatis, addit enim Joannes in fine ejusdem capitis loquens de Filio Dei, *Hic est verus Deus & vita æterna.*

Neque vero dicant Sociniani non aliter Patrem, Filium, & Spiritum sanctum dici posse quid unum, quam versu sequenti spiritus, aqua, & sanguis dicuntur unum, his nempe verbis, *Tres sunt qui testimonium dant in terra*, *spiritus*, *& aqua*, *& sanguis*, *& hi tres unum sunt*. Quantum enim discriminis intercedat inter utramque propositionem satis declaratur ex ipso contextu, de Patre videlicet, Filio, & Spiritu sancto dicitur, *Et hi tres unum sunt*; de spiritu vero & aqua & sanguine græce habetur quod sunt in unum, hoc est, unius sunt testimonii.

His denique accedunt alia Scripturæ testimonia in quibus omnia quæ Patris sunt, Christi quoque dicuntur esse. Joan. 16. *Omnia quæcumque habet Pater*, *mea sunt*; & cap. 17. *Et mea omnia tua sunt*, *& tua mea sunt*. Ejusmodi enim propositiones quæ sine ullo plane fundamento ad quædam dumtaxat attributa restringerentur, manifeste ostendunt omnia esse Patri & Filio communia, adeoque unam esse utriusque naturam & deitatem.

Quarto, Christus dicitur æternus.

CUM dicimus Christum fuisse ab æterno, id intelligimus de ipso Christo, qua parte Deus erat, de Verbo divino, de natura divina quæ in eo fuerit, & juxta quam contendimus eum Incarnationi præextitisse; unde sic argumentum conficimus ex multis capitibus quæ ejusdem Filii æternitatem probant; ille fuit vera & suprema deitate praditus, qui legitur in Scripturis extitisse ante mundi creationem, ante Abrahamum, ante Joannem Baptistam; sed Christus legitur in Scripturis extitisse ante mundi creationem, ante Abrahamum, ante Joannem Baptistam.

Pri-

Primo Christus Dominus dicitur extitisse ante mundi creationem; id constat ex tribus potissimum momentis; 1. ex descriptione sapientiæ qualis legitur Proverbiorum 8. cap. & quæ soli Christo convenit. 2. ex eo quod Christus dicitur rerum universitatem condidisse. 3. ex eo quod disertis verbis pronuntiatur eum fuisse antequam mundus esset.

Ex descriptione quidem Sapientiæ, de qua hæc leguntur Proverb. 8. c. *Dominus possedit me in initio viarum suarum, antequam quicquam faceret a principio. Ab æterno ordinata sum, & ex antiquis antequam terra fieret. Nondum erant abyssi, & ego jam concepta eram.* Ubi certe Dei sapientia manifeste prædicatur æterna, ab æterno & ante mundi creationem existens.

Sed ejusmodi descriptio Sapientiæ optime convenit Christo, neque hoc Sapientiæ vocabulo intelligitur quædam Dei Patris proprietas, ut aiunt Sociniani; convenit quidem Christo, uti multa ostendunt antecedentia & consequentia quæ ex una parte eidem sapientiæ tribuuntur eo loci, & ex altera Christo Domino applicantur ab Apostolis. Sapientia de se ait ibidem: *Per me Reges regnant, per me Principes imperant.* Christus autem dicitur Apocal. 19. cap. *Rex regum, & Dominus dominantium.* Sapientia dicit se fuisse apud Deum *initio viarum suarum*, & dicitur de Christo Joan. 1. *In principio erat Verbum.* Deinde vero hoc sapientiæ vocabulo non intelligitur quoddam Dei attributum, sed vera persona, nam ibidem illa Sapientia dicitur clamare, ex Deo genita, cap. 9. sibi domum ædificasse, immolasse victimas, &c. *Sapientia ædificavit sibi domum, excidit columnas septem, immolavit victimas suas, miscuit vinum, & proposuit mensam suam.* Quæ quidem censeri non possunt facta nisi ab aliqua persona.

Alterum momentum ex quo recte colligas Christum extitisse ante mundi creationem, ex eo depromitur quod rerum universitatem condidisse non semel prædicatur in Scripturis. Joan. 1. cap. *In principio erat Verbum, & Verbum erat apud Deum... Omnia per ipsum facta sunt, & sine ipso factum est nihil... Et Verbum caro factum est.* 1. ad Corinth. 8. cap. *Nam etsi sunt*, inquit, *qui dicantur dii sive in cœlo sive in terra, nobis tamen unus Deus Pater ex quo omnia & nos in illum, & unus Dominus Jesus Christus per quem omnia & nos per ipsum.* Ad Coloss. 1. cap. *Qui est imago Dei invisibilis primogenitus omnis creaturæ quoniam in ipso condita sunt universa in cœlis & in terra, visibilia & invisibilia, sive Throni, sive Dominationes, sive Principatus, sive Potestates: omnia per ipsum & in ipso creata sunt. Et ipse ante omnes, & omnia in ipso constant.* Ad Hebræos cap. 1. *Diebus istis locutus est nobis in Filio quem constituit hæredem universorum, per quem fecit & sæcula.* Et cap. 2. *Decebat enim eum propter quem omnia & per quem omnia, qui multos filios in gloriam adduxerat, auctorem salutis eorum per passionem consummare.*

Certe is vere extitit ante mundi creationem qui dicitur fuisse in principio, per quem omnia facta & creata sunt, sive visibilia sive invisibilia, qui demum fuit primogenitus omnis creaturæ: sed istbæc omnia verbis expressissimis dicuntur de Christo: igitur Christus juxta naturam divinam extitit ante mundi creationem. Quid ejusmodi Scripturæ testimoniis respondeant Sociniani, paulo infra videbimus & exsufflabimus.

Tertium momentum petitur ex S. Joan. cap. 17. ubi sic Patrem suum alloquitur Christus Dominus: *Ego te clarificavi super terram, opus consummavi, quod dedisti mihi ut faciam; & nunc clarifica me tu Pater apud temetipsum claritate quam habui priusquam mundus esset apud te.* Is profecto mundo præextitit qui gloriam & claritatem habuit, antequam mundus esset: quisquis enim dicitur aliquid habere, hoc ipso supponitur existere, prius est esse quam aliquid habere: sed Christus testatur in hoc loco se habuisse gloriam & claritatem antequam mundus esset: igitur.

Huic argumento respondent Sociniani, ejusmodi gloriam habuisse quidem Christum ante mundi creationem ex decreto Dei ac prædestinationem, non autem reipsa & actu; sic enim, inquiunt; loquitur paulo post ibidem vers. 24. *Pater, quos dedisti mihi, volo ut ubi sum ego & illi sint mecum, ut videant claritatem meam quam dedisti mihi ante constitutionem mundi.*

Verum est omnino absurda hæc responsio; quis enim unquam dixit se aliquid habere quod tamen non habet, sed putat solummodo sibi destinatum; Quivis ergo sceleratus si e numero sit prædestinatorum, dici poterit habere se gratiam sanctificantem, vel saltem gratiam perseverantiæ finalis, quanquam nondum egerit pœnitentiam? Ergo infideles & catechumeni nondum baptizati dici poterunt habere se fidem hoc solum, quod ad illam per baptismum suscipiendam ex decreto divino destinati sunt? Quam absurdæ autem sint ejusmodi propositiones, nemo certe non videt; adeoque quando Christus tam diserte affirmat se habuisse gloriam & claritatem antequam mundus esset, id nuspiam intelligi potest de prædestinatione & decreto Dei, sed juxta nativum & obvium Scripturæ sensum accipi debet, eo quod Christus juxta naturam divinam quæ in tempore incarnata est, ab æterno fuit in Patre.

Atque Socinianorum responsionem nihil omnino juvat quod proferunt ex versu 24. Quin potius ex eo sequitur Christum extitisse ante mundi constitutionem; si enim Pater ei dedit claritatem ante mundi constitutionem, tunc ipsum extitisse necesse est.

At, inquiunt, Christus loquitur de gloria & claritate sibi prout homini concessa; testatur enim vers. 22. se dedisse eamdem claritatem suis Apostolis: *Et ego claritatem*, inquit, *quam dedisti mihi, dedi eis, ut sint unum, sicut & nos unum sumus.* Sed dubio procul non dedit suis Apostolis gloriam & claritatem quæ Dei sit non hominum: ergo hic locus non supponit Filium Dei extitisse ante mundum.

Nego ant. Id enim de Filio Dei æterno & qui ab æterno in sinu Patris existat, commode intelligi posse putant plerique Interpretes; ad probationem vero dist. ant. testatur se Discipulis suis dedisse eamdem claritatem secundum quid & prout ipsi claritatem Dei participare possunt, C. eamdem simpliciter qualis Filio Dei competit, N. Sic enim explicanda est illa claritas, quomodo & unitas de qua sermo est ibidem his verbis, *Ut sint unum, sicut & nos unum sumus*: Sed ibi non agitur de eadem simpliciter unitate quasi contendat Evangelista Apostolos eamdem habere unitatem inter se, naturæ videlicet quam habent Pater & Filius Dei; igitur nec de eadem claritate & gloria sermo est, quasi eamdem claritatem duntaxat habere dicantur Pater & Filius, quæ data fuit Apostolis.

Deinde constat ex iisdem Scripturis Christum Dominum extitisse ante Abrahamum, expressissimum est S. Joannis testimonium cap. 8. in fine, ubi sic loquitur ipse Christus: *Abraham pater vester exultavit ut videret diem meum, vidit, & gavisus est. Dixerunt ergo Judæi ad eum: Quinquaginta annos nondum habes & Abraham vidisti? Dixit eis Jesus: Amen, amen dico vobis, antequam Abraham fieret, ego sum.* Ergo Christus Dominus extitit ante Abrahamum.

Vanum porro est quod dicunt adversarii, id non esse intelligendum nisi de prædestinatione ac decreto Dei; quasi dixerit Christus, antequam Abraham fieret, ego sum in decretis divinis destinatus. Siquidem Christus de eadem existentia loquebatur, de qua ipsius verba interpretabantur Judæi; aliter ipsis, ut decebat, non respodisset, sed de existentia vero & extra mentem & decreta Dei, Christi propositionem interpetrabantur Judæi; hæc enim duo vix ac ne vix quidem conciliare poterant, quomodo

Chri-

Christus Abraham vidisset; & tamen quinquanginta annos ipse nondum esset natus: loquitur ergo Christus de existentia sua extra mentem & decretum Dei. Praeterquamquod expressissima sunt Christi verba ad significandam existentiam proprie dictam, *Antequam Abraham fieret ego sum*. Hæc enim verba, *Ego sum*, non idem significant quod ista, ego sum prædestinatus, decretus.

Tum vero & contorta manifeste est alia Socinianorum responsio, qui hunc Sancti Joannis locum sic interpretantur, Amen, amen dico vobis, antequam Abraham fiat, pater scilicet multarum gentium, pater credentium, ut ejus nomen significat, ego sum, hoc est, ego sum Messias. Primo, quia hæc verba, *antequam Abraham fieret*, aperte indicant nativitatem Abrahæ, non conversionem gentium. Secundo, quia id perabsurdum fuisset in ore Christi, si dixisset se extitisse antequam Abraham fieret pater scilicet multarũ gentium; hoc enim extra omnem controversiam positum erat, Christum natũ antequam gentes ad fidem vocarentur; nihil novi tunc ipsis annontiasset Christus Dominus, hac de re neutiquam dubitabant Judæi, qui ex eo solum obmurmurarunt, quod intelligerent Christum Dominum dicere se antiquiorem Abrahamo, hoc est Abrahami ortu & tempore ratione propriæ existentiæ, ut aperte significant his verbis, *Quinquaginta annos nondum habes, & Abraham vidisti*; Unde hanc veritatem veluti rem quamdam singularem jurejurando firmavit Christus, *Amen, amen dico vobis, &c.*

Alter locus ex quo manifeste colligitur adversus Socinianos Christum juxta naturam divinam Incarnationem præextitisse, petitur ex eo quod extitisse dicitur ante S. Joannem Baptistam, uti patet ex ipsius Præcursoris testimonio apud Joan. Evangelistam cap. 1. sic loquentis, *Ego baptizo in aqua, medius autem vestrum stetit quem vos nescitis, ipse est qui post me venturus est, qui ante me factus est.. Hic est de quo dixi, Post me venit vir qui ante me factus est, quia prior me erat.* Quibus verbis nihil luculentius desiderari potest; si enim Christus fuit prior Joanne Baptista, prior, hoc est, antiquior, quod nempe ante eum factus est, dubio procul ante Incarnationem peractam, non ratione naturæ humanæ, eatenus enim fuit recentior; sed juxta naturam divinam, adeoque fuit atque etiamnum est in Christo natura divina

Quinto, Christus dicitur immensus.

IS nempe immensus est qui in cœlo est & in terra, qui proprius est Dei caracter, ut colligitur ex Deuter. cap. 4. *Scito quod Dominus ipse sit Deus in cœlo sursum, & in terra deorsum*: atqui Christus erat in cœlo simul & in terra. Joan. 3. *Nemo ascendit in cœlum nisi qui descendit de cœlo, Filius hominis qui est in cœlo.* Juxta hæc verba Christus quo tempore loquebatur erat in cœlo, eratque etiam in terris, ut per se patet: igitur immensum fuisse Christum prædicant Scripturæ.

Sexto, Christus dicitur omnipotens.

EX multis capitibus colligitur Christi omnipotentia.

Primo, quia, ut jam dixi, rerum omnium productio ipsi tribuitur, Joan. 3. *Omnia per ipsum facta sunt, & sine ipso factum est nihil.* 1. ad Cor. cap. 8. *Et unus Dominus Jesus Christus per quem omnia, & nos per ipsum.* Ad Colossenses 1. *Quoniam in ipso condita sunt universa in cœlis & in terra.* Et alia id genus.

Secundo, ex mirabilibus Christi operationibus in negotio redemptionis hominum, Christus nimirum dicitur passim in Scripturis auctor gratiæ & sanctificationis, Actorum 20. cap. *Attendite vobis & universo gregi in quo vos Spiritus sanctus posuit Episcopos regere Ecclesiam Dei quam acquisivit sanguine suo.* Quis vero Deus ille est qui sanguine suo Ecclesiam

cle-

clesiam acquisivit præter Christum? 1. ad Timoth. 2. *Unus mediator Dei & hominum Christus Jesus, qui dedit redemptionem semetipsum pro omnibus*.

Tertio, ex miraculis quæ patravit Christus sua quidem virtute & ad propriam gloriam, Math. 9. *Dicit eis Jesus, Creditis quia hoc possum facere vobis? Dicunt ei: Utique, Domine: tunc tetigit oculos eorum dicens, Secundum fidem vestram fiat vobis. Et aperti sunt oculi eorum.* Cap. 8. *Domine, si vis, potes me mundare.* Joan. 2. *Hoc initium miraculorum fecit Christus in Cana Galilææ, & manifestavit gloriam suam.* Porro Apostoli quædam revera patrarunt miracula, sed non in proprio nomine & ad suam gloriam. Ita S. Paulus Act. 3. *In nomine Jesu Christi surge & ambula*.

Quamobrem testatur Christus communes sibi esse cum Patre operationes, adeoque & communem potestatem; Jo.5. *Pater meus usque modo operatur, & ego operor... Quæcumque ille fecerit, hæc & Filius similiter facit*.

Septimo, Christus dicitur omnia novisse.

Certe proprius Dei caracter est universam rerum omnium vel etiam secretarum cordis cogitationum notitiam habere, 1. Reg. 16. *Homo videt ea quæ patent, Dominus autem intuetur cor.* 1. Paralipomenon 28. *Omnia corda scrutatur Dominus, & universas mentium cogitationes intelligit.* Atqui tamen hoc singulare privilegium Christo tribuitur in Scripturis, Joan. 21. *Domine, tu omnia nosti* Apocalyp. 2. *Et scient omnes Ecclesiæ*, inquit Christus, *quia ego sum scrutans renes & corda*.

Octavo, Christus dicitur cultu divino adorandus.

ID frequentissime legitur in Scripturis, Math. 2. fuit adoratus a Magis, *Et procidentes adoraverunt eum.* Joann. 5. *Omne judicium dedit Filio, ut omnes honorificent Filium, sicut honorificant Patrem.* Joan. 9. *Tu credis in Filium Dei? Respondit ille & dixit, Quis est, Domine, ut credam in eum? Et dixit ei Jesus, Et vidisti eum, & qui loquitur tecum ipse est. At ille ait, Credo, Domine. Et procidens adoravit eum.* Ad Rom. c. 14. *Omnes*, inquit Apostolus, *stabimus ante tribunal Christi; scriptum est enim, Vivo ego, dicit Dominus, quia mihi flectetur omne genu, & omnis lingua confitebitur Deo.* Ubi Apostolus Christo applicat quod habetur apud Isaiam cap. 5. his verbis: *Quia mihi curvabitur omne genu, & jurabit omnis lingua.* Ejusmodi autem locutionibus exprimitur adoratio. Ad Hebr. c. 1. *Et cum iterum introducit primogenitum in orbem terræ, dicit, Et adorent eum omnes Angeli Dei.* Qui locus e Psalm. 96. depromptus est.

Jam vero adorationem soli Deo competere innumeris Scripturæ testimoniis ostendi potest. Lucæ cap. 4. Diabolum sic alloquitur Christus Dominus, *Scriptum est, Dominum Deum tuum adorabis, & illi soli servies.* Hoc Decalogi præceptum est Deuteron. cap. 6. ex quo patet utriusque legis novæ & veteris mentem esse solum verum Deum esse adorandum.

Hoc idem colligitur ex Actorum c. 10. cum enim S. Petrum adorare voluisset Cornelius Centurio procidens ad pedes ejus, *Petrus*, inquit Lucas, *elevavit eum dicens, Surge, & ego ipse homo sum.* Idem habetur cap. 14. ejusdem operis.

Apocalypf. cap. 19. cum S. Joanni apparuisset Angelus, *Et cecidi*, inquit, *ante pedes ejus, ut adorarem eum, & dicit mihi, Vide ne feceris, conservus tuus sum, & fratrum tuorum habentium testimonium Jesu, Deum adora.* Ergo solus Deus est adorandus. Ostensum est supra Christum prædicari in Scripturis ut cultu divino & adoratione dignum; ex quo vides quam manifesta sit contradictio in doctrina Socinianorum qui Christum fatentur adorandum, & eum tamen merum esse hominem contendunt.

Con-

Confirmatur eadem veritas e selectis quibusdam Scripturæ testimoniis.

SUnt & alia in Scripturis loca, quæ ad probandam Christi Salvatoris deitatem supremam, tam magnum habent momentum, ut meo quidem judicio nusquam opinandi lascivia major fuit in Socinianis, quam laboriosas congerendo dissertationes, in quibus eorum vim & pondus eludere conantur; hæc inter alia plane innumera, nunc proferemus primum ex cap. 1. S. Joannis. Secundum ex cap. 6. ejusdem Evangelii. Tertium ex cap. 9. Epist. ad Romanos. Quartum ex Epistola ad Philippenses.

Primum momentum ex primo cap. S. Joannis.

INsigne præ cæteris est testimonium S. Joannis in Evangelio cap. 1. ubi sic habetur: *In principio erat Verbum, & Verbum erat apud Deum, & Deus erat Verbum. Hoc erat in principio apud Deum. Omnia per ipsum facta sunt, & sine ipso factum est nihil quod factum est; in ipso vita erat, & vita erat lux hominum... Erat lux vera quæ illuminat omnem hominem venientem in hunc mundum. In mundo erat, & mundus per ipsum factus est... Et Verbum caro factum est, & habitavit in nobis.* Quo quidem testimonio nihil luculentius ad asserendam Christi divinitatem afferri potest.

Primo enim Christus simpliciter & absolute dicitur Deus, Verbum quippe quod caro factum est, dicitur Deus, *Et Deus erat*, & Verbum illud caro factum, Christus est Salvator noster.

Secundo, dicitur fuisse *in principio*, qua quidem voce manifeste asseritur Verbi divini æternitas, cum nempe nativa hujus significatio sit vel de ipsa æternitate Dei, ut cum legitur apud Isaiam cap. 43. *Ab initio Deus ego ipse*, & apud Michæam cap. 15. *Egressus ejus ab initio, a diebus æternitatis*. Vel saltem de mundi initio, ut cum dicitur Genes. cap. 1. *In principio Deus creavit cælum & terram*. Math. 19. *Qui fecit hominem ab initio*.

Tertio, suprema ejus potestas, quæ soli vero Deo competere potest; potestas, inquam, omnia creandi Christo tribuitur: *Omnia per ipsum facta sunt, & sine ipso factum est nihil quod factum est*.

Quibus adde in hujusce veritatis confirmationem, S. Joannem hæc tam alta & sublimia de Christo scripsisse, Verbi nempe in homine habitantis divinitatem aperiens adversus impietatem Cerinthi, qui Christum putabat merum hominem, nec usquam ante nativitatem ex B. Virgine extitisse.

Objiciunt Sociniani adversus primum momentum ex hoc S. Joannis loco peritum revera Christum non semel Deum appellari in Scripturis; verum id de summa deitate non esse intelligendum, quia verus ac summus Deus in Græco textu præfixum semper habet articulum; Verbum autem in hoc S. Joannis capite dicitur Deus sine ullo articulo.

Respondeo duo esse in hoc argumento aperte falsa; primum est, nomen Dei præfixum semper habere articulum in Græco textu; secundum, huic Dei vocabulo nunquam præfigi articulum quando Christo tribuitur.

Quoad primum spectat, id videre est in hoc ipso S. Joann. cap. 1. vers. 12. & 13. Epist. ad Rom. cap. 1. vers. 8. Corint. 8. vers. 4. & 6. & in aliis passim locis, in quibus articulus omittitur, quamquam agatur de Deo vero & summo.

Quoad secundum, nempe Christum Dominum dici Deum cum articulo patet ex Epist. ad Rom. cap. 9. vers. 5. Unde si pro vero Deo habendus est quisquis Deus dicitur cum articulo, fatentibus Socinianis, Christum esse verum Deum omnino necesse est.

Quod porro dicunt Sociniani, nomen Dei appellativum esse & commune vero Deo, iisque omnibus qui potestate quadam & dignitate insigniti sunt, quales sunt Angeli & Judices, huic objectioni abunde fecimus satis.

Obji-

Objiciunt adversus secundum probationis nostræ caput, hoc quidem *in principio erat Verbum*, non de æternitate Verbi divini, sed de initio Evangelii esse intelligendum.

At vero ineptam & plane absurdam esse ejusmodi interpretationem manifeste liquet: Primo, quia est ab omni ratione alienum, quod dixerit S. Joannes tum primum extitisse Christum, hoc est, Verbum quod caro factum est, quando Evangelium prædicare cœpit, cum notum fuerit omnibus Christum Dominum triginta aut amplius tunc temporis natum. Secundo, quia, ut jam dixi, ea vox *in principio* absolute posita in Scripturis, aut mundi initium significat, uti colligitur ex Geneseos cap. 1. *In principio creavit Deus cœlum & terram*. Math. 19. *Qui fecit hominem ab initio* 1. Epist. S. Joann. cap. 3. *Ab initio diabolus peccat*; aut æternitatem ipsam, ut in citatis supra locis Isaiæ 8. *Ab initio Deus ego ipse*. Micheæ 15. cap. *Egressus ejus ab initio a diebus æternitatis*. Tertio, quia contorta omnino est & violenta Socinianorum interpretatio; namque coguntur dicere *Verbum* eo loci accipiendum metaphorice, quasi nempe Christus nonnisi officio dicatur Verbum Dei, quod Dei voluntatem hominibus declaravit; quod certe omnino inauditum est; nemo quippe vel Propheta vel Apostolus, cum ex munere suo Evangelium prædicavit, hoc Verbi divini nomine donatus est, hoc fuit Christo peculiare. Præterquamquod cum Evangelista Christum hoc Verbi nomine appellat, docet ibidem illum fuisse in principio, fuisse apud Deum, fuisse Deum, idque antequam sit incarnatum, quo fit ut non accipiat nomen Verbi ab officio & munere Messiæ, sed revera sit Verbum Dei ex natura sua.

Ajunt insuper hanc propositionem Evangelistæ, *Et Verbum erat apud Deum*, idem significare quod ista, *Et Verbum soli Deo notum erat*. Quæ quidem interpretatio perabsurda est, nemo enim unquam dixit, esse in aliquo & alicui notum unam eandemque rem esse.

Quibus addo, posita Socinianorum interpretatione, Joannem Evangelistam nequiquam servare ordinem in texenda Christi Domini historia; volunt enim Christum prius fuisse hominem quam Verbum, hoc est, divini Evangelii præconem, per quem postea omnia facta sunt, hoc est, inquiunt, omnia quæ ad Ecclesiam & salutem hominum pertinebant; sed contra juxta nativam, quæ catholica est, expositionem singula quæque in suo ordine describit Sanctus Joannes, scilicet Verbi divini naturam, *in principio*, hoc est, ab æterno Verbum fuit; deinde ejus potestatem, *per quem omnia facta sunt*, in creatione videlicet mundi; ac demum ejus Incarnationem, *Et Verbum caro factum est*, clara, facilis, nativa est ejusmodi explicatio.

Objiciunt adversus tertium probationis nostræ articulum, supremam Christi potestatem colligi non posse ex hoc S. Joannis testimonio, quod nempe hæc verba, *Omnia per ipsum facta sunt*, sic exponi debent quasi dixerit Evangelista, omnia quæ ad Evangelium ac generis humani salutem attinent, per ipsum facta sunt, quo sensu dixit Joann. 15. *Sine me nihil potestis facere*.

At quam absurda sit & inepta hæc interpretatio, nemo sanæ mentis non videt; docet enim S. Joannes omnia absolute per Verbum facta, ibi nulla restrictio, & gratis hanc propositionem generalem restringunt Sociniani ad solum stabiliendæ religionis opus; quemadmodum & istam, *In mundo erat, & mundus per ipsum factus est*, insulse omnino exponunt hoc pacto, *in mundo erat*, id est, in orbe terrarum, *& mundus per ipsum factus est*; id est, mundus Evangelicus & spiritalis & naturæ humanæ renovatio; cuilibet enim apertum est hanc interpretationem esse omnino violentam, non nativam & fluentem.

Serm-

Secundum momentum ex cap. 6. S. Joannis.

EO loci dicitur Christus e coelo in terram descendisse, vers. 32. *Non Moyses*, inquit Christus, *dedit vobis de cœlo panem verum, panis enim Dei est, qui de cœlo descendit*. Vers. 38. *Descendi de cœlo, non ut faciam voluntate meam, sed voluntatem ejus qui misit me*. Vers. 51. *Ego sum panis vivus qui de cœlo descendi*. Vers. 63. *Si ergo videritis Filium hominis ascendentem ubi erat prius*.

Quod idem legitur in aliis quoque Scripturæ locis, nam apud eumdem Evangelistam sic habetur cap. 3. *Nemo*, inquit, *ascendit in cœlum, nisi qui descendit de cœlo, Filius hominis qui est in cœlo*. cap. 8. *Ego ex Deo processi, veni in mundum, neque enim a me ipso veni, sed ille me misit*. Cap. 16. *Exivi a Patre, & veni in mundum*. Ex quibus sic argumentari licet; Ille est verus ac summus Deus qui antequam homo esset, secundum aliquam sui partem & naturam extitit: sed Christus Dominus secundum aliquam sui partem & naturam extitit priusquam homo esset, atque ex B. Virgine nasceretur; e cœlo enim venit, descendit: igitur Christus est verus ac summus Deus.

Respondent Sociniani hoc tantum sensu Christum dici e cœlo descendisse, quod videlicet in eo fuerunt dotes plane divinæ ac cœlestes, eximia originis ratio, singularis sanctitas, doctrina, & alia id genus, idque ex eo potissimum confirmant, quod plures sunt in Scripturis similes locutiones, quæ nonnisi de metaphorico descensu e cœlis intelligi debent, Epistola Jacobi cap. 1. *Omne datum optimum, & omne donum perfectum desursum est descendens a Patre luminum*. Apocalyps. cap. 21. *Vidi sanctam civitatem Jerusalem novam descendentem de cœlo a Deo*. Scilicet metaphorice loquendo, id de cœlo descendere quod divinum est.

Nego ant. Quantumvis enim multi viri aut sanctitate aut doctrina spectatissimi prædicentur in Scripturis, quales nimirum Patriarchæ, Prophetæ, Apostoli, ex iis tamen nullus uspiam dicitur e cœlo descendisse. Neque vero ex adductis exemplis ullum colligi potest argumentum, in quibus nempe de rebus agitur non de personis; res equidem ut donum & civitas, nonnisi metaphorice dicuntur descendere de cœlo, siquidem proprie non moventur, non mutant locum, sed personæ qualis est Christus, moventur; & idcirco dicuntur proprie loquendo & sine metaphora, de cœlo descendere.

His addo, Christum ibidem prædicere suum in cœlus ascensum, de quo non semel loquitur, *Si ergo videritis Filium hominis ascendentem ubi erat prius*. Et iterum: *Nemo ascendit in cœlum, nisi qui descendit de cœlo, Filius hominis qui est in cœlo*. Unde sic argumentamur; tam descensus de cœlo debet sumi in sensu reali non metaphorico, quam ascensus: sed Christus loquitur de reali suo ascensu in cœlos; loquitur ergo de reali non ficto & metaphorico descensu.

Instabis; Is qui dicitur de cœlo descendisse, homo est & filius hominis: sed Christus homo vere & citra metaphoram non dicitur descendisse de cœlo, ut homo enim non fuerat in cœlo ante incarnationem: igitur sermo ibi est de metaphorico descensu e cœlis.

Dist. min. Christus homo non dicitur descendisse de cœlo quatenus homo, C. quatenus Deus, N. Clara enim est & liquida Scripturæ locutio, docentis Christum, qua parte Deus est, prius fuisse in cœlo quam incarnaretur.

At, inquies, Christus loquitur de sua carne ac proinde de seipso quatenus homo est; ait enim, *Hic est panis qui de cœlo descendit*, sed panis ille est caro Christi; addit enim, *Panis quem ego dabo caro mea est*; ergo Christus loquitur de seipso quatenus homo est; proindeque ex hac locutione recte non colligitur prior Christi existentia in cœlo.

Dist. maj. & loquitur etiam de persona Verbi quæ præextitit Incarnationi & descendit de cœlo, C. & loquitur de sola carne, de sola natura humana, N. Cum igitur duplex fuerit in Christo natura, divina scilicet & humana, contingit persæpe, ut in eadem occasione, in eodem loco nonnulla dicantur ad naturam divinam, alia ad humanam pertinentia, uti patet ex hoc S. Joannis capite; cum enim ait Christus se de cœlo descendisse ubi erat, de divinitate loquitur; cum vero subjicit se daturum carnem suam, loquitur de natura humana, de carne sua, quæ non descenderat de cœlo; quo fit ut nulla sit contradictio in Christi Domini verbis.

Respondent insuper Sociniani eo sensu Christum dici a S. Joanne prius in cœlo fuisse, quam eò post resurrectionem ascenderet, quod licet in terris adhuc degens, jam mente & cogitatione omnia cœlestia & divina intuebatur tanquam præsentia; unde, inquiunt, non de reali, sed metaphorica in cœlis existentia locus est intelligendus. Id confirmant ex similibus Scripturæ testimoniis, Math. cap. 6. *Thesaurizate vobis thesaurum in cœlo. Ubi enim est thesaurus tuus, ibi est & cor tuum.* Epist. ad Philip. cap. 3. *Nostra autem conversatio in cœlis est*, quæ certe nonnisi metaphorice accipi possunt.

Sed & manifeste falsa & violenta est hæc Socinianorum interpretatio; Christus quippe testatur se descendisse de cœlo ubi erat prius, non ait autem (quod observatione dignissimum est) ubi est nunc, sed si voluisset solummodo Christus docere se fuisse in cœlo mente & cogitatione, locutus non fuisset in præterito tempore, *ubi erat prius*, sed in præsenti; hac enim ratione in cœlo semper versabatur, etiam cum degebat in terris mortalem agens vitam; ergo non loquitur de existentia metaphorica in cœlis.

Neque vero accurata est comparatio, quæ petitur ex adductis exemplis; clarum est enim & omnibus perspectum, cor & conversationem dici esse ubi residet objectum amoris, metaphorice scilicet, quia certum est cor esse realiter in amante; unde mirum non est, quod cor nostrum dicatur esse in cœlis cum Deum amamus in cœlis habitantem; sed alia prorsus est ratio personarum, quæ dicuntur esse alicubi, nuspiam enim dicuntur ibi esse, ubi habitat objectum earum affectus, nisi qui velit inusitatum loquendi modum usurpare.

Tertium momentum petitur ex cap. 9. Epistolæ ad Romanos.

AD asserendam Christi divinitatem, præclarum est eo loci Apostoli testimonium, ubi loquens de Judæis sic habet vers. 5. *Quorum patres & ex quibus est Christus secundum carnem, qui est super omnia Deus benedictus in sæcula, amen.* Ibi enim Christus aperte dicitur Deus; id autem de vera ac summa deitate esse intelligendum liquet manifeste, primo, quia in Græco textu vocabulo Θεὸς præfigitur articulus ὁ ὢν ἐπὶ πάντων Θεός. Ex quo quidem judicio colligitur maxime Dei nomen significare supremum numen, & universitatis conditorem, ut fatentur ipsi Sociniani. Secundo, duplicem Christi naturam aperte designat Apostolus, ait enim eum ex Judæis oriundum, sed *secundum carnem*; & deinde eum docet esse Deum sub alio scilicet respectu juxta aliam naturam; hæc certe distinctio & oppositio denotat Christo non competere deitatem, si spectetur secundum carnem. Tertio, dicitur Deus *super omnia*, quæ præ se ferunt caracterem veri ac supremi Dei; sic enim v. g. Pater æternus designatur Ephes. 4. cap. *Unus Deus & Pater omnium, qui est super omnes.* Quarto, dicitur *Benedictus in sæcula.* Quod elogium vero ac summo Deo & creatori tribui solet, ut constat ex eadem Epist. ad Rom. cap. 1. *Servi erunt creaturæ*, inquit Apostolus, *potius quam creatori, qui est benedictus in sæcula, amen*: ergo Christus est verus ac summus Deus.

Respondent Sociniani post hæc verba: *Ex quibus est Christus secundum carnem*, in textu figendum esse punctum; ita ut sensus propositionis ibi desinat, nec ad Christum referantur verba quæ sequuntur, *qui est super omnia benedictus in sæcula*; sed ad verum Deum, ad quem ea dirigit Apostolus ad instar exclamationis hoc pacto, *Is qui super omnia est Deus, sit benedictus in sæcula*.

At frivola omnino est, & ad nutum excogitata hæc responsio.

Primo, quia hanc esse germanam sinceramque hujus loci lectionem probat invicte unanimis Patrum omnium consensio & authoritas; hunc enim sic conceptum exhibent Irenæus lib. 3. cap. 18. Tertullianus lib. contra Praxeam cap. 8. & 15. Novatianus de Trinit. cap. 13. Cyprianus lib. 2. testimoniorum contra Judæos; etsi, ut observat Petavius, secus pronuntiavit Erasmus mendoso Cypriani codice deceptus. Athanasius orat. 2. contra Arianos. Gregorius Nyssenus lib. 10. cont. Eunom. Hilarius lib. 4. & 8. de Trinitate. Marius Victorinus lib. 1. contra Arium. Ambrosius lib. 1. de Spiritu sancto cap. 3. Augustinus lib. 2. de Trinit. cap. 13. & lib. 1. contra Faustum cap. 3. Cyrill. Alexandr. lib. 1. Thesauri. Idacius lib. 1. cont. Varimadum. Cassianus lib. 3. de Incarnat. Gregorius Magnus homil. 8. in Ezechiel. Isidorus Hispalensis lib. de differ. num. 2. Quo fit ut temeritatis nota merito inuratur Erasmus, qui ex hoc loco putat evinci non posse Christum esse Deum.

2. In illo Apostoli sermone nullam addi debere interpunctionem, quasi nempe nova quædam sententia inchoetur his verbis, *Qui est super omnia*, manifestum est ex ipsa textus intelligentia, tum ex participio *ων*, quod aperte indicat de eodem, nempe de Christo, sermonem continuari; tum quia si supponatur illa interpunctio, jam necesse est ut legatur *Benedictus sit Deus*, pro *Benedictus est Deus*, quod certe gratis concederetur Socinianis.

Quartum momentum ex capite secundo Epistolæ ad Philippenses.

Eo loci sic loquitur Apostolus Christi humilitatem prædicans, *Qui cum in forma Dei esset, non rapinam arbitratus est esse se æqualem Deo, sed semetipsum exinanivit formam servi accipiens in similitudinem hominum factus & habitu inventus ut homo.* Ubi testatur Apostolus Christum non rapinam arbitratum esse, quod Deo æqualem se diceret; aut igitur vere Deus erat Patri æterno æqualis, aut non usurpative tantum, sed & impie hanc prærogativam sibi arrogavit.

Deinde Verbi divini Incarnationem describit S. Paulus eo plane modo quo admittitur a Catholicis, quatenus videlicet qui prius & ab æterno fuit Deus, *Qui cum in forma Dei esset*, factus est in tempore homo, *semetipsum exinanivit formam servi accipiens*. Quod aperte supponit duplicem esse in Christo naturam, Dei scilicet & hominis, & eum qui nunc homo est *habitu inventus ut homo*, prius fuisse Deum, aut potius & Deum & hominem esse; quibus profecto ad asserendam Christi divinitatem nihil luculentius desiderari queat.

Respondent Sociniani sic explicanda esse hæc Apostoli verba, *Christus non rapinam arbitratus est esse se æqualem Deo*; quasi dixisset, mordicus non retinuit ullam cum Deo æqualitatem, sed eam deposuit, cum Deo placuit: qua posita, inquiunt, interpretatione colligi non potest Christi divinitas ex Apostoli testimonio: igitur.

At certe pudeat Socinianos tam apertis cavillationibus obscurare Scripturæ contextum, planum est enim hæc verba, *Non rapinam arbitratus est esse se æqualem Deo*, hoc unum significare, Christum citra rapinam fecisse se Deo æqualem, quod nimirum vere Deus erat; quid vero sibi volunt Sociniani, cum dicunt Christum mordicus non retinuisse æqualitatem Deo? num istam æqualitatem aliquando habuit, quam videlicet retinere noluit? igitur fuit revera Deus, vel Deo æqualis; at vero quandonam eamdem deposuit? an quando humiliavit semetipsum usque ad mortem crucis? Hoc certe manifeste falsum est, si quam enim

N 2 cum

cum Deo æqualitatem habuit Christus, ea maxime posita fuit in potestate patrandi miracula: sed istam potestatem nunquam deposuit; est igitur ab omni sensu aliena hæc Socinianorum interpretatio.

Respondent insuper posse etiam sic exponi Apostoli verba, quasi dixerit, Christus non putavit faciendam esse rapinam æqualitatis cum Deo, quia nempe id se alienum esse noverat, sed potius semetipsum exinanivit: ergo Christum sibi deitatem arrogasse nusquam scribit Apostolus.

Verum & aperte falsa & contorta est hæc expositio; Apostolus enim dixit Christum non arbitratum esse in hoc rapinam, quod se Deo æqualem faceret, sed non dixit Christum non arbitratum esse hanc non esse faciendam rapinam; egregiam certe laudem in Christo prædicaret Apostolus, dicens eum noluisse divinitatem sibi arrogare quasi esset raptor, inquit S. Chrysostomus homil. 6. in Epist. ad Philippenses.

Respondent aliter iidem Sociniani, mentem divi Pauli non esse Verbi divini incarnationem designare, quasi per formam Dei intelligatur natura divina quam prius solam habuit, & per formam servi natura humana quam postmodum assumpsit; sed hoc unum docere Christum, qui primis vitæ suæ annis Deus esse videbatur, quia miracula patrabat, ad instar servi se postea exinanivisse & ad mortem usque crucis.

Verum per sese ruit ista interpretatio; sequeretur enim Christum juxta mentem Apostoli, non induisse formam servi nisi sub finem vitæ cum innumeris doloribus, mortique ipsi obnoxium se præbuit; sed aperte falsa est hæc expositio & verbis ipsis divi Pauli contraria, sic enim loquitur ibidem, ut per formam servi intelligat naturam humanam; & Christum formam servi accepisse, idem sit, ac Deum naturam humanam assumpsisse, *Formam servi accipiens in similitudinem hominum factus & habitu inventus ut homo*. Certe quidquid per isthæc verba intelligatur, non minus in similitudinem hominum factus est Christus & inventus ut homo sub finem vitæ suæ, quam ad initium & cum natus est; igitur plane frivola est hæc Socinianorum interpretatio.

At, inquies, divus Paulus explicans quod prius dixerat *formam servi accipiens*, sic loquitur indicans quid per formam servi intelligebat, *Factus*, inquit, *obediens usque ad mortem, mortem autem crucis*.

Nego hanc propositionem, Apostolus enim non indicat his verbis, *obediens usque ad mortem, &c.* in quo posita sit forma servi, quod potius explicuerat aliis verbis immediate sequentibus, *in similitudinem hominum factus*, sed illum aperit humiliationis gradum cui subjecit se Christus, quando factus est obediens usque ad mortem crucis.

Instabis; Est ab omni ratione alienum, ut per formam Dei intelligatur natura divina: ergo.

Nego ant. primo enim forma quæ scilicet interna est, significat plerumque apud Autores naturam; forma hominis interna & substantialis, est ipsa natura hominis; hic porro nihil est quod inouat loqui Apostolum de forma externa Dei, hoc est, de externis Dei caracteribus. Secundo, formam Dei explicat Apostolus, eam reponens in æqualitate cum Deo, *Non rapinam arbitratus est esse se æqualem Deo*. Tertio, tam forma Dei pro natura divina accipi debet eo loci, quam forma servi sumitur pro natura humana: sed forma servi sumitur hic pro natura humana, ut patet ex ipso Apostolo, qui formam servi sic explicat, *in similitudinem hominum factus*, quæ verba non intelligunt Sociniani de mera hominis specie & apparentia, fatentur enim Christum fuisse vere hominem: igitur per formam Dei intelligitur natura divina.

Asseritur eadem veritas Catholica ex constanti SS. Patrum traditione.

EOrum Patrum singula singillatim proferemus testimonia, qui ante celebratam Nicaenam Synodum floruere, ut exinde pateat falso & perperam multos affirmare, nonnisi a Patribus Nicaenis conditum hocce de Christi divinitate dogma.

Agmen ducet S. Barnabas divi Pauli socius, qui in ea Epistola quae sub ejus nomine circumfertur, ejusque genuinum opus creditur fere ab omnibus eruditis, sic de Christo Salvatore loquitur ad initium Epistolae: *Et ad extremum docens Israelem, atque tam magna prodigia & signa faciens .... tunc palam fecit se esse Filium Dei. Nisi enim venisset in carne, quomodo servati fuissemus nos homines?* Num. 16. *Attendite ut templum Domini magnifice aedificetur, quomodo? discite, accepta remissione peccatorum & spe habita in nomen Domini facti sumus novi, iterum ab integro creati, quare in domicilio nostro vere Deus existit, habitat in nobis, quomodo? Quare si cupit esse salvus, non in hominem respicit, sed in eum qui in homine habitat atque loquitur.*

Hic docet S. Barnabas Christum cum miracula patrabat, palam fecisse se esse Filium Dei. Secundo, eum expressissimis verbis appellat Deum. Tertio, non obscure describit mysterium Incarnationis in eo positum, quod Deus venerit in carne & in nobis habitet, quae profecto manifeste probant veram ac summam esse deitatem in Christo Domino.

Hermas cujus mentio habetur apud S. Paulum ad Rom. cap. 16. lib. 3. *Pastoris* similitudine 3. num. 6. quaestioni sibi propositae cur Filius Dei servili loco ponitur, sic respondet: *Audi, inquit, in servili conditione non ponitur Filius Dei, sed in magna potestate & imperio.* Si autem Filius Dei non ponitur in servili conditione, vere Deus est. Similitudine 9. cum Pastor Hermae ostendisset num. 2. ingentem petram quae habebat portam novam, quaerit Hermas, *Domine*, inquit num. 2. *hoc mihi demonstra, petra haec & porta Filius Dei est? Quonam pacto, inquam Domine, petra vetus est, porta autem nova? Audi, inquit, insipiens & intellige. Filius quidem Dei omni creatura antiquior est, ita ut in consilio Patri suo adfuerit ad condendam creaturam; porta autem propterea nova est, quia in consummatione, in novissimis diebus apparebit, ut qui assecuturi sunt salutem per eam intrent in regnum Dei.* Ubi docet Hermas 1. Christum esse Filium Dei 2. omni creatura antiquiorem esse, quem proinde a creaturis distinguit. 3. Patri adfuisse cum orbem condidit, ex quibus abunde colligitur eum existimasse Christum esse verum ac summum Deum.

Clemens Romanus in prima Epistola ad Corinthios, quae habetur ab omnibus genuinum hujus Pontificis opus, sic de Christo loquitur num. 16. *Sceptrum majestatis Dei Dominus noster Jesus Christus. Jesus non venit in jactantia arrogantiae neque superbiae cum potens sit, sed in humilitate, quemadmodum Spiritus sanctus de ipso locutus est, ait quippe: Domine, quis credidit auditui tuo?* ubi refert Clemens quod habetur de Christo apud Isaiam cap. 53. ut ejus humilitatem depraedicet, verbis apertissimis describens Incarnationem Dei; ait enim Christum, cum esset sceptrum majestatis Dei & potens, hoc est, in forma Dei & Deus, venisse tamen in humilitate. Num. 32. *Ab illo*, inquit, *Dominus Jesus secundum carnem*. Igitur Christus spectari potest secundum naturam divinam & naturam humanam, ea loquendi ratio supponit in Christo aliam esse naturam quam humanam. Num. 36. *Qui cum sit splendor majestatis ejus, tanto major est Angelis, quanto excellentius nomen sortitus est. Ita quippe scriptum est, Qui facit Angelos suos spiritus & ministros suos flammam ignis. De Filio autem suo sic dixit Dominus, Filius meus es tu, ego hodie*

genui

genui te. Num vero de Christo locutus fuisset Clemens, si eum existimasset eum esse merum hominem?

Mitto quammulta alia testimonia quæ leguntur in altera ad Corinthios Epistola, hæc enim ab omnibus Clementi non adjudicatur.

S. Ignatius Martyr in Epistola ad Ephesios loquens de Christo Domino, *Medicus*, inquit, *unus est & carnalis & spiritualis, genitus & ingenitus, factus & non factus, in homine existens Deus, in morte vita vera & ex Maria & ex Deo, primum passibilis & tunc impassibilis Jesus Christus Dominus noster*. Epist. ad Magnesianos num. 8. *Unus Deus est*, inquit, *qui seipsum manifestavit per Jesum Christum Filium suum qui est Verbum ipsius æternum non a silentio progrediens*. Epist. ad Rom. num. 3. *Nihil bonum quod videtur, Deus quippe noster Jesus Christus in Patre existens magis apparet*. Epist. ad Policarpum num. 3. *Tempora perpende*, inquit, *eum qui ultra tempus est expecta, intemporalem, invisibilem, propter nos visibilem, impalpabilem, impatibilem, nostra causa patibilem, qui omnibus modis propter nos sustinuit*. In illis S. Ignatii locis Christus primo dicitur Deus; secundo Filius Dei, Verbum, æternum; tertio, in Patre existens; quarto, ultra tempus; quinto, antea invisibilis & impatibilis, qui factus est postea visibilis & passibilis; quibus certe clarius exprimi non potest vera & summa deitas.

S. Justinus apologia prima pag. 44. *Porro Filius ejus qui solus proprie dicitur Filius, Verbum simul cum illo ante creaturas existens & nascens, quoniam primitus per eum cuncta condidit & ornavit*. Si Christus solus & proprie Filius est Dei, si cum illo existens, hoc est, ab æterno, certe vere Deus est.

Apologia secunda pag. 56. *Et profitemur quidem nos talium qui habentur deorum esse expertes & Atheos, sed non verissimi illius Dei, Patris videlicet justitiæ & castitatis & virtutum aliarum & ab omni vitiositatis mixtione & labe alieni, expertes. Verum hunc ipsum & qui ab eo venit, atque ista nos & aliorum obsequentium exæquatorumque ad voluntatem ejus, bonorum Angelorum exercitum docuit, Filium & Spiritum propheticum colimus & adoramus*. Ergo Christus est Deus, Filius Dei, & cum Patre adorandus.

Dialogo cum Tryphone Judæo totus est Justinus, ut ex variis Scripturæ testimoniis ostendat Christum esse vere Deum & Dominum. *Prophetia*, inquit pag. 274. *certe ista quam recensui, o viri, Christum non esse hominem ex hominibus communi mortalium more genitum ostendit*. Quod cum negaret Trypho, id susse probat Justinus ex eo quod is sit Christus qui olim apparuit Abraham, Jacobo, & Moysi & aliis Prophetis; unde sequitur eum longe ante Incarnationem extitisse. Pag. 284. æternam Verbi generationem sic describit: *Aliud vero etiam vobis, o amici, inquam, ex sacris litteris producam testimonium primitus ante creaturas omnes Deum genuisse ex se virtutem quandam rationalem, quæ quidem & gloria Domini a Spiritu sancto vocatur, nonnunquam autem Filius, aliquando Sapientia, quandoque Angelus, interdum Deus, aliquando Dominus & Verbum... Qualem generationem in nobis quoque quodam videmus fieri modo. Verbum enim aliquod proferentes, verbum gignimus; non per resectionem, ita ut quod in nobis proferentibus est, imminuatur verbum. Et quomodo in igne videmus alium fieri, non decrescente illo unde factus est alterius accensio, sed in eodem statu permanente; quippe qui ex ipso incenditur, & ipse apparet, non imminuens illum unde est succensus*. Egregium certe locum ad asserendam Verbi divini consubstantialitatem cum Patre æterno siquidem Deus dicitur eo pacto genitus a Deo Patre, ut divisio nulla fuerit naturæ divinæ.

Idque iterum clare repetit pag. 358. his verbis: *Virtutem hanc dicens de Patre genitam virtute & consilio, voluntateque ipsius non per rescisionem veluti ab essentiæ nia Patris dispertitam , prout alia omnia divisa & secta , non eadem sunt quæ ante fuerunt quam scinderentur. Atque v. gr. ea sumpsit quæ ab igne accensa , ignem alium cernimus illo nihil diminuto , sed in eadem manente , unde multi accendi possunt ignes.*

Ex his quoque demonstratur ejus æternitas , dicitur enim genitum ante omnes creaturas ; uti & repetit pag. 285. his verbis : *Verum hæc ipsa a Patre revera edita progenies , ante creaturas omnes una cum Patre fuit.*

Idem 286. & 287. probat ex variis Scripturæ testimoniis Christum esse Deum & adorandum : *Hisce , inquam , verbis satis diserte est indicatum , amplissimum eum habere a rerum creatore testimonium , adorandum eum nimirum esse & Deum & Christum.* Pag. 288. *Ex aliis item verbis per Davidem itidem editis quæ quædam ex parte supra commemoravi , in memoriam revocate , ut & Deum cælitus profectum hominemque inter homines factum ; & rursum illum rediturum esse cognoscatis.*

Ibid. pag. 292. hæc dicit Trypho Judæus : *Rem incredibilem & prope impossibilem demonstrare moliris , Deum nasci & hominem fieri sustinuisse.* Ergo totus erat Justinus ut ostenderet Christum Dominum esse Deum , hoc est , vera & summa deitate præditum , aliter Tryphoni visum non fuisset impossibile ac incredibile Deum nasci.

In his vero & aliis similibus quæ passim leguntur hoc in dialogo , docet manifeste Justinus : 1. Christum esse Deum ; 2. Filium Dei , Verbum a Patre genitum ante omnes creaturas , ante sæcula ; 4. in utroque , nimirum in Patre & Filio dispertitam non esse naturam divinam.

Egregium insuper Christi divinitatis argumentum petimus ex Epistola ad Diognetum , quæ fatentibus fere omnibus ipsius Justini opus est , aut saltem vetustissimi Scriptoris ; hæc autem sunt ejus verba pag. 498. *Deus qui est omnipotens & omnium conditor ac invisibilis , e cælis veritatem & Verbum sanctum ac incomprehensibile inter homines locavit , & in cordibus eorum firmam habere sedem voluit : non quemadmodum aliquis conjicere possit , misso hominibus ministro aliquo , aut Angelo , aut principe , aut aliquo eorum qui terrena gubernant , aut quopiam eorum quibus commissa est rerum in cælis administrandarum cura , sed ipso opifice & creatore omnium ... Hunc ad eos misit , tanquam rex mittens filium , misit tanquam Deum , tanquam ad homines , misit ... Omnia igitur apud se scrvabat una cum Filio , œconomica sua scientia .. quos ad imaginem suam formavit , ad quos Filium suum unigenitum misit ... Hic qui ab initio erat , qui novus apparuit , & inventus est semper novus in sanctorum cordibus nascens.*

Tatianus Justini discipulus eamdem profitetur doctrinam oratione contra Græcos pag. 145. *Deus erat in principio ,* inquit , *principium autem Verbi potentiam esse accepimus. Quippe Dominus mundi cum ipse sit universorum substantia , nondum condito mundo solus erat ; si vero respicias potentiam ejus , in qua visibilia & invisibilia cuncta consistunt , omnia cum ipso erant. In ipso enim per potentiam Verbi , tum ipse , tum Verbum quod in eo erat , extitit. Cum voluit autem ipse , Verbum ex ejus simplicitate prosilit. Et Verbum non inaniter prolatum , primo genitum opus fit ipsius Spiritus. Hoc scimus esse principium mundi , natum est autem per divisionem ; non avulsionem : quod enim avellitur a primo separatur , quod vero dividitur , ad functione donatum propria , nihil imminuit illum a quo vim suam sumpsit. Quemadmodum enim ab una face alia multa accenduntur , nec tamen primæ facis lux minuitur propter plures inde succensas ; sic Verbum e Patris potentia progressum , non relinquit Genitorem Verbi expertem.* Eo loci docet Tatianus Verbum divinum esse ab æterno , fuisse nimirum in Patre antequam mundum conderet , principium esse mundi , natum sine abscissione naturæ ; unde consequenter asseritur consubstantiale Patri , unusque cum eo naturæ.

Athe-

Athenagoras legatione pro Christianis pag. 10. hæc scribit: *Quin & Dei Filium mente complectimur. Nec est quod aliquis ridiculum putet Deo Filium a me attribui. Non enim, ut Poetæ fabulantur, qui nihilo meliores hominibus suos deos faciunt, vel de Deo Patre, vel de Filio sentimus. Sed Filius Dei est Verbum Patris in idea & efficacia, ab ipso enim & per ipsum facta sunt omnia, cum Pater & Filius unum sint; ita ut Filius sit in Patre & Pater in Filio, per unionem & potentiam Spiritus; siquidem mens & Verbum Dei, Filius Dei est. Jam si vobis, qui intellectus subtilitate excellitis, altius repetendum videtur, quidnam sibi velit hic Dei Filius, paucis dicam, primigenia hic est Patris progenies, quæ non ut facta, a principio enim Deus qui est mens æterna,* [1] *ipse in seipso* λογον, *hoc est, Verbum aut rationem habet, cum rationalis ipse æternum sit, sed ut rerum cunctarum idea & perfectio foret, progressa est. Pag. 11. Quis igitur non miretur, nos qui Deum Patrem prædicamus, & Deum Filium & Spiritum sanctum, ita ut & unionis eorum vim & ordinis distinctionem exponamus, impios & sine Deo homines vocari?* [2] Juxta Athenagoram primo Verbum Dei Deus est, quo nempe modo & ordine Pater ipse est Deus; secundo, Pater & Filius unum sunt; tertio, per Verbum omnia facta sunt; quarto, Filius est Dei; quinto, æternum est.

Theophili Antiocheni Episcopi non alia fuit doctrina, is enim lib. 2. ad Autolycum pag. 88. sic loquitur: *Jam primum omnium consensu magno nos docuerunt* Prophetæ, *Deum ex nihilo omnia creasse. Nihil enim cum Deo floruit aut vixit, sed ipse sibi locus erat, nullius indigens & ante secula subsistens. Hinc ductus hominem a quo cognosceretur, condere voluit. Hinc præparavit mundum. Is genitus proinde egens est, ipse vero ingenitus nullius rei eget. Deus igitur habens suum Sermonem in suis visceribus genuit eum, cum eum produceret cum sua sapientia ante hæc universa. Hoc Sermone usus est in mundi creatione, & omnia quæ condidit, per ipsum fecit. Hic principium dicitur quia omnium est principium, dominaturque omnium quæ per ipsum facta sunt. Hic igitur existens Spiritus Dei principium & sapientia, Altissimique potentia descendit in Prophetas, per quos seu organa de mundi creatione, necnon de reliquis locutus est. Non enim erant Prophetæ, cum mundus crearetur, sed Sapientia Dei quæ in ipso est, Sermoque ejus sanctus semper præsto erat. Pag. 94. Tres dies,* inquit, *qui præcessere creationem duorum luminarium, Trinitatis mysterium sacrosanctum repræsentant, videlicet Deum, Sermonem, Sapientiam.* Et pag. 100. *Nec arbitreris, ut Poetæ & fabularum scriptores perhibent Dei filios ex concubitu esse natos, sed intellige hoc loco enarrari Sermonem perpetuo existentem & insitum in corde Patris Dei. Antequam enim quicquam quæ facta sunt fieret, hunc consiliarium habuit, ut qui mens & prudentia ejus foret... Hæc nos docent sacræ litteræ & omnes sancto Spiritu afflati, quorum de numero est Joannes ad hunc modum disserens, in principio erat Sermo & Sermo erat apud Deum, & significans in principio solum fuisse Deum & in eo Sermonem. Postea infert, Deus erat ille Sermo, omnia per ipsum facta sunt, & sine eo factum est nihil. Deus itaque existens Sermo & ex Deo progenitus, quando vult Pater universorum, mittit eum Sermonem ad aliquem locum; qui adveniens auditur & videtur ab eo missus & in loco reperitur.* Hic multa docet Theophilus quæ Christi divinitatem egregie vindicant: primo enim Christum verbis expressis appellat Deum. Secundo, ait Verbum Dei a Patre genitum ab æterno. Tertio, illud descendisse in Prophetas. Quarto, præclare describit Incarnationem: adducto S. Joannis testimonio, primi nimirum capitis Evangelii.

S. Irenæus idem docet multis in locis, lib. 1. c. 2. hæc scribit: *Ecclesia per universum orbem usque ad fines terræ se-*

mina-

minata & ab Apostolis & a Discipulis eorum accepit eam fidem quæ est in unum Deum Patrem omnipotentem, qui fecit cœlum & terram, mare & omnia quæ in eis sunt, & in unum Jesum Christum Filium Dei incarnatum pro nostra salute ... ut Christo Jesu Domino nostro & Deo & Salvatori & Regi secundum placitum Patris invisibilis omne genu curvetur. Si Filius Dei incarnatus est, igitur vere Deus.

Lib. 2. cap. 43. sic loquitur: *Non enim infectus es, o homo, neque semper coexistebas Deo, sicut proprium ejus Verbum, sed propter eminentem bonitatem ejus nunc initium facturæ accipiens, sensim discis a Verbo dispositiones Dei qui te fecit.* Ubi Irenæus hominem cum Filio Dei in hoc comparat, quod ille factus sit, hic autem non factus; unde probatur eum esse æternum & Patri consubstantialem.

Ibidem cap. 55. *Hic Pater Domini nostri Jesu Christi per Verbum suum, qui est Filius ejus, per eum revelatur & manifestatur omnibus quibus revelatur. Cognoscunt enim eum hi quibus revelaverit Filius, semper autem coexistens Filius Patri olim & ab initio semper revelat Patrem.* Hic mire prædicatur Christi æternitas.

Lib. 3. cap. 6. *Neque igitur Dominus*, inquit, *neque Spiritus sanctus, neque Apostoli, eum qui non esset Deus definitive & absolute Deum nominassent aliquando, nisi esset verus Deus: neque Dominum appellassent aliquem ex sua persona, nisi qui dominatur omnium Deum Patrem & Filium ejus, qui dominium accepit a Patre suo omnis conditionis, quemadmodum habet illud, Dixit Dominus Domino meo ... Cum autem eos qui non sunt dii nominat, non in totum, quemadmodum prædixi, Scriptura ostendit illos Deos, sed cum aliquo additamento & significatione per quam ostenduntur non esse dii, quemadmodum apud David dii gentium, idola dæmoniorum.* Putabat igitur Christum qui Deus simpliciter & sine additamento dicitur in Scripturis, vere Deum esse.

Ibidem cap. 8. *Non enim*, inquit, *tantum hic, sed nec quicquam ex his quæ constituta sunt, & in subjectione sunt, comparabitur Verbo Dei per quem facta sunt omnia, qui est Dominus noster Jesus Christus. Quoniam enim sive Angeli, sive Archangeli, sive Throni, sive Dominationes ab eo qui super omnes est Deus, & constituta sunt & facta per Verbum ejus, Joannes quidem sic significavit. Cum enim dixisset de Verbo Dei, quoniam erat in Patre, adjecit, Omnia per eum facta sunt, & sine ipso factum est nihil.*

Lib. 1. cap. 11. *Per hæc itaque manifestum fecit, quoniam is qui de rubo locutus est Moysi, & manifestavit se esse Deum Patrum, hic est viventium Deus. Quis enim est vivorum Deus, nisi qui est super omnia Deus, & super quem alius non est Deus? ... Qui igitur a Prophetis adorabatur Deus vivus, hic est vivorum Deus & Verbum ejus qui & locutus est Moysi ... Ipse igitur Christus cum Patre vivorum est Deus qui & locutus est Moysi, qui & Patribus manifestatus est.* His omnibus nihil omnino præclarius desiderari potest ad asserendam Christi divinitatem.

Tertullianus eamdem ubique expressit doctrinam, præsertim vero in libro contra Praxeam, quem fuse & data opera debellat, quod tres SS. Trinitatis Personas confunderet; sic autem de Christo loquitur Tertullianus, hunc scilicet variis nominibus appellans, ut ipse monet initio libri de oratione his verbis: *Dei Spiritus, & Dei sermo, & Dei ratio, sermo rationis, ratio sermonis, & spiritus utrumque Jesus Christus Dominus noster.* Sic, inquam, loquitur præfati libri contra Praxeam c. 2. *Nos vero & semper .... unicum quidem Deum credimus, sub hac tamen dispensatione quam œconomiam dicimus, ut unici Dei sit & Filius sermo ipsius qui ex ipso processerit, per quem omnia facta sunt, & sine quo factum est nihil ... & nihi-*

lominus custodiatur œconomiæ Sacramentum, quæ unitatem in Trinitatem disponit, tres dirigens Patrem & Filium & Spiritum sanctum, tres autem non statu sed gradu, nec substantia sed forma, nec potestate sed specie; unius autem substantiæ, & unius status, & unius potestatis, quia unus Deus ex quo & gradus isti, & forma, & species in nomine Patris, & Filii, & Spiritus sancti deputantur. Ibi docet aperte Tertullianus Filium Dei Patri æterno consubstantialem, ait enim tres Personas non esse tres substantia sed forma, immo unius esse substantiæ, unius status, unius potestatis: clarius profecto Trinitatem non explicant hodie Doctores Scholastici.

Ibidem cap. 6. Verbi divini æternitatem enixe deprædicat hic Scriptor. *Ante omnia*, inquit, *Deus erat solus ipse & mundus, & locus, & omnia. Solus autem, quia nihil aliud extrinsecus præter illum. Cæterum ne tunc quidem solus, habebat enim secum, quam habebat in semetipso rationem suam scilicet rationalis, rationalis etiam Deus & ratio in ipso prius, & ita ab ipso omnia.* Et c. 7. *De quo Patre, procedendo Filius factus est primogenitus ut ante omnia genitus & unigenitus; ut solus ex Deo genitus, proprie de vulva cordis ipsius.*

Et cap. 21. *Ipsa statim præfatio Joannis Evangelizatoris demonstrat quod retro fuerit, qui caro fieri habebat, In principio erat Sermo, & Sermo erat apud Deum, & Deus erat Sermo. Hic erat in principio apud Deum; omnia per ipsum facta sunt, & sine ipso factum est nihil. Nam si hæc non aliter accipi licet, quam quomodo scripta sunt, indubitanter alius ostenditur, qui fuerit a principio alius apud quem fuit, alium Sermonem esse apud Deum, licet & Deus Sermo, sed qua Dei Filius, non qua Pater.*

Cap. 25. *Ita connexus Patris in Filio & Filii in Paracleto tres efficit cohærentes, alterum ex altero qui tres unum sunt, non unus, quomodo dictum est, Ego & Pater unum sumus, ad substantiæ unitatem, non ad numeri singularitatem.* Ergo Filius est Patri consubstantialis.

Idem docet Apologetici cap. 21. loquens de Christo Domino: *Hunc*, inquit, *ex Deo prolatum didicimus & prolatione generatum, & idcirco Filium Dei, & Deum dictum ex unitate substantiæ; nam & Deus spiritus, & cum radius ex sole porrigitur, portio ex summa, sed Sol erit in radio, quia solis est radius, nec separatur substantia, sed extenditur, ita de spiritu spiritus, & de Deo Deus, ut lumen de lumine accensum; manet integra & indefecta materiæ matrix, etsi plures inde traduces, qualitatum mutueris; ita & quod de Deo profectum est Deus est, & Dei Filius, & unus ambo, & de spiritu spiritus, & de Deo Deus*, Quibus verbis in suo Symbolo usi olim sunt Patres Niceni, ut adversus Arium Verbi divinitatem astruerent.

Clemens Alexandrinus non aliter de Christo sentiebat, sic enim loquitur admonitione ad gentes. 5. *Hic ergo Verbum Christus, & ut nos olim essemus, erat enim in Deo, & ut bene essemus causa fuit. Nunc autem apparuit hominibus hic ipse Verbum qui solus est ambo, Deus & homo... Hoc est canticum novum adventus qui nunc refulsit in nobis Verbi quod erat in principio & prius fuit. Apparuit autem nuper, qui prius erat servator, apparuit qui est in eo qui est quoniam Verbum quod erat apud Deum, doctor apparuit, per quod omnia sunt fabricata.* Et postea citato insigni testimonio Apostoli ad Philippenses, *Qui cum in forma Dei esset*, &c. sic pergit, *Ego certe loquor, Dei Verbum homo factum, ut tu quoque discas ab homine, quanam tandem ratione homo efficiatur Deus.* Et pag. 68. *Verbum divinum qui revera est Deus manifestissimus, qui est universorum Domino exæquatus quoniam erat ejus Filius, & Verbum erat in Deo.* Hic multa & quidem luculentissima scribit Clemens: primo enim Christum esse Deum, quo sensu idipsum dixerat Apostolus, Epistola ad Phi-

Philippenses. Secundo, Incarnationem Verbi disertissime describit. Tertio, Christum ait prius fuisse quam fieret homo. Quarto, per eum omnia fuisse facta. Quinto denique, eum Patri universorum Domino æqualem.

Pedagogi lib. 1. cap. 5. applicans hæc Isaiæ verba, *Et vocatum est nomen ejus, magni consilii Angelus*, sic exclamat, *O magnum Deum, o perfectum puerum, Filius in Patre, & Pater in Filio .... Quoniam enim Scriptura pueros infantes agnos nominat, Deum qui est Verbum, qui propter nos homo factus est, qui nobis in omnibus assimilari volebat, vocavit Agnum Dei, Filium Dei, infantem Patris.*

Origenis, de cujus fide tam acriter ab ipsius ævo ad nos usque disputatum est, non alia profecto fuit doctrina. Primo enim Christum esse verum Deum & Patri consubstantialem aperte scribit lib. 1. contra Celsum pag. 46. loquens de Magis qui Christum infantem adoraverunt in præsepio. *Venerunt*, inquit, *in Judæam docti jam natum esse Regem quemdam, cæterum ignari cujusnam regni, aut ubinam natalium ejus sit locus, ferentes dona composito (ut sic loquar) ex mortali & Deo, aurum in signum potestatis regiæ, ut morituro myrrham, ut Deo thus.* Pag. 51. *Nos vero ipsi Jesu credentes de deitate quidem quæ inerat ei dicenti, Ego sum via, veritas & vita.* Pag. 52. *Non conveniebat ei qui vellet ostendere se hominem a Deo testimonium habentem, occultare quiddam divinius sub humana specie, id quod erat proprie Dei Filius Deus, Verbum, potentia sapientiaque Dei, qui vocatur Christus.*

Lib. 3. pag. 119. *Quanto enim falsior est hæc infidelium reprehensio, qua tamen sibi videntur merito in nos invehi, tanto magis hæc doctrina tanquam a Deo tradita confirmatur, Jesum etiam ante assumptam naturam, & dum homo fit, esse Dei Filium demonstratur.* Ergo Christus fuit ante Incarnationis tempus, & Deus quidem fuit ac Filius Dei. Pag. 129. *Quæ cum ita se habeant, quid absurdi fuerit in Jesu, cujus tam efficacem videmus potentiam, divinitatem suspicere?* Pag. 135. *Sciant isti criminatores hunc Jesum quem jam olim Deum esse credimus Deique Filium, esse ipsum Verbum, ipsam veritatem, ipsam sapientiam, cæterum mortale ejus corpus & humanam in eo animam illius Verbi non solum communicatione, sed etiam unitione & permixtione, tantum divinitatis assumpsisse ut Deus fieret.* Quid clarius desiderari potest ad asserendam Verbi Incarnationem, adeoque & Christi divinitatem?

Secundo, Verbi divini æternitatem non semel astruit Origenes, sic v. g. tom. 1. in Joan. in hæc verba Psalmistæ, *Filius meus es tu, ego hodie genui te*; scribit: *Dicitur ad illum a Deo, cui semper est hodie; neque enim est vespera Dei, neque mane, meo quidem judicio, sed tempus, ut ita dicam, simul se extendens cum illa ipsius ingenita & sempiterna vita, ipsi dies est hodie in qua genitus est Filius, sic non invento originis ipsius principio, sicut nec diei.*

Et tomo 2. *Sed ad homines quidem, qui prius capaces non erant adventus Filii Dei qui est sermo, fit sermo: ad Deum vero non fit, quasi qui antea existeret apud ipsum, sed eo quod sit semper cum Patre dicitur, & Sermo erat apud Deum, non enim factus est apud Deum & idem Verbum.*

Lib. 5. contra Celsum, Christum appellat *Dei sapientiam & splendorem æterni luminis*. Existimabat igitur Christum esse vere Deum.

S. Cyprianus eamdem de Christo fidem professus est. Nam lib. 2. testimoniorum adversus Judæos cap. 1. sic loquitur: *Christum primogenitum esse sapientiam Dei per quem omnia facta sunt, apud Salomonem in proverbiis, Dominus condidit me initium viarum suarum, in opera sua ante sæculum fundavit me, in principio antequam terram faceret ..... Item apud eumdem in Ecclesiastico, Ego ex ore Altissimi prodivi ante omnem creaturam .... Item Paulus ad Colossenses,*

Qui est imago Dei invisibilis & primogenitus omnis creaturæ ..... *Quod Christus sit sermo Dei in Psal.* 44. *Eructavit cor meum sermonem bonum* ... *Item in Evangelio secundum Joannem, in principio erat Sermo, & Sermo erat apud Deum, & Deus erat Sermo. Hic erat in principio apud Deum. Omnia per ipsum facta sunt, & sine ipso factum est nihil* ... *quod Deus Christus in Genesi, dixit autem Deus ad Jacob, Exurge & ascende in locum Bethel & habita illic, & fac illic altare illi Deo qui tibi apparuit.* Quod quidem verbis expressis & data opera probat ex variis tum veteris tum novi Testamenti locis, ita ut nullus supersit locus dubitandi de mente & doctrina S. Cypriani.

Item in Epistola 63. hæc scribit: *Quidam vel ignoranter, vel simpliciter in calice Domini sanctificando non hoc faciunt, quod Jesus Christus Dominus & Deus noster fecit & docuit.* Epist. 73. *Si baptizari quis ab hæreticis potuit, utique & remissam peccatorum consequi potuit: si peccatorum remissam consecutus est, templum Dei factus est; quæro cujus Dei? Si creatoris, non potuit qui eum non credidit: si Christi, nec hujus fieri potest templum qui negat Deum Christum; si Spiritus sancti, cum tres unum sint, quomodo Spiritus sanctus placatus ei esse potest, qui aut Patris aut Filii inimicus est?* Constat igitur de fide S. Cypriani in vera Christi divinitate asserenda.

Gregorii Neocæsariensis Episcopi, qui Thaumaturgus vulgo dicitur, apertum est super ea re testimonium in confessione fidei quam edidit Vossius. *Unus Deus*, inquit, *Pater Verbi viventis, sapientiæ subsistentis* ... *& caracteris sempiterni, unusque Spiritus sanctus, in quo manifestatus est Deus Pater* .. *& Deus Filius* .. *Trinitas perfecta, quæ gloria & æternitate ac regno atque imperio non dividitur: Non igitur creatum quid aut servum in Trinitate,* [illegible] *adventitium,* [illegible] *posterius vero* [illegible] *defuit unquam Filius Patri, neque Filio Spiritus, sed immutabilis & invariabilis eadem semper manet Trinitas.* Quibus adde quod referunt S. Basilius Epist. 69. & Greg. Nyssenus in Thaumaturgi vita, hunc de Christo & SS. Trinitate catholice sensisse.

His addo definitionem Concilii Antiocheni adversus Paulum Samosatenum; teste enim S. Athanasio libro de Synodis, Patres Antiocheni in Epistola sua ad omnes fideles & Ecclesiæ Ministros scribunt, *Christum non ex homine factum esse Deum, sed cum Deus & Dei Verbum ac Filius esset ante omnia, factum esse postea carnem & accepisse formam servi.*

Omitto quamplura hic referre testimonia Patrum, qui in hanc eamdem fidem & doctrinam unanimi consensu conspirarunt, ea quippe obvia sunt omnibus apud Bullum, Petavium & alios; ubi reperies idem catholicum dogma constanter professos fuisse Caium, Dionysium Alexandrinum, Theognostum, Methodium Martyrem, Arnobium, Lactantium, aliosque nullo excepto Scriptores Ecclesiasticos qui ante Synodum Nicænam floruerunt.

Quamobrem perpetuam hanc & constantem Ecclesiæ traditionem non immerito confirmavit hæc generalis Synodus Nicæna anno 325. habita, cum scilicet Symbolum condiderunt, in quo legitur Christum esse *Deum de Deo, lumen de lumine, Deum verum de Deo vero, genitum non factum, consubstantialem Patri, per quem omnia facta sunt.* Ex quo certe decreto perspicue manifesta est totius Ecclesiæ doctrina & traditio in profitenda Christi divinitate; unusquisque enim ex his Præsulibus, Ecclesiæ suæ veram ac sinceram fidem attulit, cui postea consenserunt aliæ omnes ubivis gentium Ecclesiæ.

Sal-

Solvuntur objectiones ex Scripturis.

CUM innumera propemodum Scripturæ testimonia objiciantur ad versus Christi Divinitatem, ea ad majorem argumenti elucidationem ad certas classes revocabimus; ut quæ eamdem continent difficultatem, eadem donentur responsione, Crellium apud illos hæreticos antesignanum pedetentim sequemur, is enim hæc Scripturæ loca fuse ad nauseam usque repetita, prosecutus est in libris suis *de Deo Patre*.

Objicit primo hæc verba Christi Domini Patrem alloquentis apud S. Joan. cap. 17. *Hæc est vita æterna, ut cognoscant te solum verum Deum, & quem misisti Jesum Christum*. Unde sic argumentari juvat, Christus ipse perhibet solum Patrem esse verum Deum: ergo se non esse Deum agnoscit.

Dist. ant. Solum Patrem esse verum Deum per exclusionem falsorum numinum, C. per exclusionem Filii & Spiritus sancti, N. Cum igitur eo loci Pater dicitur solus verus Deus, excluduntur tantum a vera & summa deitate falsa numina, non autem Filius, uti nec Spiritus sanctus.

Primo, quia ea solum ex causa Sociniani contendunt Christum a vera divinitate excludi, quod ea sit vis hujus vocis *solus*, ut ab ejus cui tribuitur tituli communione quemlibet submoveat, sed hoc ipsum falsum est, ut cuilibet attendenti perspicuum fit ex multis Scripturæ testimoniis.

Genesi 42. Jacob de filio suo Benjamin loquens, *Non descendet*, inquit, *filius meus vobiscum, frater ejus mortuus est, & ipse solus remansit*. Non quod solus absolute remansisset vel etiam ex filiis Jacob, sed quod solus ex filiis Rachel remanserat.

Deuteron. cap. 32. *Dominus solus dux ejus fuit*, inquit, Moyses, et ipse quoque Moyses dux fuit populi, vel Angelus quidam huic genti datus, & soli excluduntur falsi & externi dii in hac loquendi ratione.

Mathæi 11. cap. *Nemo novit Filium nisi Pater; neque Patrem quis novit nisi Filius?* atqui tamen Pater seipsum novit, tum & eum suo modo norunt Angeli, Prophetæ, veteres Patriarchæ.

Lucæ cap. 9. Evangelista Christi transfigurationem describens sic loquitur: *Dum fieret vox*, inquit, *inventus est Jesus solus*. Aderant tamen tres Discipuli Petrus, Jacobus & Joannes, soli autem excluduntur Moyses & Elias. Quorum similia loca proferri possent prope innumera: igitur cum Pater dicitur solus Deus, id intelligi non debet cum exclusione Filii, sed falsorum dumtaxat numinum.

Secundo, quia universe loquendo vox illa *solus*, non ponitur cum exclusione alicujus, cui aliunde certum est competere attributum de quo agitur; unde v. g. quamvis dicatur Deus 1. Timoth. 6. *Solus habens immortalitatem*, non ideo sequitur Deum prædicari solum immortalem per exclusionem ad Angelos, siquidem aliunde constat Angelos esse immortales. Actor. 14. cum de Christo sermo habetur, *Non est in alio aliqua salus*. Sed ex hoc ipso Pater non excluditur, quod constat nemine dissentiente in Patre positam esse hominum salutem, *Hæc est vita æterna ut cognoscant te solum verum Deum*. Jam vero Christum esse verum Deum, non metaphorice, sed vera & summa deitate præditum, Patri æterno consubstantialem, apertissimis Scripturarum testimoniis ostensum est.

Instabis; Cum Christus ibi profitetur Patrem esse *solum* verum Deum, tam excludit alias Personas a Patre, quam alias naturas; nomen enim Patris non minus denotat Personam quam substantiam: sed hoc posito solus Pater erit Deus, ita ut nulla alia Persona sit Deus; ergo non tantum Pater dicitur *solus* Deus comparate ad falsos deos, sed etiam ad Christum Dominum.

Nego maj. & par. Ratio discriminis est quia novimus aliunde aliis Personis præter

Pa-

Patrem, videlicet Filio & Spiritui sancto competere deitatem, unde colligimus in præfato S. Joannis loco Christum non excludi. At contra notum est cuilibet non esse aliam naturam divinam præter eam quæ competit Patri, unus est enim Deus; quapropter recte colligimus Patrem appellari *solum* Deum cum exclusione dumtaxat falsorum numinum, non per oppositionem ad Christum.

Quin potius non desunt etiam inter Veteres, qui ex hoc ipso S. Joannis loco probant Christum seipsum Deum asseruisse; ita vetustissimus autor libri de Trinitate qui Novatiano ascribitur apud Tertullianum cap. 4. *Si homo tantum Christus*, inquit, *quare credendi nobis talem regulam posuit, qua diceret, Hæc est autem vita æterna ut sciant te unum & verum Deum, & quem misisti Jesum Christum; nisi quoniam & Deum accipi voluit, quoniam si se Deum nollet intelligi, addidisset, & quem misisti hominem Jesum Christum; nunc autem neque addidit, nec se hominem nobis tantummodo Christus tradidit, sed Deo junxit, ut & Deum per hanc conjunctionem, sicut est, intelligi vellet.*

Instat Crellius; Si vi illius vocis *solum*, nemo excluditur a vera & summa deitate: inde sequitur eum refutari non posse qui dixerit Petrum, Paulum, Jovem esse veros Deos, persona quidem a Patre æterno discrepantes, sed ejusdem cum illo naturæ: absurdum consequens, ergo & ant.

Dist. maj. refutari non posse vi verborum illius Scripturæ testimonii, C. ex aliis ejusdem Scripturæ monumentis, N. Esto igitur quod ex isto Scripturæ testimonio, vi verborum non excludatur quivis alius a vera & summa deitate; ut fateor enim, non inde sequitur Petrum, Paulum & Jovem non esse deos, ex eo quod Pater dicitur solus Deus; sed hoc ipsum colligitur ex eo quod nullo argumento suaderi potest Petri, Pauli & Jovis divinitas, quam constat aliunde Christo Domino competere.

Instabis; Si ratio habeatur circumstantiarum in quibus eo loci Pater dicitur solus Deus, liquebit profecto Christum a summa deitate excludi, tum quia loquitur Christus coram Discipulis suis, qui ipsum non modo verum hominem esse cernebant, sed etiam a Patre missum; præterea fundebat tunc precationem ad eumdem Patrem quem tunc suppliciter orabat, unde sic argumentor: Pater eo loci dicitur solus Deus in iis circumstantiis in quibus nempe videbant omnes eum esse hominem, qui suppliciter orabat Patrem ut suum Deum, & a quo fuerat missus: ergo habita ratione circumstantiarum, Christus hac voce *solus*, excluditur a vera deitate.

Nego conseq. Ex his enim solum sequitur Christum professum fuisse se esse hominem, quod non diffitemur; sed eum insuper esse verum ac summum Deum certo constat ex adductis supra testimoniis. Quin & eo loci nonnulla supersunt momenta quæ merito persuadent summam deitatem ipsi competere: 1. quia Christus Patrem æternum appellat Patrem suum; ipsius autem vulgi consuetudine Filius est ejusdem naturæ cum Patre suo. 2. in sui non minus quam Patris cognitione vitam collocat æternam. *Hæc est*, inquit, *vita æterna ut cognoscant te solum verum Deum, & quem misisti Jesum Christum*. An vero Christus æternæ vitæ objectum instituens, cum Deo creaturam miscuisset?

Instat Crellius in ejusmodi responsionibus in quibus dicitur Filius non excludi a summa deitate, quia de eo fit sermo quatenus homo est, qui tamen aliunde est Deus, ejusdemque naturæ cum Patre æterno, idipsum pro concesso sumitur, quod est maxime controversum: sed supponere quod est in quæstione controversum, summum est disputationis vitium: igitur.

Dist. maj. Pro concesso sumitur quod est maxime controversum & aliunde probatum, C. minime probatum & demonstratum, N. Quamobrem in petitionem prin-

principii non incidunt Catholici cum præfatam usurpant distinctionem, quia Christum esse verum Deum non supponunt, sed demonstrant, uti a nobis supra confectum est.

Instabis; Christus ibidem distinguitur a Deo, *ut cognoscant te Deum & Jesum Christum*: ergo ipse non est verus Deus.

Dist. ant. Ex eo quod Christus est Deus simul & homo, C. eo quod non est Deus, N. Extant scilicet innumera ejusmodi loca in quibus Christus opponitur Deo, a Deo distinguitur, sed hoc unum ex iis colligi debet Christum spectari quandoque ut hominem, vel ut Messiam, ut quando dicitur missus a Deo, derelictus a Deo, suscitatus a Deo: qui tamen alio sub respectu Deus est; hic v. g. statuitur positam esse vitam æternam in cognitione Dei, & præterea in cognitione Messiæ, quia satis non esset in Deum præcise spem suam collocare.

Objicit postea Crellius alia Scripturæ loca in quibus similiter Pater dicitur solus Deus. 1. Cor. 8. cap. *Nobis unus est Deus Pater, ex quo omnia & nos in illum*. Ubi Paulus, inquit, explicans quis sit ille unus Deus, simpliciter dicit esse Patrem, non Filium, & Spiritum sanctum: atqui nulla ratione fieri potuisset, ut Paulus explicaturus quis sit ille unus Deus, Patris tantum mentionem faceret, omissis aliis Personis, si Deus ille unus non tantum Pater esset, sed & Filius & Spiritus sanctus: igitur.

Ad Ephesios cap. 4. *Unus Deus & Pater omnium*. Ubi, inquit Crellius, *Deus* qui unus esse dicitur, & *Pater* unum idemque subjectum significant, ac proinde alterum altero latius non patet, nec quisquam est Deus ille unus, quam Pater Domini nostri Jesu Christi.

Dist. ant. Unus Deus dicitur qui Pater est, sine exclusione Filii, & cum exclusione duntaxat falsorum Deorum, C. cum exclusione Filii, N. Pater igitur dicitur unus Deus sine exclusione Filii, primo quia Pater dicitur unus Deus, quemadmodum ibidem Christus dicitur unus Dominus, *Et unus Dominus Jesus Christus per quem omnia*, sed Christus non dicitur unus Dominus per exclusionem Patris & Spiritus sancti, ut per se patet. Secundo, si Pater diceretur unus Deus per exclusionem Filii, Christus nullo plane sensu dici posset Deus; sed ipsum esse Deum, qualicunque tandem sensu agnoscunt Sociniani. Tertio, Apostolum nonnisi falso numina excludere manifeste colligitur ex ipso contextu laudato ex Epist. ad Corinth. *Scimus*, inquit, *quia nihil est idolum in mundo, & quod nullus est Deus nisi unus. Nam etsi sunt qui dicantur dii, sive in cælo sive in terra, (siquidem sunt dii multi & domini multi,) nobis tamen unus Deus Pater ex quo omnia*. Ubi data opera falsorum numinum cultus abnegatur, & unius Dei cultus asseritur.

Quod spectat vero ad locum ex Epist. ad Ephesios petitum, nomen Patris ibi sumitur pro causa & principio, nimirum docet Apostolus unum esse Deum qui sit Pater, hoc est, causa rerum omnium, *& in omnibus nobis*.

His addo satis frequenter in more positum esse, ut cum in sacris litteris una nominatur Persona cui aliquid tribuitur, aliæ duæ simul intelligantur, ex eo videlicet quod unum sunt. Actorum 4. sciscitantibus Sacerdotibus qua virtute quidam claudus fuerat sanatus, respondet S. Petrus id factum fuisse Jesu Christi nomine: an vero Petrus, quoniam explicaturus quo nomine hoc miraculum factum fuerit, solius Christi meminit, voluit Patrem & Spiritum sanctum exclusos? Similiter legitur non semel in Scripturis datum fuisse baptismum in nomine Christi, nulla facta mentione Patris & Spiritus sancti; Actorum 8. *Baptizati tantum erant in nomine Domini Jesu*. Et ibidem cap. 10. *Jussit Petrus eos baptizari in nomine Domini*. Ubi tamen non excluduntur Pater & Spiritus sanctus. Quomodo etiam Patres Nicæni qui profecto Christum esse verum & summum Deum existimabant, profitentur in suo Symbolo Patrem esse unum Deum, *Credo in unum Deum Pa-*

trem

trem omnipotentem. Scilicet cum unus Deus dicitur, intelliguntur Pater, Filius, & Spiritus ſanctus qui unum ſunt, unus Deus.

Objicit Crellius hæc verba e prima ad Corinthios cap. 12. *Diviſiones vero gratiarum ſunt idem autem Spiritus. Et diviſiones miniſtrationum ſunt, idem autem Dominus. Et diviſiones operationum ſunt, idem vero Deus qui operatur omnia in omnibus*. Ubi per voces illas *idem Deus*, ſignificat Apoſtolus unicum illum Deum qui Pater eſt omnium, & ipſius Chriſti: ſed aperte illum Deum diſtinguit a Chriſto, quem ſub nomine Domini indicat: igitur non putabat Chriſtum eſſe Deum.

Reſpondeo, ſi qua vis ſit in argumento Socinianorum, realem trium Perſonarum in Deo diſtinctionem colligi maxime poſſe ex hoc loco; volunt enim ibi per Spiritum intelligi Spiritus ſancti perſonam, per Dominum deſignari Chriſtum, & per Deum ſignificari Patrem qui ſit ſolus verus Deus; quod certe ab illorum hæreticorum mente non parum alienum eſt.

Quapropter dico hæc tria, nempe *eundem Spiritum*, *eundem Dominum*, *eundem Deum* competere ex æquo toti Trinitati, nec diverſas ſingula Perſonas denotare; ſi enim Chriſtus denotaretur per hæc verba *eundem Dominum*, per excluſionem Patris colligeretur inde Patrem non eſſe Dominum; ergo per iſta alia verba *eundem Deum*, non indicatur Pater qui ſolus ſit Deus per excluſionem Filii.

Neque vero plus virium habent quæ objicit poſtea Crellius ex 1. Timoth. 2. *Unus eſt Deus, unus & mediator Dei & hominum homo Chriſtus Ieſus*. Et ex Rom. 3. *Unus eſt Deus qui juſtificat circumciſionem ex fide*. Siquidem fatemur unum eſſe Deum, ſed qui ſit Pater, Filius, & Spiritus ſanctus.

Objicies alia prope ſimilia loca in quibus nomine ſolius Dei, ſolus Pater deſignatur, ad Rom. c. 16. *Soli ſapienti Deo per Jeſum Chriſtum, cui honor & gloria in ſecula ſeculorum* Joan. cap. 5. ſic Judæos alloquitur Chriſtus: *Quomodo vos poteſtis credere qui gloriam ab invicem accipitis, & gloriam quæ a ſolo Deo eſt, non quæritis?* Judæ verſ. 4. *Subintroierunt enim quidam homines impii, Dei noſtri gratiam transferentes in luxuriam, & ſolum dominatorem & Dominum noſtrum Jeſum Chriſtum negantes*. In iis locis ſolius Dei nomine non alius intelligitur præter Patrem; clarum eſt enim non intelligi Chriſtum a quo hic ſolus Deus apertiſſime diſtinguitur: ergo negatur ibi Chriſtum eſſe Deum.

Diſt. ant. Solus Pater deſignatur ſine excluſione Filii, C. cum excluſione Filii, N. Solutio patet ex dictis, nec ea neceſſe eſt repetere quæ fuſe nos a nobis adducta ſunt. Cum autem dicitur in his aliiſque prope innumeris locis Deum diſtingui a Chriſto; nihil omnino efficit, licet enim Chriſtus ſit Deus, Deus tamen & Chriſtus non idem omnino ſonant, nec ſatis eſſet Chriſtianis ad vitam æternam conſequendam credere in Deum, requiritur inſuper explicita in Chriſtum fides, quo fit ut non raro ſecernantur in Scripturis Deus & Chriſtus.

Objicit poſtea Crellius, proponitque argumentum ex viſionibus apud Danielem, & in Apocalypſi Joannis extantibus ductum; extat prior Danielis cap. 7. ubi dicitur Deum illum qui ab omni æternitate extitit, ſediſſe. Poſterior extat Apocalypſ. 4. & 5. capp. ubi itidem deſcribitur, quomodo Deus ille omnipotens & æternus creator omnium in throno ſederit: ſed utrobique Deus ille ſummus atque æternus, tanquam una perſona depingitur, quæ proinde ſolus eſt Pater.

Reſpondeo iterum ex his locis hoc unum colligi unum eſſe Deum, non unam eſſe Perſonam; quandoquidem tam luculentis momentis oſtenſum eſt quamlibet ex tribus Perſonis eſſe verum ac ſummum Deum.

Objicies; Chriſtus *a Deo* ſimpliciter poſito, innumeris in locis aperte diſtinguitur; quoties nimirum Chriſtus Dei Filius appellatur Verbum Dei, imago Dei, apud Deum, a Deo miſſus, panis Dei, in Dei forma, &c. Ergo Chriſtus Deus ille ſummus eſſe non poteſt.

Nego

Nego consequentiam, cum enim Christus præter naturam divinam sit quoque humana præditus; mirum neutiquam est eum a Deo distingui, in iis nempe locis in quibus Christus Dominus spectatur ratione naturæ humanæ. Hoc vero idem etiam fit ex eo quod Filius alia sit persona a Patre, unde dicitur Filius Dei, Verbum Dei, imago Dei, eatenus enim a Patre distinguitur, non autem ratione naturæ. Quinimmo sequitur inde illum esse unum in natura cum Patre, Filius enim consubstantialis est suo Patri.

Objicies; Ea loca in quibus profitetur ipse Christus se non posse a se facere quidquam, Joan. 5. cap. *Non potest Filius a se facere quidquam*. Et postea ibidem, *Non possum a me ipso facere quidquam*. Et cap. 8. *Cum exaltaveritis filium hominis, tunc cognoscetis quod ego sum, & a me ipso facio nihil, sed sicut docuit me Pater*. Unde sic argumentatur Crellius; Deus verus & summus a seipso omnia facere potest: sed Christus a seipso nihil facere potest: ergo Christus non est verus ac summus Deus.

Dist. min. A seipso nihil facere potest propter unitatem potestatis, operationis & naturæ cum Patre, C. defectu virtutis & potestatis, N. Itaque non ait Christus se nihil posse facere a seipso, eo sensu quod virtute ad agendum indigeret, sed quia eamdem habens cum Patre potestatem, sine Patre de seipso divisim nihil operabatur, idque constat.

Primo ex ipso contextu Evangelistæ, ubi unitas potentiæ & operationis Christi cum Patre divino, non semel commendatur vers. 17. *Pater meus usque hodie operatur, & ego operor*. vers. 21. *Quemadmodum enim Pater suscitat mortuos & vivificat, sic & Filius quos vult vivificat*.

Secundo, non ait simpliciter Christus se quidquam facere non posse, sed non posse facere quidquam a seipso, hoc est, propria voluntate & operatione quæ non sit voluntas & operatio communis Patri.

Tertio, hæc Christi Domini verba sic explicant SS. Patres, ita v. g. S. Ambrosius lib. 4. de fide cap. 3. *Quid superest*, inquit, *nisi ut per unitatem inseparabilem potestatis nihil credamus Filium facere, nisi quod viderit Patrem facientem, quia per inseparabilem unitatem nihil a se facit Filius, quoniam nihil vult quod Pater nolit, quod utique non infirmitatis sed virtutis est*.

Atque non aliter explicari debent ea Scripturæ loca, in quibus testatur Christus suam doctrinam non esse suam sed Patris, se a seipso non loqui, uti habetur v. g. Joan. 7. cap. *Mea doctrina non est mea, sed ejus qui misit me. Si quis voluerit voluntatem meam facere, cognoscet de doctrina, utrum ex Deo sit, an ego a meipso loquar*. Et cap. 14. *Verba quæ ego loquor a meipso non loquor, Pater autem in me manens ipse facit opera*. Vult nimirum se non aliam tradere doctrinam quam quæ sit Patris, quæ ex Deo sit, quod utique intelligi debet de unitate doctrinæ, ut manifeste indicant hæc verba, *A me ipso non loquor, Pater autem in me manens, &c.*

Si Christus ait idcirco se a semetipso quidquam facere non posse, quia eamdem cum Patre habet voluntatem, eamdemque potestatem; de se profecto loquitur prout Deus est & Persona divina; non potest enim quatenus homo, eandem cum Patre habere potestatem; sed S. Joannes ibi non inducit Christum loquentem de se ipso quatenus Deo, nam versu 20. sic habet ipse Christus: *Pater diligit Filium, & omnia demonstrat ei quæ ipse facit, & majora his demonstrabit ei opera, ut vos miremini*. Atqui Pater majora opera Christo ut Deo non poterat demonstrare quam quæ demonstraverat: ergo de Christo ut homine hæc sunt intelligenda; proindeque ex illis colligitur Christum suam poteflatem habere dependenter a Deo, ita ut quidquam a se facere non possit defectu virtutis.

Nego min. & ad probat. nego pariter minorem, quia hæc dicta sunt, ut se eamdem cum Patre habere potestatem, voluntatem, operationem ostenderet, quemadmodum loquitur Joan. 16. *Omnia quæcumque habet Pater, mea sunt*. Et cap. 17. *Et mea omnia tua sunt, & tua mea sunt*. Hæc porro, unitas potestatis emicare potissimum debebat in futuris operibus, quæ majora demonstraturus erat Pater ipsi Christo vel etiam quatenus Deo; opera enim, quæ a Deo cognoscuntur ut futura antequam fiant, recte demonstrari dicuntur cum fiunt.

At, inquit Crellius, cur Christus, cum causam operum suorum indicare vellet, naturam divinam suam & in seipso substantialiter habitantem non appellavit potius, quam personam Patris a se distinctam?

Respondeo mentem Christi fuisse divinitatem suam probare ex unitate potestatis, voluntatis & operationis cum Patre suo, luculentum enim hoc fuit argumentum ex eo petitum, quo nihil a se operabatur, sed per Patrem in se manentem, *Pater meus usque hodie operatur, & ego operor*.

Instabis hæc omnia non fuisse a Christo dicta, ut ostenderet unitatem suæ potestatis cum Patre; quandoquidem Math. 20. negat se habere omnem potestatem quam habet Pater. *Sedere*, inquit, *ad dexteram & sinistram & non est meum dare*: ergo.

Nego ant. quia Christus Dominus non ait suum non esse dare regnum defectu potestatis, sed jure æquitatis, quæ non sinit ut quod labore ac meritis comparari debet, ex mera indulgentia concedatur; sic enim respondet matri filiorum Zebedæi quæ a Christo petierat pro filiis suis, ut unus ad dexteram & alter ad sinistram sederet. Et ratio est quia Christus non respondet, Non est meum dare sed Patri, at respondet: *Non est meum dare vobis, sed quibus paratum est a Patre meo*.

Objicies celeberrimum illum locum Joan. 14. *Pater major me est*. Atqui si Christus esset summus Deus, eo nihil esset majus: ergo Christus non est summus Deus.

Respondent plerique sancti Patres hanc propositionem esse veram de Filio, etiam quatenus est Filius Dei, inquantum improprie aliquis altero prior origine, eo dicitur major. Ita Alexander Alexandrinus Epistola ad Alexandrinum Constantinopolitanum Episcop. Concilium Sardicense Epistola Synodica quam refert Theodoretus l. 2. c. 8. S. Athanasius orat. 2. contra Arianos. S. Basilius lib. 1. contra Eunomium. S. Gregorius Nazianzenus orat. 35. & 40. S. Chrysostomus homil. 75. in Joan. S. Cyrillus Alexand. lib. 2. Thesauri. S. Hilarius lib. 9. de Trin. S. Joan. Damascenus lib. 1. de Fide cap. 6. S. Augustinus l. 3. contra Maximinum cap. 14. apud Petavium lib. de Trinit. cap. 2. quæ proinde responsio non est omnino improbanda.

Respondeo dist. maj. Pater est major Filio, si Filius spectetur ut homo, C. si spectetur secundum se totum, N. Ita respondent S. Athanasius lib. de humana natura suscepta, S. Basilius Epist. 141. S. Gregorius Nyssenus lib. de Abraham, S. Cyrillus lib. 10. in Joan. S. Hilarius lib. 9. de Trinitate, S. Ambrosius lib. 3. de Fide cap. 4. S. Augustinus l. 3. contra Maximinum cap. 14 & lib. 1. de Trinit.

Hunc autem esse illius testimonii sensum, constat ex suscepto ipsius Christi consilio, qui nempe Discipulos consolatur ob suum proximum e mundo discessum lugentes, ait enim: *Si diligeretis me, gauderetis utique quia vado ad Patrem, quia Pater major me est*. Sed gaudii illius causa erat, quod Christus in cœlum ascensurus erat &

Apo-

Apostolis missurus Spiritum sanctum, & ratione quidem humanitatis erat in cœlum ascensurus: indeque spes ipsis affulgebat, fore ut similiter aliquando in cœlum ascenderent, & beatitudinem consequerentur: ergo de se loquitur Christus ratione humanitatis spectato; ex quo propterea non sequitur ipsum non fuisse verum & summum Deum.

Instabis illam propositionem probare, Christum secundum se totum esse Patre minorem; Ideo enim Christus hæc verba protulit, ut intelligerent discipuli sibi ad Patrem eundum esse, ut majori poliretur felicitate, ac proinde lætarentur quod abiret; atqui si Christus secundum naturam humanam tantum esset minor Patre, & interea in se habuisset naturam Patri per omnia æqualem, nihil opus fuisset eum ad Patrem abire, ut majori felicitate potiretur, nec discipuli causam habuissent gaudendi quod abiret, potuissentque statim Domino objicere. Cur tu ad Patrem vadis, cum ea præditus sis natura quæ est Patri per omnia æqualis? Quin ergo apud nos manes, & eam felicitatem quam apud Patrem quæris, hic tibi ipse paras? Ergo hæc verba probant Christum non esse Deum.

Nego min. erat enim, ut jam dixi, Apostolis lætandi ratio, quod Christus ascenderet in cœlos ut suam humanitatem donaret beatitudine; non quidem propter suam ipsam humanitatem, sed propter Apostolos quibus exinde spes affulgebat ejusdem beatitudinis adipiscendæ, scilicet hæc Christi in cœlos ascensio erat finis legis, & hominum salutis consummatio, adeoque erat Apostolis magna lætitiæ ratio; quamvis Christus in se haberet divinitatem.

Instat Crellius: Atqui Christus si fuit Deus, propositionem hanc proferre non potuit, *Pater major me est*. Ergo nulla solutio.

Probat subs. Nequaquam fert loquendi usus, ut quod non est verum nisi secundum unam partem alicujus, de eo simpliciter dicatur, sicut de aliquo simpliciter negari non potest, quod ipsi convenit secundum unam partem, licet non conveniat secundum alteram; non potest v. g. negari hominem esse corporeum, carneum, procerum, quod quidem illi competit secundum corpus, licet non conveniat ratione animæ: ergo a pari Christus simpliciter affirmare non potuit, *Pater major me est*. Si illa propositio non est vera nisi secundum unam naturam, est quæ falsa simpliciter, si nempe Christus sit summus Deus.

Nego ant. nimirum non posse simpliciter de aliquo affirmari id quod solum competit ratione unius naturæ; & ratio est quia generatim loquendo, cuivis supposito tribuuntur ea quæ pertinent ad unam ejus partem aut naturam, licet non pertineant ad alteram ejusdem suppositi; dicitur v. g. hominem esse corporeum, carneum, procerum, tametsi ea homini non competant nisi quantum ad corpus: & similiter homo dicitur simpliciter, & sine addito spiritalis, intellectivus, rationalis, quæ profecto homini competunt ratione solius animæ. Quidni ergo Christus non dixerit, *Pater major me est*, illud suo intelligendo de seipso quatenus homine, tametsi secundum alteram naturam sit Deus.

Ad probationem vero nego conseq. & par. Ratio disparitatis est quia propositiones affirmantes non significant prædicatum competere supposito secundum omnem sui partem spectato; adeoque dico Petrum esse album, Petrum esse rationalem; non idcirco dico Petrum esse album ex toto, Petrum esse rationalem ex toto, sed intelligitur Petrum esse album ratione corporis, & rationalem ratione animæ; at propositiones negantes cum absolute & simpliciter pronuntiantur, prædicatum ex omni sua parte removent a subjecto,

& ita sensus istius propositionis, *Petrus non est albus*, est Petrum nulla ex sui parte esse rationalem; unde falsæ sunt ejuscemodi propositiones negantes simpliciter de Petro prolatæ, quia Petrus est albus ratione corporis, & rationalis ratione animæ. Quibus præsuppositis manifesta est disparitas; revera enim propositiones illæ, Homo non est corporeus, homo non est carneus, homo non est procerus, sunt falsæ, quia sunt propositiones negantes: sed ista propositio, *Pater major me est*, est propositio affirmans; adeoque ut sit vera, satis est quod secundum unam sui partem vel naturam Pater sit Christo major, licet aliunde Pater & Filius sint unum quid in natura.

Objicies alia Scripturæ testimonia, in quibus Pater dicitur Deus Christi, eatenus enim Christus supponitur a Patre dependens, Joannis 20. *Vade ad fratres meos, & dic eis; Ascendo ad Patrem meum & Patrem vestrum, Deum meum & Deum vestrum*. Matth. 17. Christus in cruce ait, *Deus meus, Deus meus, quare me dereliquisti?* 1. Corinth. 11. *Velim autem vos nosse Christum esse omnis viri caput, caput autem mulieris virum, caput vero Christi Deum*. Unde sic conficitur argumentum, Deus summus Deum non habet: atqui Pater dicitur Deus Christi: ergo Christus non est summus Deus.

Dist. min. Deus Christi quatenus homo est, C. quatenus est Deus, N. distinctio naturarum quam satis superque probavimus, cum Christum esse vere Deum a nobis demonstratum est, solvit omnia ejuscemodi argumenta Socinianorum, unde S.Chrysostomus homil.26. in 1. Corinth. sic habet: *Cum humile aliquid dicitur de Christo qui carne præditus est, non ad divinitatis abjectionem trahendum est quod dicitur, sed incarnationi conveniat*.

Innumera sunt in novo Testamento similia loca, in quibus mentio fit Christi Domini prout homo est, & quæ profecto nullatenus evincunt illum non esse verum & summum Deum, ut cum dicitur suscitatus a Deo Patre Galatarum 1. *Paulus Apostolus non ab hominibus, neque per hominem, sed per Jesum Christum & Deum Patrem qui suscitavit eum a mortuis*. Actor.3. *Vobis primum Deus suscitans Filium suum*. Ut cum dicitur plenus vel unctus Spiritu sancto, Lucæ. 4. *Jesu plenus Spiritu sancto*. Actor. 10. *Quod unxerit eum Deus Spiritu sancto*. Uno verbo cum dicitur Christus natus, a diabolo tentatus, passus & mortuus; quæ quidem supponunt Christum fuisse hominem, nequaquam vero non fuisse Deum.

Objicies nonnulla testimonia in quibus Christus ipse diserte negavit se esse Deum; duo potissimum seligi possunt, alterum e Lucæ cap. 18. petitum, *Dixit autem ei Jesus, Quid me dicis bonum? nemo bonus nisi solus Deus*. Et alterum e Joanne c. 10. *Respondit ei Jesus: Nonne scriptum est in lege vestra, quia ego dixi Dii estis?* In primo enim testimonio Christus ægre fert se appellari bonum, quia, ut ait, solus Deus est bonus, & in secundo declarat se non esse aliter Deum, quam qui dicuntur dii, Psal. 81. his verbis: *Ego dixi Dii estis, & filii Excelsi omnes*. Ergo docuit ipse Christus se non esse Deum.

Nego ant. & ad hæc duo sigillatim respondeo.

Ad primum quidem dico Christum non ideo negare se esse Deum, quantumvis observet neminem esse bonum nisi solum Deum; non magis enim negare voluit Christus se esse Deum, quam se esse bonum: atqui profecto mens Christi Domini non fuit respondere se non esse bonum: ergo nec voluit respondere se non esse Deum; respondet igitur solummodo huic homini a quo interrogabatur, recte ab eo dictum, *Magister bone*, quia solus Deus est bonus;

eos; vel forte noverat hunc hominem de sua divinitate dubitantem, cui proinde reponit veluti argumento ad hominem: *Quid me dicis bonum?* tu qui non existimas me esse Deum: *Nemo bonus nisi solus Deus*. Quibus positis, Christus minime negavit se esse Deum.

Ad secundum respondeo ex illis Christi verbis colligi non debere Christum non aliter esse Deum, quam excelsi terræ sunt dii, nam Christus Dominus alloquitur Judæos qui volebant eum lapidare, quia dicebat se Deum; *Responderunt Judæi*, inquit Evangelista, *De bono opere non lapidamus te, sed de blasphemia, & quia tu homo cum sis, facis teipsum Deum*. Quibus respondit Christus, *Nonne scriptum est in lege vestra, quia ego dixi, Dii estis?* Quasi dixisset, quod si majores & excelsi apud vos & in vestris libris appellantur dii, quid mirum vobis videtur me quoque appellari Deum? immo a fortiori & potiori jure dici possum Deus, facio enim opera Patris.

Et hunc esse Christi Domini verborum sensum satis declaravit ipse, dum accusatus blasphemiæ a Judæis, eo quod se esse Deum diceret, subdit illico: *Vos dicitis quia blasphemas, quia dixi Filius Dei sum; si non facio opera Patris mei, nolite credere mihi: si autem facio, & si mihi non vultis credere, operibus credite, ut cognoscatis & credatis quia Pater in me est & ego in Patre*. Quæ sane non dixisset Christus, si fuisset solummodo Deus eo sensu quo excelsi terræ sunt dii; hæc enim verba, *Pater in me est, & ego in Patre*, quæ iterum urget Christus in Judæos, probant summam divinitatem in eo esse, qualis est in ipso Patre; unde statim eo sensu hoc idipsum intelligentes Judæi, voluerunt illum apprehendere: *Quærebant ergo eum apprehendere, & exivit de manibus eorum*. Ergo non negavit Christus se esse Deum.

Objicies illud Math. 24. cap. ubi dicit Christus se ignorasse diem judicii: *De die autem illa & hora nemo scit, neque Angeli cœlorum, nisi solus Pater*. Et Marci 13. *De die autem illo vel hora nemo scit, neque Angeli in cœlo, neque Filius, nisi Pater*. Atqui si Christus fuisset summus Deus, non ignorasset diem judicii: ergo.

Respondent multi Christum ut hominem nescire diem judicii, licet ut Deus illum non ignoraverit, quæ responsio est etiam nonnullorum sanctorum Patrum qui adversus Arianos scripserunt, quales sunt S. Athanasius orat. 4. adversus Arianos, S. Greg. Nazianzenus orat. 38. S. Basil. Epist. 391. ad Amphilochium, S. Cyrillus in Thes. lib. 22.

Verum non arridet ista responsio; tum quia Christus simpliciter & sine ulla limitatione negat se scire diem ac horam judicii; cum autem propositio sit negans, debet, ut diximus, de Christo toto intelligi, non autem de Christo ut homine tantum; tum quia non modo legitur Filium nescire diem judicii, sed adjicitur solum Patrem scire diem judicii; tum denique quia falsum est Christum ut hominem ignorasse revera diem judicii, Christus enim ut homo constitutus fuit a Deo judex vivorum & mortuorum, & in quo sunt omnes thesauri sapientiæ & scientiæ reconditi; adeoque etiam ut homo novit diem judicii.

Respondeo itaque dist. maj. Christus dicitur ignorasse diem judicii secundum quid, & ut illum revelaret, C. simpliciter & absolute, N. Scilicet Christus Dominus uti voluit dissimulatione & tacendi dispensatione erga suos discipulos, quos volebat avocare ab inquisitione rei tam arcanæ, & secundum scientiam non est locutus: neque enim omnia quæ sciebat, sed quæ a Patre præscripta fuerant, revelabat hominibus, ut ipse testatur Joan. 12. *Ego ex me ipso non sum locutus, sed qui misit me Pater, ipse mihi mandatum dedit*

quid

quid dicam & quid loquar. Ita hunc locum explicant fere omnes SS. Patres, S. Gregorius Nazianzenus locis citatis, S. Chrysost. in illum Mathæi locum, S. Hilarius lib. 7. de Trin. & S. Aug. lib. 1. de Trinit. cap. 12.

Et certe diem & horam ultimi judicii revera non ignorasse Christum Dominum aperte colligitur, 1. quia hæc dies passim dicitur in Scripturis dies Domini, quis autem crediderit Christum ignorasse suam diem, 2. quia singulas hujus diei circumstantias ipse prædixit & annuntiavit, horam scilicet, locum, signa, ut videre est apud Lucam cap. 17. & 21. tum & apud Math. cap. 24. 3. quia ejus cognitio ultimi judicii Christo ut Messiæ erat debita, venturus quippe fuit tanquam judex vivorum & mortuorum, non diffitentibus ipsis Socinianis; 4. quia ut ostendimus supra, omnium notitia ipsi Christo abunde concessa est. Joan. 21. sic loquitur S. Petrus, *Domine tu omnia nosti*. Vere igitur & simpliciter vel etiam quatenus homo, non ignoravit diem judicii.

Inst. Hanc judicii diem scire dicitur solus Pater: ergo eam simpliciter ignoravit Christus.

Dist. ant. Solus Pater per exclusionem creaturarum, C. per exclusionem ipsius Filii & Spiritus sancti, N. Nam Spiritus sanctus 1. ad Cor. cap. 2. *scrutatur profunda Dei*.

Objicies loca in quibus Christus dicitur creatus, factus, Actorum 2. *Sciat ergo omnis domus Israel, quia & Dominum eum & Christum fecit Deus hunc Jesum quem crucifixistis*. Hebræor. 3. *Considerate Apostolum & Pontificem confessionis nostræ Jesum, qui fidelis est ei qui fecit illum*. Joan. 1. *Post me venit vir qui ante me factus est, quia prior me erat*. Galat. 4. *Factum ex muliere*. Quibus adjungunt Ariani hæc verba c. 8. Prov. *Dominus creavit me initium viarum suarum*. Quæ quidem applicari solent Verbo seu Sapientiæ Dei, sed ille non est supremus Deus qui est factus, creatus: ergo.

Dist. min. Qui est creatus, factus simpliciter & secundum utramque suam naturam, C. secundum quid tantum & secundum naturam humanam, N. Igitur ubi Christus dicitur factus, agitur, ut per se patet, solummodo de Christo quatenus homo est, qui in sinu beatæ Mariæ Virginis factus est per operationem Spiritus sancti, quod non probat aliunde illum non fuisse Deum. Quod vero Proverbiorum capite citato & similibus locis, Dei sapientia dicitur creata, idem est ac si dicatur genita; creare enim & generare persæpe retinent eandem significationem, ut ait S. Hilarius lib. de Synodis.

Instabis: Ille proprie est creatus, qui ab Apostolo dicitur primogenitus omnis creaturæ: atqui Christus ab Apostolo Coloss. dicitur *Primogenitus omnis creaturæ*: ergo.

Dist. min. Eo quod ab æterno a Patre genitus, creaturarum fuit causa, C. quasi sit ipse e numero creaturarum, N. Sicut ergo Christus dicitur primogenitus mortuorum, quod sit causa resurrectionis cæterorum; ita primogenitus creaturæ; quod sit causa cur existant creaturæ, inquit S. Basilius lib. 4. contra Eunomium.

Instabis: Si Christus ut homo fuit factus a Deo, & tamen Deus ipse, inde sequitur eum fuisse sui ipsius conditorem: absurdum conseq. ergo & antecedens.

Dist. maj. Sui ipsius conditorem ratione humanitatis quæ a Deo facta est & in quo nihil est absurdi, C. sui ipsius secundum se totum, N.

Objicies: Ille non est verus & summus Deus, qui non est unus in essentia cum Patre æterno: atqui Christus non est unus in essentia cum Patre æterno, sed tantum unus in affectu & concordia voluntatis; nam Joan. 17. Christus pro electis orat his verbis: *Pater sancte*,

serva

serva eos in nomine tuo quos dedisti mihi, ut sint unum sicut & nos. Et infra: *Non pro eis autem rogo tantum, sed pro eis qui credituri sunt per verbum eorum in me, ut omnes unum sint, sicut tu Pater in me, & ego in te*. Unde sic argumentor: Rogat Christus pro Discipulis eamdem unitatem quam ipse habebat cum Patre: atqui non rogat unitatem in essentia quæ nimirum erat impossibilis: ergo non habebat unitatem in essentia cum suo Patre.

Nego min. ad probationem dist. maj. rogat eamdem unitatem secundum quid, C. simpliciter, N. Scilicet Christus Dominus pro discipulis & prædestinatis postulat eamdem unitatem concordiæ & consensionis quam habebat cum Patre, non vero eamdem unitatem simpliciter, in natura scilicet & essentia, quæ quidem unitas commemoratur in infinitis, quæ a nobis adducta sunt, Scripturarum testimoniis, ad probandam Christi divinitatem.

Quibus alia merito adjungi possunt, in quibus diserte unus dicitur cum Patre. Joan. 10. *Ego & Pater unum sumus*. 1. Joan. 5. *Tres sunt qui testimonium dant in cœlo, Pater, Verbum, & Spiritus sanctus, & hi tres unum sunt*. Math. 28. *Baptizantes eos in nomine Patris, & Filii, & Spiritus sancti*. Quapropter Filius Dei unus est cum Patre æterno dupliciter, unus scilicet unitate concordiæ, & unitate naturæ: et unitatem concordiæ discipulis apprecatur, quam scilicet quadamtenus assequi poterant; non vero unitatem naturæ, quam nec æmulari penes ipsos erat.

Instabis: Ex illis verbis Act. 4. *Multitudinis credentium erat cor unum & anima una*. 1. Cor. 6. *Qui adhæret Deo unus spiritus est*, non potest colligi unitas in natura Christianorum, neque inter se, neque cum Deo, sed unitas solum consensionis & voluntatum: ergo ex illis verbis, *Ego & Pater unum sumus*, & similibus, non potest colligi unitas in essentia Filii cum Patre.

Nego conseq. & par. Disparitas est quia satis per se patet fideles inter se, vel cum Deo aliam non habere unitatem quam concordiæ & consensionis voluntatum, nunquam enim homines vel sanctissimi & divinæ voluntati perfecte subjecti ausi sunt dicere: *Ego & Deus unum sumus*. At Christus affirmate dicit, *Ego & Pater unum sumus*. Et præter ea, hanc unitatem essentiæ in Patre & Filio probant testimonia propemodum infinita, in quibus Christus dicitur Deus, Filius Dei per naturam, æternus, omnipotens &c. quibus etiam adde duo præfata loca, quæ ab Arianis opponi solent, unitatem concordiæ & consensionis manifeste indicare; nam Act. cap. 4. legitur credentium fuisse cor unum, & 1. Cor. 6. is dicitur unus cum Deo spiritus qui ei adhæret; quis autem non videt istam unitatem esse concordiæ, & consensionis?

Objicies: Ex Scripturæ testimonia in quibus Christus dicitur mitti a Patre, exire a Patre, procedere a Patre; eatenus enim est minor Patre, inferior Patre, Joan. 12. *Qui misit me Pater, ipse mihi mandatum dedit quid dicam & quid loquar*. Rom. 8. *Deus Filium suum misit in similitudinem carnis peccati*. Galat. 4. *Ubi venit plenitudo temporis, misit Deus Filium suum factum ex muliere*. Joan. 8. *Ego enim ex Deo processi*. Ex quibus sic argumentor: Ille non est verus & summus Deus qui a Deo processit, qui a Deo missus est, & mandatum accepit: atqui Christus, &c. ergo.

Dist. maj. Qui mittitur cum dependentia, cum autoritate, C. sine dependentia & autoritate, N. Missio itaque unius personæ ab alia non derogat dignitati personæ quæ mittitur, cum sit illa missio sine autoritate & imperio, sed importat solum distinctionem unius per-

personæ ab alia; ut enim ait S. Aug. lib. 4. de Trinitate cap. 20. *Non quia ille major est, ille minor; sed quia ille Pater, ille Filius, ille genitor, ille genitus; ille a quo est qui mittitur, ille qui est ab eo qui mittitur.* At ejuscemodi missionem divinitati Filii non derogare quicquam, ex eo maxime constat, quod certum sit aliunde eum qui mittitur, esse verum ac supremum Deum.

Si vero pertendas Christum a Patre missum fuisse cum aliqua autoritate, quasi mandatum acceperit a Patre: respondeo id intelligi posse de Christo ut homine, quo sensu divinis mandatis obtemperavit.

Instabis: Si Christus fuit missus a Deo secundum naturam humanam, inde sequitur eum fuisse missum a se ipso: absurdum conseq. ergo.

Dist. maj. Missum quatenus est homo a seipso, quatenus Deo, C. quatenus Deum a seipso quatenus Deo, vel quatenus hominem a seipso quatenus homine, N. quid autem absurdi quod Christus ut homo, missus fuerit a seipso ut Deo?

Urget Crellius: Si Christus qui in Scripturis dicitur mitti a Patre, esset verus & summus Deus, sane nonnunquam legerentur in iisdem Scripturis illæ propositiones, *Pater misit Deum, Deus exivit a Patre; Deus Pater Dei:* atqui ejusmodi propositiones non reperiuntur in Scripturis: ergo qui mittitur, eo præcise quia mittitur, non est Deus.

Nego min. quia persæpe legimus in Scripturis Christum esse Deum: atqui hoc est diserte dicere Patrem generare Deum, Patrem mittere Deum, Deum mitti, Deum exire, Deum procedere; unde merito Patres Nicæni dicunt in suo Symbolo, *Deum de Deo, lumen de lumine, Deum verum de Deo vero:* ergo.

Objicies: Mediator Dei & hominum non est Deus, distinguitur a Deo: sed Christus est mediator Dei & hominum. 1. Timoth. 2. *Unus Deus, unus & mediator Dei & hominum homo Christus Jesus:* ergo.

Dist. min. Christus est mediator quatenus homo, C. quatenus Deus, N. Quanquam igitur Christus debuerit esse Deus, ut perfectam exhiberet pro hominibus satisfactionem; partes tamen mediatoris implevit proprie loquendo quatenus homo, si nempe ratio habeatur obedientiæ, per quam homines cum Deo reconciliavit. Sunt etiam inter Theologos qui dicant Christum ut Deum, non fuisse mediatorem nisi inter homines ac Deum Patrem & Spiritum sanctum a quibus distinguitur.

Objicies: Pontifex distinguitur a Deo, & non est Deus: sed Christus Pontifex fuit; ad Hebr. 5. cap. *Christus non semetipsum clarificavit, ut Pontifex fieret, sed qui locutus est ad eum, Filius meus es tu, ego hodie genui te.* Ergo Christus non est Deus.

Dist. min. Fuit Pontifex ut homo, victimam scilicet offerens in sacrificium, C. ut Deus N. Hunc autem fuisse vere Deum, qui ex altera parte fuit homo & ex hominibus Pontifex assumptus, egregie colligitur ex hoc ipso Apostoli testimonio; Filius enim Dei ejusdem est naturæ cum suo Patre, & vere Deus.

Solvuntur objectiones ex SS. Patribus petitæ.

QUænam fuerit de Christi divinitate Patrum Antenicænorum mens & doctrina, non omnino consentiunt inter se Sociniani: quidam enim ex illis ingenue fatentur hos omnes, clarissimos Scriptores ab Apostolorum temporibus ad usque Concilium Nicænum Christum docuisse vere Deum & Patri æterno consubstantialem, Alii contra volunt eosdem Patres idem de Christo secum sensisse.

Sequuntur hac in parte Magistrum, Socinius enim affirmat Epist. 1. ad

Ra-

Raderium, Catholicum Trinitatis dogma plane ignotum fuisse ante Nicænam Synodum: Et Epist. 3. ad eumdem Raderium ait ab ipso ferme nascentis Ecclesiæ Christi initio usque ad nostra tempora, tot viros non minus pietate quam doctrina insignes, hunc alioquin gravissimum errorem secutos fuisse, quod Christus sit unus ille Deus qui omnia creavit.

Auctor anonymus Irenici Irenicorum, pronuntiare non veretur PP. Nicænos fuisse hac in parte novæ fidei conditores, uti probare nititur ex variis eorum testimoniis qui ante hujus Synodi tempora scripserunt. Quod idem docet Sandius in libro cui titulus est, *Nucleus Historiæ Ecclesiasticæ*, & a quibus recessit Minister Jurieu Calvinianus in Epist. 6. pastorali.

Quin & inter Catholicos Scriptores nonnulli Patribus Antenicænis, aut saltem quibusdam ex eorum numero parum æqui videntur esse super illo capite, quasi nimirum Ario manifeste præluserint illi Patres, quod quidem de singulis judicat Petavius lib. 1. de Trinit. De Origene autem, Clemente Alexandrino, Dionysio idem Alexandrino & Gregorio Thaumaturgo Huetius Origenianorum lib. 2. cap. 2. & de Origene etiam Natalis Alexander in Historiam sæculi tertii Dissert. 16.

Nos vero qui vix intelligimus quo tandem pacto adversus capitale hoc dogma de consubstantialitate Verbi, impune & nemine reclamante scribere potuerint illi auctores, existimamus e re catholica esse paulo duriora illorum verba benignis interpretationibus emollire, fidemque eorum pro merito vindicare, ut in hoc videlicet negotio gravissimo, stet constans & perpetua Ecclesiæ traditio, nullis interrupta lacunis.

Expenditur sententia S. Justini.

OBjicies: Sic de Christo loquitur Justinus Apolog. 2. ut aperte significet eum esse Deo inferiorem & non Deum; nam pag. 65. sic habet: *Omnia hæc ita futura atque eventura esse prædixisse affirmo doctorem nostrum atque parentis universorum & Domini Dei Filium & Apostolum sive legatum Jesum Christum a quo etiam Christiani . . . . in hac etiam insaniam nobis obtrectatores objiciunt secundas nos post incommutabilem ac sempiternum Deum & parentem omnium homini crucifixo deferre dicentes.* Unde sic argumentor: Justinus loquitur de Christo ut de Parentis universorum Dei Filio, Apostolo, legato, doctore: igitur non existimabat eum esse verum ac summum Deum.

Nego conseq. Cum enim Christus fuerit homo simul & Deus ac Messias, eatenus fuit doctor & magister, ut ipse testatur in Scripturis, fuit & legatus & Apostolus, hoc est a Deo missus, fuitque & ipse Deus; quod utrumque neutiquam repugnat, nec a mente & doctrina S. Justini alienum est; is enim, ut supra ostendimus, Christum docet Filium Dei esse, *& qui solus proprie dicitur Filius*, æternum & ante creaturas existentem, *ante creaturas existens & nascens*. Colendum & adorandum, *Filium & Spiritum propheticum colimus & adoramus*. Ejusdem cum Patre naturæ & ab eo genitum sine ulla divisione quomodo ex igne accenditur ignis, *non imminuens illum unde est succensus*; & alia id genus quæ legi possunt in nostris probationibus.

Instabis: ait ibidem Justinus Christo *nos secundas post Deum omnium parentem deferre*. Ergo.

Dist. ant. Secundas ratione originis & distinctionis in persona, C. ratione diversitatis in natura, N. Scilicet totus est ibi Justinus ut Ethnicorum calumoniam repellat, qui videlicet objicie-bant Chriſtianos ſecundas deferre Filio poſt Patre, ſed iſtud nonniſi de priori-tate originis, quemodo nunc loquimur in Scholis, intellexiſſe Chriſtianos ſatis aperte ſignificat Juſtinus; 1. ait Filium *ſecundo loco, & tertio ordine* Spiritum ſanctum collocari; igitur ſermo eſt tan-tum de ordine; unde Apolog. 1. pag. 51. Chriſtum appellaverat ſecundum Deum. *Ingeniti namque & ineffabilis Dei ratio-nem ac Verbum, ſecundum Deum & adoramus & complectimur.* 2. Ait ibidem. Filium & Spiritum ſanctum uti & Pa-trem coli & adorari, quod ſummam divinitatem arguit. 3. Scribit Juſtinus his myſterium & arcanum eſſe Ethnicis ignotum, quod a Chriſtianis ſecundus locus poſt Deum omnium parentem de-feratur homini crucifixo: ſed nullum ibi eſt myſterium, ſi homo ille crucifixus ſit merus homo: igitur.

Inſtabis; idem Juſtinus Filium ibidem appellat *ſecundam poſt Patrem poteſta-tem*: igitur diverſam in utroque agno-ſcit naturam.

Diſtinguo. ſecundam ratione originis, C. ratione naturæ, N. Id unum vult Juſtinus Patrem & Filium duas eſſe per-ſonas diſtinctas pariter omnipotentes, ſed ita ut tamen primo ordine collocetur Pater, & ſecundo ordine Filius.

Inſtabis; Eadem apologia, ut proba-bet Chriſtum non eſſe ullius ſceleris reum, ait illum ſemper docuiſſe unum eſſe adorandum Deum, ad cujus rei confirmationem citat verba ipſius Chri-ſti e Lucæ 18. cap. petita, & jam a nobis ſuperius expoſita, *Nemo bonus præterquam ſolus Deus*: ergo S. Juſti-nus non exiſtimavit Chriſtum eſſe ve-rum Deum.

Nego conſeq. Quemadmodum enim cum ipſe Chriſtus reſpondit: *Nemo bo-nus niſi ſolus Deus*, non propterea ne-gavit ſe eſſe Deum ut mox oſtenſum eſt: Sic cum Juſtinus inducit Chriſtum ita reſpondentem, nequaquam ſequitur illum exiſtimaſſe Chriſtum non eſſe Deum.

Inſtabis; eadem apologia dicit Chri-ſtum eſſe & dici Deum propter ſapien-tiam: ergo exiſtimavit Chriſtum non eſſe Deum ſecundum naturam.

Nego conſ. Siquidem ibi non nega-tur divinitas Chriſti ſecundum naturam, ubi Chriſtus dicitur Deus propter ſa-pientiam, duo enim hæc non repu-gnant, præſertim cum illum eſſe Deum natura, tot aliis in locis aſtruatur, in quibus Chriſtus dicitur verus Deus, Filius Dei germanus, cum Patre ante creaturas & exiſtens & naſcens, de Pa-tre genitus ſine abſciſſione & diviſione naturæ, cum Patre æterno adorandus, & Spiritus ſancti virtutum minime in-digens, quæ omnia leguntur apud S. Juſtinum, ut oſtenſum eſt.

Objicies inſuper; Docet S. Juſtinus Patrem eſſe inviſibilem, Filium vero & viſibilem & perſæpe viſum ab homi-nibus tanquam Dei Patris miniſtrum, dialogo cum Tryphone pag. 356. *Sunt porro aliæ hujuſcemodi. Legiſlatoris & Prophetarum dicta & ſatis a me expli-cata eſſe exiſtimo, quando Deus meus dicit, Aſcendit Deus ab Abrahamo, aut locutus eſt Dominus ad Moſen, & de-ſcendit Dominus ad videndam turrim quam extruxerant filii hominum, aut quando clauſit Deus arcam Noe forinſe-cus, non debere vos putare ipſum inge-nitum Deum vel aſcendiſſe vel deſcendiſ-ſe quopiam, nam ineffabilis ille Pater & dominus univerſitatis hujus non ve-nit in locum aliquem, neque deambulat, neque dormit, neque ſurgit, ſed in re-gione ſua, quæcumque ea tandem eſt, manet, acutum cernens & acutum au-diens, non oculis certe quidem nec auri-bus, verum virtute infinita illa inſpectat & omnia noſcit, neque noſtrum quiſquam illum latet neque mobilis eſt, neque loco ullo, atque adeo neque mundo univerſo comprehenſibilis, ut qui ante exiſtit quam mundus eſt conditus ..... Itaque neque Abra-*

Abraham, neque Isaac, neque Jacob, neque hominum alius quisquam Patrem ineffabilem Dominum rerum omnium universarum & ipsius Christi vidit, sed illum ipsum qui juxta consilium ejus & voluntatem & Deus est Filius ipsius, & Angelus eo quod sententiæ illius est administer. Ex quibus sic argumentor: Is negat Filium Dei verum esse ac summum Deum qui dicit illum esse Patris ministrum, & ex ea causa Deum appellari, Angelum, & Dominum, quod Deo universorum parenti ministrat: sed S. Justinus, &c. ergo.

Dist. min. dicit Filium Dei esse ministrum Patris, connaturalem, C. ministrum extraneum, velut instrumentum dependens, N. familiare fuit Patribus Antenicænis, qui de Christo non ita caute locuti sunt, nondum exortis hæreticis, ut Filium Dei dicerent Patris ministrum, seu respectu creationis mundi per quem omnia facta sunt, seu in frequentibus apparitionibus quæ factæ sunt in veteri Testamento; ministrum, inquam, connaturalem, ut ejus sapientiam consubstantialem, non autem ut servum ei subjectum. Scilicet voluerunt Filium originem suam ducere a Patre, naturam suam & omnipotentiam accepisse a Patre, esse Verbum & sapientiam Patris; atque eatenus ejus esse ministrum, id non obscure ibidem docet S. Justinus ubi ad locum Geneseos: *Pluit Dominus ignem a Domino de cælo*, sic habet pag. 358. *Duos prophetinus sermo numero esse indicat: alterum in terris qui descendisse ait ad clamorem Sodomorum inspiciendum: alterum in cælis, qui etiam Dominus est Domini in terra apparentis, nempe quatenus ejus Pater & Deus est, atque auctor ipsi ut sit, & quidem præpotens, & Dominus & Deus sit*. Ubi docet Deum Patrem esse Deum & Dominum Filii sui, quatenus est principium Filii & fons divinitatis a quo Filius accepit naturam suam.

Accedit præterea quod S. Justinus clare & aperte docuit citato dialogo, Filium Dei esse ejusdem naturæ cum Patre. *Virtutem hanc*, inquit, *dicens de Patre genitam virtute & consilio ipsius, non per abscissionem tanquam dispertita esset Patris essentia, prout alia omnia divisa & secta, non eadem sunt quæ ante fuerunt quam scinderentur, atque exempli gratia illud sumpsi quod ex igne ignes alios accensos videmus, illo nihil diminuto, sed eodem manente, unde multi accendi possunt ignes*. Profecto qui eamdem & communem naturam Patri & Filio tribuit, non censet Filium esse Patris ministrum extraneum, quomodo in creatis aliquis est minister & servus alterius: atqui Justinus loco citato, &c. ergo.

Instabis; Ille censet Filium Dei esse ministrum Patris extraneum & cum dependentia a Patre, qui dicit Filium Dei esse de voluntate Patris, esse illius voluntatis administrum; hoc enim manifeste denotat Filium esse subjectum imperio & dominio Patris: atqui eo loci dicit S. Justinus, &c. ergo.

Dist. min. esse de voluntate Patris, eo sensu Pater non genuerit Filium invitus, sed voluntarie, C. eo sensu quod libere genuerit, & Filius consequenter subjiciatur libero arbitrio Patris, N. Ut enim mox ostensum est ex S. Justino, habuit Filius Dei eamdem naturam ac Pater, quamvis ab eo acceptam ut ignis ab igne accensus, non per divisionem, non per abscissionem, adeoque non existimavit Justinus Filium Dei esse proprie subjectum voluntati & dominio Patris.

Neque vero peculiare fuit Justino, sed in hoc & veteres multi consentiunt, quod dixerit Filium Dei Patris esse ministrum; sic enim v. g. S. Irenæus lib. 4. cap. 17. *Ministrat ei ad omnia sua progenies*. Clemens Alexand. lib. 7. Stromatum, *Cum bonis & omnipotentis Patris voluntati servit*. Tertullianus lib. contra Praxeam cap. 2. *In sermone Christo assistente & administrante*, qui tamen omnes Filium D.i inferioris naturæ & minorem Patre non existimarunt, uti mox patebit cum eorum doctrinam expendemus.

Instabis; Ille censet Filium Dei esse subjectum dominio Patris, minorem Patre, & conditionis longe inferioris, qui dicit Deum Patrem, quia Deus est, esse invisibilem & nunquam in terris visum fuisse a Patriarchis; contra vero Filium Dei esse visibilem, & Patriarchis olim apparuisse: atqui, &c. ergo.

Dist. min. dicit S. Justinus Filium Dei esse visibilem & Patriarchis olim apparuisse in forma corporea & visibili assumpta, C. in propria specie & forma, N. Argumentum illud, si nempe verba S. Justini de propria Verbi divini natura intelligerentur, nimis probaret adversus Arianos, qui nunquam dixerunt Verbum divinum corporaliter habitans in Christi humanitate, fuisse per se & natura sua visibile; tum vero Socinianorum Christum esse purum hominem dicentium, doctrinam penitus consoderet; quippe patet ex eo S. Justinum sensisse Filium Dei longe ante Incarnationem extitisse. Docet itaque solummodo S. Justinus Filium Dei olim a Patriarchis fuisse conspectum sub specie aliqua sensibili assumpta: ex quo non sequitur ipsum existimasse Filium Dei non esse verum Deum.

Et ratio est quia propositum S. Justini hoc in dialogo est solummodo probare adversus Judæum Tryphonem, Filium Dei esse in persona distinctum a Patre omnium rerum conditore, & tamen esse verum Deum, uti & adversus Patripassianos qui Personas divinas confundebant, dicentes ipsum Patrem in veteri Testamento apparuisse & postea sub Pilato passum esse. Hanc autem Personarum distinctionem ut evincat Justinus, hoc utitur argumento, quod nempe Deus ille qui passim in veteri Testamento hominis apparuit, sit Filius Dei, non vero Pater universorum creator; scilicet probat præter illum invisibilem, immensum & ineffabilem Deum universi conditorem; alium quoque dici Deum, qui visus est a Patriarchis, qui ad ilicem Mambre apparuit Abrahamo, qui cum Jacobo luctatus est in somnis, qui denique apparuit Moysi in rubro ardenti; sed non ideo existimavit S. Justinus Filium Dei esse quoque in natura divisum a Patre æterno rerum omnium conditore.

Instabis; ille non modo censet reperiri distinctionem Personarum inter Patrem Deum & Filium, sed distinctionem naturarum, qui non modo probat Filium esse alium a Patre, quia Pater non fuit visus, Filius autem olim fuit visus; sed etiam argumentum petit ex eo quod Pater sit invisibilis, moveri loco non possit, ac ne mundo quidem ipso contineri, quia antequam mundus esset, extitit; contra vero Filius sit visibilis & loco moveri possit; si enim censuisset Justinus Filium Dei esse Deum ut & Patrem, profecto hoc argumento usi non potuisset; falsum enim esset Patrem non posse ascendere & descendere, & hominibus apparere ratione alicujus formæ assumptæ; tum falsum esset Filium quatenus Deum, per se & secundum se non esse ineffabilem, immensum, invisibilem.

Scilicet ad probandam distinctionem duorum, argumentum peti non potuit ex eo quod commune est utrique, invisibilitas autem communis est Patri & Filio, posito quod Filius sit vere Deus: atqui tamen S. Justinus, ut probet Filium Dei esse alium a Patre, argumentum petit ex eo quod Pater sit ineffabilis, invisibilis, moveri loco non possit, ac ne mundo quidem ipso contineri, quia antequam mundus esset, extitit: Filius vero sit visibilis, possit moveri loco, ascendere & descendere: ergo

ergo censebat Patrem & Filium natura differre.

Nego maj. ad cujus probationem dico revera hoc argumento uti non potuisse S. Justinum in rigore metaphysico, quia respondere poterat Trypho, adversus quem disputabat, Filium Dei, si Deus est, non minus esse invisibilem quam Patrem; sed observandum est illos non disputasse in rigore metaphysico, sed ex eo quod præsupponebant in Scripturis Deum dici invisibilem, & aliquando visibilem & visum; fatebatur enim Trypho invisibilitatem ubique passim tribui Patri, & aliunde Filium esse visibilem; unde inferebat S. Justinus Deum invisibilem esse Patrem, Deum visibilem esse Filium; indeque probabat distinctionem Patris & Filii in persona hoc argumento: Invisibilis distinguitur ab eo qui visibilis est, sed Pater est invisibilis, Filius vero est visibilis: ergo.

Quod illud argumentum non sit accuratissimum; quia in rigore metaphysico Pater erat visibilis ut Filius, & Filius invisibilis ut pater, hoc nihil ad præsentem disputationem; satis sit quod constet S. Justinum eo ratiocinio usum fuisse tantum, ut ostenderet distinctionem personarum Patris & Filii, non distinctionem naturarum.

Præterea hoc argumentum Justini arguere solummodo distinctionem personæ Patrem inter & Filium, non diversitatem naturæ, manifeste colligitur ex ea ratione quam affert sanctissimus Martyr, cur Pater dici non possit visibilis & visus, sed solus Filius; nimirum id probat, & ex eo quod qui visus est Angelus dicitur, & ex eo quod Pater sit ingenitus, ideoque mitti non possit, sed ejusmodi ratiocinia solam personarum non naturæ diversitatem ostendunt, ut per se patet: igitur ex Justini argumento, quantumvis supponeretur accuratum, sola Personarum divinarum distinctio erui potest.

Quibus accedit ex altera parte docuisse S. Justinum, Filium Dei non minus natura sua esse invisibilem, immensum, incircumscriptum, quam ipsum Patrem; nam cohortatione ad Græcos pag. 20. loquens de Christo qui Moysi apparuit. *Oportuit*, inquit, *Principem & Imperatorem Hebræorum, gentis futurum, primum omnium existentem ipsum cognoscere Deum. Quam ob causam primo huic apparens, quatenus quidem possibile erat homini Deum apparere, ad eum dixit: Ego sum existens ille.* Quasi dixisset Deum quidem natura sua invisibilem, visum tamen fuisse & conspiciendum se præbuisse quantum possibile fuit.

Scilicet hæc fuit familiaris & constans Patrum doctrina Deum non Patrem fuisse sed Filium, qui sub veteri Testamento hominibus apparuit, & in plenitudine temporum incarnatus fuit, ex ea ratione quod Pater utpote immensus nullo includi potest loco, utpote invisibilis a nemine cognosci possit: sed non putabant idcirco Filium non esse natura sua immensum & invisibilem, uti & ipsum Patrem, hoc solum volentes, ejusmodi apparitiones a Deo factas, quæ erant veluti præludia ac specimina futuræ Incarnationis, ad eam spectare œconomiam, quam suscepit Dei Filius; quæ quidem œconomia nequaquam convenit Patri, quippe qui a nullo procedens principio, a nullo quoque mitti potest; œconomiam appellamus dispensationem salutis humanæ, quam ab ipso primi hominis lapsu suscepisse Dei Filium, & a Deo Patre omnino alienam esse existimarunt antiqui omnes.

Expenditur sententia Tatiani, Athenagoræ, & Theophili Antiocheni.

OBjicies; Id commune est his antiquis autoribus, ut dicant Filium Dei esse ipsam Patris sapientiam in ipso Deo inexistentem, uti videre est in eorum testimoniis supra citatis: atqui hoc posito alia fuit eorum doctrina circa mysterium sanctissimæ Trinitatis & Verbi divini consubstantialitatem, quam quæ nunc propugnatur in Ecclesia Catholica; inde enim sequitur manifeste Veteres illos Filii subsistentiam a Patre distinctam instulisse: igitur.

Dist. maj. Esse ipsam Patris æterni sapientiam productam & subsistentem, C. formalem quæ sit absolutum Dei attributum, N. Cum ergo veteres illi Scriptores, ac præcipue Athenagoras, scribunt Filium Dei esse ipsam Dei Patris sapientiam, a vero hac in parte non aberrant; cum enim Filius Dei sit Verbum & Sermo qui naturæ intelligentis & sapientis fœtus est, haud absurde dicitur ipsius Dei Patris sapientia, non ea quidem sapientia formaliter per quam Deus Pater sapiens est, quæ quidem sapientia divinum est attributum, pertinens ad Deum ut Deus est, & consequenter commune tribus Personis, sed sapientia Patris producta, hoc est, terminus sapientiæ Patris ab eo productus per intellectum notionalem, idque ex eo maxime constat, quod Autores illi dicunt Filium Dei seu Verbum a Patre processisse, ab eo genitum, prolatum, progressum, quod aperte indicat terminum a Patre productum, non ipsam Dei Patris rationem & sapientiam formaliter.

Instabis: Aiunt illi Scriptores Verbum esse in idea & operatione Dei: ergo non putabant Verbum antea extitisse quam operaretur, quam mundum produceret.

Dist. Verbum in idea sed vere existens, productum, & subsistens, C. mere & simpliciter in idea ut cogitatum duntaxat & minime productum, N. Hæc fuit loquendi ratio Veteribus maxime familiaris, qui videlicet in duplici statu spectabant Verbum Dei, in primo antequam Deus mundum condidisset, tunc enim Verbum Dei erat quasi internum latens & absconditum in idea Dei; in secundo, quando Deus mundum condidit, Verbum Dei fuit quasi externum & manifestatum in operatione, quod certe catholico sanctissimæ Trinitatis dogmati neutiquam præjudicat, existimabant enim Verbum divinum in priori statu vere existens & productum fuisse, adeoque personam a Patre realiter distinctam.

Instabis; Videntur illi *Scriptores* putasse Verbum quidem immanens in Deo fuisse ab æterno, at Christum non esse illud Verbum immanens, sed tantummodo Verbum prolatum & prolatione procreatum quando Deus creavit omnia: sed hoc ipsum est quod docebant Ariani, & in quo erant heretici: ergo.

Nego min. In eo quidem errabant Ariani, quod Verbum duplex distinguerent in Deo, unum quod erat æternum, in Deo immanens, a Patre minime distinctum, ipsaque formalis sapientia Patris; alterum externum, in tempore prolatum quando Deus omnia creavit; tum vero in eo quod contendebant Christum esse illud Verbum, in tempore prolatum, a Deoque factum, creatum, nec æternum. Sed ab ejusmodi impietate vehementer distant antiqui Patres; 1. quia distinguunt a Patre æterno illud Verbum quod appellant immanens & insitum; aiunt enim, ut mox dixi, illud a Deo processisse, genitum, prolatum. 2. Quia hoc idem Verbum internum dicunt esse Christum, consentanee ad Evangelium S. Joannis, *In principio erat Verbum*, hoc est ab æterno erat Verbum, & illud *Verbum caro factum est*.

Expenditur sententia S. Irenæi.

OBjicies; Affirmat S. Irenæus Christum Dominum esse Patris æterni ministrum lib. 3. cap. 8. *Cum enim dixisset* S. Joannes, *de verbo Dei, quoniam erat in Patre, adjecit; omnia per eum facta sunt, & sine eo factum est nihil ... Cui ergo præcepit Verbo, scilicet per quod, inquit, cæli firmati sunt.*

Et

Et lib. 4. cap. 17. *Ministrat enim ei ad omnia sua progenies & figuratio sua, id est, Filius & Spiritus sanctus, Verbum & sapientia*. Unde sic argumentor; Minister Dei non est Deus: sed Christus est minister Dei Patris: igitur non est verus ac summus Deus.

Dist. min. Minister Dei Patris, tanquam ejus Verbum, sine dependentia, C. tanquam servus & cum dependentia, N. Id unum itaque docet eo loci S. Irenæus Deum Patrem omnia creasse per suum Verbum, ut ait S. Joannes cap. 10. Evangelii, *Per quem omnia facta sunt*, agebat quippe adversus Gnosticos qui post Simonem Magum & Basilidem, volebant Deum indiguisse ministerio Angelorum ad condendam rerum universitatem: contra vero Irenæus probat Deum omnia condidisse per suum Verbum; ex quo manifeste sequitur Verbum Dei mente Irenæi non fuisse dominio Patris subjectum, aliter nihil omnino confecisset adversus Gnosticos, qui hoc idem dixissent de Verbo Dei, quod de Angelis propugnabant, Deum videlicet eorum ministerio indiguisse in mundi opificio; præsertim cum dicat Christum esse verum Deum qui Patribus manifestatus est lib. 4. cap. 11. mensuram esse Patris & immensum ut ipsum Patrem lib. 4. cap. 8. coæternum Patri lib. 3. cap. 20.

Instabis; Testatur idem Irenæus lib. 3. c. 6. solum Patrem esse verum Deum. *Et ego igitur*, inquit, *invoco te Domine Deus Abraham, & Deus Isaac & Deus Jacob qui est Israel, Pater Domini nostri Jesu Christi, Deus qui per multitudinem misericordiæ tuæ & bene sensisti in nobis, ut te cognoscamus qui fecisti cœlum & terram, & dominaris omnium qui es solus & verus Deus, super quem alius Deus non est*: Ergo Christus non est verus Deus.

Dist. ant. Per exclusionem ad falsos deos, C. ad ipsum Christum. N. nam adversus quosdam scribit qui dicebant plures esse deos, sive in cœlo, sive in terra, ut constat ex iis quæ paulo post subjicit: *Etenim si sunt qui dicuntur dii sive in cœlo sive in terra, nobis unus Deus Pater, ex quo omnia & nos in illo, & unus Dominus Jesus Christus, per quem omnia, & nos per ipsum*. Unde totus est ut probet unum esse Deum mundi creatorem, professus tamen, ut patet, Christum esse quoque Deum & Dominum.

Instabis; Ait lib. 2. cap. 48. Filium Dei ignorasse diem judicii; *Irrationabiliter autem inflari audaciter inenarrabilia Dei mysteria scire vos dicitis, quandoquidem & Dominus ipse Filius Dei, ipsum judicii diem & horam concessit scire solum Patrem, manifeste dicens, De die illa & hora nemo scit, neque Filius, nisi Pater solus*. Ergo.

Dist. ant. Filium Dei ratione naturæ humanæ, C. ratione divinæ, N. Scilicet arguit ibi Valentinum, Marcionem, Saturninum, Basilidem & alios hæreticos, qui inenarrabilia Dei mysteria, inenarrabilem Verbi generationem curiosius quam par esset scrutabantur, ait autem secundum esse nos innumera ignorare ex ipsius Christi exemplo, qui soli Patri notitiam ultimi judicii concessit; at sufficit proposito S. Irenæi, quod de Christo ut homine locutus fuerit, homines enim temeritatis arguit: præterea non dicit Irenæus Christum ignorasse diem judicii, sed soli Patri concessisse horam & diem judicii scire, unde Christo Domino non tribuit ignorantiam, sed humilitatem.

Expenditur sententia Tertulliani.

OBjicies; Tertullianus negavit Christum esse æternum, docet quippe multis in locis eum tunc primo natum, factum, cum Deus mundum condere voluit, lib. contra Praxeam cap. 5. *Hoc ut firmum non sit, alia me argumenta deducunt ab ipsa Dei dispositione, qua*

fuit

fuit ante mundi constitutionem, ad usque Filii generationem . . . Ideoque jam in usu est nostrorum per simplicitatem interpretationis sermonem dicere in primordio apud Deum fuisse, cum magis rationem competat antiquiorem haberi, quia non sermonalis a principio, sed rationalis Deus etiam ante principium, & quia ipse quoque sermo ratione consistens priorem eam ut substantiam suam ostendat, tamen & sic nihil interest. Nam etsi Deus nondum sermonem suum miserat . . . Et in ratione sermonem quem secundum se faceret agitando intra se. Ut primum Deus voluit ea quæ cum sophia rationis & sermone disposuerat intra se, in substantias & species suas edere, ipsum primum protulit sermonem habentem in se individuas suas rationem & sophiam; ut per ipsum fierent universa per quem erant cogitata atque disposita, immo & facta jam quantum in Dei sensu Cap. 7. *Tunc igitur ipse sermo speciem & ornatum suum sumit, sonum & vocem, cum dicit Deus, Fiat lux. Hæc est nativitas perfecta sermonis, dum ex Deo procedit, conditus ab eo primum ad cogitatum in nomine sophiæ, Dominus condidit me initium viarum. Dehinc generatus ad effectum, cum pararet cælum, aderam illi simul. Exinde eum parem sibi faciens de quo procedendo Filius factus est primogenitus ut ante omnia genitus; & unigenitus, &c.* Ex cap. 12. *Sed & in antecedentibus operibus mundi, quomodo scriptum est? Primum quidem nondum Filio apparente, & dixit Deus, Fiat lux, & facta est; ipse statim sermo, lux vera quæ illuminat hominem venientem in hunc mundum, & per illum mundialis quoque lux. Exinde autem in sermone Christo assistente & administrante, Deus voluerit fieri & Deus fecit, & dixit Deus. Fiat firmamentum, & fecit Deus firmamentum.* Ex his vero sic colligitur argumentum: Ille existimavit Filium Dei non esse Patri coæternum, qui eis Filium tunc solum incepisse cum primum res sunt creatæ, qui distinguens rationem Dei ab ejus sermone, fatetur semper & ab æterno Deum habuisse suam rationem, sed neget eum habuisse suum sermonem: atqui Tertullianus eo loci scribit &c. ergo.

Dist. min. Filium Dei, ut ita loquar, extremum, & juxta suam secundariam & externam nativitatem spectatum, C. internum aut potius Filium Dei juxta suam primariam & internam nativitatem consideratum, N. Igitur Tertullianus, uti alii Veteres multi, quemadmodum jam observavimus, duo distinxit in Filio Dei, vel duplicem ortum, duplicem nativitatem: per primam nativitatem intellexit æternam generationem Verbi in sinu Patris; per secundam vero nativitatem intelligebat externam quandam manifestationem, externam prolationem, qua cum voce & sono ex Patre, quadantenus progressus est in creatione orbis universi: hæc duo distinxisse Tertullianum, neminem latere potest, qui vel leviter scripta ejus evolverit, difficultas solum superesse potest, an illum sermonem interiorem primæ nativitatis existimaverit esse verum Deum, veram personam subsistentem; qui enim Ario prælusisse Tertullianum contendunt, fatentur illum docuisse rationem fuisse ab æterno in Deo, non autem sermonem & personam, non aliter atque creaturæ, in mente Dei ante extiterunt, quam in propria specie extarent & subsisterent: at econtra Tertullianum existimasse rationem illam primæ nativitatis esse veram personam subsistentem, verumque Deum constat:

Primo, quia ibidem probat Tertullianus Deum ab æterno non fuisse solum, ex eo nimirum argumento, quod secum habuerit Filium, quem appellat promiscue Verbum, Filium, Rationem, Sermonem. *Ante omnia*, inquit cap. 5. *Deus erat solus, ipse sibi & mundus & locus & omnia. Solus autem quia nihil aliud extrinsecus præter illum. Cæterum ne tunc quidem solus, habebat enim se-*

eum quem habebat in semetipso, rationem suam. Scilicet rationalis etiam Deus, & ratio in ipso prius, & ita ab ipso omnia; quæ ratio sensus ipsius est. Hunc Græci λόγον dicunt, quo vocabulo etiam sermonem appellamus. Sed frivolum omnino esse hoc Tertulliani argumentum, nisi per illum sermonem intelligeret aliquam personam realiter distinctam, & vere subsistentem, quisquis enim habet solummodo secum rationem suam formalem, hoc est, suam ratiocinandi facultatem, recte dici potest solus: igitur putabat Tertullianus Filium Dei juxta priorem suam, & ut ita loquar, internam nativitatem spectatum, veram esse & subsistentem personam, quam si Patri coæternam asserit, profecto putat verum ac summum esse Deum.

Secundo, id perspicuum maxime fiet ex proposito ejusdem Scriptoris: totus est enim eo loci ut probet adversus Praxeam, Patrem & Filium duas esse personas. *Sed quia*, inquit cap. 9. *duos unum volunt esse, ut idem Pater & Filius habeatur, oportet & totum de Filio examinari, an sit, & qui sit, & quomodo sit*. Cum igitur ait sermonem Dei seu ejus Filium, alium esse a Patre, haud dubie intelligit eum esse aliam personam realiter distinctam.

Tertio, quia ubi hanc distinctionem duplicis nativitatis adducit, satis indicat se per sermonem intelligere aliquid subsistens, lib. contra Praxeam cap. 7. *Hæc est*, inquit, *nativitas perfecta sermonis dum ex Deo procedit, conditus ab eo primum ad cogitatum in nomine Sophiæ, Dominus condidit me initium viarum*, en Verbum internum, *dehinc generatus ad effectum cum pararet cœlum*, en Verbum externum. At ibi sermo internus dicitur ab æterno conditus a Patre, ac consequenter intelligitur esse persona subsistens, mera enim mentis cogitatio non dicitur condita: ergo Tertullianus loquitur de secundaria & externa generatione Filii, cum dicit Deum tunc primo editum & genitum; quando Deus omnia creavit, quibus in locis minime negat æternam Verbi generationem.

Denique id colligitur ex eo quod quidam Scriptores, qui certe ab Ariana impietate plurimum abhorruerunt, de Filio Dei eodem plane modo locuti sunt. Audiatur S. Athanasius orat. 3. contra Arianos qui Christum esse creaturam colligebant ex isto Apostoli loco ad Collossenses cap. 1. ubi dicitur *Primogenitus omnis creaturæ*; sic autem loquitur S. Doctor: *Quod autem primogenitus creaturarum appellatur, id non ideo fit quasi ipse coæquatur, sed ob Verbi ad creaturam condescensionem id nomen illi inditur, non enim idem potest esse unigenitus & primogenitus nisi diverso respectu, uti unigenitus quidem habeatur ob generationem ex Patre, primogenitus vero ob condescensionem ad creaturas, quodque multos fratres fecerit .... Hoc vero quod primogenitus dicitur, connexam habet rursum creationis causam quam subintulit Paulus dicens, Quoniam per ipsum creata sunt omnia*.

Item Constantinus Magnus in Epistola ad Nicomedienses apud Gelasium in actis Nicænæ Synodi parte tertia, *Dei Filius*, inquit, *Christus omnium opifex & immortalitatis ipsius largitor genitus est, quantum ad fidem spectat eam qua credimus, genitus est, immo vero progressus est ipse, cum omnino in Patre esset ad eorum quæ ab ipso facta sunt ordinationem*. In crimen ergo vocari non debet Tertullianus, quod duplicem admiserit Verbi divini generationem; nec inde sequitur eum non censuisse Christum Patri esse coæternum.

Instabis; Ille non admisit Filium Dei proprie subsistentem ante mundi productionem; qui dicit sermonem Dei tunc solum ornatum suum & speciem sumpsisse, hancque esse perfectam ipsius nativitatem cum Deus dixit, *Fiat lux*: atqui Tertullianus, &c. ergo.

Dist. min. quantum ad secundam nativitatem, & quatenus est sapientia mundi effectrix, C. quoad primam nativitatem & ut in se est, *Deus ex Deo*, & Filius Dei simpliciter, N. Et ratio est, quia non dicit Tertullianus sub initio mundi tum primum sermonem Dei substantiam suam vel hypostasim sumpsisse, sed *speciem & ornatum*, non dicit tum primum fuisse nativitatem sermonis, sed *perfectam* nativitatem sermonis; quæ supponunt illius divini sermonis substantiam, seu hypostasim fuisse ab æterno & ante mundi creationem.

Deinde non existimavit Filium Dei tum primum substantiam suam sumpsisse, cum dixit Deus, *Fiat lux*, quia non dicit Deus, *Fiat lux*, ante creationem materiæ primæ; notum est autem Tertullianum existimasse Filium Dei esse materia prima antiquiorem ex libro contra Hermogenem: ergo.

At, inquies, Tertullianus distinguit in Deo Patre rationem & sermonem, ait autem in Deo quidem ab æterno & in principio fuisse rationem, non item vero sermonem qui a Deo solummodo processit cum res omnes initio mundi disposuit: *Quia*, inquit, *non sermonalis a principio, sed rationalis Deus etiam ante principium*: igitur negat sermonem seu Verbum Dei esse æternum.

Nego ant. Tametsi enim Tertullianus rationem Dei quadantenus secernat ab ejus sermone, utrumque tamen ab æterno fuisse in Deo agnoscit, si nimirum agatur de sermone Dei seu Verbo quoad priorem suam nativitatem considerato. *Cæterum*, inquit, *ne tunc quidem solus, habebat enim secum, quam habebat in semetipso rationem suam. Scilicet rationalis etiam Deus, & ratio in ipso prius, & ita ab ipso omnia, quæ ratio sensus ipsius est. Hanc Græci* λόγον *dicunt, quo vocabulo etiam sermonem appellamus*. Quamobrem cum ibidem dicit Tertullianus tunc fuisse in Deo rationem, cum nondum miserat sermonem, id intelligit de sermone juxta suam posteriorem & externam nativitatem spectato, hoc est de manifestatione suæ rationis & sapientiæ quæ tunc prodiit cum Deus initio mundi omnia disposuit; quoad sermonem enim internum, censuit profecto eum fuisse in Deo simul cum ratione, nec rationem eo antiquiorem, sic enim loquitur ibidem c. 5. *Nam etsi Deus nondum sermonem suum miserat, proinde eum cum ipsa & in ipsa ratione intra semetipsum habebat*.

Hanc porro loquendi rationem, qua nimirum duplicem nativitatem in Filio Dei distinguebat Tertullianus, in Scripturis fundatam arbitrabatur, in iis enim ac præcipue in primo capite Evangelii S. Joannis legitur ex una parte Verbum Dei esse Deum & ab æterno apud Deum, quod æternam & priorem Filii generationem probat; ex altera vero parte per Verbum illud omnia facta esse, *Per quem omnia facta sunt, & sine ipso factum est nihil*, consentanee ad alia veteris Testamenti loca, Proverb. 8. *Dominus condidit me initium viarum suarum in opera sua*. Ecclesiastici 24. *Ego ex ore Altissimi prodii primogenita ante omnem creaturam*. Ex quibus dubio procul colligebat Tertullianus Filium Dei è Patre quodam modo, nempe extrinsecus processisse ad cuncta creanda; unde consequenter externam quandam & temporalem admittebat nativitatem, præter ejus a Patre æternam generationem.

Instabis; ille non supponit Filium Dei esse veram Dei personam subsistentem ante mundi creationem, qui dicit Filium tunc tantum factum esse parem Patri, quando mundum condidit: atqui hæc dixit ibidem Tertullianus c. 7. *Exinde eum parem sibi faciens, de quo procedendo Filius factus est*: Ergo.

Dist. min. dicit Filium fuisse parem Patri, id est, parem exterius demonstratum, C. parem factum simpliciter, N. Un-

N. Unde dicit cap. 12. *Primam quidem nondum Filio apparente*, hoc est, nondum exterius manifestato, quod non impedit veram ejus præexistentiam ab æterno.

Instabis; Ille negavit Filium Dei esse æternum, qui dicit expresse fuisse tempus quando Filius Dei non fuit: atqui Tertullianus dicit fuisse tempus quando Filius Dei non fuit, ut enim ait, Filius non fuit antequam Pater esset; Pater autem non fuit Pater ab æterno, quia non fuit Pater nisi quando fuit judex; non fuit autem judex, nisi quando fuit delictum, & non fuit ab æterno delictum; ita lib. contra Hermogenem cap. 3. *Quia & Pater Deus est & judex Deus est; non tamen ideo Pater & judex semper quia Deus semper, nam nec Pater potuit esse ante Filium, nec judex ante delictum: fuit autem tempus cum & delictum & Filius non fuit, quod Judicem & qui Patrem Dominum faceret, sic & Dominus non ante ea quorum Dominus existeret, sed Dominus tantum futurus quandoque, sicut Pater per Filium, sicut judex per delictum, ita & Dominus per ea quæ sibi servitura fecisset*. Et cap. 18. *Agnoscat ergo Hermogenes idcirco etiam sophiam Dei natam & conditam prædicari, ne quid innatum & inconditum præter solum Deum crederemus; si enim intra Dominum quod ex ipso & in ipso fuit, sine initio non fuit, sophia scilicet ipsius exinde nata & condita, ex quo in sensu Dei ad opera mundi disponenda cœpit agitari & multo magis non capit sine initio quicquam fuisse quod extra Dominum fuerit: si vero sophia eadem Dei sermo est sensu sophia & sine quo factum est nihil, sicut & dispositum sine sophia, quale est ut Filio Dei sermone unigenito & primogenito aliquid fuerit præter Patrem antiquius .... ita & hoc nomine materiam Deo præponit Hermogenes præponendo eam Filio, Filius enim sermo & Deus sermo, & Ego & Pater unum sumus; nisi quod sustinebit æquo animo Filius eam præponi sibi, quæ Patri adæquatur*. Ergo censuit Tertullianus Filium Dei non esse æternum.

Dist. min. quando Filius Dei non fuit, Filius externus, prolatus, demonstratus, Filius juxta secundam nativitatem spectatus, C. Filius internus secundum primam nativitatem spectatus, N. Hunc fuisse sensum Tertulliani benigna interpretatione colligere possumus, si ratio habeatur ejus propositi adversus Hermogenem, qui materiam ab æterno & absque initio extitisse hoc argumento contendebat, quod alioquin Deus ab æterno non fuisset Dominus; siquidem nihil habuisset sibi subjectum: cui argumento cum respondet Tertullianus, ait Deum etiam in Scripturis Patrem appellari, qui tamen semper Pater non fuit, sed solum quando suum Filium genuit sub ipso mundi exordio, quando universa condidit; ubi licet Tertullianus de æterna Filii generatione non loquatur, illam tamen non excludit, quærens exemplum alicujus tituli & nominis quod Deo accesserit in tempore, illud repetit ex eo quod Pater factus est, quando genuit Filium suum externa & secunda generatione, quippequi, ut diximus, solebat hanc duplicem in Filio Dei distinguere nativitatem; at non negat aliunde æternam Filii & internam generationem, quam expresse docuit multis in locis, tum & in isto libro contra Hermogenem, dicit enim cap. 18. *Ita & hoc nomine materiam Deo præponit Hermogenes præponendo eam Filio, Filius enim sermo & Deus sermo, Ego & Pater unum sumus*. Ubi cum dicat Filium Dei esse verum Deum, & unum cum Patre, necesse est ut admittat æternam generationem præter externam & prolatitiam.

Eadem responsione solvi debent aliæ difficultates, quæ in eodem libro contra Hermogenem continentur, ubi nempe dicit Tertullianus, *Sophiam exinde natam & conditam, ex eo quod ad opera mundi disponenda cœpit agitari*. Et paulo post nihil esse Filio antiquius præter Patrem: *Quale est ut Filio Dei sermone unigenito aliquid fuerit præter Patrem antiquius*. Scilicet eadem semper idea præoccupatus Tertullianus loquitur de Filio externo, de externa Filii generatione, internam vero quæ sit ab æterno, non negat.

Instabis; Si Tertullianus æternam Filii Dei generationem admisisset præter externam & prolatitiam, nihil omnino confecisset adversus Hermogenem; respondisset enim Hermogenes minus appositum esse illud exemplum quod petitur ex generatione Filii, quia Filius Dei ab æterno fuit genitus, & consequenter ab æterno Deus fuit Pater, qui tamen ab æterno non fuit Dominus: absurdum conseq. ergo & ant.

Nego ant. satis est enim ad argumentum Tertulliani, quod sub aliquo respectu Deus Pater inceperit esse Pater, quod sub aliquo respectu Filius Dei non fuerit semper Filius; vult enim solum adducere aliquod exemplum quo possit probare novum titulum Deo accessisse in tempore, quod exemplum repetit ex illa externa & prolatitia Filii generatione, qua Deus manifestatus est Pater in creatione universi, & ratione illius generationis incepit esse Pater; quod autem aliunde certum foret Patrem sub alio respectu & ratione æternæ generationis fuisse Patrem, nihil tunc ostendere curabat Tertullianus, quia id non exigebat instituta adversus Hermogenem disputatio.

Objicies; Docuit Tertullianus Deum Patrem esse invisibilem, Filium vero visibilem, libro nempe jam citato adversus Praxeam cap. 14. *Adhuc & illa*, inquit, *nobis regula assistit duos vindicantibus Patrem & Filium, quæ invisibilem Deum determinavit ... Jam ergo alius erit qui videbatur, quia non potest idem invisibilis definiri qui videbatur, & consequens erit ut invisibilem Patrem intelligamus pro plenitudine majestatis, visibilem vero Filium agnoscamus pro modulo derivationis*. Unde sic conficitur argumentum; Ille non censuit Filium Dei esse Deum, qui distinguit Filium Dei a Deo, ex eo quod sit visibilis Filius, cum contra Deus sit omnino invisibilis & nunquam fuerit visus ab hominibus: atqui Tertullianus, &c. ergo.

Dist. min. Sit visibilis in forma vel specie corporea assumpta, C. per se totum & adæquate, N. Vult igitur Tertullianus Filium Dei esse visibilem, & visum fuisse olim a Patriarchis in veteri Testamento, & postea in Incarnatione, sed sub forma aliqua visibili assumpta, non autem ex omni parte & ratione suæ divinitatis. Scilicet ibi probat adversus Praxeam distinctionem Patris & Filii in persona, idque ex eo evincit, quod Pater sit invisibilis, Filius vero visibilis, visibilis inquam ratione alicujus formæ assumptæ; quod sufficit ad mentem ipsius Tertulliani: consulantur quæ supra diximus, ubi S. Justini doctrinam expendimus.

Et certe Tertullianus cum ex una parte dicit Filium fuisse non Patrem qui olim Patriarchis apparuit, quod nempe Pater invisibilis sit & loco includi non possit, ex altera docet hoc non esse intelligendum de dispari Patris & Filii natura, cum sint ab invicem inseparabiles, sed de œconomia seu dispensatione salutis humanæ quam in se suscepit Filius non Pater; cap. nimirum 23. ejusdem libri contra Praxeam; *Habes*, inquit, *Filium in terris, habes Patrem in cœlis. Non est separatio ista, sed dispositio divina; cæterum scias Deum etiam intra abyssos esse, & ubique consistere, sed vi & potestate, Filium quoque ut individuum cum ipso ubique. Tamen in ipsa œconomia Pater voluit Filium in terris haberi, se vero in cœlis*.

Ne-

Neque vero sibi constaret Tertullianus, si Filium Dei dixisset natura sua visibilem & certis loci angustiis circunscriptum, quem Deum verum ex Deo vero, uniusque cum Patre naturæ constanter docuit.

Instabis; Ille existimat Filium Dei per se esse visibilem; non ratione naturæ assumptæ, qui loquitur toto hoc in libro de Filio Dei secundum se spectato, non ratione naturæ alicujus sensibilis assumptæ: atqui Tertullianus toto hoc in libro adversus Praxeam loquitur de Filio Dei secundum se, non ratione naturæ humanæ spectato; nam sumit ibi Filium Dei Tertullianus sub eodem respectu, quo illum sumebat Praxeas adversus quem disputat, aliter recte argumentatus non fuisset Tertullianus: atqui Praxeas sumebat in illa disputatione Filium Dei in se & absolute, non secundum aliquam naturam extraneam, cum scilicet Filium Dei negabat a Patre distinctum; agebat enim de Filio Dei, prout est in sinu Patris, & quomodo prædicatur in Scripturis independenter ab Incarnatione: ergo Tertullianus loquitur etiam de Filio Dei, prout est in sinu Patris, non ratione naturæ assumptæ.

Nego. maj. Licet enim de Filio Dei prout est in sinu Patris, instituta sit disputatio Tertullianum inter & Hermogenem, tamen Tertullianus potuit asserere, Filium visibilem esse ratione scilicet naturæ assumptæ, indeque suum argumentum repetere in Praxeam, ut ostenderet distinctionem Patris a Filio; duo enim distinguuntur, quorum unus est visibilis, alter invisibilis; licet qui visibilis est, sit invisibilis aliunde & sub alio respectu; prætérquamquod Tertullianus videtur hanc præoccupasse objectionem, eamque solvisse hoc pacto verbis immediate sequentibus: *Hic*, inquit, *ex diverso volet aliquis etiam Filium invisibilem contendere, ut sermonem, ut Spiritum, & dum unicam conditionem Patris & Filii vindicat, unum potius atque eumdem confirmare Patrem & Filium: sed diximus Scripturam differentiæ patrocinari per visibilis & invisibilis distinctionem*. Quasi dixisset, revera Filius Dei, ut Filius Dei est, ut Verbum Dei, ut sermo, ut sapientia ab æterno genita, non magis est invisibilis quam Pater, & aliunde Pater æque visibilis esse potest ac Filius, si quandam assumeret naturam & formam visibilem; sed hoc certo constat ex Scripturis, Patrem in iis ubique prædicari invisibilem, qui nuspiam videlicet fuit visus; Filium vero non modo dici visibilem, sed & persæpe in variis occasionibus visum.

Cæterum, etsi fateremur accuratum & exquisitum non esse illud Tertulliani argumentum, non ideo colligi deberet quicquam illum sensisse adversus Christi divinitatem, cum præfato in Praxeam utitur argumento; tum quia idem usurparunt sæpissime alii Veteres, qui dubio procul existimabant Christum esse verum ac summum Deum: tum quia super illo capite abunde certa est etiam & perspicua Tertulliani mens & doctrina; quæ sunt autem obscura, ex clarioribus innotescere debent.

Objicies; Docet Tertullianus multis in locis Filium Dei esse portionem derivatam a Patre, cum contra Pater sit tota substantia, tota divinitas, Filius sit rivulus, Pater vero fons ipse; Filius sit radius, Pater vero sol ipse, & cætera id genus, quæ probant Filium esse minorem & inferiorem Patre, qui solus est verus & summus Deus. Ita libro contra Praxeam cap. 8. *Protulit enim Deus sermonem, quemadmodum etiam Paracletus docet, sicut radix fruticem, & fons fluvium, & sol radium*. Et c. 9. *Pater enim tota substantia est, Filius vero derivatio totius & portio, sicut ipse profitetur, quia Pater major me est*: Ergo.

Respondeo singula hæc & similia dicta esse a Tertulliano, ad probandam distinctionem personarum Patris & Filii quam negabat Praxeas, non autem ad probandam diversitatem naturarum, istud obvium est cuilibet Tertulliani textum legenti; ita enim loquitur ejusdem libri cap. 8. his adductis comparationibus: *Nam & istæ species parabolæ sunt earum substantiarum ex quibus prodeunt: nec dubitaverim Filium dicere & radicis fruticem, & fontis fluvium, & solis radium, quia omnis origo parens est, & omne quod ex origine profertur, progenies est.* Quod probat ejusmodi similitudines eo solum adductas a Tertulliano, ut ostenderet originem Filii a Patre, indeque distinctionem Personarum colligeret, qui tamen eum non censuit Patre minorem ab eoque separatum; quemadmodum fluvius minor est fonte, radius minor sole; sic enim ibidem loquitur: *Multo magis sermo Dei qui etiam proprie nomen Filii accipit, nec frutex tamen a radice, nec fluvius a fonte, nec radius a sole discernitur*, natura scilicet quantumvis distinguantur supposito. Unde aperta maxime sunt quæ leguntur apud eumdem Scriptorem ad astruendam Filii cum Patre consubstantialitatem, eodem libro contra Praxeam cap. 2. *Tres autem* inquit, *non statu sed gradu, nec substantia sed forma, nec potestate sed specie, unius autem substantiæ & unius potestatis, quia unus Deus*. Et cap. 12. *Et ubique teneo unam substantiam in tribus cohærentibus*.

Instabis; Ibidem cap. 13. ait Patrem jussisse Filio & Filium paruisse. *Tamen alium dicam*, inquit, *oportet ex necessitate sensus eum qui jubet, & eum qui facit. Nam nec juberet, si ipse faceret, dum juberet fieri per eum. Tamen jubebat, haud sibi jussurus, si unus esset, aut sine jussu facturus, quia non expectasset ut sibi juberet*. Ergo putabat Filium minorem Patre.

Dist. Jussisse imperio improprie dicto & sine autoritate, C. proprie dicto & cum autoritate, N. Id unum vult Tertullianus per Verbum omnia facta fuisse, & Filium voluntatem Patris executioni demandasse ut ipsius Verbum, non autem ut servus & subditus obtemperat domino præcipienti cum autoritate. Scilicet probat solummodo personarum Patris & Filii distinctionem, ex eo quod nemo sibi ipse jubet, & alius est qui jubet, alius qui facit; ac Tertullianum existimasse Filium esse verum Deum uti & ipsum Patrem, inde certe colligitur, quod cum postea sibi objecisset duos esse deos, neutiquam respondet hoc falsum esse quia Filius non est Deus; quin potius pergit probare huic hæretico Patrem & Filium duas esse personas & unum Deum; *Ergo, inquis, si Deus dixit & Deus fecit, duo Dii prædicantur. Si tam durus es, puta interim & ut amplius hoc putes, accipe & in Psalmo duos Deos dictos: Propterea unxit te Deus Deus tuus ... Ergo, inquit, provocabo te, ut hodie quoque ex autoritate istarum Scripturarum constanter duos Deos & duos Dominos prædicem, absit*. Sed si existimasset Tertullianus Christum non esse Deum, illico & facile respondisset Patrem & Christum duas esse personas, nec tamen duos Deos, quia nempe Christus non est Deus: putabat igitur Christum esse verum ac summum Deum: *Duos tamen Deos*, inquit, *& duos Dominos nunquam ex ore nostro proferimus, non quasi non & Pater Deus, & Filius Deus, & Spiritus sanctus Deus, & Deus unusquisque*. Quibus certe nihil afferri potest luculentius ad astruendam Filii cum Patre consubstantialitatem.

Ex-

Expenditur sententia S. Clementis Alexandrini.

OBjicies; Affirmant Clemens Alexandrinus non Deum quidem, sed Filium Dei cadere sub demonstrationem, lib. 4. Stromatum pag. 537. *Atque Deus quidem, inquit, cum demonstrari nequeat, non efficit scientiam, Filius autem est & sapientia & scientia & veritas, & quæcumque cum his ullam habent cognationem. Quin etiam habet demonstrationem & vim ratiocinandi.* Ergo censuit Filium Dei non esse Deum.

Dist. ant. Deum non cadere sub demonstrationem per se immediate, C. secus, N. Vult solum Clemens Alexandrinus, in hoc loco, ut moris est, obscurissimo, Deum Patrem per se non cognosci, sed solummodo per Filium qui est scientia ipsa Dei & sapientia: ex quo nihil colligi potest adversus Christi divinitatem.

Instabis; Ait lib. 5. pag. 591. sapientiam Dei fuisse primum a Deo creatam: *Quoniam, inquit, non intellexerunt hæc dici de sapientia quæ fuit primo a Deo creata.* At sapientia Dei Christus est: putabat Christum fuisse creatum.

Dist. maj. Creatam, id est, genitam, C. id est, e nihilo eductam, N. Familiare fuit Antiquis, præcipue vero iis qui ante Concilii Nicæni tempora scripserunt, ut jam a nobis observatum est, Græcam vocem κτίσιν pro generatione universim, non pro sola creatione accipere. Quibus adde Clementem Alexandrinum Verbo divino æternitatem proprie dictam adjudicare in locis superius adductis.

Instabis; Docet aperte Filium Dei fuisse factum lib. 6. pag. 644. *Unus enim est Deus, inquit, qui fecit principium universorum, significans primogenitum Filium, ut scribit Petrus, præclare intelligens illud, In principio fecit Deus cælum & terram. Is autem dicitur est Sapientia ab omnibus Prophetis.* Igitur juxta Clementem Filius Dei fuit proprie loquendo creatus, factus.

Dist. ant. Fuisse factum, id est, genitum, C. factum ad instar creaturarum. N. Solutio patet ex dictis, & iterum confirmatur ex eodem loco, ubi Clemens appellat Filium Dei *primogenitum per quod omnia facta sunt, & sine quo factum est nihil.*

Instabis: Lib. 7. pag. 702. ait Filii naturam esse Patris naturæ propinquissimam. *Perfectissima autem, inquit, & sanctissima & maxime principalis, & quæ maxime imperat, & est maxime regia, & longe beneficentissima est natura Filii, quæ est soli omnipotenti propinquissima.* Ergo non agnoscit unam eamdemque esse naturam Patris & Filii.

Dist. ant. Filii naturam, id est, personam, C. id est essentiam, substantiam, N. Nil vetat igitur quominus dicatur Clementem loqui de persona, comparat enim Patrem cum Filio, ait enim ibidem loquens de Filio illam imperare, omnia ordinare; quod longe melius convenit personæ quam naturæ; præterquamquod vox Græca φύσις quam usurpat Clemens, de persona non raro intelligitur, tametsi frequentius accipiatur pro natura, essentia.

Instabis; Ait pagina sequenti Christum Patris voluntati servire. *Neque ab alio, inquit, prohibitus unquam fuerit, qui est omnium Dominus, & maxime boni & omnipotentis Patris voluntati serviens.* Ergo existimabat Filium Patre inferiorem, nec esse verum ac summum Deum, summus enim Deus non servit voluntati alterius.

Dist. ant. Servire improprie, id est, voluntatem Patris executioni demandare, C. proprie loquendo ut servum & Patre inferiorem, N. Id unum quippe docet Clemens Alexandrinus Filium Dei, in iis quæ pertinent tum ad creationem mundi, tum ad generis humani redemptionem, voluntatem Patris ex omni par-

parte implevisse, sine ulla tamen dependentia.

Expenditur sententia Origenis.

Objicies; Origenes tom. 2. in Joan. apud Huetium c. 46. iis respondens qui duos prædicare Deos verebantur, si Filium Dei verum Deum dicerent, sic habet: *Dicendum est illis quod* αυτοθεος *quidem, hoc est, per se Deus, Deus ille est cum articulo, propter quod & servator in precatione ad Patrem inquit, (ut agnoscant te illum solum verum Deum) quidquid vero est præter hunc, qui* αυτοθεος *dicitur, hoc est, per se Deus, participatione & communione divinitatis illius deificatum, non ille Deus cum articulo, sed Deus sine articulo magis proprie dicendum esse, quo nomine omnino primogenitus omnis creaturæ, quippe qui cum primus sit apud ipsum, attrahens divinitatem ad seipsum, honorabiliorem est reliquis Diis qui sunt præter ipsum... Verus igitur Deus est ille Deus cum articulo, qui autem Dii efformantur ad ejus formam, velut imagines quædam sunt primi exemplaris... Sed quoniam fortasse verisimile est futurum, ut multi offendantur quia diximus unum esse verum Deum nempe Patrem, & præter Deum verum multos factos Deos participatione Dei; verentes gloriam ejus qui omnem creaturam præcellit, æquari reliquis obtinentibus appellationem Dei sine articulo, præter datam differentiam per quam Deum* λογον *diximus reliquis omnibus diis ministrum esse deitatis, etiam hæc differentia est apponenda. Ea enim ratio quæ in singulis rationis compotibus inest, eamdem comparationem habet ad illam rationem, quæ in principio apud Deum est, & Deus est* λογος *quam habet Deus* λογος, *id est ratio, sine articulo ad Deum illum cum articulo. Ut enim Pater* αυτοθεος, *hoc est, per se Deus, & verus Deus, se habet ad imaginem & ad imagines imaginis; sic hunc in modum se habet ipse* λογος, *hoc est ipsa ratio ad eam quæ in singulis est rationem; uterque enim locum obtinent fontis & originis. Pater quidem divinitatis, Filius vero* λογου, *idest rationis. Quemadmodum ergo dii multi, sed nobis unus Deus est, nempe ille Pater, & multi domini sunt, sed nobis unus Dominus est Jesus Christus, sic multi etiam sunt* λογοι *&c.* Ex quibus sic conficitur argumentum; Ait Origenes Filium Dei non dici Deum cum articulo, quando autem in sacris litteris Θεος ponitur cum articulo solum Patrem intelligi: ergo non censuit Filium Dei esse verum Deum.

Dist. ant. Filium Dei non dici Deum, eo sensu quod non sit Deus per se, αυτοθεος, C. eo sensu quod non sit verus Deus simpliciter, N. Id unum itaque vult Origenes solum Patrem esse Deum per se, hoc est ingenitum, qui a nullo sit, a nullo principio procedat, adeoque hoc sensu Filium Dei non esse per se Deum, quia nempe Deus est a Patre a quo procedit: nequaquam vero negat Filium Dei esse Deum simpliciter; hancque esse Origenis mentem constat.

Primo ex hoc ipso contextu: *Dicendum enim est*, inquit, *illis, quod* αυτοθεος *quidem, (hoc est, per se Deus, Deus ille est cum articulo, propter quod & servator in precatione ad Patrem, ut agnoscant te illum solum verum Deum, quidquid vero est præter hunc qui* αυτοθεος *dicitur (hoc est, per se Deus) participatione & communione divinitatis illius deificatum.* Ubi Origenes non probat solum Patrem per exclusionem Filii esse Deum simpliciter, sed solum esse per se Deum, αυτοθεον, quod nimirum solus sit sine principio, a nullo procedens; quæ doctrina maxime catholica est, fatemur enim hoc nomine Filio Dei divinitatem merito adjudicari.

Secundo, quia ibidem conceptissimis verbis docet Origenes Filium Dei esse ve-

verum Deum, pag. 45. *Qui est sermo*, inquit, *fit sermo; ad Deum vero non fit, quasi qui antea non existeret apud ipsum, sed eo quod sit semper cum Patre, dicitur, & Sermo erat apud Deum, non enim factus est apud Deum*. Et cap. 47. *Sed rursus multorum imaginum archetypa imago est ille λόγος qui est apud Deum in principio existens, quia fit apud Deum semper manens Deus, haud quaquam id habiturus, nisi apud Deum esset*. Ibi docet Origenes: 1. Filium Dei esse apud Deum. 2. in eo semper & in principio, hoc est ab æterno existentem. 3. esse Deum. 4. non esse factum. Quibus adjungi merito possunt quæ ex eodem Scriptore a nobis adducta sunt.

Instabis; Ait ibidem Origenes differre Deum cum articulo, a Deo sine articulo: additque non Deum simpliciter qui Deus est sine articulo, qualis est Sermo & Filius Dei. *Proinde vide*, inquit, *ne forte ut in his locis differt Deus cum articulo & Deus sine articulo... Ut enim Deus ille qui est in omnibus, ille Deus est cum articulo, & non simpliciter Deus sine articulo, &c.* Ergo putabat Filium Dei non esse Deum verum.

Dist. ant. differre persona, C. natura, N. Id quidem tribuit Patri velut proprium & personale attributum quod sit ingenitum & per se Deus, quo quidem privilegio differt a Filio in persona, sed illud non reponit in natura, quasi Filius sit, vel diversæ naturæ vel inferior Patre, is enim verbis immediate sequentibus quosdam impugnat dicentes, *Proprietatem Filii & essentiam existere aliam a Patre*.

Instabis; Ille denegat Filio Dei veram ac supremam divinitatem, qui eum inter factos Deos annumerat: sed Origenes, &c. ergo.

Dist. min. inter facto Deos annumerat secundum quid & sub aliquo respectu, C. simpliciter & quoad omnia, N. Scilicet eo sensu Filium Dei cum multis creaturis quæ dii nominantur, æquiparat, quod non sit Deus per se αὐτόθεος, sed quatenus a Patre trahit originem sicut multi sunt alii qui nonnisi per participationem dii sunt, sed comparationem non instituit quoad omnia, & in eo quod Filius Dei factus sit & creatura, uti & alii qui dii passim nominantur in Scripturis: 1. quia totus est Origenes ut probet solum Patrem esse Deum per se, hoc est, ingenitum divinitate sua a nullo accepta 2. quia satis aperte a creaturis quæ dii sunt solummodo factitii, distinguit Filium Dei, quem ibidem, ut dixi, negat expressis verbis a Deo factum, quia semper extitit apud Patrem, quia sapientia est Dei in eo manens ab initio, quæ procul dubio de nulla creatura dixit unquam.

Instabis; Ille comparat Filium Dei cum Patre velut creaturam aliquam cum Deo, qui ait Patrem se habere ad Filium, quemadmodum Filius seu λόγος se habet ad omnes creaturas rationis capaces: atqui Origenes, &c. ergo.

Dist. min. Ita ut comparatio sit quoad aliqua, C. quoad omnia, N. Scilicet in eo est comparatio, quod quemadmodum a Patre qui per se Deus est, habet Filius quod sit Deus, & cæteri qui dii appellantur, quia Pater est principium & fons totius divinitatis; ita etiam a Filio qui ratio est ipsa & fons totius originis, habent ii omnes qui ratione utuntur quod sint rationales. Sed in eo non stat comparatio, quod sicut Filius Dei major est & alterius naturæ quam creaturæ rationis capaces, ita etiam Pater sit Filio Dei major & eo excellentior in natura; adducta enim illa comparatione sic loquitur Origenes, *Utraque enim locum obtinent fontis & originis, Pater quidem divinitatis, Filius vero λόγου, id est rationis*.

Instabis; Non veretur dicere Origenes Filium Dei, uti & alios deos fuisse deificatum: ergo non putabat eum esse verum ac summum Deum.

Dist. ant. deificatum uti & alios deos, sed alia omnino ratione, C. eadem ratione, N. Scilicet vult Filium Dei non eſſe a ſe Deum αὐτόθεον, ſed per originem a Patre acceptam; quamobrem & ſuo quodammodo ſuit deificatus, per æternam videlicet generationem trahens a Patre divinitatem, ita ut tamen una eadem divinitate polleat ac Pater.

Inſtabis; pag. 47. varios divinitatis gradus quos diverſus ſequitur cultus, diſtinguit Origenes; *Deum igitur*, inquit, *alii quidem Deum univerſorum habent; qui vero hos proxime ſequuntur, in Chriſtum Dei ipſius Filium defixi ſunt. Tertii vero ſunt qui ſolem, lunam, omneque cœli ornamentum habentes a Deo aberrant, verumtamen errore longe præcellenti, &c.* Ergo non cenſet Chriſtum eodem cultu adorandum, quo Deus ipſe Pater univerſorum colitur.

Nego conſeq. Hic enim Origenes propriam mentem non exponit, ſed aliorum errorem, ut cuilibet textum penitius inſpicienti manifeſte perſpicuum eſt.

Inſtabis; Si ea fuiſſet Origenis mens Filium Dei verum eſſe Deum, certo non ſolviſſet difficultatem quam ſibi enucleandam propoſuerat, nonnullorum ſcilicet qui ex eo offendebantur; quod Chriſtiani unum eſſe verum Deum, nempe Patrem dicebant, & tamen Chriſtum quoque Deum prædicabant; quin immo hanc maxime difficultatem auxiſſet; vix enim intelligitur quomodo unus ſit Deus nempe Pater, & tamen Chriſtus ſit Deus, niſi dicatur Chriſtum non eſſe Deum niſi metaphorice loquendo, & quomodo multi nominantur dii in Scripturis: abſurdum conſeq. ergo & ant.

Nego ant. hanc enim difficultatem ſolvit Origenes cum unum proponit ſenſum, ſub quo dici merito poteſt unum duntaxat eſſe verum Deum, & tamen Chriſtum eſſe Deum, id quippe dupliciter explicari poteſt, vel dicendo Patrem & Chriſtum uti & Spiritum ſanctum unum eſſe eumdemque Deum, vel dicendo ſolum Patrem eſſe verum Deum per excluſionem Filii & Spiritus ſancti, hoc eſt, ſolum Patrem eſſe Deum per ſe, a ſe ingenitum Deum αὐτόθεον. Ex illo autem utroque modo ſolvendi propoſitam difficultatem unum ſelegit Origenes, alterum non rejecit; hoc argumentum mere negativum eſt, ex eo videlicet petitum, quod Origenes præſentem non ſolvit difficultatem, expreſſe dicendo Chriſtum eumdem eſſe Deum cum Patre, ex quo proinde nihil erui poteſt.

Inſtabis; Ibidem Origenes pag. 55. in hæc Joannis verba, *Omnia per ipſum facta ſunt, & ſine ipſo factum eſt nihil*, hæc ſcribit: *Nunquam principem locum habet particula, per quem, ſed ſemper ſecundum, veluti in Epiſtola ad Romanos. Paulus ſervus Jeſu Chriſti ... per quem accepimus gratiam... Deus enim Evangelium ſuum præanuntiaverat per Prophetas, ſubminiſtrantibus Prophetis & habentibus ſermonem illius, cui nomen per quem ... Sic igitur hoc etiam in loco, ſi omnia per ſermonem facta fuerunt, non a ſermone facta fuerunt, ſed ab eo qui ipſo ſermone major eſt, quem quis alium dixerit, quam Patrem ipſum?* Unde ſic argumentor; Scribit Origenes omnia facta eſſe a Patre qui major eſt Sermone ſeu Filio, innuens ſcilicet, quod ait poſtea longe clarius, omnia quidem facta eſſe per Verbum, tanquam Dei miniſtrum, ſed non a Verbo, tanquam cauſa: igitur cenſuit Filium Dei Patre inferiorem.

Diſt. ant. Qui major eſt Filio, hoc eſt, prior origine & primum proinde rerum omnium principium, C. hoc eſt, dignior, nobilior, prior natura, N. In more ſatis poſitum eſt apud Veteres, ut Patrem poſt S. Joannem in Evangelio dicant majorem Filio, ſed hoc demum intelligunt de prioritate originis, eo quod volunt Patrem eſſe primum rerum omnium principium vel etiam Filii & Spiritus ſancti, ſed alio ſenſu ac cæterorum quæ mere creaturæ ſunt. Conſule quæ ſuperius dicta ſunt, ubi hunc Joannis locum, *Pater major me eſt*, explicuimus.

Inſtabis: Filium Dei Prophetis accenſet Origenes, per quos Evangelium ſuum annuntiavit, atque ſimiliter per ſermo-

nem

tetur omnia esse facta, ab eo autem nihil: ergo non censuit illum esse Deum.

Dist. ant. Prophetis accenset quoad aliqua, C. quoad omnia, N. In eo scilicet quod per Prophetas & Prophetis ministrantibus Verbum Dei fuit annuntiatum hominibus; ita etiam per Sermonem suum, per Verbum Deus omnia condidit; sed in eo Filium Dei Prophetis non æquiparat, quod sicut Prophetæ fuerint meri homines, ita & Christus; inde enim nimis probaretur, videlicet Origenem existimasse cum Socinianis Christum esse merum hominem, quod nec volunt ipsi adversarii, qui hoc solum contendunt hunc Scriptorem Arianis prælusisse.

Instabis: Jam dixerat Origenes tom. 1. in Joan. pag. 17. Filium Dei non esse rerum omnium principium juxta omnia quibus donatur nomina in Scripturis; appellatur scilicet via, veritas, vita, lux resurrectio, sermo, sapientia, &c. sed solummodo per sapientiam quam putat creatam in mundi initio, quo fit ut putet Verbum non fuisse ab æterno. *Qui enim fieri potest*, inquit, *ut sit principium in quantum est vita, cum vita facta fuerit in Verbo quod est vita ipsius principium? manifestius præterea est ipsum non esse principium quatenus primogenitus est ex mortuis. Quod si diligenter examinemus omnia ipsius cognomina, solum quia sit sapientia, principium est, ne principium quidem existens in quantum est λόγος, id est, Verbum, vel ratio, quandoquidem Verbum vel ratio in principio erat. Adeo ut audacter ausit quis dicere antiquiorem omnibus quæ excogitantur nominibus primogeniti omnis creaturæ sapientiam esse.* Unde sic argumentor: Ille putat Verbum Dei non esse coæternum Patri, qui ait Verbum fuisse creatum & factum: sed Origenes ait, &c. ergo.

Dist. min. Id est, genitum, C. factum simpliciter ex non existentibus, ut docuit Arius, & proprie loquendo creatum, N. Solutio patet ex dictis.

At, inquit Petavius lib. 1. de Trinit. cap. 4. divinæ Verbi naturæ multiplices affingit proprietates: igitur male omnino sensit de Filio Dei.

Dist. ant. Verbo affingit quatenus Deus est simul & homo, C. ut ad solam Verbi divini naturam pertinentes, N. Ita respondet illustrissimus Huetius in notis ad hunc commentarium & apposite quidem, ex ipso enim Origenis contextu manifestum est hæc pro variis potius Christi considerandi modis, quam pro divinæ ipsi naturæ insitis qualitatibus habenda credidisse.

Objicies; Idem Origenes lib. 5. contra Celsum pag. 233. docet preces & invocationes fundendas ad solum Deum Patrem quem distinguit a Christo & per oppositionem ad eum, *Omnia enim vota*, inquit, *omnes interpellationes, deprecationes, & gratiarum actiones destinanda sunt ad Deum rerum omnium Dominum, per majorem omnibus Angelis summum Pontificem, vivum Verbum & Deum. Verbum illud deprecaturi sumus, interpellabimus, & ei gratias agemus, preces etiam offeremus, modo intelligamus quomodo hæc accipiantur vel abusive vel proprie... Ne quis audeat preces offerre nisi soli Domino Deo, qui unus omnibus abunde sufficit per servatorem nostrum Dei Filium, Verbum, sapientiam, veritatem.* Igitur non putabat Christum esse verum Deum.

Nego conseq. Nam ut observat Petavius lib. 3. cap. 7. num 15. ex veteri Ecclesiæ usu perspicuum fit plerasque preces ad Patrem referri, quia nimirum tunc ipse Christus homo offertur, qui ut habetur ad Ephes. 5. cap. *Tradidit semetipsum pro nobis oblationem & hostiam Deo in odorem suavitatis;* unde æquum est ad Patrem velut auctorem ac principium referri omnia, atque ita decretum legimus in Carthaginensi III. Synodo can. 23. *Ut cum ad altare assistitur, semper ad Patrem dirigatur oratio.* Quapropter non est inde consequens Christum non esse Deum.

Instabis; Ibidem pag. 238. ait Filium dixisse se non esse bonum, quia solus Deus bonus est. *Servator noster*, inquit, *& Dominus appellatus aliquando propter bonus ad Patrem suum remittens eum qui se sic appellaverat*, inquit. *Quid me dicis bonum? Nemo bonus nisi unus Deus meus Pater; quod si id recte, ut imago bonitatis Dei dixit dilectissimus Patris Filius, an non justius sol diceret suis adoratoribus; Quid me adoras? Dominum Deum tuum adorabis.*

Dist. ant. Dixisse ex humilitate se non esse bonum & solum Deum esse bonum, seipsum non excludendo, C. seipsum excludendo, N. Id unum igitur colligi potest Christum juxta mentem Origenis pro sua humilitate professum fuisse solum Patrem esse bonum & Deum; unde sol si loqueretur, jure diceret suis adoratoribus, Quid me adoras? non autem Christum ipsum non esse adorandum.

Instabis: In eodem libro pag. 258. Origenes Christum appellat secundum Deum, *Ergo etiamsi secundum Deum dicamus, sciant, &c.* Ergo putat eum Patre inferiorem.

Dist. ant. Secundum ratione ordinis & originis, C. secundum in natura & dignitate, N. Sic enim loquitur Origenes cum cæteris Christianis qui de Trinitate recte & catholice sentientes, dicunt Patrem esse priorem & priori loco eum appellant, secundo autem Filium qui Christus est, tertio vero Spiritum sanctum, quos tamen aliunde profitentur unum eumdemque esse Deum.

Objicies; Ait lib. 6. pag. 317. Verbum Dei esse opificem Patris, cujus mandato mundum condidit. *Verum de his justis fiat hoc & rursum hoc aut hoc pro viribus responsum videri potest jam tum, quando citavimus illud: Ipse dixit & facta sunt, ipse mandavit & creata sunt, dicendo immediatum opificem esse Filium Dei Verbum, qui velut suis manibus mundum fabricaverit: Verbi autem Patrem, cujus mandatum mundus sic per ipsum Filium conditus, esse primarium opificem.* Ergo non censebat Filium Dei esse verum ac summum Deum.

Dist. ant. Eo sensu quod Pater mundum condidit per Filium tanquam per suam sapientiam, per suum Verbum, C. tanquam per servum & subditum, N. durius profecto non est locutus Origenes quam ipse S. Joannes in Evangelio cap. 1. *Omnia per ipsum facta sunt, & sine ipso factum est nihil.* Et Apostolus 1. ad Corinth. 8. *Et unus Dominus Jesus per quem omnia & nos per ipsum:* quem denique Patres Niceni in suo Symbolo, *Jesum Christum .... per quem omnia facta sunt.* Ex quibus nemo colligat Filium esse minorem Patre.

Objicies: Lib. 8. pag. 387. negat expresse Christum esse universorum Dominum. *Esto enim*, inquit, *non deesse quosdam, ut in tam numerosa credentium multitudine, qui discrepantes ab aliis temere affirment, quod Servator sit Deus ille universorum Dominus, nos certe hoc non facimus qui credimus ipsi dicenti, Pater qui me misit major me est.* Ergo.

Dist. ant. Negat Christum esse universorum dominum, quasi sit quoque ipsius Patris dominus, & Pater ipsi subjiciatur, C. quasi non sit causa omnium creaturarum effectrix conjunctim cum Patre, N. Scilicet accusabantur Christiani a Celso quod dicerent Christum servatorem esse universorum Deum, ita ut & Patris ipsius foret quoque Dominus, ut ex verbis ipsius Origenis immediate sequentibus colligitur. *Quapropter*, inquit, *quem nunc Patrem vocamus, eum non subjicimus, ut Celsus calumniatur, Dei Filio.* Fuit autem hoc commentum quorumdam hæreticorum, non autem Christianorum, ut testatur Origenes pag. sequenti, *Hæc a. nescio qua obscurissima hæresi desumpta universis Christianis objicit. ... Si tamen accepit & non finxit, vel ut sequelam rei adjecerit.* Quam ut a Christianis propulsaret calumniam, negat Origenes Christum servatorem universorum esse dominum, eo videlicet sensu quod sit etiam Deus & dominus Patris, eique subjiciatur

tur Pater, ut perspicuum maxime fit ex eo quod, ut probet Christum non esse universorum dominum, argumentum petit ex hoc Evangelistæ testimonio, *Pater qui misit me major est*; ex quo non sequitur Christum non esse universorum dominum, nisi adversus eos qui affirmant illum esse ipsius Patris dominum.

Objicies hæc Origenis verba ex eodem libro 8. petita pag. nempe 386. *Itaque religiose colimus Patrem veritatis & veritatem Filium, duas quidem substantia, ὑποστάσει, unum vero concordia, consensu, voluntatisque identitate*. Unde sic argumentum conficitur, ait Origenes, Patrem & Filium duos esse hypostasi, per hypostasim scilicet intelligendo naturam, substantiam; ergo putabat Filium non esse Patri consubstantialem.

Nego ant. nimirum Origenem eo loci hypostasim sumere pro natura & substantia, quam potius accipit pro persona; idque constat.

Primo, quia ibidem affirmat Origenes Patrem & Filium duos esse hypostasi, eo sensu quo hæretici quos ibidem perstringit, hoc ipsum negabant: sed manifestum est ex ipso Origenis contextu ab illis hæreticis negari Patrem & Filium duas esse personas; postquam enim ostendit Celso duos non introduci deos a Christianis quanquam Christum ut Deum venerentur, quia non est alius Deus a Patre, juxta illud *Ego & Pater unum sumus*. Observat postea non inde tamen sequi, Christianos non admittere duas ὑποστάσεις, Patrem & Filium; & in aliam ex adverso incidere sententiam eorum qui negant plures hypostases, ubi certe hypostasim non accipit Origenes pro natura sed pro persona; ex eo quod enim Pater & Filius dicuntur quid, unus Deus; non est verendum ut quispiam existimet duas propterea negari naturas in Patre & Filio, sed duas personas: id clarius patebit attente legenti verba Origenis pag. 385. *Ad quod respondendum, si Celsus intellexisset illud (Ego & Pater unum sumus), & illud in precatione dictum a Filio Dei, (sicut ego & tu unum sumus) non putasset nos & alium colere præter Deum, universorum dominum. Ait enim, Pater est in me & ego in Patre. Quod si quis his motus verebitur ne forte transfugiamus ad eos qui negant duas esse subsistentias Patrem & Filium*. Et paulo post: *Itaque religiose colimus Patrem veritatis & veritatem Filium duos quidem subsistentia*: Quibus certe nihil clarius desiderari potest ad explicandam SS. Trinitatis œconomiam, affirmat enim Origenes Christianos colere Filium Dei tanquam Deum, addit eos tamen unum agnoscere Deum, quia Pater & Filius unum sunt; denique observat non ideo putandum cum quibusdam hæreticis, Noetianis scilicet, negari plures personas, plures hypostases: igitur luce meridiana clarius est Origenem in illa occasione nomen ὑποστάσεως, usurpare pro persona.

2. Id constat ex eo quod nonnunquam in aliis locis Origenes hypostasim a natura seu substantia distinguit tom. 1. in Joan. pag. 24. de Valentinianis sic loquitur: *Existimantes Filium Dei prolationem esse tanquam in syllabis positam, & idcirco hypostasim & subsistentiam illi, si accurate illos interrogemus, non tribuentes, neque essentiam ejus explanantes, nondum dicimus talem vel talem, sed quomodocunque essentiam*. Et tomo 2. pag. 56. *Atque hæc forsitan causa est*, inquit, *cur ipse Dei non dicatur esse Filius quod solus Unigenitus a principio natura Filius sit, quo indigere videtur Spiritus sanctus ministrante ipsius hypostasi, non solum ut sit, sed ut sapiens sit*. Igitur per hypostasim non intelligit Origenes naturam & substantiam, sed personam & subsistentiam, quomodo nunc sumitur.

Instabis; Origenes eo loci sumit hypostasim pro οὐσίᾳ seu natura, si priscis temporibus *hypostasis* accepta fuerit ab omnibus pro οὐσίᾳ & ipse quoque Origenes eam hoc sensu acceperit aliis in locis: sed utrumque hoc verum est.

Primo, *hypostasis* pro οὐσίᾳ seu natura,

ra, vulgo usurpabatur a Veteribus, ut expresse testatur S. Hieronymus Epist. 57. ad Damasum his verbis, *Tota sæcularium litterarum schola nihil aliud hypostasim nisi ousiam novit*. Hoc pariter sensu hypostasim interpretati sunt Patres Nicæni & Sardicenses, Nicæni quidem in Symbolo, & Sardicenses in Epistola Synodica quæ legitur tom. 2. Conciliorum pag. 694.

Secundo, & ipse Origenes sumit hypostasim pro natura *ousia* nimirum tom. 2. in Joan. ubi quemdam impugnans qui unicam in Trinitate *ousia* ponebat, ut significet se ab illo dissentire tres hypostases admittit. *Nos autem*, inquit, *qui tres personas esse, Patrem, Filium, & Spiritum sanctum, persuasi sumus*.

Nego min. & dico hypostasim priscis temporibus pro *ousia* ab omnibus non fuisse usurpatam; quin immo multos & Græcos & Latinos illam pro persona accepisse. Citari possunt in hanc rem Hippolytus Origene antiquior, qui libro contra Noetum cap. 8. ait carnem sive naturam humanam in Christo per se non subsistere, *sed in Verbo habere hypostasim*, hoc est, subsistere. Dionysius Alexand. in responsione ad quæstionem quartam Pauli Samosateni de tribus personis SS. Trinitatis sic loquitur: *Duæ hypostases*, Patris scilicet & Filii, *inseparabiles sunt*, ubi per hypostases intelligit personas. Eusebius Cæsariensis qui Nicænæ Synodo interfuit, in suis litteris ad Eustathium Antiochenum referente Socrate lib. 1. cap. 23. confessus est Filium Dei propriam hypostasim habere, Deumque in tribus hypostasibus unum esse. Ex quibus manifeste liquet hypostasim non fuisse ab omnibus antiquis usurpatam pro natura.

Ad testimonium vero S. Hieronymi, respondeo vel eum non omnes omnino intelligere Autores Ecclesiasticos, tum Græcos, tum Latinos, quod satis significat illis verbis, *Tota sæcularium litterarum schola*, vel si omnes intelligit, deceptum fuisse, ut ex testimoniis mox adductis manifeste liquet.

Quod spectat Patres Nicænos & Sardicenses, esto quod hypostasim pro substantia acceperint, non idcirco colligi debet ita hanc vocem usurpasse omnes autores priscis temporibus: Hic autem adnotandum venit non alia ex causa hanc vocem, *hypostasis*, pro natura & substantia acceptam fuisse ab illis Patribus; quam quia Ariani ipsa abutebantur ad propagandam hæresim suam, hoc sensu illam vocem accipientes: quocirca adversus illos hæreticos, Episcopi affirmarunt in Concilio Sardicensi Patris & Filii *unam* esse *ousiam Hæreticorum factio*, inquiunt, *pertinaciter asseverat Patris ac Filii & Spiritus sancti, diversas esse hypostases a se invicem separatas, Nos vero .... unam esse hypostasim quam ipsi hæretici substantiam appellant*. Ubi Patres Sardicenses hypostasim pro substantia acceperunt, quia hoc sensu usurpata fuerat ab Arianis contra usum communem in Ecclesia receptum, quam, inquiunt Patres; *substantiam ipsi hæretici appellant*. Igitur non ex propria sed Arianorum interpretatione hypostasim pro substantia reddunt.

Ad Origenis vero locum e tomo 2. in Jo. petitum, respondeo Origenem sumere *hypostasim* pro *ousia*, sed *ousiam* ibi significare personam non substantiam præcise, quia qui unicam admittebat in Trinitate *ousiam*, erat e Noeti schola, qui dicebat Spiritum a Patre & Filio nullatenus differre, sed prorsus idem esse quod Pater, referente ibidem ipso Origene, unde per *ousiam* non tantum significabat substantiam, verum etiam personam; adeoque ut illum refelleret Origenes, probandum ipsi erat tres esse in Deo Personas, ac proinde dum probat tres esse hypostases, tres intelligit Personas.

Et certe vocem *ousias*, significasse aliquando personam, constat ex eo quod Pierius apud Photium cod. 22. Patrem & Filium duas *ousias* appellavit, qua de re sic loquitur Photius, *Plurima præter ea quæ in Ecclesia hodie obtinent, veteri more tradit de Patre æterno & Filio pie*

ete-

credit, nisi quod substantias unas duas, eandemque naturas quam dicit, substantiæ & naturæ nomine pro hypostasi, non ut Arii sectatores, usus.

Instabis: Atqui licet per hypostasim Origenes intelligat personam, tamen negat Verbi divini consubstantialitatem Patri; is enim negat Verbi consubstantialitatem, qui dicit Patrem & Filium duos esse in persona, & unum in concordia; si enim admisisset consubstantialitatem, distinguens Patrem & Filium in persona, statim opposuisset unitatem in natura: atqui Origenes ait Patrem & Filium duos hypostasi & unum in concordia: Ergo.

Nego subs. & ad probationem nego maj. Licet enim Origenes commemoret unitatem consensus & concordiæ, quæ reperitur inter Patrem & Filium omissa unitate & identitate in natura; hanc tamen respuisse vel ignorasse censendus non est; quemadmodum in Scriptura ibi non censetur negari processionem Spiritus sancti a Filio, ubi Spiritum sanctum procedere a Patre docet, nulla facta mentione ejusdem processionis a Filio.

Objicies; Ea fuit sententia plurimorum non modo recentiorum, sed & veterum Patrum de Filio Dei male omnino sensisse Origenem.

Id imprimis contendebat S. Hieronymus, qui quidem Epistola ad Avitum de libris περὶ ἀρχῶν, sic loquitur: *Scias detestanda in eis esse quamplurima & juxta sermonem Domini, inter scorpiones & colubros incedendum: ut est illud statim in primo volumine, Christum Filium Dei non natum esse sed factum, Deum Patrem per naturam invisibilem, etiam a Filio non videri, Filium qui sit imago invisibilis Patris comparatum Patri non esse veritatem... Et in secundo libro... restat ut invisibilis sit Deus; si autem invisibilis per naturam est, neque Salvatori visibilis erit.* Quod idem scribit Epistola 61. quæ est ad Pammachium.

S. Epiphanius idem perhibet de Origene hæresi 64. *Principio,* inquit, *eo temeritatis progressus est, ut afferat unigenitum Filium Patrem videre non posse, neque Spiritum Filium.... Ita enim ex Patris substantia Filium esse censet, ut nihilominus creatus fuerit, quem quidem sola id gratia consecutum existimat, ut Filius diceretur.* Idem habet Epiphanius in Ancorato cap. 63. qui & Epistola ad Joannem Jerosolymitanum, Origenem vocat *Arii Patrem & aliarum hæresum radicem & parentem.*

Ab his valde non recedit S. Augustinus, qui libro de hæresibus hæresi 43. citato testimonio S. Epiphanii ob id accusantis Origenem, quod Christum & Spiritum sanctum creaturas dixerit, ait Origenis defensores ipsum ab ejusmodi errore vindicare conatos: *Quamvis*, inquit, *& in istis eum convincere studeant qui ejus plura legerunt.*

Justinianus Imperator Epistola ad Mennam de Origene sic loquitur: *Qui ante omnia*, inquit, *in ipsam sanctam & consubstantialem Trinitatem blasphemias ausus est dicere.*

Leontius libro de Sectis act. 1. idem testatur his verbis. *Quamvis inferiorem Filio gradum tradit, tamen eum purgare nituntur; at vero manifeste hanc opinionem fovet, & excusationem nullam habet.*

S. Thomas vocat Origenem fontem Arianorum: igitur ab illo errore vindicari merito non potest iste Scriptor.

Respondeo, testimonia illorum Sriptorum nullius esse hac in re ponderis & momenti; tum quia non accusant Origenem nisi consequentia ex ejus scriptis ducta; quæ licet paulo duriora videantur, tamen ut mox probatum est, benigne possunt explicari; tum quia S. Hieronymus & S. Epiphan. ut observat illustrissimus Huetius, verba Origenis in pessimum sensum trahere amabant, uterque enim videtur quammaxime Origeni infensus. Quæ de ipso refert S. Augustinus deprompsit e S. Epiphanio, & probabile est Justinianum, Leontium & divum Thomam, testimoniis S. Hieronymi & S. Epiphanii adductos esse, ut ista de Origene scriberent.

Dein-

Deinde longe plures e SS. Patribus & Origenis ætate viciniores, laudant Origenem ut catholicum, ipsumque ab errore vindicant. Alexander Jerosolymitanus, Theoctistus Cæsariensis, Dionysius Alexandrinus, Firmianus Cæsariensis, Gregorius Thaumaturgus & Athenodorus Origenis coætanei ipsum in maximo pretio semper habuerunt, quin & tota Palæstina, Arabia, Phœnicia, & Achaia causam Origenis adversus Demetrium Alexandrinum propugnarunt; laudarunt etiam ipsum Didymus Alexandrinus, Titus Bostrorum Episcopus, ambo Gregorii Nazianzenus & Nyssenus, Joannes Jerosolymitanus & alii innumeri; quod sane non fecissent, si Ariano errore imbutus fuisset Origenes. S. Athanasius cujus hac in re luculentissimum est testimonium libro de Synodi Nicænæ decretis, in suas partes trahit Origenem his verbis: *Verbum aiunt ab æterno esse cum Patre, nec alterius substantiæ vel hypostasis, sed ipsius paternæ substantiæ proprium illum esse quemadmodum dixerunt qui interfuerunt Synodo, licet nobis rursus audire ex laborioso Origene.*

Accedit quod accusatus a Methodio, Eustathio, Apollinari & Theophilo, in Concilio adversus ejus scripta congregato, propter alia multa minus fidei consona, nunquam tamen adversus Filium Dei peccasse insimulatus est, ut testatur Socrates hist. 6. cap. 13. de illis Origenis accusatoribus loquens. *Ego vero*, inquit, *ex illorum reprehensione aliquid amplius accedere ad commendationem Origenis affirmo, etenim qui omnia undique conquisiverunt quæ reprehensione digna existimabant, ii certe cum illum minime reprehenderent, tanquam de Trinitate male sentientem, recta ac sincera pietatis testimonium ei perhibere manifestissime convincuntur.*

Expenditur sententia S. Dionysii Alexandrini.

TRia objiciebantur a Pentapolitanis apud Ægyptum, quæ scripserat Dionysius Alexandrinus in Epistola ad Ammonium & Euphratem quæ nunc desideratur, & ex quibus compertum est eum de Trinitate male sensisse.

1. Quia scribit eo loci Filium Dei non esse æternum.

2. Eum in crimen vocabant, quod Patrem nominasset, & non ibidem nominasset Filium.

3. Quod, ut & postea Arius, dixerit Verbum non esse naturaliter verum Filium Dei, sed adoptione hoc nomen obtinuisse utpote creaturam.

His porro priusquam respondeamus, & ut melius fides Dionysii Alexandrini hac in parte exponatur, notandum est cum S. Athanasio, qui dedita opera apologiam conscripsit ut ab Ariana impietate hunc clarissimum Præsulem vindicaret, qua occasione & in quem finem hæc scripserit, grassabatur tunc temporis in Ecclesia pestilentissima hæresis Sabellianorum, qui unicam in Deo personam contendebant; unde cum totus esset Dionysius ut realem personarum Patri, Filii & Spiritus sancti distinctionem propugnaret, visus est quasi in oppositum errorem deflectere, ipsiusque naturæ divisionem ac diversitatem statuere.

Hoc vero in antecessum luculenter probat catholicam ex omni parte fuisse Dionysii doctrinam, eumque a Pentapolitanis injuste accusatum, quod Apologiam ipse suam scripserit ad Dionysium Romanum tunc Præsulem, quam refert S. Athanasius in Epistola *pro sententia* Dionysii Alexandrini, ubi tres præfatæ objectiones sic diluuntur testimoniis & ipsius Dionysii sese purgantis, & S. Athanasii illum defendentis, ut ab omni erroris suspicione vacet illius doctrina.

Ad primum quidem: *Vide mihi igitur*, inquit Athanasius, *quid ad hanc calum-*

niam

niam responderit (Dionysius) *quæ dicunt eum sensisse Deum non usquequaque Patrem, nec Filium usquequaque, dum nondum genitus esset, Filium fuisse; sed intercessisse tempus cum ille nondum esset, neque enim eum æternum fuisse, sed postmodum extitisse . . . Sunt autem ea quæ in primo volumine Elenchi & Apologiæ post cetera scripta reperias. Nunquam fuit quando Deus non erat Pater, & in sequentibus agnoscit semper Christum Verbum, & sapientiam, & virtutem fuisse, nihil enim horum, cum Deus existeret, factum esse, neque posterius Filium genuisse, Filiumque non ex se, sed ex Patre essentiam nactum esse.* Et paulo post ita de eodem dicit: *Jam quia splendor est æternæ lucis, omnibus modis ipse quoque æternus est . . . Atque iterum Dionysius paulo post ista de eodem loquitur: Existente igitur æterno Patre, existit & æternus Filius, lumen de lumine, nam si Pater est, necessario & Filius est.*

Ad secundum sic respondit idem S. Athanasius: *Porro de altera suspicione, qua eum in crimen vocabant, quod Patrem nominasset, & non ibidem nominasset Filium, vicissimque quod in mentione Filii nomen Patris reticuisset, ac proinde eum disjungere, elongare ac dividere Filium a Patre, redditis rationibus falsum ostendit, idque in secundo volumine, ubi hæc verba refert: singula illa nomina de quibus locutus sum, insegregabilia a se invicem sunt, nec dividi queunt. Patrem cum dico etiam sine mentione Filii, Filium sub Patris vocabulo indicatum volui, contra si in mentione Filii Patrem omisissem, tamen sub nomine Filii præintelligi debuit. Sancti Spiritus mentionem feci, sed ita ut pariter adjungerem, unde tum ille & per quem venerit, sed isti ignorant Patrem a Filio alienari non posse, & sub Patris vocabulo primarium conjunctionis auctorem contineri, & Filium a Patre quasi domicilio disgregatum non esse . . . Qui fieri igitur posset, ut cum istis nominibus utar, suspectus habear, quasi ista separari dividique existimaverim?*

Insigne vero maxime est, quod postea ibidem scribit Dionys. *Veruntamen ego, cum quædam creata, quædam facta intelligenda esse dixissem, & rerum earum ut magni pretii exempla obiter recensuissem, plantam scilicet & agricolam, navem & navis fabricatorem in rebus seriis ad id ex cognatis exemplis rem instruxi, quæ tibi in alia Epistola descripsi, quæ ostendo falsum esse crimen, quod mihi objiciunt quod Christum Deo consubstantialem esse negassem.*

Ad tertium sic ibidem respondet: *Quod autem ille non arbitretur Filium opus aut creaturam esse, quod de eo sparserant inimici, ostenditur ex eo, ut secundo volumine, ubi sic ait: Si quis igitur sycophantarum, eo quod Deum omnium creatorem & opificem dixerim, arbitretur a me eum quoque Christi creatorem dici, audiat, quasi, cum de creatore loquens eum Patrem appellaverim, sub quo nomine etiam Filius, quasi eadem scriptura comprehensus intelligitur. Postquam enim Patrem rerum creatorem appellaveram, subintuli, neque Pater, eorum quæ genuit, creator haberi potest, si modo enim qui genuit Patrem vocet . . . . Et quia maligne objectum erat, quod Deum dixisset factorem Christi, multiplici ratione ad se defendendum usus est, dicit ut ita quidem suum sermonem deprehendi debere, respectu carnis creatæ, quam Verbum assumpsit, Deum Christi factorem appellasse.*

Ex quibus manifeste sequitur puram ex omni parte fuisse doctrinam S. Dionysii Alexandrini, eumque Arianorum impietati neutiquam prælusisse; quandoquidem accusatus coram Romano Pontifice, non retractationem, sed Apologiam obtulit, in qua ut facile videre est, fidem Catholicam egregie professus est.

Neque est quod objiciatur auctoritas S. Basilii, qui Epistola 41. ait Dionysium Alexandrinum, dum in Sabellianos scribebat, in alienum oppositum errorem impegisse, & diversas agnovisse naturas in Patre & Filio. Constat quippe id omnino aperte non scribere S. Basilium, qui hoc so-

solum redarguit in Dionysio Alexandrino quod verbis paulo durioribus imprudenter usus fuerit cum Sabellii impietatem debellabat. *Causam vero hujus*, inquit, *non puto animi malitiam esse, sed quod vehementer cupit obluctari Sabellio. Soleo itaque illum similem æstimare plantatori cuipiam, qui recentis plantæ correcturus aversionem, ita immoderate illam retorquet, ut a medio aberret, & ad contrarium latus ramulum abducat.*

Quanquam & responderi potest S. Basilium non vidisse tunc temporis Apologeticam Dionysii Epistolam, nec ea quæ in ejus defensionem scripserat S. Athanasius; aliter quippe de eodem Dionysio loquitur libro de Spiritu sancto cap. 29. quem videlicet inter viros Apostolicos collocat. *Statuerunt*, inquit, *nihil referre, sanè quod ad rectam attinet pietatis intelligentiam. Irenæus ille, & Clemens Romanus, & Dionysius Romanus, & Alexandrinus Dionysius, id quod etiam auditu mirum est, in secunda ad sibi cognominem Epistola.*

Non est etiam super ea re audiendus Gennadius Massiliensis, qui lib. de dogmatibus Ecclesiasticis Dionysium Alexandrinum appellat *Fontem Arii*, hoc quippe inconsulto scripsit Gennadius, qui Apologiam S. Præsulis ignorabat.

Denique nec ferri potest Sandius cum affirmare audet spuriam & confictam esse præfatam Dionysii apologiam, ex eo nimirum quod constat ex Chronico Eusebii Dionysium Alexandrinum prius valde se-[illegible] mortuum, eique successorem constitutum Maximum anno 269. quam Dionysius Romanus Episcopus fuisset.

Nam veritas illius Apologiæ fulta est auctoritate S. Athanasii, qui Antecessoris sui scripta probe noverat. Hujus meminit Eusebius lib. 7. hist. cap. 26. cum & S. Hieronymus in catalogo Scriptorum Ecclesiasticorum, ac demum S. Basilius non citato libro de Spiritu sancto cap. 29. quod autem ex Chronico Eusebii objicitur, omnibus notum est Eusebium in computatione temporis quo Romanam Ecclesiam rexit Dionysius, hallucinatum esse, qui nimirum Sixtum Dionysii antecessorem undecim annis regnasse tradit, tametsi constet eum Romæ non sedisse per triennium integrum, ut notat doctissimus Valesius ad Euseb. lib. 7. cap. 27.

Expenditur sententia Lactantii.

OBjicies; Lib. 4. cap. 8. sentire videtur Lactantius eamdem esse naturam in Filio Dei & in Angelis, quasi nempe Filius Dei ex eo solum dicatur Verbum, quod magister futurus erat doctrinæ Dei. *Magna*, inquit, *inter hunc Dei Filium & cæteros Dei Angelos differentia est, illi enim ex Deo taciti spiritus exierunt; quia non ad doctrinam Dei tradendam, sed ad ministerium creabantur, ille vero cum sit & ipse spiritus, tamen cum voce ac sono ex Dei ore processit sicut Verbum, ea scilicet ratione, quia voce ejus ad populum fuerat usurus, id est, quod ille magister futurus esset doctrinæ Dei.* Ergo non putabat Christum esse vere Deum.

Dist. ant. Eamdem naturam quoad aliqua, C. quoad omnia & singula attributa, N. Comparat scilicet Filium Dei cum Angelis, in quantum spiritus sunt, uti & ipse Dei Filius, *Quem non utero suo, sed mente conceperat Deus*, & spirituali quadam nativitate sine matre a Deo sunt orti, sed in aliis plane attributis hanc non instituit comparationem. Neque vero de Angelis unquam dixit, quæ de Filio Dei passim prædicat; paulo post enim eodem capite Verbum Dei appellat Deum, ejusque æternitatem eximie astruit. *Quod si quis miratur*, inquit, *ex Deo Deum prolatione vocis ac spiritus potuisse generari, si sacras voces Prophetarum cognoverit, desinet profecto mirari ... Ita Salomon ipsum Verbum Dei esse demonstrat, cujus manibus opera ista mundi fabricati sunt. Ego, inquit, ex ore Altissimi prodivi ante omnem creaturam, ego in cælis feci ut oriretur lumen indeficiens & nebula texi omnem terram ... Joannes quoque ita tradidit, In principio*

erat

erat Verbum, & Verbum erat apud Deum, & Deus erat Verbum: hoc fuit in principio apud Deum.

Ejusdem libri cap. 25. *Habebat enim spiritualem Patrem Deum, & sicut Pater spiritus ejus Deus sine matre, ita mater corporis ejus virgo sine Patre. Fuit igitur & Deus & homo, inter Deum atque hominem medius constitutus.* Et cap. 29. *Cum dicimus Deum Patrem & Deum Filium, non diversum dicimus, nec utrumque secernimus, quia nec Pater sine Filio esse potest, nec Filius a Patre secerni, siquidem nec Pater sine Filio nuncupari, nec Filius potest sine Patre generari. Cum igitur & Pater Filium faciat, & Filius fiat, una utrique mens unus spiritus, una substantia est.*

Instabis; Eo loci videlicet cap. 29. postquam Lactantius dixit Filium Dei unum esse cum Patre, id explicat de unitate morali & affectiva, qualis reperitur in patre & filio apud homines, qui quidem faciunt unam domum. *Cum quis habet filium*, inquit, *quem unice diligit, qui tamen sit in domo & manu patris, licet ei nomen domini potestatemque concedat, civili tamen jure & domus una, & unus dominus nominatur. Sic hic mundus una Dei domus est, & Filius ac Pater, qui unanimes incolunt mundum, Deus unus est, quia & unus est tanquam duo, & duo tanquam unus. Neque id mirum, cum & Filius sit in Patre, quia Pater diligit Filium, & Pater in Filio, quia voluntati Patris fideliter paret, nec unquam faciat, aut fecerit, nisi quod Pater aut voluit aut jussit.* Ergo.

Respondeo Lactantium asserere quidem in Patre & Filio Dei unitatem, quæ posita sit in consensu voluntatis, sed non ideo quamlibet aliam negare unitatem, puta quæ sit in natura & substantia, quam immo expresse statuit loco mox laudato, *Una utrique mens, unus spiritus, una substantia est.* Ubi duplicem simul distinguit unitatem, una quæ sit in mente & voluntate, aliam quæ sit in substantia.

Instabis; Ait Lactantius cap. 14. ejusdem libri unum esse Deum, observatque Christum nunquam se appellasse Deum: *Ille vero exhibuit Deo fidem, docuit enim quod unus Deus sit, eumque solum coli oportere, nec unquam se ipse Deum dixit, quia non servasset fidem si missus ut deos tolleret, & unum assereret, induceret alium præter unum.* Ergo juxta Lactantium Dist. ant. Nunquam se appellasse Deum, alium a Patre, C. simpliciter, N. Igitur ea fuit Lactantii mens nusquam a Christo dictum fuisse se divinitatem habere a Patris natura distinctam, quod verba immediate sequentia satis probant. *Hoc erat*, inquit, *non ejus qui miserat, sed suum proprium negotium gerere, ac se ab eo quem illustratum venerat separare.*

Expenditur sententia Eusebii Cæsariensis

DE vera & genuina Eusebii sententia circa Christi divinitatem diversimode opinantur non modo recentiores, sed etiam & veteres, aliis eum Arianæ impietatis accusantibus, aliis contra clarissimum hunc virum inter Catholicos annumerantibus, aliis demum illum dubiæ atque ancipitis fidei fuisse dicentibus. Nos vero qui cum doctissimo Valesio ejusdem Eusebii scholiaste & interprete putamus, hanc legitimam esse juris regulam quæ tenet, in dubiis mitiorem sententiam amplecti oportere; cum aliis vero eruditis, e re Christianæ religionis esse, ut vir tam præstantis ingenii & famæ, fuerit Arianis conjunctissimus, & tamen eorum doctrinam nuspiam approbaverit, gravissimam hanc accusationem ab eo amoliri conabimur: quapropter sit

CONCLUSIO.

Ab Ariana impietate merito vindicari potest Eusebius Cæsariensis.

Primum momentum petitur ex eo quod Verbi æternitatem non semel astruit, in quo sane probat se vehementer distare ab

Arianis, qui Verbum Dei sentiebant factum, & non esse ex nihilo, ex non extantibus, libro primo de Ecclesiastica Theologia cap. 8. sic Ecclesiæ fidem de Patre & Filio proponit, *Ecclesia*, inquit, *confiteri docet & credere in unum Deum Patrem omnipotentem … Non illum certe eumdem cum Patre, at cum Patre coexistentem, Deum de Deo, lumen de lumine*. Cap. 9. *Ideo reprehendi merito debent ii, qui ausi sunt illum creaturam nominare, e non extantibus similiter ac creaturas cæteras productum. Qui enim Dei unigenitus appelletur, si eadem illi cum creaturis reliquis natura tribuatur?*

Cap. 10. *Marcellus* (Ancyranus) *ne duos videretur deos profiteri, ad Filii processit abnegationem, hypostasim ipsius inficiando: illi vero* Ariani, *cum concedant hypostases duas, unam ingenitam, creatam alteram de non existentibus, unum quidem substituunt Deum, at nullus interea illis habetur Filius, non unigenitus, non Dominus, non Deus. Neque enim quidquam habet secundum eos cum paterna divinitate commune sed potentia, componitur cum creaturarum turba in hoc quod de nihilo procreabitur; sed non ad istum modum Ecclesia*.

Lib. 3. cap. 11. *Quod si*, inquit, *Scriptura dicat creatum illum fuisse, non sic accipiendum est, quasi e non extante ad existentiam pervenerit, neque quasi similiter ac reliqua creatura, ipse ex nihilo productus sit, quemadmodum haud aliqui recte senserunt, sed ita potius ut subsistens vivensque fuerit, & ante mundi constitutionem extiterit*.

Lib. 5. Demonstrationis Evangelicæ cap. 1. *Quare cum divina Scriptura modo quidem primogenitum omnis creaturæ Filium appellet, ex ipsius persona sic dicens (Dominus creavit me initium viarum suarum), modo autem genituram Patris dicat, ubi ait (& ante omnes colles gignit me). Hanc item nos sequi sani judicii sit, confiterique ante omnia sæcula esse Verbum Dei … At vero ipsum Dei Verbum per se ipsum & essentiam subsistens & consistit, nec absque gignendi rationem cum Patre existit simul, sed tanquam unicus Filius qui solus ante omnia sæcula ex Patre [illegible]tus … ait præterea se una cum Patre fuisse, cum cœlum instrueret (quando parabat cœlum, una cum eo aderam) deinde æternam ab infinitis sæculis cum Patre mansionem significat, cum adjungit (eram cum illo, &c.)*

His certe nihil illustrius desiderari potest ad astruendam Verbi divini æternitatem, eamque debellandam potissimam Arianorum doctrinam, qui Verbum dicebant factum & ex non extantibus natum, & in quo etiam profligando errore laborem præcipue suum collocarunt PP. Nicæni, ut videre est ex Symbolo.

Secundum momentum ex illis [illegible]bus locis petitur, in quibus docuit Eusebius unam esse naturam divinam in Patre & Filio, Filium esse vere Dei Filium natura non adoptione, & vere Deum, non sicut alii dicuntur dii in Scripturis.

Libro primo de Ecclesiastica Theologia cap. 10. *Ecclesia*, inquit, *Filium Dei prædicat Deum, atque [illegible], non communi quadam cum multis [illegible] … de quibus dicitur, Ego dixi, Dii estis … Sed prout par erat illum [illegible] dici, qui ex illo Patre genitus [illegible] Dei erat …, Quocirca ab Ecclesia [illegible] sumus illum solum adorare [illegible] Deus illius existat*.

Lib. 5. de Demonstratione [illegible]ca cap. 4. *Ubi sane*, inquit, *[illegible]nabiliter absconditum Deum Christum [illegible]minat, necnon causam quoque [illegible] docet, propter quam unum ipsum [illegible]nus inter ea quæ genita sunt, [illegible] Deum vocat, ob Patris videlicet [illegible]bitationem; in ipso enim, ut [illegible] Apostolus, complacuit omnem [illegible] divinitatis habitare … Sic [illegible] quoque Filius, cum solus sit imago Dei invisibilis, merito propter eam [illegible] similitudinem, & imago appellatur [illegible] invisibilis; & ab ipso Patre [illegible] quippe qui tali existat, & natura & [illegible]* sen-

sentia, indeque ex quo primum extitit, non acquisititiam, sed naturalem Patris imaginem refert. Quare idem natura Deus, & idem unigenitus Filius existit, non autem illi qui extrinsecus assumuntur, adoptatus, quique adventitium divinæ appellationis honorem possident... Hic autem Filius Dei a Patre habet ut Deus sit, tanquam Dei imago, utpote cum una in ambobus juxta exemplum divinitas intelligatur.

Lib. 4. cap. 13. dixerat duas esse naturas in Christo inconfuse unitas. *Hæc namque, inquit, omnia ad usum, atque utilitatem omnium nostrum, humanum genus omni prosequens amore Dei Verbum, paternis consiliis administrabat, ipse interim rursus & materiæ expers, & incorporeus manens, cujusmodi etiam pridem apud Patrem erat, neque mutans essentiam, neque perdens quod suæ ipsius naturæ proprium erat, neque vero aut corporis vinculis impeditus, aut a sua divinitate dejectus.*

Quibus addideris insigne ejusdem testimonium quod legitur lib. 10. Hist. Eccles. cap. 4. ubi non modo Christum ait esse adorandum, sed & cum esse verum Deum. *Adeo ut*, inquit *servator noster Jesus Christus; solus ex omnibus qui ab omni ævo unquam extiterunt, ab ipsis orbis terrarum summis principibus, non ut rex vulgaris ex hominibus factus prædicetur, sed tanquam summi omnium Dei naturalis Filius ac per se Deus adoretur.* Ad quem locum hæc notavit Valesius in notis. *Notandus est*, inquit, *imprimis hic locus, in quo Eusebius Christum vocat* αὐτόθεον, *id est, per se ac vere Deum. Hic enim unicus locus, meo quidem judicio, sufficit ad repellendas calumnias eorum, qui Eusebium nostrum Ariani dogmatis labe aspersum fuisse crediderunt.*

Tertium momentum petitur ex nonnullis rationibus & circumstantiis quæ Eusebium Christi divinitatem agnovisse persuadent.

1. enim Apologiam Origenis una cum Pamphilo Martyre elucubravit, ubi etiam eum ab omni errore circa Christi divinitatem purgat, quod certe vix præstare potuit, quin propriam ipse doctrinam patefaceret.

2. Cum in crimen vocaretur Eusebius, quod dixisset Christum non esse verum Deum, idque ei objiceretur a Marcello Ancyrano, respondet lib. 1. adversus eumdem Marcellum, id solummodo criminis imputari sibi posse, quod ipsius Christi verba usurpaverit, quæ nimirum leguntur apud Joan. cap. 17. *Ut cognoscant te solum verum Deum.* Cæterum agnoscere se Filium Dei esse verum Deum; quod idem explicat lib. 1. contra Sabellium his verbis, *Ut cognoscant te solum verum Deum, non quia non vere est unigenitus Filius Dei, sed quia a semetipso & ex semetipso, & per semetipsum, si ita dici debet, fons & principium omnium bonorum est Pater, qui genuit talem bonam progeniem; bonus enim Filius est, sed cedit bonitatem suo genitori, non mentiens, sed sciens unde est.* Dixerat lib. 1. eumdem exponens locum, *Verus Pater Deus in eo quod non natus, verus Deus Filius est in eo quod unigenitus. Non enim mendacium genuit verus. Sed verus Deus Pater non natus verus, Deus Filius unigenitus. Nam & illud quod dictum, est, solus habet immortalitatem, verum est, a semetipso enim solus habet. Sed sicut Pater habet vitam in semetipso, ita & Filio dedit vitam habere in semetipso.* Clarius certe non potuit Eusebium fidem suam ab omni erroris suspicione vindicare.

3. Eximium est quod multi observant libro de Præparatione Evangelica, & Demonstratione Evangelica, in quibus aperte catholica est Eusebii fides circa divinitatem Christi, uti patet ex libris mox citatis, ab eo conscriptos ante Nicæni Concilii celebrationem, immo & ante exortam Arii hæresim, quo tempore mentem certe suam sincere aperuit, sine fuco & æquivocatione docens Christum esse vere Deum eumdem cum Patre, ipsi coæternum, non factum ex nihilo & non extantibus, duas habere naturas impermixtas, divinam & humanam, & alia id genus.

4. Quæ-

4. Quæcunque gessit Eusebius in Synodo Nicæna, cum omni ex parte catholicum probant. Cum enim ageretur ibi de condenda fidei formula adversus Arii hæresim, eam statim & sponte probavit Eusebius, in qua Christus dicitur Deus de Deo, lumen de lumine, ante omnia sæcula ex Deo Patre genitus, per quem omnia facta sunt; quæ fidei formula, ab ea quæ postmodum ab omnibus suscepta est, in eo solum differt, quod nullam faciat mentionem consubstantialitatis Verbi cum Patre, sed ut videre est, Christi divinitatem mani feste astruit.

Dehinc cum visum esset Patribus Nicænis Symbolum edere, in quo vocem hanc ὁμοούσιον inskrerent, renuit quidem prima fronte Eusebius, quod ista vox nonnihil ambiguitatis habere videtur, quasi nempe innueret Filium esse partem Patris, & fortassis etiam quod a Patribus Antiochenis adversus Paulum Samosateoum fuerat proscripta; sed cum hujus tandem vocis genuina significatio ipsi exposita esset, cum aliis Episcopis fidem Nicænam amplexus est. Hæc refertur Epistola a Socrate lib. 1. cap. 8. ubi sic loquitur Eusebius: *Et has quidem voces ex substantia fassi sunt hoc significare Filium quidem esse ex Patre, sed non tanquam partem ipsius Patris. Hunc sensum ut nos quoque amplecteremur, æquum omnino videbatur, cum pia doctrina prædicet Filium ex Patre esse, non tamen partem esse illius substantiæ; quamobrem & nos huic notioni assensum præbemus... Verum hoc, consubstantialem esse Patri nihil aliud significare quam Filium Dei nullam cum creaturis ab ipso factis similitudinem habere, sed soli Patri a quo genitus sit per omnia similem esse, nec ex alia quadam hypostasi aut substantia, sed ex Patre esse. Quod quidem cum ita expositum fuisset, jure merito approbandum esse censuimus.*

His ita positis nescio quomodo affirmare potuit Tegavius sinceram non fuisse Eusebii professionem, cum vocem ὁμοούσιον a Patribus Nicænis assertam amplexus est, sic enim scribit ad suos Cæsarienses, significans se non alia ex causa subscriptionem suam distulisse, quam quia male accipiebatur illa vox, & in sensum minime catholicum.

5. Ex eo etiam merito vindicatur Eusebius, quod etiam semel hanc subscriptionem vocis ὁμοούσιον, eamque solemniter in præfata Epistola declaratam, nunquam ad mortem usque revocavit; quin immo eandem abunde & rursus approbat, ubique passim honorifice de Concilio Nicæno loquens, in vita scilicet Constantini M. nam lib. 3. vocat illam Synodum *divinam quamdam phalangem*; quod ibi gesserunt Patres, *ait Dei opus esse*, c. 7. hunc amplissimum cœtum respicit tanquam *imaginem Apostolici chori*. Cap. 9. Prælatorum qui eo convenerant laudes prædicat, virtutes recenset. An vero sic de illa Synodo locutus esset Eusebius si quam fidem illa sanxerat, ipse improbasset.

6. Et purgatur Eusebius ex ea quam edidit ipse Apologia, postquam Arianæ hæreseos suspectum se esse agnovit, ut testatur Gelasius Cyzicenus lib. 2. Hist. Concil. Nicæni cap. 1. *Nemo autem*, inquit, *æstimet virum hunc ex his quæ de illo fama circumferuntur, quasi Arii blasphemiæ consenserit, sed credat, si quæ protulit aut scripsit, Arii dogmata subtilium subolentia, ea non ex impio illius sensu protulisse unquam aut scripsisse, sed ex minus curiosa penitusque sollicita simplicitate, ut ipse in libro Apologetico, quem ad orthodoxos omnes Episcopos misit, plenius ista probavit.*

7. Denique, in gratiam Eusebii argumentum peti potest ex eo quod inter Sanctos eum annumerant & celebrant Usuardus in Martyrologio; Notkerus in Martyrologio; Cod. miss. Ecclesiæ Parisiensis antiquissimus; Ecclesia Lemovicensis in antiquo Missali anno 1483. & in Breviario an. 1587. quod & ex aliis nonnullis momentis colligitur; nemo autem in animum sibi unquam induxerit virum Aria-

Arianæ impietatis reum, in numerum Sanctorum relatum.

Objicies; Eusebius multis in locis plures & quidem diversas distinguit naturas in Personis divinis, lib. 7. de Præparatione Evangelica cap. 12. Verbum dicit alteram a Patre naturam [illegible], qui & similiter cap. 15. tertiam in Spiritu sancto naturam agnoscit: male igitur sensit Eusebius de Christi divinitate.

Dist. ant. Plures & diversas naturas, hoc est, personas & res proprie subsistentes, C. naturas, id est, essentias, substantias, quasi Patrem agnoscat majorem, Filium vero inferiorem Patre, N. Sane hoc solum crimini vertitur Eusebio, quod distinctas agnoscat in Personis divinis *ousias*, unde ad capiendam, ut par est, Eusebii mentem, sciri tantum debet quid per *ousiam* intellexerit, nec alio fundamento Ariani erroris suspectus habetur, quam quia Petavius & alii ejusdem censores putant illum *ousiam* sumere pro natura & substantia; verum crediderim potius per *ousiam* intelligere Eusebium rem quandam subsistentem, realem, & positivam, ita ut tres *ousias* voluerit tres esse personas, idque ex duobus potissimum colligitur momentis.

Primo, quia familiare fuit Antiquis, ut vocem *ousias* pro persona & re subsistente acciperent. Scilicet rem habebant cum Sabellianis aliisque hæreticis, qui Verbum Dei dicebant inane quid & vacuum ad instar humani sermonis, quod ut indicarent, aiebant Personas divinas esse unius essentiæ [illegible], Quapropter Veteres docebant contra, Verbum Dei esse aliquid substantivum ac per se subsistens, negabantque Personas ejusdem esse *ousias*; sed in hoc certe realem Personarum distinctionem astruebant, non naturæ diversitatem. Habet autem id argumenti maximum pondus adversus Petavium, qui lib. 4. de Trinit. cap. 1. fatetur plurimos ex Antiquis, ut v. g. Ignatium Martyrem, Ireneum, Athanasium, Greg. Nyssenum, Greg. Nazianz. Epiphanium & alios, hoc vocabulum *ousias*, accepisse pro persona.

Secundo, quia non semel, sed in infinitis prope locis docet Eusebius Filium Dei unum eumdemque Deum esse cum Patre, unam in utroque esse naturam, unicum esse Deum, non plures Deos, & hunc Deum esse Christum, qui totam, ut ait Apostolus, divinitatis plenitudinem in se complectitur, & alia id genus, quæ facile consuli possunt in nostris probationibus.

Instat Petavius: Idem Eusebius cap. 15. triplicem distinguit divinitatis gradum, ita ut alius alio major sit ac præstantior, primum esse dicit *Expertem principii & ingenitam summi Dei substantiam. Post hanc esse alterum non aliunde quam a Patre genitum principium, primogenitum & adjutorem paterni consilii. Hanc substantiam inter ea quæ facta sunt principatum tenere, unde & imaginem Dei, & Dei virtutem, Dei sapientiam, Dei Verbum vocari.* Hæc, inquit Petavius, tolerabilia sunt; sed illa prorsus Ariano tincta fucco quæ eodem capite perrexit; ut in his quæ sub oculos cadunt primum est illud immensum cœlum, deinde sol & luna; nam alia est gloria solis, alia lunæ, alia stellarum. *Sic*, ait Eusebius; *in intelligibilibus & incorporeis substantiis evenit, in quibus omnes confertim amplectitur inexplicabilis & infinita magnitudine prædita vis universorum Dei, secundum locum habet post Patrem artifex* [illegible] *illuminatrix divini Verbi; tertia post secundam substantiam instar est lunæ sanctus Spiritus.* Atque ita in aliis quoque locis Patrem vocat primum Deum, Filium vero secundum lib. 11. Præparationis Evangelicæ cap. 18. & ergo. lib. 5. Demonstrationis Evangelicæ cap. 4. 5. & 6. & lib. 1. Hist. cap. 2. Igitur censebat Filium Dei esse inferiorem Patre.

Dist. ant. Triplicem admittit Eusebius divinitatis gradum, Patrem appellat primum Deum, & Filium dicit secundum rationem originis, C. ratione naturæ & essentiæ, N. Certe ratio & æqui-

æquitas non patitur, ut ob istas aliasque similes locutiones in crimen hæreseos vocetur Eusebius, quæ apud alios passim Scriptores reperiæ sunt; & qua ratione illi benigne explicantur, hic similiter excusari debet, quæcunque enim hic ipsi objiciuntur, scripsit antequam exorta esset Arii factio & ante Concilii Nicæni definitionem; unde ipsi ut & aliis Antenicænis Scriptoribus multa excidere potuerunt paulo duriora adversus Christi divinitatem.

Jam vero plurimos e Veteribus, ejusmodi locutionibus persæpe usos fuisse, tum vero in sensum catholicum accipi merito debere colliges ex his quæ supra observavimus, ubi de sententia Justini, Irenæi, Clementis Alexandrini, Tertulliani & aliorum. Scilicet cum illi realem Personarum distinctionem agnoscerent, necesse quoque fuit, ut aliquem inter eos ordinem introducerent, adeoque Patrem dicerent primum, Filium secundum, & Spiritum sanctum tertium, ordine scilicet fundato in origine, non autem in diversitate & majori ac minori nobilitate naturæ.

Quibus adde Eusebium aliunde & sexcenties docuisse Patrem & Filium unum esse Deum, unam eamdemque naturam habere, Filium habere in se divinitatem Patris sine partitione & divisione, Deum esse de Deo, lumen de lumine, esse αὐτόθεον, hoc est verum Deum, non appellatione solum, sed re.

Instabis; Juxta Eusebium Pater & Filius se habent ut cœlum cujus infinita est magnitudo, & sol qui nonnisi pars est cœli: ergo Filium Patri inferiorem esse agnoscit.

Dist. ant. secundum quid & quoad aliqua, C. simpliciter & secundum omnia, N. Iterum repeto familiare fuisse Antiquis, ut similes passim usurparent comparationes, quemadmodum videre est supra, cum Tertulliani mentem exposuimus, iique hoc solum volebant Filium procedere a Patre, quomodo radius a sole, fluvius a fonte, & Patrem esse veluti totam divinitatis substantiam, atque, ut ait Eusebius, totum quantum est cœlum, Filium vero portionem & solem v. g. respectu cœli. Verum istorum omnium verba benigne accipienda colligitur, ex eo quod aliunde Filii cum Patre consubstantialitatem profitentur.

Instabis; Lib. 5. Demonstrationis Evangelicæ cap. 5. *Patrem appellat majorem Deum*, & postea *Deum potiorem*, Filium vero secundum Deum, quales gradus in divinis Personis Apollinarem constituisse testatur Theodoretus lib 4. contra hæreses cap. *Hujus enim inventum est*, ait, *magnum, majus, maximum, tanquam magnus quidem foret Spiritus, Filius major, maximus Pater*, Igitur.

Dist. ant. Habita ratione originis, C. propter majorem perfectionem, N. Scilicet Eusebio, peculiare non fuit, sed omnibus fere Antiquis commune, Patrem dicere Filio majorem, spectando tantum originem seu prioritatem originis, quæ nonnihil afferre videtur dignitatis in Patre, quatenus est fons totius divinitatis; & ipse a nullo principio est; sed cum ita loquebantur, non agnoscebant Patrem esse natura majorem, Filium vero inferiorem, quia nimirum aliunde constat illos agnovisse perfectam æqualitatem Patris & Filii in natura. Sic Justinus apologia 2. pag. 60. ait Christianos Filium Dei, *in secundo loco habentes cum ratione venerari*. Et paulo post, *Secundas post incommutabilem & sempiternum Deum ac parentem omnium deferre*. Clerius vero Novatianus lib. de Trinitate cap. 31. *Necesse est*, inquit, *ut Filius Patre minor sit, dum in illo esse se scit, habens originem quia nascitur*. Item Origenes lib. 5. contra Celsum pag. 258. Filium appellat *Secundum illum Deum*. Quanquam & alii Antenicæni Scriptores non uno in loco Filium Patri æqualem ubique docuerunt, ut supra ostensum est. Atque cum his conspirarunt Doctores Catholici qui post Nicænam Synodum scripserunt, fideique ab illa sancitæ defensores fuerunt acerrimi.

S. Atha-

S. Athanasius orat. 2. contra Arianos: *Non dixit Filius*, inquit, *Patrem se meliorem esse, ne quis ipsum externum alienumque a Patris natura existimaret; sed Pater*, inquit, *major me est, non quidem magnitudine aliqua aut ætate, sed propter generationem ex ipso Patre.*

S. Basilius lib. 1. contra Eunomium: *Quoniam enim*, inquit, *a Patre principium est Filio, ideo major est Pater, ut causa & principium. Quapropter etiam Dominus sic dixit, Pater meus major me est, quatenus videlicet est Pater. Vox autem ista* Pater *quid aliud significat, nisi quod causa sit & principium qui a se genitus est? Prorsus autem substantia major vel substantia minor, etiam secundum sapientiam vestram non dicitur.*

S. Gregorius Nazianzenus orat. 36. *Majoris ratio ad causam pertinet, æqualis ad naturam*. Et oratione 40. *Majus enim non ad naturam refertur, sed ad causam. Neque enim quidquam eorum quæ eamdem habent substantiam, substantia majus aut minus est.*

S. Chrysostomus homil. 72. in Joannem: *Si quis dixerit majorem esse Patrem qua causa est Filii, neque in eo contradicimus.*

Sic vero inter Latinos Hilarius lib. 9. *Aut numquid Pater major non est? Major utique Pater est, dum Pater est; sed Filius dum Filius est, minor non est. Nativitas Filii Patrem constituit majorem, minorem vero Filium esse nativitatis natura non patitur.*

Et S. Augustinus qui lib. de Fide & Symbolo cap. 9. ait non modo propter humanam naturam a Filio assumptam, sed etiam ob æternam generationem, majorem eo dici Patrem asserit, ubi illum Joannis locum, *Pater major me est*, dici perhibet, *partim propter administrationem suscepti hominis, partim propterea quia Filius Patri debet quod est, hoc etiam debens Patri æqualis aut par est.* Ex quibus palam est, cum erga Eusebium iniquiores esse non debeamus, benigna similiter interpretatione explicanda esse hæc illius testimonia.

Objicies 3. Idem Eusebius non semel negavit Filii Dei æternitatem, nam lib. 4. Demonstrationis Evangelicæ c. 2. affirmat Filium tunc a Patre fuisse productum; cum omnia condere voluit. *Itaque omnium*, inquit, *quæcumque sunt, fœtum suum primum subministrat, primogenitam videlicet sapientiam ..... Id primum ipse ex seipso eorum quæ posthac futura erant, fundamentum præferi, perfectum perfecti opificium, sapientis sapientem fabricationem, boni parentis bonam sobolem ..... Itaque non immerito oracula Theologiæ loquentia Deum genitum illum enuntiant, tanquam eum qui elocutionem omnem omnemque cogitationem effugientis divinæ naturæ solus in seipso ferat imaginem, propter quam Deum quoque & esse illum & dici, ejus videlicet, quæ quod primum est, referi expressæ similitudinis gratia.*

Et c. 3. postquam Verbum Dei comparavit cum splendore luminis, in hoc discrimen constituit, quod splendori lumen non præexistat, Pater vero Filio præextiterit. *Item de Filio dicere fas est, splendor est luminis sempiterni speculumque immaculatum divinæ evidentiæ & imago bonitatis ejus ex quo illud dictum est, qui cum sit splendor gloriæ, & figura substantiæ ejus. Cæterum a sensibili quidem lumine splendore separari non potest, Filius autem seorsum a Patre per ipsum subsistit... Rursus splendor simul existit cum lumine, illudque quodam modo complet (nam sine splendore non consistit lumen) simulque cum illo & secundum illud subsistit; at vero Pater priusquam Filius existit & ante generationem ejus subsistit .... Rursus splendor quidem non ex proposito & voluntate luminis splendet, sed secundum quiddam quod ad essentiam illius inseparabiliter accidit. Filius vero ex sententia & proposito imago Patris existit.* Idem habet cap. 4. *Veruntamen*, inquit,

quit, *optimus Pater unus judicavit unicum ac dilectum Filium omnium rerum quæ creandæ essent opificio præfici oportere, quippequi unum quoque mundum, quasi unum quoddam atque ingens corpus ex pluribus diversisque membris ac partibus jamjam esset producturus, eique hoc non præesse ipsum quidem, de superiori aliquo, tanquam de altero majori capite, divinitate ipsa Patris suspensum (caput enim Christi Pater) sed quod antecesserit, antequam omnia post ipsum genita essent, attamen idem præsto esset, tum ad imperium Patris, tum ad opificium earum, quæ posthac faciendæ erant, rerum*. Ex quibus sic argumentari licet: Ait Eusebius tunc solummodo Filium a Patre productum & emissum, cum omnia condere voluit: igitur negat expresse Verbi divini æternitatem.

Dist. ant. productum & emissum ad extra, C. simpliciter & absolute, N. Consulantur quæ a nobis dicta sunt, cum similem e Tertulliano objectionem solvimus. Certe Eusebius multis in locis æternitatem Verbi divini astruit, lib. 1. de Ecclesiastica Theologia cap. 8. *Non illum certe eundem cum Patre, sed cum Patre coexistentem, Deum de Deo, lumen de lumine*. Lib. 5. Demonstrationis Evangelicæ cap. 1. *At vero ipsum Dei Verbum per seipsum & essentiam obtinet & consistit, nec absque gignendi ratione cum Pater existit simul, sed tanquam unicus Filius, qui solus ante omnia sæcula ex Patre sit genitus*. Et postea: *Deinde æternam ab infinitis sæculis cum Patre mansionem significat cum adjungit, (Eram cum illo.)* Is certe recte astruitur æternus, cui dicitur cum Patre coexistens, qui dicitur ante omnia sæcula ex Patre genitus, qui demum dicitur æternam cum Patre mansionem fecisse; sed ista omnia clare scribit Eusebius, eaque probat ex his Scripturæ verbis, (*Eram cum illo*.)

Instabis; At Eusebius verbis expressis ait Patrem Filio præextitisse, lib. nempe 4. Demonstrat. Evang. cap. 3. postquam Verbum Dei cum splendore, Patrem vero cum luce comparavit, addit in eo esse nonnihil discrepantiæ, quod splendor simul existit cum luce, Filius autem simul non existit cum Patre: igitur.

Distinguo antecedens: Patrem Filio præextitisse prioritate originis, C. prioritate temporis, N. Ostendit enim ibi Filium per se subsistere, hoc est, personam esse distinctam a subsistentia Patris, quanquam splendor non subsistat ut quid distinctum & separatum a lumine; hanc esse Eusebii mentem aperte colligitur ex ejus verbis: *Cæterum*, inquit, *a sensibili lumine splendor separari non potest, Filius autem seorsum a Patre per ipsum subsistit*. Præterquamquod sexcenties dixit Filium fuisse ab æterno genitum, ante omnia sæcula existentem, & Patri coexistentem.

Instabis; Distinguit ibidem, nempe cap. 3. splendorem luminis a Verbo, in eo quod splendor non ex voluntate & proposito luminis splenderet, sed secundum quiddam quod ad essentiam illius inseparabiliter accidit; Filius vero ex voluntate Patris imago existit: putabat igitur Filium Patris arbitrio & voluntati subjectum, non esse comparem Patri, quasi media inter utramque voluntas intercederet.

Nego conseq. hoc sensu enim scribit Eusebius Filium Dei ex voluntate Patris existere, quod non generatur a Patre nolente, invito, & coacto, quomodo & multi antiqui Patres Justinus, Athenagoras, Theophilus, Tertullianus, Novatianus, Lactantius, & post Nicæni Concilii tempora Marius Victorinus, & alii non dubitarunt quoque dicere Filium ex voluntate Patris genitum; sed mens Eusebii non fuit Filium ex libera Patris voluntate productum, quemadmodum postea dicere ausi sunt Ariani. Quam porro impietatem cum repellepellerent Catholici Scriptores qui Filium libera Patris voluntate non fuisse genitum profitebantur; inde colligebant Ariani, Filium igitur a Patre nolente & coacto productum, uti nimirum illorum dilemma proponit Gregorius orat. 35. aut volens Pater Filium genuit, aut nolens. Si posterius, ergo vim passus est; si prius, igitur voluntatis est Filius. Unde etiam Concilium Sirmiense can. 25. eos damnavit, qui dicerent Filium Dei nolente & invito Patre prodiisse: *Si quis nolente Patre, natum dicat Filium, anathema sit. Non enim coactus Pater vel naturali necessitate ductus, cum nollet genuit Filium.* Quem canonem a Concilio scriptum esse testatur Hilarius lib. de Synodis, *Ne data hereticis occasio videretur, ut necessitatem Deo Patri gignendi ex se Filii ascriberent, tanquam naturali lege cogente, invito se ediderit.*

Instabis; docet ibidem & in multis aliis locis Eusebius, Filium Dei esse ministrum Patris, per quem omnia condita sunt, Patrem imperare Filio, quod & apertius scribit lib. Historiæ cap. 2. his verbis: *Verbum autem Dei secundum a Patre, illum ipsum videlicet quem prædicamus Christum paternis imperiis ministrantem.* Igitur agnoscit Filium esse minorem & inferiorem Patre.

Dist. ant. ministrum improprie & similiter Patrem imperare Filio, Imperio improprie dicto, C. proprie quasi Filius obediret ac subjiceretur Patri, N. Observat haud immerito Valesius in notis ad cap. 2. lib. 1. Hist. Eccles. Eusebii nostri, sic locutos fuisse Veteres omnes ante Concilium Nicænum, qui nempe Deo Patri monarchiam quamdam tribuebant, Filio vero ac Spiritui sancto œconomiam, id est, administrationem, citra ullam tamen erroris suspicionem, qui Filium Dei aliunde Deum & Patri æqualem affirmabant: id explicuimus supra, ubi de S. Justino & Tertulliano, hi enim easdem omnino locutiones usurparunt. Scilicet diximus hoc unum Patres illos contendere Filium esse Verbum Patris ejusque efficaciam, nec durius locuti sunt quam S. Joannes in Evangelio, qui vel, cum divinitatem Verbi ejusque æternitatem mirifice astruit, ait tamen per illud omnia facta esse. Quapropter cum Eusebius lib. 1. Hist. Eccles. 2. dixisset Filium Dei esse *arcanæ Patris sui voluntatis ministrum*; hoc ipsum probat ex c. 1. Evangelii S. Joannis.

Instabis; Ait ibidem Patrem esse Christi caput: ergo putat Christum esse Patre inferiorem.

Dist. ant. caput habita ratione originis, C. ratione naturæ superioris, N. Hanc difficultatem jam supra explicuimus. Scilicet non modo Eusebius, sed & alii vulgo Antiqui dixerunt Patrem esse ante Filium, esse causam Filii, caput Filii, & alia id genus, quæ quidem hoc sensu intelligebant, quod Pater sit fons & origo totius divinitatis, Filius vero nonnisi communicatam habeat divinitatem.

Objicies; Lib. 5. Demonst. Evangel. cap. 1. ex illis Proverb. 8. *Dominus creavit me in initium viarum suarum, creavit*, id est factum.

Dist. ant. id est, genitum, C. proprie loquendo creatum, N. Hæc porro ambo quidem confundit Eusebius, sed in eo cum reliquis Veteribus consentit. Præterquamquod anathema ubique pronunciat adversus eos qui dicunt Verbum esse ex non extantibus, & creaturam.

Objicies; Idem docet passim Patrem esse omnino invisibilem, Filium vero esse visibilem; sic v. g. lib. 2. Hist. c. 2. ubi cum probat de Filio exponenda esse ea Scripturæ loca in quibus dicitur Deus hominibus identidem apparuisse, hac utitur ratione, *Quandoquidem de primo rerum omnium auctore hæc accipere nefas est*. Quibus verbis indicare videtur Filium non esse mundi auctorem.

Idem docet lib. 5. Demonstrationis Evangelicæ cap. 1. igitur.

Dist. ant. Filium esse visibilem per naturam assumptam ut Incarnatione, C. per se suamque propriam naturam, N. Solutio patet ex dictis cum sententiam S. Justini expendimus. Scilicet cum illi Patres Antenicani docent Deum non Patrem; sed Filium fuisse qui in Veteri Testamento apparuit, ac deinde incarnatus fuit, quod Pater immensus sit & invisibilis, neutiquam negare voluerunt Filium Dei pariter ac Patrem natura sua immensum & invisibilem, sed solum illas Dei apparitiones ipsam œconomiam spectare quam suscepit Dei Filius quia a Patre procedit, & non spectare Patrem, quippequi a nullo ortus sit principio, adeoque a nullo mitti possit. Legatur integer Eusebii locus.

Certe Verbum Dei etiam post assumptam naturam humanam, eandem semper, immutabilem, immensum, & ubique præsentem Deum mansisse docet in oratione de laudibus Constantini c. 14. his verbis: *Atque in his ille paternis consiliis ministravit, manens interim materiæ expers, qualis antea apud Patrem erat non immutata substantia, non amissa natura, nec carnis vinculis constrictus, nec in eo quidem loco in quo humanum ipsius vasculum versabatur, consistens, alibi vero adesse nequaquam valens.*

Objicies; Idem Eusebius docet multis in locis Filium esse medium inter Deum & creaturas, oratione de laudibus Constantini cap. 11. his verbis. *Hic quidem, Pater, ingenitus est supra & ultra omnia positus, inexplicabilis, inaccessus, ad quem perveniri non potest, lucem habitans inaccessibilem, ut sacra loquuntur oracula; illa vero creatura, ex nihilo producta, longissimo intervallo dissita ac separata genita illa natura; non sine causa Deus optimus maximus velut mediam interjicit divinam ac præpotentem unigeniti Sermonis sui virtutem.* Idem habet lib. 4. Demonstr. Evang. cap. 6. & lib. 7. contra Marcellum cap. 1. igitur non existimabat Filium Dei esse verum ac supremum Deum.

Dist. ant. Medium ratione originis, C. ratione naturæ, N. Hoc iterum commune fuit Antiquis, ut dicerent Filium Dei quadantenus medium esse inter Deum & creaturas, tum quia constabat apud illos consentaneo ad Scripturas per eum omnia a Deo Patre facta fuisse, *per quem omnia facta sunt*, tum quia aliquid commune habuit Filius cum creaturis, & aliquid cum Patre; cum creaturis nempe quod sit productus, non sit a se, non sit ingenitus, solus enim Pater est ingenitus; aliquid vero cum Patre, quod videlicet sit Deus, & creaturis longe superior, nequaquam creatus & ex non extantibus, neque vero alia ex causa Filium Dei ab Eusebio nostro appellari medium inter Deum & creaturas haud dubie perspicuum est ex ipsis ejus verbis quæ objiciuntur. Certe & eadem loquendi ratione usus est S. Athanasius orat. 3. contra Arianos. *Nec intelligunt*, inquit.... *multum interesse inter Patrem ingenitum, & res ab illo creatas ex nihilo .... inter quæ duo media interveniens unigenita natura Verbi per quam Pater universa condidit ex nihilo, ex ipso vero Patre progenita est.*

Objicies; Lib. 1. de Ecclesiast. Theolog. cap. 2. demonstratione septima, ait Patrem esse Filii magistrum διδάσκαλον. Et hunc ea quæ Patri placita erant, fecisse semper, non solum post incarnationem, sed etiam antequam carne vestitus esset; atque hanc esse dicit *Prærogativam & eminentiam paternæ gloriæ*. Ergo.

Dist. ant. Magistrum improprie, quod nempe Pater generando Verbum ipsi communicat rerum omnium notitiam, C. proprie quasi supponatur ignorantiam in Verbo præextitisse, N. Certe durius hac in parte locutus non est Eusebius,

quam

quam S. Joannes in Evangelio, qui cap. 8. hæc habet, *Sicut docuit me Pater hæc loquor*. Et mirum est id genus accusationis proponi a Petavio qui lib. 2. cap. 4. fatetur hunc Joannis locum non favere Arianis, tametsi de Filio quatenus Deo intelligatur. Certe ex eo quod Filius a Patre quicquam accepisse dicatur, non sequitur ea Filium aliquando non habuisse, ut docet S. Athanasius orat. 4. his verbis *Nam si quæ Patris sunt*, inquit, *ea sunt Filii, Pater vero illa semper habet, nimirum quæ habet Filius; hæc cum sint Patris, semper in ipso sunt, Non igitur propterea ista docebat quod aliquando illa non habuerit, sed quia Filius cum ex æterno habeat, quæ habet, habet a Patre*. Et S. Ambrosius lib. 4. de Fide cap. 5. *Dedit*, inquit, *jure generationis, non munere largitatis*. Et lib. 2. cap. 4. *Dedit*, inquit, *jure generationis, non munere largitatis*. Et lib. 2. cap. 4. *Dedit generando, non largiendo*; quod idem scribit S. Augustinus lib. 3. contra Maxim. cap. 14. quibus adde, quod jam monuimus, nonnulla extare paulo duriora in illis libris Eusebii contra Marcellum, quia totus est ut ostendat Christi a Patre distinctionem.

Objicies; Lib. 2. de Eccles. Theologiæ cap. 7. ait Patrem & Filium non esse honore pares, tum vero passim in libris Demonstr. Evang. affirmat Christum esse honorandum propter Patrem in illo habitantem: igitur.

Dist. ant. Ratione originis propter quam nonnihil honoris deferendum esse videtur Patri, C. ratione naturæ quæ sit nobilior in Patre, N. Hoc iterum non semel legitur apud Veteres, qui primas quadantenus deferebant Patri propter prærogativam originis, quanquam aliunde putarent Filium esse vere Deum & cultu divino adorandum; quod certe affirmat ipse Eusebius quam disertissime hoc in eodem capite lib. 2. de Eccles. Theologia.

Objicies; Præter scripta Eusebii quæ eum Arianæ impietatis reum manifeste convincunt, multa sunt quæ idem certo probant, si ad ejus agendi rationem, multasve circumstantias penitius attendatur.

1. Ante Nicænum Concilium in gratiam Arii, qui impia de Filio Dei dogmata publice in Ecclesia prædicabat, scripsit ad Alexandrum Episcopum Epistolam quæ nunc non extat, sed cujus fragmenta habentur in actis septimæ Synodi œcumenicæ actione sexta, ut nimirum vellet Arium ab Ecclesia ejectum communioni suæ restituere, & in qua Epistola excusans Arianos, Christum vocaverat creaturam perfectam. Qua in re cum Eusebii Cæsariensis exemplum secuti Theodotus Laodiceæ Episcopus & Paulinus Tyriensis pro restitutione Arii apud Alexandrum intercessissent, horum Epistolas utpote dogmatibus suis patrocinantes, ubique ostentibus suis patrocinantes, ubique ostentabat Arius; unde coactus est Alexander ad reliquos Orientis Episcopos scribere, Arium una cum sociis jure damnatum ac depositum fuisse.

2. Eusebius in Concilio Nicæno primus recusavit subscribere symbolo fidei, ne vocem ὁμοούσιον admitteret. Quod autem postridie huic eidem definitioni subscripserit, nihil omnino juvat ad ejus fidem vindicandam, hoc enim præstitit Constantini Imperatoris præsentis reverentia, vel etiam exilii & depositionis metu ductus, præter alias causas hujus subscriptionis quas ipse affert in Epistola quam scripsit ad Cæsarienses apud Socratem, quæ ostendunt ideo hæsisse Eusebium, non quod Arii amicus erat, sed quod catholica sibi non videbatur vox *consubstantialis*. Unde ad ejusdem Epistolæ finem apud Theodoretum lib. 1. cap. 12. affirmat Filium antequam gigneretur actu ex Patre in ipso fuisse tantum potentia.

Quin & illud quoque vehementer repreprehendendum est, quod licet æternitatem Filii ejusque divinitatem adversus Arianos deinceps asserueris, *homousii* tamen vocem nunquam ex animo probaverit, etiam post Concilium Nicænum. Certe nec in libris contra Marcellum, nec in orationibus de fide adversus Sabellium non obscure significat eam vocem, utpote quæ in Scripturis non legatur, sibi displicere, sic enim ait: *Sicut ergo de his quæ possunt quæri, inertiæ est non quærere, ita de his quæ non necesse est quæri, audacia est quærendi. Quæ ergo debent quæri? quæ invenimus in Scripturis posita. Quæ autem in Scripturis non invenimus, non quæramus.* Et in fine orationis, *Quæ scripta sunt dicito, & derelinquetur lis.* Quibus verbis *homousion* sine dubio perstringit Eusebius.

Sed & in ista Epistola ad Cæsarienses mox laudata testatur ideo se non statim subscripsisse fidei Nicænæ, quod vocibus peregrinis & in Scriptura minime usitatis utebantur Patres illius Concilii. *Cum igitur*, inquit, *nulla divinitus inspirata Scriptura istis unquam usa sit vocibus*, de non extantibus; *& fuit aliquando tempus cum non esset, & aliis quæ ibidem subjiciuntur, visum est nullatenus rationi consentaneum esse, ut hæc vel dicerentur vel docerentur. Hæc vobis necessario scribenda esse duximus, dilectissimi, ut vobis liquido demonstraremus, quanto cum judicio tum dubitatio, tum assensio nostra librata sit.* In quo modo amicum Arii, sed & ejus doctrinæ fautorem se prodit Eusebius.

3. Post Nicænam Synodum Eusebius cum Arianis eorumque principibus amicitia semper junctus fuit, quod autem hominem vere Arianum redolet, eos autoritate & gratia qua valebat, apud Imperatorem juvare conatus est.

Atque quod non levis quoque momenti est, idem Eusebius odio implacabili insurrexit adversus acerrimos quosque Catholicæ fidei vindices, puta in Magnum Eustathium Antiochenum, quem verisimiliter in Concilio Antiocheno deponendum curavit, id quippe factum est ab Arianis, ut Eusebium Cæsariensem in illam sedem introducerent. Tum vero & in S. Athanasium fidei Nicænæ strenuum defensorem, quem vehementer divexavit in Concilio Tyriensi, cui ipse præfuit, ut testatur Sanctus Epiphanius in hæresi Meletianorum.

4. Argumentum petitur ex eo quod nec in suis Ecclesiasticæ Historiæ libris, nec in Chronico, Eusebius ne verbum quidem habet de Ariana hæresi ejusque condemnatione in Concilio Niceno facta, cujus quidem silentii affectati in re tanti momenti, non alia profecto causa fuit, quam ut hæreticorum pudori parceret, Catholicisque victoriæ gloriam eriperet. Nam quod in Latino ejus Chronico ad annum 15. Constantini hæc leguntur. *Alexandrinæ Ecclesiæ 19. ordinatur Episcopus Alexander, a quo Arius Presbyter de Ecclesia ejectus, multos suæ impietati sociat. Ad quorum perfidiam coarguendam Synodus 318. Episcoporum in Nicæa Bithyniæ congregata, omnes hæreticorum machinas homousii oppositione delevit.* Satis perspicuum est ista non ab Eusebio, sed ab Hieronymo addita fuisse; tum quia Synodi Nicænæ commemoratio hic alieno loco ponitur; tum quia lib. 3. de vita Constantini scribit paulò plus quam 250. Episcopos in ea consedisse.

5. Demum, & ex hoc adversus Eusebium argumentari licet, quod ab innumeris prope Scriptoribus & magni quidem nominis hæreseos Arianæ accusatur, eum accusarunt Marcellus Ancyranus lib. contra Arianos; Episcopi apud Ægyptum congregati in urbe Alexandria, in Epistola Synodica ad omnes Ecclesiæ Catholicæ Episcopos, quam refert Athanasius in Apologia secunda adversus Arianos. Synodus Sardicensis

in Epistola Synodica S. Epiphanius in haeresi Meletianorum quae est sexagesima octava. S. Athanasius in Epistola de Nicaenae Synodi decretis, in Epistola ad Episcopos Africae, & in tractatu de Synodi Arimini & Seleuciae. S. Hieronymus in Epistola ad Ctesiphontem, & in lib. adversus Rufinum. Theodoretus in Epistolam S. Pauli ad Hebraeos. Photius in Epistola 144. ad Constantinum Patricium, & in Bibliotheca cod. 13. & 127. Zonaras in historia Constantini. Nicephorus lib. 6. Hist. cap. 37. atque inter recentiores Baronius ad annum Christi 340. num. 38. Petavius lib. 1. de Trinitate c. 11. Natalis Alexander in Histor. Eccles. 4. saeculi dissertationes 17. & alii nonnulli.

Quibus omnibus coronidis loco addncam autoritatem Concilii generalis septimi actione 6. ubi Epiphanius Eusebii Caesariensis testimonia expendit & Arianum errorem in illis expressum esse tota audiente & non contradicente Synodo demonstrat. *Quis enim*, inquit, *fidelium in Ecclesia, quique verarum dogmatum scientiam habet, ignorat Eusebium Pamphili in reprobum sensum traditum consensisse Arii placitis. Nam in cunctis Historiis suis libellis, Filium & Verbum Dei creaturam vocat, item subministrum & secundo adorandum loco. Si vero quidem asserunt eum in Synodo subscripsisse, concedimus quidem hoc ita se habere, verum labris illum dicimus veritatem coluisse, corde autem ab ea longe abfuisse, quemadmodum & omnes Epistolae illius & commentaria ostendunt.* Dehinc profert Epiphanius quaedam excerpta ex Epistola Eusebii ad Alexandrum, ex Epistola ad Euphrasionem, & sic concludit: *Ex his igitur scriptis illius apparet, aperte illum Arianae esse opinionis & sententiae.*

Vix itaque intelligitur quo tandem pacto Eusebii fides vindicari possit, cum adversus illum tot illustria habentur momenta.

Nego ant. nempe ex his omnibus vel etiam collectis argumentis aperte demonstrari Eusebium inter Arianos esse annumerandum, quod ut melius intelligatur, ad singula propositae objectionis capita singillatim respondendum est.

Ad primum quidem respondeo ex illo momento id solum colligi posse, deceptum fuisse Eusebium uti & nonnullos alios Episcopos ab Ario ipso, qui ad initium factionis suae nondum satis cognitae, cum ab Alexandro Episcopo damnatus fuisset & ab Ecclesia Alexandrina pulsus, scripsit ad omnes vicinarum urbium Episcopos, misitque fidei suae exemplum quo illos ad partes suas pertraxit, quibus artibus decepti pro ejusdem Arii restitutione, apud Alexandrum intercessere; sed inde non sequitur Eusebium uti & alios praefatos Praesules vere & sincere doctrinam Arii semel cognitam imbibisse, de Eusebio constat ex eo quod hujus haeretici condemnationem in Concilio Nicaeno solemniter factam ultro amplexus est.

Nec moror quod in illa Epistola ad Alexandrum, qualis refertur a Patribus Synodi septimae Generalis, Eusebius Christum vocat creaturam; id quippe intelligi debet, quomodo supra expositum est, quod ait Filium Dei esse creatum, sapientiam Dei creatam ab initio, ita ut videlicet creatum in hujus autoris mente idem sit quod genitum.

Ad secundum respondeo cum doctissimo Valesio, initio quidem vocem consubstantialis Eusebium recusasse, sed postea edoctum a reliquis Episcopis quaenam esset hujus vocis significatio, ultro ei consensisse. Quod autem nonnulli asserunt illum necessitate adactum, vel metu exilii, Nicaenae fidei subscripsisse, omni verisimilitudine caret: is enim post Synodum Nicaenam semper damnavit eos qui dicerent Filium Dei ex nihilo factum esse, ut patet ex libris ejus contra Marcellum, & nominatim ex capitibus 9. & 10. lib. 1. de Eccles. Theolog. idem etiam constat ex S. Athanasio, qui locis supra laudatis testatur Eusebium Nicænæ definitioni subscripsisse, nunquam tamen id ab illo simulate & in speciem duntaxat factum esse prodit.

Atque hoc idem, quod in ista disquisitione fundatissimum est, manifeste colligitur ex Epistola quam ipse Eusebius ad Cæsarienses suos misit, ut eos videlicet certiores faceret, qua ex causa fidem Nicænam fuerat amplexus, cum nempe rescivisset præfatam vocem *consubstantialis* eo sensu non accipi quod Deus diceretur Filio consubstantialis ad instar corporum, sed ratione perfectæ similitudinis aut unitatis quæ sit in Patre & Filio. *Sic etiam illud*, inquit, *consubstantialem esse Filium Patri cum allatis rationibus discussum esset, convenit non juxta corporum modum, neque instar mortalium animantium accipi debere. Nam neque per divisionem substantiæ, neque per abscissionem, nec per mutationem paternæ essentiæ atque virtutis id posse constare. Verum hoc consubstantialem esse Patri, nihil aliud significare quam Filium Dei nullam cum creaturis ab ipso factis similitudinem habere, sed solius Patris a quo genitus sit, per omnia similem esse, nec ex alia quadam hypostasi aut substantia, sed ex Patre esse. Quod quidem cum ita expositum esset, jure merito approbandum esse censuimus. Atque hæc dicta sunt de fide quæ Nicææ promulgata est, cui quidem omnes consensimus, non leviter & inconsulto, sed juxta sensus allatos qui coram ipso religiosissimo Imperatore discussi, & ob rationes superius expositas, ab omnibus comprobati sunt.* Certe non patitur æquitas ut fucum fecisse credatur Eusebius, cum ejusmodi rationes exponit propter quas prima fronte hæsitaverat in recipienda voce *consubstantialis*, & ei postea consensit.

Quod deinde ajunt ad illius Epistolæ finem apud Theodoretum, Eusebium affirmare Filium Dei antequam gigneretur, potentia tantum non actu fuisse in Patre, plane nullius momenti est. 1. quia hanc Epistolæ clausulam esse supposititiam valde probabile est; tum quia non extat apud Socratem Theodoreto antiquiorem & in hac parte fide digniorem; tum quia Eusebius lib. 1. contra Marcellum cap. 1. hunc expresse reprehendit, quod dixisset Filium ante mundi creationem potentia duntaxat in Patre extitisse. 2. quia & ejusmodi locutio benigne explicari potest eo sensu quod ante mundi creationem Filius non fuerit extra Patrem prolatus, manifestatus, quod non semel legitur apud Veteres, ut jam a nobis observatum est.

Plus virium non est in eo quod addunt Eusebio etiam secutis temporibus post Synodum Nicænam cautum fuisse ne vocem *consubstantialis* usurparet; inde enim solum sequitur Ario & Arianis nimium indulsisse Eusebium, quod fatendum est; qua ex causa noluit fortasse hac voce quam odio habebant illi, in scriptis suis uti. In hac quidem reprehensione dignus, non tamen in hoc hæreticus; quandoquidem post Concilium Nicænum plurimi extiterunt vel etiam inter SS. Patres qui Semi-Arianismo aperte favebant a voce *consubstantialis* abstinentes, & tamen nota Arianæ hæreseos propterea non inuruntur.

Denique scribit quidem Eusebius ad suos Cæsarienses ideo se non statim amplexum fuisse fidem Nicænam, quod exponebatur vocibus in Scriptura non usitatis; sed in hoc neutiquam fuit hæreticus, quantumvis enim hac in parte nonnihil dubitaverit, hæsitaverit; tamen re magis elucidata libenter subscripsit. *Tandem vero*, inquit ibidem, *ea quæ nihil offensionis habebant, sine contentione amplexi sumus, postquam nobis verborum sententiam candide exami-*

nan-

nientibus apparuit ea prorsus cum illis convenire, quæ nos in fide primum a nobis exposita confessi fueramus.

Ad tertium respondeo vere quidem Eusebium cum Arianis etiam post Synodum Nicænam perpetuo versatum esse, in eorumque partibus vehementer implicitum, ita ut una cum illis impugnare non dubitaverit Catholicos Episcopos, Eustathium scilicet & Athanasium fidei Nicænæ præcipuos defensores; sed tamen id ab eo factum non esse odio fidei & quod Ariana hæresi vere imbutus erat.

Quod objicitur illum curasse ut deponeretur Eustathius, nihil omnino probat.

1. Quia cum iste Antiochenus Præsul apud Imperatorem accusatus esset, quod Sabellii errorem astrueret, in Concilio Antiocheno damnatus est, cui interfuit quidem Eusebius Cæsariensis, sed cui non præsedit, quasi merito censeatur autoritate qua pollebat Eustathium divexasse: quapropter pulso in exilium Eustathio Eusebius noster, tametsi & a populo & ab Episcopis rogatus ut Antiochenæ Ecclesiæ administrationem susciperet, id facere recusavit.

2. Quia Episcopis in Antiochena Synodo Eustathium deponentibus consensit ultro Eusebius, quia in gravem Sabellianismi suspicionem venerat, ut aperte docet Socrates lib. 1. cap. 24. *Congregata igitur*, inquit, *Antiochia Synodo Eustathium deponunt, ut qui Sabellii dogmati potius, quam Nicænæ Synodi decretis insisteret*. Falsa quidem erat illa accusatio, sed hoc imprimis rei pondus addidit & colorem, quod hujus impietatis postulabatur Eustathius a Cyro Beroæ urbis Episcopo, Nicænæ fidei acerrimo defensore, & aliunde ejusdem Eustathii magister fuerat Marcellus Ancyranus, qui Sabellianam hæresim aperte prædicabat.

Quoad Athanasium spectat, id unum similiter colligi potest Eusebium amicitia & factione fuisse Arianum, non autem errore & sententia. Cæterum ex sancto quidem Epiphanio in hæresi Meletianorum Eusebius Cæsariensis præfuit in illa Synodo Tyria quæ adversus S. Athanasium habita est: ex aliis tamen scriptoribus constat non Cæsariensem, sed Nicomediensem Eusebium huic Synodo præfuisse.

Ad quartum momentum dico ex ejusmodi argumento, quod ut ajunt negativum est, nihil omnino confici posse; idcirco autem, inquit doctissimus Valesius, Nicænæ Synodi commemorationem vitavit & quidem de industria Eusebius, quod historiam suam pace illa, quæ post persecutionem Diocletiani cœlitus affulserat Ecclesiæ, claudere voluit, quemadmodum ipse testatur in exordio operis sui; tum & ne seditiones ac tumultus Episcoporum inter se rixantium exponere cogeretur, quod Scriptoribus molestum semper esse debet. Quapropter falsum est quod ajunt hoc ideo silentium affectasse Eusebium quod pudori Arianorum parcere vellet. Præterquamquod eandem Synodum Nicænam commemorat lib. 3. de vita Constantini, ubi & de ea honorifice loquitur, cap. 6. vocat Episcopos ad illam Synodum venientes, divinam quandam Phalangem: *Mox velut divinam quandam Phalangem adversus eum instruens*, Constantinus, *generalem Synodum convocavit ... postquam in unum convenere, Dei opus esse id quod gerebatur apparuit. Nam qui non modo animis, verum etiam corporibus & regionibus ac locis & Provinciis longissime inter se diffusi erant, tunc in unum congregati cernebantur, & velut maximam quandam Sacerdotum coronam ex pulcherrimis floribus contextam, una continebat civitas capiebat*. Cap. 7. *Hoc amplissimo cœtu, tanquam imagine quadam Apostolici chori, nostris temporibus convocato*. Cap. 9. *Porro*, inquit, *ex his Dei Ministris alii sermone sapientiæ, alii gravitate vitæ & laborum tolerantia eminebant, alii modestia & comitate morum erant ornati*. Ergo ne pudebat Eusebium commemorare Synodum Nicænam?

Ad ultimum denique momentum respondemus, quod jam a nobis præmonitum fuit, in illo Scriptorum inter se de fide Eusebii dissensionem conflictu, quorum videlicet alii eum Catholicum, alii Hereticum appellant, tenendam esse hanc constantem juris regulam, *in dubiis mitiorem sententiam amplecti oportere*.

His porro Scriptoribus quorum objicitur auctoritas in Eusebium, alios quam multos opponimus qui de illo recte senserunt, eumque pro Catholico habuerunt, videlicet Constantinum M. in variis Epistolis quas ad ipsum Eusebium scripsit. Gelasium in sede Cæsariensi Eusebii successorem, qui hujus nomen in sacris Dipticthis constanter retinuit. Theophilum Alexandrinum qui cum ipso Communionem Ecclesiasticam coluit teste Eulogio Alexandrino in invectiva contra Acephalos apud Photium codice 237. Gelasium Papam in lib. de duabus Naturis. Pelagium II. Papam in Epist. 3. ad Episcopos Istriæ. Gelasium Cyzicenum in lib. 2. de Nicæna Synodo cap. 1.

At insigne est præ cæteris testimonium Socratis lib. 2. cap. 21. cujus nonnulla verba eam ob rem exscribemus. *Sed quoniam*, inquit, *hunc quoque, Eusebium Pamphili intellige, nonnulli conati sunt, perinde quasi Arianum dogma in libris suis secutus fuerit, opportunum fore censeo pauca de eo disserere. Primum igitur Concilio Nicæno quo Filium Patris consubstantialem fuisse decretum est, & interfuit & consensit .... Cum igitur Eusebius Concilii mentionem faciens, cunctas animorum dissensiones sopitas esse dicat, & universos in unam eandemque conspirasse sententiam, quid causa est cur nonnulli eum existimant Ariano dogmati consentire. Falluntur etiam Ariani qui illum opinioni suæ suffragari arbitrantur*. Quibus præ nostris nonnullas diluis objectiones quæ ex Eusebii scriptis proponi solent.

Quibus astipulantur inter recentiores Sixtus Senensis in Bibliotheca sancta, verbo *Eusebius*, Valesius ejusdem Eusebii doctissimus Interpres, Bullus in desensione Nicænæ fidei & alii passim.

Immo Eusebium ut sanctum prædicarunt Victorius in Canone Paschali; Vetus auctor Passionis S. Valeriani; Usuardus in Martyrologio, Codex MS. Ecclesiæ Parisiensis 800. & amplius annorum; Ecclesia Lemovicensis in veteri Breviario, & in veteri Calendario MS. ejusdem Ecclesiæ, & alii.

Ubi & observatione dignum videtur omnes Occidentales, inquit doctissimus Valesius, uno fere excepto Hieronymo, de Eusebio Cæsariensi honorifice sensisse, quos inter annumeramus nonnullos summos Pontifices Gelasium & Pelagium II.

At, dicet aliquis, Orientalium potius sequendum esse judicium, cum Eusebium utpote hominem linguæ suæ, melius nosse debuerint.

Sed respondetur non deesse quosdam ex Orientalibus qui magno quoque in pretio habuerunt Eusebium nostrum, inter quos Constantinus M. Gelasius Cæsariensis, Theophilus Alexandrinus, Gelasius Cizycenus, & Socrates..

Cæterum, ut pergit Valesius, Hieronymum vix capias qui non contentus hæreticum illum & Arianum dicere, eum Arianorum Principem & signiferum non semel appellat; Neque enim Arianorum Princeps vocari merito potest, qui Arianorum dogma post Nicænam Synodum ubique condemnavit, quod de Eusebio testimonium perhibet ipse Athanasius qui privatas cum eo semper gessit inimicitias; cujus rei nulla apparet causa, nisi quod Hieronymus suscepto semel adversus Origenem odio, cun-

cunctos ejus dogmatum defensores vehementer est persecutus.

Quod autem septimæ Synodi Oecumenicæ opponitur authoritas, in promptu est responsio uti respondet ibidem Valesius; neque enim de Eusebii fide agebatur in illa Synodo, sed de Imaginum cultu, ad quem subvertendum cum adversarii testimonium ex Eusebii ad Costantiam Epistola protulissent, eoque maxime niterentur, Patres Nicæni ad elevandam hujus testimonii authoritatem acclamaverunt Eusebium Arianum fuisse. Verum id obiter tantum, non autem data opera & causa prius cognita. Proferunt quidem loca quædam ex Eusebio quibus approbant illum Ariano dogmati adhæsisse; sed nullum discrimen adhibent inter libros ante Concilium Nicænum, & inter eos qui post illud Concilium ab Eusebio sunt elaborati; quod tamen fieri omnino debuerat, ut de Eusebii fide certum promeretur judicium.

De Spiritus Sancti Persona.

TRia sunt de quibus a nobis nunc est differendum. 1. an Spiritus sanctus sit vera Persona divina, 2. an sit vere Deus Patri & Filio consubstantialis, 3. an procedat a Filio, uti & a Patre.

An Spiritus sanctus sit vera Persona divina.

HOc unum est ex pestilentissimis Socinianorum Commentis, Spiritum Sanctum non esse veram Personam, sed quandam solum Dei virtutem & efficaciam, quiddam Dei, qui unus est in Persona, uti & in natura, attributum; sequuntur hac in parte veteres hæreticos Noetum, Praxeam, Sabellium eorumque Asseclas qui Personarum Trinitatem sustulerunt: hanc impietatem jam repulimus initio hujusce Tractatus, cum ostendimus tres esse in Deo Personas realiter distinctas: nunc autem fusius juvat easdem refellere, ut absurdas subinde cavillationes Socinianorum confutandi locus sit.

Conclusio.

Spiritus Sanctus est vera Persona subsistens, non merum Dei attributum.

Probatur ex Scripturis.

Primo. Ex iis locis quibus jam in genere asseruimus tres in Deo Personas, Math. 3. Marci 1. & Lucæ 3. Tres prædicantur Personæ divinæ in Baptismo Christi, Pater qui loquitur, Filius qui baptizatur, & Spiritus Sanctus qui dicitur e cœlo descendisse & apparuisse sub specie columbæ: sed solius est Personæ e cœlo descendere & sub assumpta specie hominibus apparere, hoc nimirum valde improprie diceretur; descensus enim est actio cujusdam Personæ, non alicujus virtutis, efficaciæ, attributi.

Idem astruimus ex Baptismo Christianorum, cujus forma his verbis præscribitur Math. 28. cap. *Baptizantes eos in nomine Patris, & Filii, & Spiritus Sancti*. Foret quippe perridiculum aliquem dici baptizari in nomine cujusdam qualitatis & attributi, nec ulla potior est ratio cur Pater & Filius habeantur eo loci ut veræ Personæ potius quam Spiritus Sanctus.

Denique idem conficimus ex celebri testimonio S. Joannis 1. Epist. cap. 5. *Tres sunt qui testimonium dant in cœlo, Pater, Verbum, & Spiritus Sanctus*. Hi enim, ut per se patet, nominatim tres dicuntur, hoc est tres Personæ, ubi vel Spiritus Sanctus agnosci debet ut vera Persona, vel negari quoque debet Patrem esse veram Dei Personam.

Secundo. Illud idem constat ex aliis locis in quibus Spiritus Sanctus expresse denotatur ut alius a Patre & Filio, pro-

proindeque ut alia Persona. Joan. 14. sic loquitur Christus: *Rogabo Patrem, & alium Paraclitum dabit vobis*. Cap. 15. *Cum venerit Paraclitus quem mittam vobis a Patre, Spiritum veritatis qui a Patre procedit, ille testimonium perhibebit de me*. Is profecto qui mittitur a Patre, qui a Patre procedit, qui testimonium perhibebit, qui venturus est, vera Persona est, non virtus, non efficacia, non attributum. Cap. 16. *Cum autem venerit ille Spiritus veritatis, docebit vos omnem veritatem; non enim loquetur a semetipso, sed quæcunque audiet, loquetur*: certe veræ Personæ est, non alicujus attributi venire, docere, loqui, audire.

Tertio. Id colligitur ex aliis Scripturæ locis quæ varias ejusce modi operationes Personarum proprias tribuunt Spiritui Sancto, ut revelare futura, 1. Timoth. 4. scrutari profunda Dei, 1. Corint. 2. Aliquos ad ministerium deputare, Act. 13. Varia hominibus dona distribuere, 1. Corint. 12. Qualia ubique & passim leguntur in sacris Codicibus.

Respondent Sociniani ex illis & similibus Scripturæ testimoniis plane nihil confici, quia tales operationes quæ dicuntur personales & personarum propriæ, iis non infrequenter tribuuntur quæ non sunt Personæ, sic enim Rom. 3. lex dicitur loqui: 1. Cor. 13. Charitas dicitur patiens, benigna, quod non æmuletur, non quærat quæ sua sunt, quæ quidem Personam designare videntur: 1. Joan. 5. Sanguis & aqua dicuntur testimonium perhibere, quemadmodum in. Psal. 18. Cœli dicuntur annuntiare gloriam Dei.

Sed quantum sit discrimen inter ista omnia & Spiritum sanctum, facile perspiciet quisquis ad naturam ipsam rerum quæ in exemplum proferuntur, & ad ea quæ tribuuntur Spiritui Sancto penitius attendet; sic enim universe loquendo agendum est, ut ex ejusmodi comparationibus ansa & occasio errandi non præbeatur. Jam vero nemo est qui ignorare possit sanguinem, aquam, & cœlos non esse veras Personas, sed res plane inanimatas; compertum est omnibus cum charitas dicitur pati, æmulari, quærere, ejusmodi actiones referri ad eum in quo residet charitas, non autem in ipsam charitatem; cum lex dicitur loqui, id intelligi de Legislatore qui per legem loquitur. At Spiritus Sanctus dicitur velle, scrutari, dona distribuere & alia id genus quæ meris accidentibus & attributis competere non possunt. Ubique describitur ut par & æqualis Patri & Filio, ut Deus, adeoque ut vera Persona.

Respondent iterum actiones illas nonnisi per figuram Spiritui Sancto accommodari in Scripturis; ibi autem esse figuram probant duplici potissimum testimonio: 1. quia Joan. c. 16. Spiritus Sanctus dicitur non loqui a se ipso, quod certe falsum esset, si esset Persona divina: 2. quia Rom. 8. cap. idem Spiritus Sanctus dicitur interpellare pro nostris gemitibus inenarrabilibus, quod proprie loquendo competere non potest Personæ divinæ: quapropter hæc & alia similia quæ tribuuntur Spiritui Sancto non possunt intelligi nisi in sensu metaphorico.

At nos contendimus non omnia sumenda esse metaphorice quæ Spiritui Sancto ascribuntur in Scripturis; tum quia quod metaphorice dicitur, raro admodum & infrequenter legitur; sed ubique & semper ut persona volens, intelligens, scrutans, distribuens describitur Spiritus Sanctus: tum quia locutiones Scripturarum non ita leviter censeri debent metaphoricæ, aliter nihil esset tam certum, tamque firmum quod statim non everteretur: tum denique, quia metaphoræ solent adhiberi in sermone oratorio, vel inter docendum aut arguendum: sed Spiritus Sanctus inducitur ut loquens, docens, separans, &

indiinstituens in Actis Apostolorum quæ nudam ac simplicem historiam complectuntur.

Neque vero quidquam inferri potest ex duobus Scripturæ testimoniis quæ proferunt adversarii.

1. Enim cum Spiritus Sanctus dicitur non loqui a semetipso, hoc solum significat eum omnia habere accepta a Patre & Filio quæ habet. An vero Filium Dei non esse veram Personam a Patre distinctam colligent adversarii ex eo quod dicitur similiter non loqui nec dicere quidquam a se ipso.

Ad secundum, equidem figurata est hæc locutio, qua dicitur Spiritus Sanctus pro nobis interpellare gemitibus inenarrabilibus, sed non ideo sequitur alias omnes in quibus de Spiritu Sancto agitur esse similiter metaphoricas, certe hoc principio nihil foret periculosius, nihil absurdius; quis enim ex eo quod metaphorice interpretatur quod Christus dicitur vitis, ostium, petra, id pariter accipiet metaphorice quod dicitur Deus, homo, natus, mortuus? Scilicet ejusmodi discrimina ex circumstantiis, ex antecedentibus & consequentibus colligenda sunt.

Objicies: Spiritus sanctus appellatur sæpius in Scripturis, Spiritus Dei; sed spiritus alicujus non est persona ab eo distincta; spiritus hominis non est persona ab illo homine distincta: igitur nec Spiritus sanctus Persona est in Deo.

Dist. min. Si hoc nomen Spiritus significet illius partem, C. Si sit totum quoddam distinctum ab alio, N. revera spiritus hominis, nempe anima, non est persona ab homine distincta, quia cuilibet compertum est animam esse partem hominis; sed Spiritus Sanctus, ita in uno & altero Scripturæ loco dicitur Spiritus Dei, ut in aliis passim designetur tanquam secretus & distinctus tum a Patre, tum a Filio, ut totum quoddam per se subsistens; conjungitur enim Patri & Filio in multis suis operationibus, dicitur mitti, procedere: quæ veræ sunt personæ.

Instabis: Spiritus Sanctus eodem modo est in Deo quo spiritus hominis est in homine, ut colligitur ex Epist. 2. ad Corint. cap. 2. *Quis enim hominum*, inquit Apostolus, *scit quæ sunt hominis, nisi spiritus hominis qui in ipso est? Ita & quæ Dei sunt nemo cognovit nisi Spiritus Dei*. Sed spiritus hominis non est persona distincta ab homine: ergo nec Spiritus Dei est Persona distincta a Deo Patre.

Dist. maj. Eodem modo quoad aliqua, C. quoad omnia, N. scilicet stat comparatio in eo quod sicut nemo cognoscit quæ sunt in homine, nisi spiritus hominis, ita nemo scrutatur quæ sunt Dei, nisi Spiritus Dei; sed in alia quavis re non instituitur hæc comparatio quasi Spiritus Dei non sit Persona vere subsistens, sicut spiritus hominis non est vera persona.

Instabis: Spiritus Dei dicitur ibidem esse in Deo, Patre scilicet, qui vera est Persona: sed Persona non est in alia Persona: ergo Spiritus Dei non est Persona.

Nego min. Constat enim, Patrem esse in Filio, & Filium esse in Patre: *Ego in Patre*, inquit Christus, *& Pater in me est*.

Cæterum, etsi fateremur in hoc Apostoli testimonio, vel in alio quodam Scripturæ loco Spiritum Dei non significare Personam veram, subsistentem, a Patre & Filio distinctam, inde tamen non sequeretur Spiritum Sanctum non esse Personam: sunt enim alia longe clariora in quibus dicitur velle, intelligere, dare, procedere, mitti, quæ non nisi de vera Persona intelligi possunt.

Objicies: Spiritus Sanctus persæpe dicitur in Scripturis donum Dei. Actorum cap. 8. vers. 20. *Pecunia tua tecum sit in perditionem, quoniam donum Dei existimasti pecunia possideri*. Sed donum non est persona: igitur.

Nego

Nego min. Potest enim aliquis dari vel dare se ipse in pretium vel remunerationem alteri, quod certe non semel dicitur de Christo, qui testatur Joan. 6. se esse datum a Deo hominibus; qui Galat. 1. cap. dicitur semetipsum dedisse pro peccatis nostris.

Objicies: Spiritus Sanctus dicitur in multos effusus in die Pentecostes, Act. 2. Quin & dicitur distribui, augeri, imminui, extingui; sed ista omnia non competunt personæ: igitur Spiritus Sanctus non est Persona.

Respondemus tamen Personæ Spiritus Sancti competere, ut jam animadvertimus, sumi nonnunquam pro donis cœlestibus, quo sensu haud dubie dicitur diffundi, augeri, imminui, extingui, quia nempe cœlestia charismata augentur, imminuuntur & pereunt.

De Spiritus Sancti Divinitate.

INter eos qui de Spiritu Sancto ejusque divinitate pessime senserunt, merito annumeramus.

1. Simonem Magum, qui teste S. Epiphanio hæresi 21. quæ est Simonianorum, tam male ac impie de Spiritu Sancto locutus est, ut hoc nomine scortum suum Helenam donaverit.

Omitto cum nonnullis recensere Saducæos, qui Spiritum Sanctum sustulisse ex eo creduntur, quod his verbis perhibet S. Lucas Act. 23. *Saducæi enim dicunt non esse resurrectionem, neque Angelum, neque Spiritum.* Hoc enim intelligendum puto quod nullum plane Spiritum, hoc est nullam substantiam spiritalem agnoscebant homines illi juxta mentem & doctrinam Epicureorum.

2. Valentinum, qui, ut scribit S. Athanasius lib. de salutari adventu Christi, & Orat. 2. adversus Arianos, Spiritum Sanctum ad Angelorum naturam redegit.

3. Montanistas qui Montanum impietatis suæ parentem pro Spiritu Sancto habebant, ut testantur Hieron. August. & Theodoretus.

4. Manichæum, qui se pro Spiritu Sancto jactabat, ut infert S. August. lib. contra Epistolam Manichæi, c. 6. ex eo quod vellet se a Christo, non a Spiritu Sancto missum, suis Epistolis inscribens, *Manichæus Apostolus Jesu Christi*, ut ipse Paracletus diceretur.

5. Arianos qui negantes Christi divinitatem, perperam quoque de Spiritu Sancto sentiebant, ut ipsis non semel exprobrat S. Athanasius.

6. Anomæos, quorum dux Aetius, tum & Eunomianos sic dictos ab Eunomio, hos omnes recoctos Arianos qui Spiritum Sanctum meram Filii creaturam docebant.

7. Macedonium Constantinopolitanum Episcopum, qui omnium apertissime Spiritus Sancti divinitatem impugnavit, ob id damnatus in Concilio Constantinopolitano habito ad annum 381. quod secundum est generale; hujus discipuli dicti sunt Pneumatomachi, hoc est, impugnatores Spiritus Sancti.

8. Demum, Socinianos qui, cum superiorum omnium hæresum infamias renovaverint, Sancti quoque Spiritus divinitatem sustulerunt, statuentes, ut mox dictum est, nomen Spiritus Sancti in Scripturis non aliud quidquam designare quam Dei virtutem & efficientiam; in quo omnes fin.

CONCLUSIO.

Spiritus Sanctus est vere Deus Patri & Filio consubstantialis.

Probatur 1. ex Scripturis:

Ac primum ex veteri Testamento, unde si cum novo comparetur, evincitur Spiritum sanctum esse verum Deum; Is enim qui dicitur *Jehova* in veteri Testamento, est verus ac summus Deus: sed ille qui *Jehova* dicitur in veteri Testamento, Spiritus Sanctus est in novo.

Isaiæ

Isayæ 6. *Et dixit Dominus exercituum Jehova, Vade & dices populo huic: Audite audientes, & nolite intelligere.*

At hoc ipsum Spiritui Sancto applicatur, Actorum cap. 28. *Bene Spiritus Sanctus*, inquit Apostolus, *locutus est per Isayam, Vade ad populum istum, & dic ad eos:*

Psal. 94. *Hodie si vocem ejus audieritis, nolite obdurare corda vestra, sicut in exacerbatione secundum diem tentationis in deserto, ubi tentaverunt me Patres vestri.* Sic nempe loquitur Deus Israelitarum qui fatentibus Socinianis verus erat ac summus Deus. Sed Hebr. 3. cap. Qui tentatus fuit, dicitur esse Spiritus Sanctus. *Quapropter*, inquit, *sicut dixit Spiritus Sanctus, Hodie si vocem ejus audieritis, nolite obdurare corda vestra.*

His adde Deum dici passim locutum esse per Prophetas. Lucæ 1. cap. *Sicut locutus est*, Deus Israel, *per os sanctorum qui a sæculo sunt Prophetarum ejus.* Et Hebr. 1. cap. *Olim Deus loquens Patribus in Prophetis.* At ille Deus statuitur Spiritus Sanctus in novo Testamento. Act. 1. *Oportet*, inquit S. Petrus, *impleri Scripturam quam prædixit Spiritus sanctus per os David, &c.*

2. Idem efficitur ex iis novi Testamenti locis, in quibus Spiritus sanctus expresse dicitur Deus, Act. 5. cap. S. Petrus Ananiam sic loquitur: *Cur tentavit satanas cor tuum mentiri te Spiritui sancto? non es mentitus hominibus, sed Deo.* Unde sic argumentari juvat ex illo loco, Qui mentitus est Spiritui sancto, censetur mentiri Deo non hominibus: Igitur Spiritus sanctus est vere Deus.

Respondet Crellius: 1. per Spiritum sanctum intelligendos esse Apostolos qui pleni erant Spiritu sancto, quos cum fallere tentavit Ananias, consequenter visus est fallere Spiritum sanctum. 2. Licet dicatur Ananias mentiri Spiritui sancto & Deo, non recte sequi Spiritum sanctum esse Deum; neque enim valet illa ratiocinatio, Ananias mentitus est Spiritui sancto, mentitus quoque est Deo: igitur Spiritus sanctus est Deus; sicut non valet illa, Qui spernit Apostolos, spernit simul Christum: ergo Apostoli sunt Christus.

Sed utraque hæc responsio frivola est.

Prima quidem, nuspiam enim legitur Apostolos Spiritus sancti nomine donatos. Præterquamquod statuit expresse sanctus Petrus Ananiam non esse mentitum hominibus, sed posita illa Crellii responsione Ananias mentitus esset hominibus, nempe Apostolis, in quibus habitabat Spiritus sanctus: igitur.

Secunda vero est omnino ridicula; neque enim probamus divinitatem Spiritus sancti ex eo quod dixerit S. Petrus Ananiam mentitum esse simul Spiritui sancto & Deo, sed ex eo quod infert ipse sanctus Petrus Ananiam esse mentitum Deo quod mentitus est Spiritui sancto; si enim hoc pacto sumantur verba sancti Petri, quomodo revera accipi debent, ex iis merito colligitur Spiritum sanctum esse Deum; ex quibus recte intellectis manifestum est evanescere difficultatem quæ petitur ex comparatione syllogismorum.

Eadem veritas confirmatur ex his verbis Apostoli 1. ad Corinth. cap. 12. *Nemo in Spiritu Dei loquens dicit anathema Jesu. Et nemo potest dicere, Dominus Jesus, nisi in Spiritu sancto. Divisiones vero gratiarum sunt, idem autem Spiritus ... alii quidem per Spiritum datur sermo sapientiæ, alii ... Hæc autem omnia operatur unus atque idem Spiritus dividens singulis prout vult.* Qui operatur omnia in omnibus, est verus Deus; sed ex illo Apostoli testimonio Spiritus sanctus operatur omnia in omnibus: igitur est verus Deus.

Deinde Fideles dicuntur in Scripturis, esse Templum Dei & Spiritus sancti, cap. 3. citatæ mox Epistolæ: *Nescitis*, inquit Apostolus, *quia templum Dei estis; &*

& Spiritus Dei habitet in vobis? c. 6. *An nescitis quoniam membra vestra templum sunt Spiritus sancti qui in vobis est?* Sed templum soli Deo debetur uti & adoratio quæ fit in templo: igitur Spiritus sanctus ibi declaratur Deus.

Probatur insuper eadem veritas ex eo quod Spiritui sancto tribuuntur passim divinæ perfectiones quæ Deo propriæ sunt.

1. Æternitas, is enim aut æternus, aut saltem ante mundum existens merito prædicatur, cui ascribitur mundi creatio, sed Spiritui sancto ascribitur mundi creatio, Psal. 32. *Verbo Domini cœli firmati sunt, & spiritu oris ejus omnis virtus eorum.* Unde Genes. 1. cap. *Spiritus Dei ferebatur super aquas.*

2. Immensitas, Psal. 138. *Quo ibo a spiritu tuo, & quo a facie tua fugiam?* Sapientiæ 1. *Spiritus Domini replevit orbem terrarum.*

3. Infinita rerum omnium scientia, Joan. 16. *Cum venerit ille Spiritus veritatis, docebit vos omnem veritatem.* 1. ad Corint. cap. 2. *Spiritus omnia scrutatur, etiam profunda Dei.*

Quibus addideris varias operationes Deo proprias tribui passim Spiritui sancto. Creatio, Psal. 103. *Emitte Spiritum tuum, & creabuntur.* Gratiæ collatio, sanctificatio, justificatio, 1. ad Corint. 6. cap. *Sanctificati estis .... justificati estis in Spiritu Dei nostri.* Charitatis effusio, *Charitas Dei diffusa est in cordibus nostris per Spiritum sanctum qui datus est;* adoptio hominum in filios Dei Roman. 8. *Quicunque spiritu Dei aguntur, ii sunt filii Dei.* Christi conceptio, Luc. cap. 1. *Spiritus sanctus superveniet in te.* Patratio miraculorum, Math. 20. *In spiritu Dei ejicio dæmones.*

At vero & efficacissimum est argumentum quod petitur ex forma Baptismi Christianorum: datur enim in nomine Spiritus sancti, ut & in nomine Patris & Filii, quod certe trium Personarum perfectam æqualitatem demonstrat.

Probatur 2. ex sanctis Patribus qui hanc doctrinam a primis Ecclesiæ temporibus ad nostram usque ætatem constanter tradiderunt.

S. Justinus Apolog. 2. *Filium,* inquit, *& Spiritum Propheticum colimus & adoramus, & Deum solum adoramus.*

Athenagoras in legatione pro Christianis: *Quis non miretur,* inquit, *cum audit nos qui Deum Patrem prædicamus, Deum Filium, & Spiritum sanctum ... ut Deum asserimus & Filium ipsius Verbum, & Spiritum sanctum.*

S. Irænæus, lib. 4. cap. 37. *Adest enim,* inquit, *ei semper Verbum & Sapientia Filius & Spiritus sanctus, per quos & in quibus omnia libere & sponte fecit, ad quos & loquitur dicens: Faciamus hominem, &c.*

Tertullianus, lib. contra Praxeam, cap. 25. *Ita connexus,* inquit, *Patris in Filio, & Filii in Paracleto tres efficit cohærentes, alterum ex altero qui tres unum sunt, non unus, quomodo dictum est: Ego & Pater unum sumus, ad substantiæ unitatem, non ad numeri singularitatem.*

S. Cyprianus, Epist. 73. quæ est ad Jubaianum: *Cum tres,* inquit, *unum sint, quomodo Spiritus sanctus placatus esse ei potest, qui aut Patris, aut Filii inimicus est?*

Origenes, lib. 3. de Principiis, c. 5. *Et Spiritui sancto,* inquit, *per quem cuncta sanctificantur, qui a Patre procedit, cui est gloria æterna in sæcula.* Et tom. 2. in Joan. p. 57. *Quod si id quod est apud Isayam scriptum, ait Servator noster se a Patre missum esse & ab ipsius Spiritu, respondendum est etiam hoc loco missum esse Christum a Spiritu, non quod natura differat, sed propter Filii Dei conservatoris nostri, qui se infra eum minuit, in humanitate sumenda dispensationem.*

S. Dionysius Alexandrinus in Respon-

sio-

sionibus ad Propositiones Pauli Samosateni: *Non impune feret is*, inquit, *qui adversus benignum Spiritum sanctum blasphemus est, Spiritus autem Deus est.*

Quibus adjungendi sunt ii Patres qui data opera probarunt adversus Macedonianos, Eunomianos, aliosque hæreticos; Spiritum sanctum esse Deum, non creaturam Filii, cujusmodi sunt sanctus Athanasius in Epist. ad Serapionem, sanctus Basilius lib. de Spiritu sancto, sanctus Gregorius Nazian. orat. 37. sanctus Ambrosius in libris de Spiritu sancto.

Quapropter Concilium Constantinopolitanum, quod est secundum generale habitum anno 381. merito profitetur in Symbolo Spiritus sancti divinitatem his verbis: *Credimus in Spiritum sanctum Dominum & vivificantem, ex Patre procedentem, & cum Patre & Filio adorandum & glorificandum, qui locutus est per Prophetas.*

Iidemque Patres sic loquuntur in Epistola Synodica ad Occidentales: *Etenim ista fides tum a nobis tum a vobis, tum ab omnibus qui verbum veræ fidei non pervertunt, approbari debet; quippe cum & antiquissima sit & lavacro baptismatis consentanea; & nos doceat credere in nomine Patris & Filii, & Spiritus sancti, hoc est in divinitatem, potentiam & substantiam unam Patris, & Filii, & Spiritus sancti, æqualem dignitatem, & coæternum regnum in tribus perfectissimis hypostasibus, sive in tribus perfectis personis; adeo ut neque quidquam loci detur pestiferæ Sabellii hæresi, qua confunduntur personæ: hoc est, proprietates tolluntur; neque blasphemia Eunomianorum, Arianorum, aut eorum qui Spiritum sanctum oppugnant, quicquam habeat ponderis, qua quidem essentiam, naturam sive divinitatem discindit, & Trinitati quæ increata & consubstantialis & coæterna est, naturam posteriùs genitam aut creatam, aut quæ sit alterius essentiæ, inducit.*

SOLVUNTUR OBJECTIONES.

Objicies: Nusquam in Scripturis Spiritus sanctus dicitur Deus: ergo revera non est Deus.

Respondeo negando ant. Nam verbis expressis in Actibus Apostolorum, sanctus Petrus Spiritum sanctum appellat Deum.

2. Etsi tam clare non legeremus in Scripturis Spiritus sancti divinitatem, quasi nempe illa propositio his terminis ibi cateat, *Spiritus sanctus est Deus*, non idcirco negari debet Spiritum sanctum esse vere Deum, quia nempe divina attributa solique Deo propriæ operationes ipsi passim & in singulis prope paginis tribuuntur; quemadmodum Crellius qui hanc nobis proponit objectionem, non dubitat affirmare Spiritum sanctum esse meram Dei qualitatem, licet expressis verbis non legat in Scripturis istam propositionem, Spiritus sanctus est qualitas.

3. Etsi hoc nostrum dogma de divinitate Spiritus sancti non contineretur in Scripturis, merito recurreremus ad Traditionem, quæ est altera fidei nostræ regula.

Objicies: Is non est verus Deus, qui factus est a Filio: sed Spiritus sanctus factus est a Filio, quod constat tum ex Amos 4. cap. ubi hoc legitur de Deo: *Qui formas tonitrua, & creas spiritum*, 2. ex S. Joanne cap. 1. qui loquens de Verbo divino sic habet: *Omnia per ipsum facta sunt, & sine ipso factum est nihil.* Est hoc argumentum Arianorum, qui Spiritum sanctum docebant meram Filii creaturam.

Nego min. Si nempe intelligatur de productione creata vel creatione, fatemur enim aliunde Spiritum sanctum procedere a Filio.

Ad locum vero ex Propheta Amos depromptum, respondeo ibi non de Spiritu sancto verba fieri, sed de vento; unde cum in Versione Septuaginta Interpretum legatur, Creat *spiritum*; in Vulgata nostra habetur, *Creans ventum.*

Neque vero quidquam colligi potest ex sancti Joannis testimonio, id quippe intelligi solum debet de rebus creatis, aliter argumentum istud probaret Patrem quoque factum esse a Verbo, quod tamen nec pertendunt Sociniani.

Instabis: Qui mittitur a Filio est creatura Filii: sed Spiritus sanctus mittitur a Filio, Joann. 15. cap *Cum venerit Paraclatus quem ego mittam vobis a Patre*. Igitur non est Deus.

Dist. maj. Qui mittitur ut servus ab hero cum dependentia ex parte ejus qui mittitur, C. qui mittitur sine dependentia, N. Hanc porro missionem Spiritus sancti a Filio non fieri cum dependentia, adeoque divinitati Spiritus sancti non officere quidquam, ex eo manifeste patet quod Filius, quem infinitis prope momentis ostendimus verum natura & substantialiter Deum, dicitur tamen mitti a Patre; scilicet ejusmodi missio unius Personæ divinæ ab alia nihil aliud significat quam originem acceptam.

Instabis: Spiritus sanctus annumeratur creaturis, scilicet igni, Matth. 3. *Ipse vos baptizabit in Spiritu sancto & igne*.

Respondeo idcirco, ignem adjungi Spiritui sancto, ut designentur Spiritus sancti dona quæ nobis quotidie confert, & Apostolis sub specie linguarum ignearum contulit.

Objicies: Legitur Matth. 11. cap. *Nemo novit Patrem nisi Filius*. Ergo Spiritus Sanctus non novit Patrem, adeoque non est Deus.

Dist. ant. Nemo inter creaturas, C. Nemo simpliciter, N. Non excludi autem hoc in loco Spiritum sanctum a cognitione Patris constat aperte ex 1. ad Corint. cap. 2. ubi hæc de Spiritu sancto leguntur, *Omnia scrutatur, etiam profunda Dei*.

Objicies: Spiritus sanctus dicitur Joan. 16. loqui non a semetipso, sed quæcumque audierit a Patre & Filio: sed istud Deo vero non competit: igitur non est verus Deus.

Nego min. Inde enim colligi solum debet Spiritum a Patre & Filio accepisse habere quæcunque habet; quemadmodum diximus divinitati Christi nihil præjudicare quod non semel legitur in sacris Scripturis Filium, quidquid habet, accepisse a Patre, nihil habere, non docere, non loqui, non operari a semetipso.

Objicies: Rom. 8. cap. *Spiritus postulat pro nobis gemitibus inenarrabilibus*, Atqui Deus nihil postulare potest: ergo Spiritus sanctus non est Deus.

Dist. maj. Postulat pro nobis, id est, facit ut postulemus, nobis virtutem postulandi largitur, C. Id est, postulat ipse, N. Nam ibidem legimus hæc verba: *Spiritus adjuvat infirmitatem nostram, nam quod oremus, sicut oportet nescimus*, Unde etiam ad Galatas, cap. 4. Spiritus sanctus dicitur eodem sensu clamare: *Quoniam*, inquit Apostolus, *misit Deus Spiritum Filii sui in corda vestra clamantem, Abba, Pater*. Quod scilicet ejus ope & gratia clamamus & oramus.

Objicies: Qui capax est tristitiæ, non est verus Deus: sed talis est Spiritus sanctus; Ephes. 4. *Nolite contristare Spiritum sanctum*: ergo non est Deus.

Respondeo hæc & alia similia figurate & metaphorice intelligenda, ut cum dicitur Deus gaudere, irasci.

Objicies: Non debet dici Deus, quem pro Deo non habuerunt Veteres: sed Spiritum sanctum pro Deo non habuerunt Veteres, quod quidem manifeste colligitur,

Primo, quia multi ex Veteribus etiam magni nominis sine cunctatione Spiritum sanctum esse Deum negarunt.

Tertullianum male de Spiritu sancto sensisse non immerito conjiciunt multi, tum ex eo quod cum Patre & Filio Spiritum sanctum confundebat, ut patet ex lib. 3. contra Marcionem, cap. 16. ubi Christum appellat Spiritum: *Quis enim, inquit, loquebatur, nisi Spiritus Creatoris, qui est Christus?* Et ex Apologetico, ubi loquens de Filio, ait: *Spiritum de Spiritu, & Deum de Deo extitisse*. Tum vero, quia versatus est in errore Montanistarum, qui Montanum ipsum esse Paracletum affirmabant.

Autor libri de Trinitate, qui inter opera Tertulliani legitur Novatiani inscriptus nomine, qui tamen neutrius est, cum Sabellianam hæresim duodecimo capite commemoret, quæ amborum ætate nondum invaluerat; is, inquam, cap. 24. Spiritum sanctum minorem Christo esse definit his verbis: *Sed si a Christo accepit, Paracletus, quæ nuntiet, major ergo jam Paracleto Christus est, quoniam nec Paracletus a Christo acciperet, nisi minor Christo esset, minor autem Christo Paracletus, Christum etiam Deum esse hoc ipso probat, a quo accepit quæ nuntiat, ut testimonium Christi divinitatis grande sit, dum minor Paracletus repertus ab illo sumit quæ tradit.*

Item multi accusant Origenem quod tres SS. Trinitatis Personas differre substantia opinatus sit, tom. 2. in Joan. p. 70. ubi sic habet: *Quia vero lucens simpliciter hoc in loco Servator, in ipsius Joannis Catholica Epistola, Deus esse lux dicitur; alius quidem existimat etiam hinc colligi; Patrem a Filio substantia non differre. Qui vero & diligentius observarit, & rectius locutus fuerit dicet non idem esse lumina quæ in tenebris lucent ab illis non comprehensa, & lucem in qua haudquaquam sunt tenebræ.*

Citant insuper hæc Origenis verba e tomo 2. in Joan. pag. 58. ut inde ostendant illum palam docuisse Spiritum sanctum Filio inferiorem: *Hæc autem, inquit, multis ac diu probata sunt iis qui planius & apertius videre velint, si omnia per ipsum facta sunt: Spiritum etiam Verbum factum esse qui una rerum omnium inferior eo per quem factus est intelligatur, tametsi verba quædam nos in contrariam partem trahere videantur.* Quod iterum, ut alunt, tradit tom. 3. in Joan. p. 270. his verbis: *Qui volebat glorificare Filium, omnibus quæ facta sunt antecellentem cum Spiritu sancto, non comparatione, sed exuberanti excellentia, qui tantus alii majori præstantia a Patre superatur, quanta ipse atque Spiritus reliqua non quælibet superant.*

S. Hieronymus Epist. 59. ad Avitum errores lib. 1. de Principiis recensens, sic loquitur de Origene: *Tertium dignitate & honore post Patrem & Filium asserit Spiritum sanctum, de quo cum ignorare se dicat, utrum factus sit an infectus, in posterioribus quid de eo sentiret, expressit, nihil absque solo Deo Patre infectum esse confirmans.* Quod nimirum scripserat, tom. 2. in Joan. pag. 57. & quod similiter in eo acriter reprehendit S. Epiphanius hæresi 64. Unde etiam S. Basilius lib. de Spiritu sancto cap. 29. scribit Origenem, *non omnino sanas de Spiritu sancto opiniones habuisse.*

Teste Petavio lib. de Trinitate cap. 14. Origeniani contagione erroris afflatus videtur Dionysius Alexandrinus, si fides habeatur S. Basilio, qui Epist. 41. scribit clarissimum hunc præsulem male sensisse de Spiritu sancto in Apologetica illa Epistola quam scripsit ad cognominem Dionysium Romanum Pontificem: *Hunc enim ab adoranda Deitatis consortio segregasse & creata ac servili natura annumerasse fertur.*

Eusebius Cæsariensis Spiritum sanctum non esse Deum sine fuco & ambage scripsit lib. 3. contra Marcellum cap. 6. *Paracletus autem Spiritus*, inquit, *neque Deus est, neque Filius.* Paulo ante dixerat illum a Filio esse factum, hocque nempe usus argumento, quod Joannis 1. legitur, *omnia per ipsum facta sunt*: Et in lib. 5. Demonstrationis Evangelicæ cap. 4. Christum ait non solum Davidis esse Dominum, sed etiam Spiritus sancti, adeoque multo magis Angelorum & creaturarum rerum omnium.

Quin & ipse S. Basilius Spiritum sanctum esse Deum aperte negat hom. 17. in sanctum Baptisma his verbis: *Neque igitur alienus est a gloria Dei Spiritus, ex ineffabili ore ineffabiliter prolatus, neque ipse Deus est, sed Dei Spiritus, & apud Deum, qui & a Deo mittitur, & per Filium nobis suppeditatur.*

Alterum momentum, quo probatur Spiritum sanctum pro Deo non esse habitum a Veteribus, ex eo petitur, quod nullus ex illis vel etiam data occasione Spiritum sanctum nuncupavit Deum. S. Hilarius ne semel quidem in duodecim de Trinitate libris, illum appellat Deum. Idem contigit sancto Basilio, tametsi sexcenties locutus fuerit de Spiritu sancto, ut etiam adversus blasphemiam Anomæorum ostenderet illum non esse creaturam. Is quippe non modo Spiritum sanctum nunquam appellavit Deum, sed & censuit hoc Dei nomen illi non esse tribuendum, ut restatur sanctus Gregorius Nazianzenus in Oratione 20. quæ est in illius laudem, sancto Basilio adjunguot.

S. Gregorium Nazianzenum qui Oratione mox citata, quæ est funebris in S. Basilium, illius sententiæ satis aperte annuit, cum ejus agendi rationem probat.

Idem porro confirmatur autoritate Conciliorum Nicæni & Constantinopolitani.

De Concilio quidem Nicæno vix intelligi potest, quomodo Patres illius Synodi Symbolum seu publicam atque integram Fidei Catholicæ professionem ediderint, Patrem dixerint Deum Filium verum Deum, & idem non asseruerint de Spiritu sancto, si ea tum fuit omnium doctrina Spiritum sanctum esse vere Deum.

Denique & stupendum maxime est quod Synodus Constantinopolitana ad asserendam Spiritus sancti dignitatem adversus Macedonium aliosque Pneumatomachos congregata, nuspiam tamen esse Deum pronunciaverit, sed hoc unum de eo posuerit: *Et in Spiritum sanctum Dominum vivificantem, qui ex Patre procedit, qui cum Patre & Filio simul adoratur & glorificatur*. Igitur pro uno ac summo Deo haberi non debet Spiritus sanctus.

Nego min. constat enim ex iis SS. Patrum testimoniis quæ inter probationes nostras addiximus, illos omnes Catholicos Doctores Spiritum sanctum ubique prædicare Deum, quidam scilicet, ut videre est, nominatim illum dicunt Deum; alii vero, quod plane idem est, divina illa attributa accomodant, æternitatem, immensitatem, perfectam omnium rerum scientiam, & alia id genus quæ soli Deo propria sunt, ita ut nullus sit dubitandi locus de perpetua & constanti Patrum traditione; unde propositis in objectione nonnullorum testimoniis facile responderi potest.

Primo non est quod objiciatur autoritas Tertulliani, qui, ut aiunt, Spiritum sanctum confundere videtur cum Patre & Filio, Christum appellans Spiritum; constat enim apud omnes Catholicos qui Spiritum sanctum profitentur veram Personam distinctam a Patre & Filio ipsisque consubstantialem, Spiritus appellationem communem esse tribus Personis: præterquam quod Tertullianus omnium disertissime tres in Trinitate Personas distincte constituit multis in locis, ac potissimum in libro contra Praxeam, cap. 25. 30. & 31.

Neque vero gravissimi hujus erroris accusari debet Tertullianus ex eo quod nonnihil imbutus videatur Montani Commentis, tum quia videbantur solum Montanistæ profiteri Montanum Paracleto fuisse plenum, non ipsum esse Paracletum, tum quia non omnino constat in hoc Montanistarum errore versatum esse hunc Scriptorem, quem plerique verisimiliter aiunt in austeriore duntaxat statuenda disciplina ab Ecclesiæ Catholicæ præscriptis aberrasse.

Plus virium non est in testimonio Autoris libri de Trinitate, qui sub nomine Novatiani circumfertur; ut enim jam centies diximus, familiare fuit, ut Filium Patre minorem, vel Spiritum sanctum Filio dicerent, hoc nimirum intellecto secundum originem, non secundum naturam & dignitatem. Consule quæ a nobis dicta sunt, cum sententiam Eusebii Pamphili expendimus. Præterquamquod hic Autor totus est eo loci ut ostendat Spiritum sanctum id omne quod habet accepisse a Filio ut Deo non ut homine, hinc significans eum Filio tantum minorem quatenus ab eo procedit.

Quæ-

Quæ postea objiciuntur ex Origene, Dionysio Alexandrino, & Eusebio Cæsariensi, diluta habes supra, ubi Sententiam illorum expendimus de Filii divinitate; eædem enim recurrunt difficultates. Hoc solum notari nunc potest multos etiam esse inter Theologos, qui, licet Eusebii fidem circa Verbi divinitatem vindicent, aiunt tamen illum sine cunctatione Spiritus sancti divinitatem negasse; sed nec desunt alii, qui & illum clarissimum Scriptorem, de Ecclesia tam bene meritum super ista re purgare conentur.

Quod spectat S. Basilium, certe negari a nemine potest quin Spiritus sancti divinitatem non agnoverit modo, sed & strenue defenderit adversus Anomæos, Eunomianos & alios Pneumatomachos. Epist. 78. anathematizat eos *qui Spiritum sanctum creaturam esse dicunt, & item eos qui id cogitant, & qui non confitentur illum natura sanctum esse, sicut natura sanctus est Pater, & natura sanctus est Filius, sed alienum illum a divina & beata natura faciunt: Est autem demonstratio recti sensus in eo, si a Patre & Filio non separetur. Oportet enim baptizari nos, juxta quod a Domino accepimus, & credere sicut baptizamur, glorificare vero Patrem & Filium & Spiritum sanctum quemadmodum credidimus.* Ubi certe magnam & perfectam astruit æqualitatem in tribus Personis, quod idem vel etiam clarius docet Epist. 80. his verbis: *Operationis itaque identitas in Patre & Filio & Spiritu sancto, manifeste per omnia similem & eandem illis esse naturam declarat ... sive igitur divinitas operationis nomen est, ut, unam dicimus esse Patris, & Filii & Spiritus sancti operationem, ita unam quoque dicimus esse divinitatem, sive juxta multorum opinionem, naturam ipsam exprimit divinitatis nomen, quoniam nulla in natura deprehenditur diversitas, non immerito unius & ejusdem divinitatis sanctam definimus esse Trinitatem.* Quibus dubio procul nihil luculentius desiderari potest.

Ad alterum autem momentum quod petitur ex silentio Veterum, quasi videlicet nullus unquam Spiritum sanctum appellaverit Deum; Respondemus hoc apertissime falsum esse, sunt enim qui verbis expressis eum dixerunt Deum: Ita S. Justinus loco inter probationes nostras citato, ita etiam sanctus Dionysius Alexandrinus, quibus merito accensentur ii omnes qui unam esse naturam, divinam scilicet, in tribus personis asseverarunt, uti Tertullianus & S. Basilius in locis mox citatis; dicere enim Spiritum sanctum esse Deum, & Spiritum sanctum habere divinitatem, plane idem sunt & voces omnino synonymæ.

Quod autem attinet ad S. Hilarium, is quidem Spiritum sanctum expressis verbis non appellat Deum in libris quos de Trinitate conscripsit quia nimirum agit data opera in hoc opere de Filii divinitate adversus Arianos, hæresi Pneumatomachorum nondum exorta; sed ejusdem sancti Spiritus divinitatem luculentissime astruit tum in iisdem libris Spiritum sanctum Patri & Filio adjungens tanquam ipsis in potestate æqualem, tum & in aliis passim locis, uti v. g. legitur in Commentariis in Matthæum cap. 33. ad finem: *Baptizantur autem, inquit, in nomine Patris & Filii, & Spiritus sancti, ut quorum est una divinitas, sit una largitio, nomenque Trinitatis unus Deus est.*

Quod autem attinet ad S. Hilarium, is quidem Spiritum sanctum expressis verbis non appellat Deum in libris quos de Trinitate conscripsit, quia nimirum agit data opera in hoc opere de Filii divinitate adversus Arianos, hæresi Pneumatomachorum nondum exorta; sed ejusdem sancti Spiritus divinitatem luculentissime astruit tum in iisdem libris Spiritum sanctum Patri & Filio adjungens tanquam ipsis in potestate æqualem, tum & in aliis passim locis, uti v. gr. legitur in Commentariis in Matthæum cap. 33. ad fin. *Baptizantur autem, inquit, in nomine Patris & Filii, & Spiritus sancti, ut quorum est una divinitas, sit una largitio, nomenque Trinitatis unus Deus est.*

Quod

Quod spectat S. Basilium, Respondeo eum quidem a Dei nomine Spiritui sancto tribuendo, & abstinuisse & abstinendum existimasse, sed istud nonnisi œconomiæ ac prudentiæ causa fecit. Scilicet hisce temporibus eo devenerat hæreticorum furor, ut Episcopum qui dixisset Spiritum sanctum esse Deum, de sede sua deturbare non dubitassent, indeque periculum erat ne omnes Catholici Præsules exularent; quapropter prudentissimum esse judicavit S. Basilius aliquantis per tempori servire, &, prout paci & bono Ecclesiæ congruebat, ab illa voce abstinere; quam prudentiam laudat in primis S. Gregor. Nazianzenus in citata Orat. 10. pag. 364. his verbis: *Cæterum sermones cum judicio disponere, de Davidis consilio & sententia necessarium esse judicabat, ac belli tempus & hæreticorum principatum aliquantisper tolerare, quoad libertatis tempus successisset, linguaque libertatem ac licentiam attulisset. Illi enim nudam, & apertam vocem de Spiritu sancto, quod Deus esset, arripere studebant (quod quidem tametsi verum erat; impium tamen illis, atque improbo impietatis antistiti videbatur) ut eum quidem cum Theologica lingua civitate pellerent, ipsi autem Ecclesiam occuparent, eamque sceleris sui propugnaculum efficerent; atque hinc deinde, velut ex arce quadam, id omne quod reliquum erat, popularentur. At ille in aliis quidem vocibus è Scriptura petitis, testimoniisque minime dubiis eamdem vim habentibus, necessariisque argumentis, adversarios ita comprimebat, ut nullo modo repugnare ac contra niti possent; sed qua maxima sermonis virtus & prudentia est, propriis vocibus constringerentur, quemadmodum is liber, quem hac argumento edidit, perspicuè ostendet, in quo calamum quasi ex Spiritus pixide movet. Sed tamen propriam vocem interim usurpare differebat, tum ab ipsomet Spiritu, tum a sinceris ipsius propugnatoribus in gratia loco hoc petens, ne hac suo consilio offenderentur, nec committerent, ut dum unum oculum mordicus retinere conarentur, propter inexplebilem cupiditatem omnia perderent, convulsa nimirum turbulento tempore ac distracta pietate. Ipsi enim nihil ex eo incommodi ac detrimenti acceptu-rus, si vocabula paululum immutarentur, modo aliis verbis etiam docerentur..... Nam quod alio quo melius quam quivis alii Spiritum sanctum Deum agnosceret, cum ex eo perspicue constat, quod & hoc sæpe de loco superiore, quoad per tempus licebat, prædicavit, & privatim apud eos a quibus interrogabatur, haud cunctanter confessus est; tum vero in suis ad me sermonibus apertius demonstravit.* Quod sane fidem & prudentiam S. Basilii abunde vindicat.

Quin & nonnumquam Spiritum sanctum in aliis scilicet occasionibus, vel opportuniori tempestate Deum nominatim appellavit, Epistola v. g. 141. ubi sic habet: *Confitendum sane est Deum esse Patrem, Deum Filium, Deum Spiritum sanctum, quemadmodum divina Scriptura, & qui sublimiora contemplati sunt, docuere.* Et paulo post: *Suspicor igitur quod hic non sufficere putaverit Paulus organum illud electum tantum prædicare Deum Filium, & Deum Spiritum sanctum, id quod significavit, dicens, Unus est Deus.* Idem quoque lib. 5. contra Eunomium Spiritus sancti divinitatem ex eo colligit, quod peccata condonat, eamdemque cum Patre ac Filio naturam habet. Iterum in libro de Spiritu sancto passim ostendit eum non esse creaturam, quod & in Epistola 60. 61. & 78. data opera demonstrat.

Ad Concilium Nicænum respondeo mirum nequiquam esse, quod expresse & nominatim in illa Synodo Spiritus sanctus non appelletur Deus, ubi nimirum de sola Filii divinitate astruenda tunc agebatur, nondum exorta erat Pneumatomachorum hæresis qui Spiritus sancti divinitatem postea sustulerunt, ut egregie observat S. Basilius Epist. 78. *Sententia vero, inquit, de Spiritu sancto in transcursu sine omni diligentia posita est, propterea quod nondum mota esset ista quæstio, sed adhuc credentium mentibus securus ac nullis obje-*

ctae.

ctus insidiis inesset de Spiritu sancto intellectus.

Denique quod spectat Concilium Constantinopolitanum, respondeo eadem oeconomia prudenter usos Patres, qua usi sunt SS. Basilius & Gregorius Nazianzenus, iisdem scilicet temporibus, & in iisdem circumstantiis, pacis & concordiæ studio voce ipsa Dei abstinuerunt, sed rem ipsam apertissime stabilierunt, putarunt nempe tantumdem esse si dicerent Spiritum sanctum esse Dominum & vivificum, tum vero simul adorari cum Filio, ac si dixissent illum esse Deum.

De Processione Spiritus sancti.

Circa Processionem Spiritus sancti hæc veniunt in controversiam. Primo, utrum Spiritus sanctus procedat a Filio, uti procedit a Patre. Secundo, utrum Symbolo Constantinopolitano addita merito fuerit vox *Filioque*. Tertio, an idem Spiritus sanctus distingueretur a Filio, posito quod ab eo non procederet.

Utrum Spiritus sanctus procedat a Filio.

Celebris est controversia, quæ jam a multis sæculis nata est Græcos inter & Latinos de Processione Spiritus sancti: volunt Græci Spiritum sanctum procedere a solo Patre, Latini vero illum procedere a Patre simul & a Filio.

Hujus Græcorum doctrinæ Patronum fuisse quinto sæculo Theodoretum putant nonnulli ex recentioribus Theologis, viri alioquin emunctæ naris, Bellarminus lib. 2. de Christo cap. 21. Petavius lib. 7. de Trinitate cap. 2. & Garnerius dissert. 3. quæ est de fide Theodoreti in tom. 5. Operum istius Scriptoris; quo fundamento gravissimi hujus erroris accusetur Theodoretus, quanam vero ratione ab eodem vindicari possit, mox videbitur in discursu disputationis.

Octavo Ecclesiæ sæculo jam emerserat rixa & querela Græcorum adversus Latinos super ea re, quod nimirum isti docerent Spiritum sanctum procedere a Patre, uti & a Filio; testatur enim Ado in Chronico, *quæstionem ventilatam inter Græcos & Romanos de Trinitate, & utrum Spiritus sanctus, sicut procedit a Patre, ita procedat a Filio*. In Concilio scilicet Gentiliaco ad Lutetiam anno 767. ut testatur Rhegino.

Sæculo sequenti, nimirum anno 809, rursus de eadem quæstione habita est Synodus Aquisgranensis, imperante tunc temporis Carolo M. ubi, inquit idem Ado, actum est *de processione Spiritus sancti, utrum sicut procedit a Patre, ita procedat a Filio*; hanc quæstionem moverat Joannes Monachus Jerosolymitanus. Quem Joannem Monachum fuisse Joannem Damascenum adversus Iconoclastas strenuum Ecclesiæ defensorem suspicatur Pithæus in lib. de Processione Spiritus sancti.

Post hæc sub finem ejusdem sæculi acrior fuit illa disputatio, promovente potissimum Photio Græcorum Schismatis autore; is enim ejecto Ignatio in sedem Constantinopolitanam per malas artes intrusus, varias in Ecclesiam Romanam calumnias commentus est, multaque illi errorum & hæreseum capita objecit, quorum unum hoc fuit quod dicerent Latini Spiritum sanctum procedere a Filio, ex quo tempore hæc Græcorum doctrina, qua nempe contendunt Spiritum sanctum procedere a solo Patre, non a Filio; non solum in apertam erupit hæresim, sed & potissima fuit eorum a Latina Ecclesia separationis tessera.

Exinde variæ inter Græcos & Latinos contentiones, pax nonnunquam inita & statim rupta. Instauratum schisma est undecimo sæculo, autore potissimum Michaele Cerulario Patriarcha Constantinopolitano, quamobrem varia subinde Concilia ad pacem sanciendam habita sunt: Primo, Barenie in Italia ann. 1097. sub Urbano II. ubi plurimum inclaruit S. Anselmus, Catholicam de Processione Spiritus sancti a Filio doctrinam strenue defendens. Secundo, Lateranense quartum sub Innocentio III. summo Pontifice an. 1215. ubi

ubi Græci ad Ecclesiæ Romanæ Communionem reversi sunt, ut constat ex ejus Concilii decretis cap. 4. Tertio, Lugdunense II. in Gallia habitum an. 1274. sub Gregorio X. ubi pax inter Græcos & Latinos redintegrata, & Græcorum Præsulum nomine legati fidem & obsequium Latinis polliciti sunt, Processionem Spiritus sancti a Filio nominatim profitentes.

Sed omnium super illo negotio disertissimum fuit Concil. Florentinum an. 1439. sub Eugenio IV. ubi post multas hinc & inde altercationes, pax tandem confecta est, & Græci eandem cum latinis de Processione Spiritus sancti doctrinam susceperunt, quanquam dissoluto Concilio, cujus decretis subscribere noluerat Marcus Ephesinus, in pristinum errorem relapsi unt Græci, in quos sit

Conclusio.

Spiritus sanctus procedit a Filio.

Antequam vero probetur ista conclusio, supponendum est optime colligi Processionem Spiritus sancti a Filio, ex his Scripturæ & Patrum testimoniis, in quibus Spiritus sanctus dicitur mitti a Christo, esse Spiritus Christi, esse ex substantia Filii, audire, accipere a Filio, esse halitus, flatus Filii, &c. Siquidem ipsis fatentibus Græcis, ex eo recte evincitur Filium procedere a Patre, quod tum in Scripturis, tum apud sanctos Patres dicitur esse Filius Patris, mitti a Patre, accipere a Patre, audire a Patre, loqui doctrinam Patris, esse Verbum Patris, cum aliunde certum sit nullibi reperiri in Scripturis Patrem accipere a Filio vel a Spiritu sancto, nec Filium accipere a Spiritu sancto. Rem vero sic conficimus.

Ex Scripturis quidem Joan. 15. *Cum autem venerit Paracletus quem ego mittam vobis a Patre, Spiritum veritatis qui a Patre procedit.* Et cap. 16. *Cum autem venerit ille Spiritus veritatis, docebit vos omnem veritatem, non enim loquetur a semetipso, sed quæcumque audiet loquetur, & quæ ventura sunt, annuntiabit vobis; ille me clarificabit, quia de meo accipiet, & annuntiabit vobis. Omnia quæcumque habet Pater, mea sunt; propterea dixi, quia de meo accipiet & annuntiabit vobis.* Ubi Spiritus sanctus dicitur mitti a Filio, loqui a Filio, & de eo accipere; quod manifeste probat ejus processionem a Filio, ut agnoscit S. Augustinus tract. 99. in Joan. his verbis: *Ab illo igitur audivit, audit & audiet, a quo est, ab illo est a quo procedit, & prius audire, hoc est illi quod scire, & scire illi hoc est quod esse.*

Accedunt vero ea testimonia, in quibus Spiritus sanctus dicitur Filii, Rom. 8. *Si quis autem Spiritum Christi non habet, hic non est ejus.* Galat. 4. *Misit Deus Spiritum Filii in corda vestra.* Spiritus enim sanctus non potest dici Spiritus Filii, nisi quia ab eo procedit ut a principio; vel enim Spiritus sanctus dicitur Filii, quia est ejus servus; vel quia sunt ejusdem substantiæ, vel denique quia est a Filio tanquam principio: atqui primum dici non potest; Filius enim & Spiritus sanctus ex Græcorum consensu, sunt æquales auctoritate, uterque Deus; adeoque Spiritus sanctus non dicitur mitti a Filio, quasi sit ejus servus. Secundum dici quoque non potest, alioquin non minus Filius Dei posset esse Spiritus sancti, quam Spiritus dicitur Filii, quod falsum est: ergo superest ut ideo Spiritus dicatur Filii, quia est ab illo tanquam a principio; proindeque Spiritus sanctus procedit a Filio.

Quibus addideris ea loca in quibus Filius ea omnia habere dicitur quæ habet Pater, Joan. 16 cap. jam citato, *Omnia quæcumque habet Pater, mea sunt.* cap. 17. *& mea omnia tua sunt, & tua mea sunt.* Quod tamen verum est salva utriusque proprietate personali, aliter dici non possent duæ personæ realiter distinctæ: sed ex his S[illegible] locis sequitur vim spirandi seu p[illegible]ndi Spiritum sanctum Filio per[illegible]tere ac Patri; igitur Spiritus [illegible] procedit a Filio.

Probatur 2. ex sanctis Patribus.

S. Atha-

S. Athanasius libro de humana natura suscepta, citans illud Psalmi 31. *quoniam apud te est fons vitae*, sic habet: *Noverat enim David apud Patrem Filium esse fontem Spiritus sancti*. Et oratione 4. contra Arianos: *Neque vero Spiritus Verbum cum Patre copulat, sed potius Spiritus a Verbo accipit . . . . . . ipse enim, ut dictum est, Spiritum dat, & quaecumque habet Spiritus, hac habet a Verbo*. Epist. 3. ad Serapionem, num. 1. *Quemadmodum Filius dicit, omnia quaecunque habet Pater, mea sunt, ita haec omnia per Filium in Spiritu esse deprehendimus*.

S. Gregorius Nyssenus lib. 1. contra Eunomium idem docet his verbis; *Porro idem nobis & de Spiritu sancto dicendum est, cujus in solo ordine differentia constituta est; nam ut Patri conjunctus est Filius, & cum ex illo esse habet, non tamen posterius existit, sic etiam Spiritus sanctus proximus haeret Filio, qui sola cogitatione secundum rationem principii prius consideratur, productione Spiritus. Nam temporum intervalla in illa vita, quae saecula omnia praecedit, locum non habent; adeo ut detracta principii ratione nulla re sancta Trinitas a se ipsa dissideat*.

S. Basilius libro 3. contra Eunomium sic illum refellit, eo quod Spiritum sanctum [illegible] *Quid divini necesse* [illegible] *ordine tertium Spiritus* [illegible] *Nam dignitate secundum esse a Filio*, [illegible] *esse ab illo habeat & ab ipso accipiat & annuntiet nobis, & omnino illius causa pendeat; pietatis sermo fortasse tradit, verum* [illegible] *usurpare naturam, neque a* [illegible]. Ubi [illegible] Basilius Spiritum sanctum [illegible] in Trinitate [illegible], vel [illegible] Filio; [illegible] Patre [illegible] procedere Spiritum sanctum [illegible] Filio; [illegible] quia ab il[illegible] ab [illegible] Filio [illegible] esse [illegible] *Spiritum* de *Patre & Filio procedere*.

Idem libro 5. objicienti Eunomio, cur Spiritus sanctus, cum a Filio procederet, non diceretur Filii Filius, respondet S. Basilius Spiritum sanctum non esse Filium Filii: *ne Trinitas Filios ex Filiis habere suspecta, ut est in hominibus, infinita putetur multitudo*; sed non respondet Spiritum sanctum non procedere a Filio.

S. Epiphanius in Ancorato num. 67. *Cum*, inquit, *Christus a Patre credatur Deus ex Deo, & Dei Spiritus a Christo, sive ab ambobus, ut Christus his verbis asserit, qui a Patre procedit, & hic de meo accipiet*. Et haeresi 72. quae est Sabellianorum, haec scribit num. 4. *Non alienus est a Patre & Filio, sed ex eadem substantia, ex eadem divinitate, ex Patre & Filio, cum Patre & Filio subsistens semper Spiritus sanctus*.

S. Cyrillus Alexandrinus lib. 34. Thesauri eandem tradit doctrinam, his verbis: *Cum ergo Spiritus sanctus in nobis existens, conformes nos efficiat Deo, procedat autem ex Patre & Filio, perspicuum est divinae ipsum esse substantiae*. Commentarii in Joan. lib. xj. cap. 33. *Nam fuit*, inquit, *Filii Spiritus est naturaliter in ipso manens, & per ipsum procedens, sicut et Patris quoque Spiritus est*. Et lib. xij. cap. 56. *Unde nobis firmiter credendum est non esse alienum a Filio Spiritum sanctum, nam quum ei consubstantialis sit ex Patre per ipsum procedit*. Et libro 1. de Adoratione loquens de Spiritu sancto: *Est*, inquit, *Dei, & Patris; & Filii, ille qui substantialiter ex utroque, nimirum ex Patre per Filium profluit*. Ex hisc [illegible] Patribus Graecis.

Patres vero Latini in eandem omnino conspirarunt sententiam.

Tertullianus libro contra Praxeam, cap. 4. *Sic*, inquit, *mihi & in tertium gradum* [illegible] *Spiritum* [illegible] *a Patre per Filium*.

S. [illegible] lib. 2. de [illegible] loquens de Spiritu sancto, [illegible]: *Loqui de eo non necesse est, qui de Patre & Fi-*

& Filio autoribus confitendus est. Et lib. 8. *A Filio igitur accipit qui & ab eo mittitur, & a Patre procedit*.

S. Ambrosius lib. 1. de Spiritu sancto, cap. 16. idem docet his verbis: *Spiritus quoque sanctus, cum procedit a Patre & Filio, non separatur a Patre, non separatur a Filio*. Libro de Symbolo cap. 1. *Ipse solus est aeternus, quia initio & fine caret, id est, Deus, Pater, qui coaeternum sibi & omnipotens genuit Verbum, cum quo Spiritum sanctum produxit*. Et cap. 4. *Spiritus vero qui ab utroque procedit, nec ipse cœpit*.

S. Augustinus lib. 4. de Trinitate cap. 20. *Nec possumus dicere quod Spiritus sanctus & a Filio non procedat, neque enim frustra idem Spiritus & Patris & Filii Spiritus dicitur*. Et Tractatu 99. in Joan. *Cur ergo non credamus*, inquit, *quod etiam de Filio procedat Spiritus, cum Filii quoque ipse sit Spiritus? si enim ab eo non procederet, non post resurrectionem se repraesentans Discipulis suis insufflans diceret, Accipite Spiritum sanctum; quid enim aliud significavit ista insufflatio, nisi quod procedat Spiritus sanctus & de ipso?*

S. Leo Epist. 93. *Alium qui genuit*, inquit, *alium qui genitus est, alium qui de utroque processit*.

S. Fulgentius lib. de Fide ad Petrum cap. 11. *Firmissime tene*, inquit, *& nullatenus dubites Spiritum sanctum qui Patris & Filii unus est Spiritus, de Patre & Filio procedere*.

Adeo clara & expressa [illegible] istiusc sanctorum Patrum testimonia, [illegible] quae in illa [illegible] Graeci argutias refellere [illegible] sit; quod cum ex iis id [illegible] affectionis [illegible] & [illegible] ex eodem [illegible] & [illegible] profluere; aperte falsum [illegible] quidam dicunt Patres Spiritum [illegible] Filio, accipere a Filio, esse Filii. Quod [illegible] explicandum [illegible] testimonia de temporali missione Spiritus sancti [illegible] de [illegible] Processione, [illegible] omnino [illegible] Spiritum ex aequo procedere a Fi-lio, sicut Filius procedit a Patre: atqui Filium docuerunt ab aeterno genitum a Patre, non missum temporali missione tantum: ergo sanctorum Patrum testimonia de origine & processione aeterna, qua Spiritus sanctus procedat a Filio, intelligi debent.

Probatur 3. ex Conciliis, ex Ephesino quidem generali tertio, ubi solemniter approbata est Epistola quaedam S. Cyrilli & Synodi ex Aegypto congregatae ad Nestorium, ubi sic statuitur processio Spiritus sancti a Filio: *Nam etsi Spiritus in propria persona subsistat, eatenusque in seipso consideretur, quatenus Spiritus est, & non Filius; non est tamen ab eo alienus, quandoquidem Spiritus veritatis nominatur, Christus autem veritas est, & proinde quoque ab illo, atque a Deo Patre procedit*. Legitur 1. p. cap. 26. tom. 3. Conc. pag. 405.

Dehinc eamdem doctrinam calculo suo approbare censentur Patres Calcedonenses, cum de Epistolis Cyrilli ad Nestorium sic loquuntur Act. 5. tom. 4. Conc. pag. 565. Synodus *Epistolas Synodicas beatissimi Cyrilli Alexandrinae Ecclesiae Praesulis ad Nestorium, & ad Orientales congruenter habentes suscipit, ad convincendas Nestorii vesanias, &c.* Hanc porro eandem Cyrilli Epistolam approbavit Synodus quinta generalis collatione sexta. Tum & sexta generalis, actione 18. tom. 6. Concil. pag. 1025.

Dehinc [illegible] Spiritus sancti a Filio process[illegible]em definierunt alia Concilia, Lateranense IV. anno 1215. Lugdunense II. an. 1274. & Florentinum an. 1439. praeter alia quae mox ante [illegible]vimus.

Probatur denique ratione, quia, ut postea ostendemus, si Spiritus sanctus non procederet a Filio, ab eo non distingueretur personaliter: atqui Spiritus sanctus personaliter distinguitur a Filio: ergo ab illo procedit.

Objicies; illud dogma non est propugnandum, quod non legitur in Scripturis sacris, quae contra videntur doctrinam op-

oppositam tradere: atqui processio Spiritus sancti a Filio non legitur in Scripturis sacris; contra vero oppositum ibi aperte traditur; ibi nempe Spiritus sanctus dicitur procedere a Patre, nulla facta mentione Filii, Joan. 15. *Cum autem venerit Paracletus, quem ego mittam vobis a Patre Spiritum veritatis, qui a Patre procedit.* Qua enim de causa, cum de processione Spiritus sancti agitur, Scriptura diserte exprimeret Spiritum procedere a Patre, nulla facta mentione Filii, si revera procederet a Filio: Ergo Spiritus sanctus non procedit a Filio.

Nego min. quoad utramque partem. Primo, falsum est processionem Spiritus sancti a Filio non haberi in sacris Scripturis; ibi enim, ut diximus, statuitur processio Spiritus sancti a Filio, ubi dicitur Spiritum sanctum mitti a Filio, audire, accipere, loqui a Filio, esse Spiritum Filii, Spiritum Christi: atqui hæc profecto leguntur in Scripturis, ut constat ex locis inter nostras probationes adductis, ergo processio Spiritus sancti a Filio legitur in Scripturis.

Secundo, huic doctrinæ nihil pariter legitur oppositum in Scripturis; scilicet male infertur Scripturam negare processionem Spiritus sancti a Filio, ex eo quod asserat Spiritum sanctum procedere a Patre nulla facta mentione Filii, cum quia argumentum [illegible] est valde negativum; adeoque non magni ponderis; unde plurimi Patres, qui haud dubie docuerunt Spiritum sanctum a Filio procedere, interdum tamen omisso Filio, dicunt illum procedere a Patre, ut S. Augustinus libro 3. contra Maximinum cap. [illegible] tum quia satis frequenter Scripturæ uni tantum personæ divinæ tribuunt, quod tribus ex æquo convenit; dicitur v. g. de Filio, Joan. 1. *Erat lux vera*, solus Pater dicitur novisse diem judicii, Matth. 24. *de die autem illo & hora nemo scit, neque Angeli cœlorum, nisi solus Pater*; 1. Cor. 2. *Quæ Dei sunt, nemo cognovit nisi Spiritus Dei*. [illegible] Græci non dixerunt solum Dei Filium esse lucem veram; solum Patrem novisse diem judicii, solum Spiritum sanct. cognoscere quæ Dei sunt: ergo inepte prorsus concludunt Spiritum sanctum non procedere a Filio, quia legitur Joan. 15. illum a Patre procedere, nulla facta mentione Filii.

Quapropter hoc sensu præfatum Scripturæ testimonium explicat sanctus Augustinus, tract. 99. in Joan. *Si ergo*, inquit, *de Patre & Filio procedit Spiritus sanctus, cur Filius dixit de Patre procedit? Cur putas? Nisi quemadmodum ad eum solet referre, & quod ipsius est, de quo & ipse est; unde illud est quod ait, Mea doctrina non est mea, sed ejus qui misit me.*

Objicies: Illud dogma de processione Spiritus sancti a Filio, primis Ecclesiæ sæculis fuisse penitus inauditum & incognitum; siquidem incognitum fuit Patribus generalis Concilii Constantinopolitani an. 381. qui existimarunt Spiritum sanctum procedere a solo Patre qui examinantes sententiam Macedonianorum & Eunomianorum circa divinitatem & processionem Spiritus sancti, definiunt illum esse Deum ex una parte, ex altera vero illum procedere a Patre, nulla facta mentione processionis a Filio: atqui Patres Constantinopolitani examinantes sententiam Macedonianorum & Eunomianorum circa divinitatem & processionem Spiritus sancti, definiunt ex una parte Spiritum sanctum esse Deum; ex altera vero illum procedere a Patre, nulla facta mentione processionis a Filio: ergo revera existimabant Spiritum S. procedere a solo Patre.

Nego ant. nempe dogma de processione Spiritus sancti a Filio, fuisse incognitum primis Ecclesiæ sæculis; contrarium enim videbimus ex testimoniis sanctorum Patrum mox adductis. Nego etiam Patres Constantinopolitanos existimasse Spiritum sanctum procedere a solo Patre, & ad probationem nego maj. nempe Patres Constantinopolitanos existimasse Spiritum sanctum procedere a solo Patre, ex eo quod decernunt illum procedere a Patre, nulla facta mentione Filii:

lii: & ratio est, quia ut expresse & diserte assererent Spiritum sanctum procedere a Filio non invitabat occasio, non exigebat tunc temporis utilitas Ecclesiæ; nam agebatur ibi contra Macedonianos, qui negabant divinitatem Spiritus sancti, non autem ejus processionem a Filio; de divinitate, non de processione Spiritus sancti movebatur quæstio. Unde cum id moris habeat Ecclesia in suis definitionibus exprimere tantum doctrinam quam impugnant hæretici, mirum videri non debet si Patres Constantinopolitani uni asserendæ Spiritus sancti divinitati incubuerint, & de ejus processione a Filio nullam fecerint mentionem.

Præterea, si Patres Constantinopolitani existimassent Spiritum sanctum non procedere a Filio, profecto posuissent in sua definitione, *qui ex solo Patre procedit*, non autem solummodo, *qui ex Patre procedit*. Neque enim hac postrema definitione astruitur processionem Spiritus sancti non esse a Filio: atqui tamen dicunt simpliciter de Spiritu sancto, *qui ex Patre procedit*: ergo censeri non debent negasse Spiritum sanctum procedere a Filio, ex eo præcise quod illius processionis nullam faciunt mentionem.

Instabis: Tam erat necesse, ut Patres Constantinoplitani definirent in suo Symbolo Spiritum sanctum procedere a Filio, si ea tum fuisset Ecclesiæ fides, quam ut definirent illum procedere a Patre; ubi enim statuunt in Symbolo quæ sit Ecclesiæ fides circa processionem Spiritus sancti, debent integram hac in re fidem tradere; alioquin occasionem errandi præbent fidelibus, existimandi nempe Spiritum sanctum non procedere a Filio: ergo eo præcise quo Patres Constantinopolitani definiunt Spiritum sanctum procedere a Patre, nulla facta mentione ejus processionis a Filio, censentur existimasse Spiritum sanctum non procedere a Filio.

Nego ant. & par. Ratio dispar. est, quia nulli tunc temporis hæretici negabant Spiritum sanctum procedere a Filio, at vero erant multi qui negarent Spiritum sanctum procedere a Patre, Macedoniani scilicet & Eunomiani qui volebant Spiritum sanctum esse creaturam Filii; ita ut a solo Filio procederet tanquam effectus a causa, neutiquam vero procederet a Patre, quod quidem de Aetio refert Theodoretus hæret. fabul. lib. 4. & de Eunomio, S. Basil. lib. 2. contra ipsum; unde Patres Constantinopolitani duo potissimum inseruerunt suo symbolo, & Spiritum sanctum esse Deum, his verbis, *qui cum Patre & Filio simul adoratur & conglorificatur*, & illum a Patre procedere, *qui ex Patre procedit*. Quæ duo definire satis erat in ordine ad propositum Concilii. Quocirca cum nullam mentionem fecerunt Patres Constantinopolitani processionis Spiritus sancti a Filio occasionem errori non præbuerunt, quia nec id postulabat instructio fidelium, nec hæreticorum condemnatio.

Instabis: Patres Constantinopolitani, cum astruunt divinitatem Spiritus sancti, definiunt illum esse adorandum cum Patre & Filio: ergo debuerunt quoque loquentes de ejus processione, definire illum procedere a Patre & Filio.

Nego cons. & par. ratio dispar. est, quia, ut jam dictum est, agebatur in illo Concilio de Spiritus sancti divinitate, quæ optime asserta fuit a Patribus, cum definierunt illum esse adorandum cum Patre & Filio; at nulla erat necessitas definiendi illum procedere a Filio, quia hoc non negabant Eunomiani; immo consultius videtur factum a Patribus Constantinopolitanis, ut de processione Spiritus sancti a Filio nullum verbum proferrent, siquidem ultro hoc docebant Eunomiani dicentes, Spiritum sanctum procedere a Filio solo, esse creaturam Filii.

Instabis: Patrum Constantinopolitanorum altera non fuit sententia circa processionem Spiritus sancti, quam quæ fuit doctrina Concilii Ephesini generalis adversus Nestorium habiti an. 431. atqui Patres Ephesini existimarunt Spiritum S. non procedere a Filio, nam illi existimarunt

Spi-

Spiritum sanctum non procedere a Filio, qui approbarunt doctrinam qua docetur Spiritum sanctum procedere a solo Patre, & non a Filio: atqui Patres Ephesini approbarunt illam doctrinam, qua docetur Spiritum sanctum procedere a solo Patre, & non procedere a Filio; quod quidem constat ex iis quæ acta sunt S. Cyrillum inter & Theodoretum. Scilicet S. Cyrillus dixerat anathematismo nono tom. 3. Concilior. pag. 925. Spiritum sanctum esse proprium Filii, his verbis. *Si quis unum Dominum Jesum Christum Spiritu clarificatum dixerit propria virtute ipsius tanquam aliena utentem, ac vim & efficaciam ab eodem accepisse, qua contra immundos Spiritus operaretur, & divina inter homines miracula patraret, ac non potius ipsum Spiritum per quem divina signa edidit illius proprium esse confessus fuerit, anathema sit.* Quæ diserte refutat Theodoretus, negans Spiritum sanctum procedere a Filio: hæc est responsio Theodoreti: *Proprium autem Spiritum Filii, siquidem ut ejusdem cum eo naturæ & ex Patre procedentem dixit, simul confitebimur, & tanquam piam suscipiemus vocem; si vero tanquam ex Filio, aut per Filium existentiam habeat, hoc ut blasphemum & impium rejiciemus.* Ubi aperte negat Theodoretus processionem Spiritus sancti a Filio: quam Theodoreti doctrinam tacite amplexus est S. Cyrillus, qui respondens verbis Theodoreti, a quo impietatis & blasphemiæ accusatus fuerat, eo quod dixisse videbatur Spiritum sanctum procedere a Filio, se ipsum ab ista impietate & blasphemia non vindicat: immo approbat sententiam Theodoreti de processione Spiritus sancti a solo Patre; sic enim habet: *Procedit enim ex Deo & Patre Spiritus sanctus, secundum Salvatoris vocem, sed non est alienus a Filio ... Non blasphemavimus igitur in sanctos Angelos, nec in Prophetas, sicut dicere præsumpsit qui falsa nos accusare voluit;* [illegible] est, Hæ sunt illæ refutationes Theodoreti contra S. Cyrillum in Concil. Ephesino, & tamen Theodoretus ob id non fuit reprehensus: ex quibus sic conficitur argumentum: illi approbarunt doctrinam qua dicitur Spiritus sanctus procedere a solo Patre, qui lectas confutationes Theodoreti contra S. Cyrillum, in quibus negat Theodoretus Spiritum sanctum procedere a Filio, imo sententiam hanc redarguit in Cyrillo velut impiam & blasphemam, non damnant, non reprehendunt: atqui Patres Ephesini non damnant nec reprehendunt lectas confutationes Theodoreti contra sanctum Cyrillum, in quibus Theodoretus negat Spiritum sanctum procedere a Filio: ergo Patres Ephesini approbarunt sententiam quæ asserit Spiritum sanctum non procedere a Filio.

Huic argumento respondent nonnulli; Patres quidem Ephesinos præfatum errorem Theodoreti de processione Spiritus sancti a Filio dissimulasse; & secundum leges dispensationis agendo non condemnasse, sed tamen eum neutiquam approbasse. Scilicet, inquiunt, non solet Ecclesia condemnare errores omnes qui reperiuntur in scriptis, quæ leguntur in Conciliis generalibus; immo Concilia non damnant aliquando errores omnes hæreticorum, quorum occasione fuerunt convocata: Ariani enim v. g. impugnabant divinitatem Filii & Spiritus sancti, ad istum errorem profligandum convocata est Synodus Nicæna quæ priorem errorem aperte damnavit, posteriorem non ita clare.

Similium dispensationum varia proferunt exempla. S. Basilius diu abstinuit a nomine Dei tribuendo Spiritui sancto; cum enim a malevolis hæreticis undequaque observaretur, qui nihil magis in votis habebant, quam ut eum a civitate cujus erat Episcopus, expellerent, hanc Ecclesiam posse ipso absente depopulari, existimavit tempori serviendum esse, nunquam Dei nomen tribuere Spiritui sancto.

S. Augustinus probat necessariam esse sæpissime illam dispensationem multis in locis, ut v. g. lib. 3. contra Epistolam Parmeniani cap. 2. *In hac*, inquit, ve-

lut angustia quæstionis (de correctione errantium & eorum separatione ab Ecclesia) *non aliquid novum atque insolitum dicam, sed quod sanitas observat Ecclesiæ, ut cum quisque fratrum, id est Christianorum intus in Ecclesiæ societate constitutorum, in aliquo tali peccato fuerit deprehensus, ut anathemate dignus habeatur, fiat hoc, ubi periculum schismatis nullum est.*

S. Gregor. M. non semel docet ejusmodi dispensationum lege Ecclesiam aliquando uti sapienter, lib. 12. Epist. 31. *Sancta Ecclesia quædam per fervorem corrigit, quædam per mansuetudinem tolerat, quædam per considerationem dissimulat, ut sæpe malum quod adversatur, portando, dissimulando, compescat.*

Quamobrem, inquiunt, mirum videri non debet, quod S. Cyrillus Alexandrinus & Patres Ephesini decreto speciali non condemnaverint errorem Theodoreti de processione Spiritus sancti a Filio; nimirum agebant secundum dispensationis leges, quia verebantur, & quidem cum fundamento, ne decretum hoc, propter pravam Orientalium dispositionem, magis esset nociturum quam profuturum; recte noverant Episcopus Orientales, quorum caput erat Joannes Patriarcha Antiochenus, & inter quos insignis Theodoretus, ita esse affectos, ut illud Ephesini Concilii decretum sprevissent, & ab Ecclesia eam ob rem forte se ipsos sejunxissent.

Quam porro dissimulationem, quoad spectat etiam hoc in negotio Theodoreti doctrinam, tribuunt quoque isti Theologi Patribus Chalcedonensibus qui Theodoretum declararunt Catholicum; tum & Concilio quinto generali, quod ejusdem Theodoreti sententiam de processione Spiritus sancti non damnavit, quamquam ejus scripta rigoroso examini fuerint subjecta.

Verum ut dicam quod res est, non arridet illa responsio; neque enim credibile est Patres illos tam molliter se gessisse erga Theodoretum, ut passi fuerint illum dogma Catholicum de processione Spiritus sancti a Filio tam aperte oppugnare; is vero, quod observatione dignissimum est, non obiter & perfunctorie quasi incaute aliquid excidisset, in fidem peccavit; sed sanctissimum Præsulem Cyrillum Alexandrinum, qui in eodem Concilio Ephesino primas tenebat, impietatis & blasphemiæ insimulavit, quod diceret Spiritum sanctum procedere a Filio, quis sibi in animum induxerit & S. Cyrillum & Patres Ephesinos hoc potuisse unquam dissimulare? quis vero id finxerit de Patribus Constantinopolitanis quinti generalis Concilii, qui singula Theodoreti Scripta ea mente rigoroso examini subjecerunt, ut illa e manibus omnium subducerent?

Quapropter propositæ difficultati sic respondeo distinguendo maj. Si negaverit Theodoretus Spiritum sanctum procedere a Filio sensu hæretico quem propugnant hodie Græci, C. si negaverit solum in sensu Catholico, N. Porro dum Theodoretus refutat anathematismum sancti Cyrilli, atque impium & blasphemum esse, dicere Spiritum sanctum ex Filio aut per Filium existentiam habere, non loquitur ad sensum Græcorum, quasi velit absolute, & simpliciter Spiritum sanctum non procedere a Filio; sed catholice & sensu opposito doctrinæ Eunomianorum circa processionem Spiritus sancti, quæ profecto impia erat & blasphema.

Scilicet Eunomiani, quorum tunc temporis valde grassabatur error, paulo ante proscriptus in Concilio generali Constantinopolitano, anno 381. dicebant Spiritum sanctum procedere a Filio, sed sensu plane hæretico, volebant enim illum esse creaturam Filii, & eatenus procedere a Patre; unde perversam suam doctrinam exprimere solebant dicentes, Spiritum sanctum esse *proprium Filii*; at cum in æstu contentionis quæ maxima erat sanctum Cyrillum inter & Theodoretum circa alia capita, dixisset S. Cyrillus Spiritum sanctum esse *proprium Filii*, hoc est, ut ipse postea interpretatus est, Filio con-

consubstantialem; Theodoretus tamen ut in Cyrillum invidiam concitaret, malo animo imposuit Cyrillo, quasi his verbis *proprium Filii*, Eunomianorum errori favisset. *Proprium Filii*, inquit Theodoretus, *si tanquam ex Filio aut per Filium existentiam habeat, hoc ut blasphemum & impium rejiciemus*. Hunc esse sensum Theodoreti constat.

Primo ex ipso Theodoreto, qui postquam damnavit ut impium & blasphemum, quod diceretur Spiritum sanctum procedere a Filio, hæc addit: *Credimus enim Domino dicenti, Spiritus qui ex Patre procedit, sed & sacratissimo Paulo dicenti similiter, nos autem non Spiritum mundi accepimus, sed Spiritum qui ex Deo Patre est*. Ubi dum Theodoretus vult ostendere Spiritum sanctum non procedere a Filio, adducit duo loca Scripturæ, in quibus habetur Spiritum sanctum procedere a Patre, quod argumentum non valet nisi adversus Eunomianos, qui contendebant Spiritum sanctum procedere a solo Filio, & quo argumento non utentur haud dubie Græci adversus Latinos: neque enim inde sequitur Spiritum sanctum non procedere a Filio, quod procedat a Patre: adeoque Theodoretus rejicit duntaxat processionem Spiritus sancti a Filio, ad sensum quo Eunomiani dicebant Spiritum sanctum procedere a Filio.

Secundo idem evincitur ex ipso sancto Cyrillo, qui profecto novit & probe sensit se a Theodoreto accusatum, quod negasset processionem Spiritus sancti a Filio, ad sensum videlicet quo illam admittebant Eunomiani; in responsione enim quam affert reprehensioni Theodoreti, totus est ut probet Spiritum sanctum esse consubstantialem Filio, & ab eo non esse alienum, nec aliter vindicari se putat ab errore, quo accusabatur a Theodoreto, quam si Spiritus sancti divinitatem ostendat; sed si accusatus fuisset sanctus Cyrillus, quod dixisset Spiritum sanctum procedere a Filio, ad sensum quo Ecclesia idipsum docet adversus Græcos, vel respondisset se non dixisse Spiritum sanctum procedere a Filio, vel catholice dici posse Spiritum sanctum procedere a Filio; neque enim silentio prætermisisset alterutram responsionem tam facilem, tamque expeditam, sentiens nimirum se a Theodoreto accusatum impietatis & blasphemiæ: proindeque noverat ipse sanctus Cyrillus eo tendere accusationem Theodoreti, quod in errorem Eunomianorum visus fuerat deflectere; dicens Spiritum sanctum esse *proprium Filii*.

Tertio, in hunc revera sensum a Theodoreto accepta esse Cyrilli verba, quasi nempe Cyrill. in errorem Eunomianorum impegisset, constat ex aliis Theodoreti testimoniis, ubi clarius accusat Cyrillum, in Epist. v. g. ad Monasteria: *Blasphemat*, inquit, *& Spiritum sanctum non ex Patre ipsum procedere dicens, sed ex Filio .... propinquat Macedonii culturæ*.

Quarto, quia sanctus Cyrillus quamplurimis aliis in locis asserit expresse Spiritum sanctum procedere a Filio, ut constat ex probationibus, tum & hic ex ipsa responsione facta Theodoreto; sic enim habet: *Omnia existens quæcumque est Pater, excepto eo solo quod Pater est, proprium habens qui ex ipso est, & substantialiter inest ei, Spiritum sanctum, divina miracula faciebat*: Quod quidem asserit sensu Catholico quem propugnat Ecclesia Latina adversus Græcos, idque non latuit Patres Ephesinos: atqui si hæc doctrina fuisset impia & blasphema temporibus Concilii Ephesini; profecto Patres illius Concilii damnassent sanctum Cyrillum, eorum hac in re silentium foret omnino incredibile: ergo doctrina quam ibi Theodoretus habet ut impiam & blasphemam, est error Eunomianorum.

Quibus præsuppositis mirum videri non debet, si Theodoretus a Patribus Ephesinis non fuerit reprehensus, qui nempe Patres intellexerant, Theodoretum nihil adversus fidem Catholicam de processione Spiritus sancti peccasse; adeoque falsum est Patres Ephesinos approbasse doctrinam, qua asseritur Spiritum sanctum procedere a solo Patre. Et consequenter

mi-

mirum non est, si sanctus Cyrillus videatur tacite amplecti sententiam Theodoreti dicentis impium esse & blasphemum asserere Spiritum sanctum procedere a Filio; constabat enim Cyrillo de Theodoreti accusatione, qua processionem Spiritus sancti a Filio non impetebat, nisi quo sensu illam admittebant Eunomiani.

Hinc etiam patet solutio ad objectionem quæ proponi solet ex silentio tum Concilii Chalcedonensis, tum Concilii Constantinopolitani quinti generalis erga Theodoretum: in Concilio enim Chalcedonensi, ut aiunt, Theodoretus declaratus fuit ab omnibus Episcopis orthodoxus, sedique suæ restitutus, ea lege solum ut Nestorium & Eutychetem anathematizaret, de illius vero errore circa processionem Spiritus sancti nullum verbum; in Concilio vero quinto generali, in quo scripta Theodoreti subjecta sunt examini rigoroso, nemo cum illa notavit censura, quod errasse circa processionem Spiritus sancti. Facilis est, inquam, ad hæc responsio, quandoquidem noverant utriusque illius Concilii Patres, in eo solum peccasse Theodoretum, quod æstu disputationis arreptus errorem Eunomianorum sancto Cyrillo voluisset imponere, alioquin fidem Catholicam de processione Spiritus sancti a Filio nunquam impugnasse.

Instabis: Si ea tum fuisset omnium fides Spiritum S. procedere a Filio, & Theodoretus improbasset solam sententiam Eunomianorum, profecto aliter locutus fuisset insurgens in sanctum Cyrillum, nempe non dixisset simpliciter Spiritum sanctum existentiam suam non habere a Filio, hæc enim verba præbent legitimam causam existimandi Theodoretum negasse omnem processionem Spiritus S. a Filio, eo sensu quo illam negant Græci; improbans autem Eunomianorum dogma dixisset Spiritum sanctum non esse creaturam Filii, & non procedere a solo Filio, hæc enim duo [illegible] differunt, nempe quod Spiritus sanctus non procedat a Filio; & quod non procedat a solo Filio; atqui tamen Theodoretus in illa reprehensione, qua redarguit sanctum Cyrillum, non dicit Spiritum sanctum non procedere a solo Filio, Spiritum sanctum non esse creaturam Filii, sed simpliciter Spiritum sanctum non procedere a Filio: ergo non insurgit in sententiam Eunomianorum, sed in doctrinam Ecclesiæ Latinæ.

Nego maj. quia notum erat omnibus Theodoretum Cyrillo imponere errorem Eunomianorum; alius tunc non erat error circa processionem Spiritus sancti, quem Catholici ut impium & blasphemum haberent; unde idem fuit Theodoreto dicere Spiritum sanctum non procedere a Filio, & dicere Spiritum non procedere a solo Filio; adeoque nullam præbuit ansam existimandi negare se omnem Spiritus sancti processionem a Filio, quo sensu illam negant Græci, præterquamquod tanta non est semper in auctoribus cautio, ut ad consequentias quæ ex illorum verbis erui possunt, animum applicent, contenti si modo suum prosequantur propositum in adversarios quos impugnant; quocirca Theodoretus insurgens in Eunomianorum errorem, qui dicebant Spiritum sanctum procedere a solo Filio, accuratius, ut fateor, dixisset Spiritum sanctum non procedere a solo Filio, quam dicendo simpliciter Spiritum S. non procedere a Filio; sed idcirco ita locutum fuisse merito præsumimus quod hanc doctrinam suis auditoribus compertam esse probe noverat.

Instabis: Is negat absolute loquendo [illegible] Spiritus sancti processionem a Filio, nec loquitur solum per oppositionem ad falsum & impium Eunomianorum dogma, qui passim & in multis aliis locis, in quibus rem non habet cum S. Cyrillo Alexandrino, aperte negat Spiritum sanctum procedere a Filio: sed Theodoretus in aliis locis in quibus non disputat adversus S. Cyrillum, sed sine æstu ac sincere mentem suam aperit, negat expresse Spiritum sanctum procedere a Filio.

I. In-

1. In Epistola ad Monasteria, quem locum citat Hugo Etherianus, *Blasphemat*, inquit, *& in Spiritum sanctum dum non ex Patre solo illum asserit procedere juxta Domini vocem, sed ex Filio eundem habere existentiam, hi sunt Ægypti partus & malo patre deteriora germina.*

2. In cap. 8. Epist. ad Roman. super illa verba, *quod si Spiritus ejus*, e vers. 11. sic habet: *Docuit autem nos etiam in his verbis unam divinitatis naturam. Sanctum enim Spiritum & Dei appellavit & Christi, non quod, ut volunt execrandi haeretici, ex Deo per Filium creatus sit, sed quia est ejusdem cum Patre & Filio substantiae, & ex Patre quidem procedit, juxta Evangeliorum doctrinam, ejus autem gratia iis qui digni sunt per Christum suppeditatur.*

3. In 1. Epist. ad Corint. ad c. 2. vers. 12. *Hoc enim dicit; Nos autem non spiritum mundi accepimus pro eo quod est, creatum spiritum non accepimus, nec per Angelum rerum divinarum revelationem suscepimus, sed ipse qui a Patre procedit Spiritus, occulta mysteria nos docuit.*

4. Denique, haereticarum fabularum lib. ultimo, cap. 3. dedita opera exponit Fidem Catholicam de Spiritu sancto, ejus autem a Patre processionem commemorat non a Filio: igitur non existimabat Theodoretus Spiritum sanctum procedere a Filio.

Dist. min. expresse negat Spiritum sanctum procedere a Filio ad sensum Eunomianorum, C. ad sensum Catholicum quem retinuit Ecclesia Latina, N. Certe ex his ipsis locis quae nunc objiciuntur, haec responsio superius exposita mirum in modum obfirmatur, cuilibet enim perspicuum est ibi Theodoretum agere adversus haereticos, hos nominatim prosequitur tum in Epistola ad Monasteria, tum in Epistola ad Romanos, tum denique in libro ultimo haereticarum fabularum, unde ad aliam responsionem quoniam ista difficultatem abunde rescont, confugere nihil necesse est.

Neque vero aliter respondendum est argumento quod petitur ex Symbolo quod Presbyter quidam Charisius Concilio Ephesino obtulit, ubi sic habetur: *Credimus in Spiritum sanctum, qui cum sit ex Dei substantia, Filius non est, sed substantialiter Deus, utpote ejus substantiae existens, cujus est Deus & Pater, ex quo quidem est secundum substantiam... sed nec Filium illum putamus, neque per Filium suam subsistentiam habentem*. In quo Symbolo, inquiunt, manifeste legitur Spiritum sanctum non procedere a Filio, & quod tamen propterea ne uno quidem verbo redarguunt Patres Ephesini.

Scilicet author illius Symboli haec verba, quibus everti prima fronte videtur processio Spiritus sancti a Filio, dirigit adversus Eunomianos aliosque Pneumatomachos, qui Filium Dei asserebant ita procedere a Filio ut ejus esset creatura, & non procederet a Patre, unde mirum neutiquam est illud Symbolum eam ob rem non fuisse censura notatum a Patribus Ephesinis.

Caeterum, quod dicam obiter, Symbolum istud quod legitur tom. 3. Conc. pag. 678. non est Nestorii, sed Theodori Mopsuesteni, quanquam in Concilio Florentino Graeci pro sua sententia contra Latinos laudent illud quasi esset Nestorii, quod & idem sentiunt nonnulli recentiores, idque probatur: 1. Ex Mario Mercatore qui scribebat quo tempore editum est illud Symbolum, asserit autem illud esse Theodori Mopsuesteni. 2. Quia Justinianus Imperator in sua rectae fidei confessione Symbolum illud a Theodoro compositum declarat. 3. In Concilio Constantinopolitano secundo, quod est generale quintum, damnatur hoc Symbolum & Theodoro Mopsuesteno tribuitur. 4. Pelagius II. in Epistola ad Eliam

Eliam Aquilejensem & alios Istriæ Episcopos scribit Symbolum illud esse Theodori Mopsuesteni.

Instabis : Sanctus ipse Cyrillus approbavit sententiam Theodoreti de processione Spiritus sancti a solo Patre, ut constat ex Epist. ad Evoptium quæ habetur tom. 3. Conc. pag. 888. ubi conqueritur quod Theodoretus ipsi tribuat errores quos non propugnat, ipsumque per singula capita calumniis impetat ; *Abundantius*, inquit, *comprobatum & mihi tuæ pietatis erga me studium libros abs te mihi exhibito quem composuisse dicitur contra anathematismos Theodoretus Cyri . . . reperio me ubique calumniis impeti, idque per singula capita* ; & paulo post sibi proponit respondendum hujusmodi calumniis, ne quis ipsum putet eligere silentium. *Quoniam vero licet jam ante de his scripserimus, pauca etiam adversus ipsum loqui necessarium est, ne quis damnata sententia silentium eligere me putet, quamvis licuerit sermonis brevitate defensionem asseram.* At nullibi respondet accusationi Theodoreti de processione Spiritus sancti.

Accedit deinde Epistola ad Joannem Antiochenum a S. Cyrillo scripta post terminatum dissidium, ubi testatur quosdam fuisse malevolos qui ipsi tribuerent errores (probabiliter loquitur de Theodoreto) *Nullo autem modo patimur*, inquit, ut ab aliquo *fides illa sive fidei Symbolum conrutiatur quod a sanctis quondam Patribus Nicænis editum est . . . Non enim ipsi locuti sunt, sed ipse Spiritus Dei ac Patris qui procedit quidem ex ipso, est autem non alienus a Filio, exigente hoc essentiæ ratione . . . quod autem nonnulli ex iis qui recta pervertere solent, voces meas detorquent ad id quod eis videtur, istud sanctitas tua non miretur.* Extat in tom. 3. Conc. pag. 1105.

Hanc S. Cyrilli Epistolam cum vidisset Teodoretus, sic scripsit ad eumdem Joannem Antiochenum : *Ea quæ missa sunt a Cyrillo Evangelica nobilitate adornantur, nam in eis prædicatur Deus perfectus & homo perfectus Dominus noster Jesus Christus. Spiritus autem sanctus non ex Filio seu per Filium subsistentiam habens, sed a Patre ; proprius autem Filii, ut consubstantialis vocatur & nominatur, hanc rectitudinem cum cognoverimus, laudavimus Deum linguas sanantem & absonam vociferantiam in rectum sensum transmutantem.* Ex quibus constat Theodoretum agnoscere, quod S. Cyrillus dixerat anathematismo nono *Spiritum sanctum esse proprium Filii*, jam explicare de consubstantialitate Spiritus sancti cum Filio, non autem de processione Spiritus sancti a Filio ; & idcirco S. Cyrillus venit in sententiam Theodoreti, qua nempe negabant Spiritum sanctum a Filio procedere.

Neque vero falsa est hæc de S. Cyrillo præjudicata opinio ; tum quia, ut jam observatum est, non aliter respondit Theodoreti reprehensioni, quam dicendo Spiritum sanctum non esse alienum a Filio & procedere ex Patre, tum vero quia nec aliter passim & ubique mentem suam de processione Spiritus sancti profert, quam dicendo Spiritum sanctum esse Filio consubstantialem, quanquam accusatus impii & blasphemi dogmatis debuisset profiteri Spiritum sanctum procedere a Filio.

Sic v. g. loquitur in dispositione Symboli Nicæni quod de verbo ad verbum explicat pag. 1204. *Postquam autem beatissimi Patres sermonem de Christo absolverunt, Spiritus sancti mentionem faciunt, credere namque se in illum dixerunt, simili modo videlicet, ut in Patrem & Filium, est enim ipsis consubstantialis & profunditur quidem, hoc est procedit sicut a fonte Deo & Patre, tribuitur autem creaturæ per Filium ; unde insufflavit in sanctos Apostolos dicens, Accipite Spiritum sanctum ; igitur ex Deo & Deus Spiritus est, & non alienus ab omnium suprema substantia, sed*

ex

ex ipso & in ipso & proprius ejus.

Et idem Cyrillus in S. Lucam : *ut digitus pendet a manu, qui non est alienus ab ipsa, sed naturaliter in ipsa, sic Spiritus consubstantialis ratione unitur ad unionem cum Filio, licet a Deo Patre procedat.* Quæ verba ex S. Cyrillo excerpta referuntur in catena Græca SS. Patrum super Lucam : igitur vera fuit sententia Theodoreti quæ contendebat Spiritum sanctum non procedere a Filio, eamque sententiam approbarunt S. Cyrillus ipsique Patres Ephesini.

Dist. ant. approbarunt sententiam Theodoreti de processione Spiritus sancti a solo Patre, eo sensu quod non procedit a Filio ad sensum Eunomianorum, C. in sensu Catholico, N. Jam abunde exposita fuit solida hæc responsio, qua posita nullus superest ambigendi locus de genuina S. Cyrilli sententia.

Hic unus restare videtur scrupulus, cur S. Cyrillus impietatis & blasphemiæ accusatus a Theodoreto, quod dixisset Spiritum sanctum *proprium Filii*, quasi vellet Spiritum sanctum procedere a Filio, hanc suam propositionem semper explicat de consubstantialitate Spiritus sancti cum Filio, nunquam de processione ejus ab eodem Filio ; hinc enim aperte videtur negare processionem Spiritus sancti a Filio.

Verum nullo plane negotio tolli potest ille scrupulus ; constat enim Spiritum sanctum non esse proprium Filii, eo sensu quod procedat a Filio ; aliter Spiritus sanctus procederet a Filio solo, & non a Patre, quod falsum est. Et verum est præterea eam fuisse mentem S. Cyrilli, cum dixit Spiritum sanctum esse *proprium Filii* ; Spiritum sanctum esse consubstantialem Filio, præsertim cum illa propositione abuterentur Eunomiani, aliique Pneumatomachi dicentes Spiritum sanctum esse *proprium Filii* eo sensu quod procedat a solo Filio, & non a Patre.

At, inquies, cur in illis locis Sanctus Cyrillus nuspiam astruit processionem Spiritus sancti a Filio ?

Respondeo hic periculosum tunc fuisse propter illum errorem hæreticorum quos modo appellavimus, ultro enim volebant Spiritum sanctum procedere a Filio, esse creaturam Filii ; unde cautus esse debuit S. Cyrillus cum aliis Catholicis Scriptoribus, ut Spiritum sanctum ubique prædicaret procedentem a Patre, & de processione ejus a Filio nullam faceret mentionem.

Quanquam expressum habeamus, ut jam dixi, testimonium S. Cyrilli docentis Spiritum sanctum procedere a Filio uti & a Patre in Epistola quam scripsit ad Nestorium, & quæ lecta fuit solemniter & approbata in Concilio Ephesino ; ibi enim asseritur verbis conceptis Spiritum sanctum procedere a Patre & Filio. *Quandoquidem*, inquit, *Spiritus veritatis nominatur, Christus autem veritas est, & proinde quoque ab illo atque a Deo Patre procedit.*

Certe si Patrum Ephesinorum sententia desumenda est ex scriptis quæ coram ipsis lecta sunt, ex illis judicari debet quæ approbaverunt ; non autem ex iis quæ reprobaverunt ; sed Patres Ephesini damnaverunt scripta Theodoreti, approbarunt autem quæcumque scripserat S. Cyrillus, ac nominatim istam Epistolam ad Nestorium quæ laudata est instar sanctionis Synodicæ ; igitur ea fuit apertissima Patrum Ephesinorum mens Spiritum sanctum procedere a Filio.

Non me latet quosdam eruditos dicere hæc verba Epistolæ S. Cyrilli ad Nestorium, *quandoquidem Spiritus veritatis nominatur, Christus autem veritas est, ac proinde quoque ab illo atque a Deo Patre procedit*, non esse S. Cyrilli quod quidem probant.

1. Quia Theodoretus qui legit Epistolam illam & anathematismos quos confutavit, explicationem postulat istorum verborum S. Cyrilli, *Spiritum Filii proprium esse*, atque impium esse & blas-

blasphemum per illa verba significare Spiritum sanctum procedere a Filio, sed si processionem Spiritus sancti a Filio S. Cyrillus asseruisset verbis tam expressis, hanc doctrinam ut aperte traditam confutasset.

2. Quia veteres Autores, qui scripserunt pro sententia Latinorum de processione Spiritus sancti a Filio, laudarunt nonum S. Cyrilli anathematismum, sed ista Epistolæ verba non referunt, quæ dubio procul non prætermisissent, si temporibus illis extitissent in præfata Epistola; sic v. g. Autor anonymus, cujus opera extant MS. in Bibliotheca Bavarica, & typis mandata fuerunt studio Petri Stevartii in Tractatu contra Græcos, utitur hoc nono anathematismo, verba autem Epistolæ non commemorat. Sic etiam circa ann. 1234. Apocrisiario Gregorii IX. in sua Definitione quæ extat tom. XI. Conc. pag. 326. probant Spiritus sancti processionem a Filio ex anathematismo nono, nec laudant Epistolam.

3. Quia circa ann. 1233. Græci celebrarunt Concilium Nimpheæ, ubi fidei professionem ediderunt, & miserunt eam ad Greg. IX. suse probant sua dogmata contra Latinos, sibi objiciunt testimonia S. Cyrilli, neutiquam vero istum locum Epistolæ de qua agitur.

Verum nihil necesse est in hac responsione rejicienda diutius immorari, petitur enim ex argumento plane negativo, ac proinde nullius roboris; eo enim precise quod quidam Scriptores non citaverint aliquod opus, quod aliunde indubitatum ex omni parte est, neutiquam sequitur illud esse suppositirium. Certe nemini mirum videri debet, quod Theodoretus explicationem postulaverit noni anatematismi, & ista Epistolæ verba non confutaverit; ut enim mox ostendimus, processionem Spiritus sancti a Filio nunquam impugnavit.

Objiciunt Græci testimonium S. Joannis Damasceni e lib. de fide orthodoxa cap. 11. *Scire oportet*, inquit, *nos non dicere Patrem esse ex aliquo, sed ipsum dicimus Patrem esse Filii, Filium vero non dicimus principium neque Patrem, sed eum dicimus ex Patre esse & Filium Patris; porro Spiritum sanctum tam ex Patre esse profitemur, quam Patris appellamus Spiritum, ex Filio autem Spiritum non dicimus, sed eum Filii Spiritum nominimus.* Et Cap. 13. *Sed & Filii*, inquit, *Spiritus est, non tanquam ex ipso, sed quod per ipsum ex Patre procedat, solus enim Pater principium est.* Ubi Joannes Damascenus negat dicere Spiritum sanctum esse ex Filio, negat Filium esse principium; adeoque negat processionem Spiritus sancti a Filio.

Sunt qui concedant revera existimasse Damascenum Spiritum sanctum non procedere a Filio, sed erroris tamen & hæreseos nota non esse inurendum, quia processionem Spiritus sancti a Filio credendam Ecclesia Catholica nondum expresse determinaverat; in iis autem quæ necdum publico decreto definita sunt, antequam aperte determinentur, diverso interdum modo sentire comperiuntur probati autores.

Ego vero respondeo disting. Joannes Damascenus negat Spiritum sanctum esse ex Filio, eo sensu quod Filius sit primum principium sine principio, C. eo sensu quod sit principium Spiritus sancti, uti docent Latini, N. Itaque S. Joannes Damascenus ideo negat Spiritum sanctum ex Filio procedere, quia particula *ex* primum & principale principium denotat, hoc est eum qui ab alio vim producendi non accepit, sed habet a se ipso, cujusmodi non est Filius qui a Patre accepit omnia quæ habet, sed non negat Spiritum sanctum esse a Filio, eo sensu quod ab illo procedat: tum quia affirmat Spiritum sanctum esse a Patre per Filium, & esse Spiritum Filii, quæ ratio loquendi indicat manifeste Spiritum sanctum procedere

cedere

cedere a Filio; particula enim *per* non minus denotat verum principium efficiens quam particula *ex*, ut constat ex Scripturis, Joan. 1. *omnia per ipsum facta sunt*, id est ab eo tanquam a causa efficiente, ut & 1. ad Corint. 8. *unus Dominus Jesus Christus, per quem omnia, & nos per ipsum*. Tum quia ideo S. Damascenus dicit Spiritum sanctum non esse ex Filio, quia vult solum Patrem esse principium, quia Pater non est ex alio, quae ratio non valet nisi intellecta de primo principio innascibili, non de quolibet simpliciter: quamobrem hoc modo benigne explicamus verba Damasceni, tametsi illius sententiae hac in parte standum non esse existimet divus Thomas q. 36. art. 2.

Utrum vox illa Filioque, *merito addita fuerit Symbolo*.

CONTENDUNT Graeci, tametsi Spiritus sanctus a Filio procederet, licitum tamen non fuisse Latinis id Symbolo nominatim exprimere, addita voce *Filioque*, quia hic violatam ajunt communis fidei Christianae tesseram, cui nefas est quicquam, licet certum & verum, adjicere.

Negare non possunt Latini, factam de novo fuisse Symbolo Constantinopolitano adjectionem hujus vocis, *Filioque*, cum primum legatur in Concilio Toletano VIII. anno 633. his verbis quae referuntur in Symbolo: *Credimus in Spiritum sanctum vivificantem, ex Patre & Filio procedentem*. Volunt tamen merito insertam fuisse Symbolo, laudabilem esse consuetudinem canendi publice Symbolum cum illa voce; quam sententiam amplectimur.

CONCLUSIO.

Vox illa *Filioque*, merito fuit addita Symbolo.

Probatur: Quoties aliqua vox nihil in fide innovat, imo fidem Ecclesiae clarius explicat, toties ea merito potest Symbolo adjici: atqui vox *Filioque*, nihil innovat in fide, imo fidem Catholicam clarius exprimit; nihil quidem in fide innovat, quia processionem Spiritus sancti a Filio docuit universa traditio Patrum Graecorum & Latinorum omnium, ut ostendimus; tum vero clarius fidem Catholicam explicat circa processionem Spiritus sancti, posset enim quivis legendo Symbolum sine voce illa, existimare Spiritum sanctum procedere a solo Patre: ergo vox illa *Filioque* merito fuit inserta Symbolo.

Et vero ob id immerito conqueruntur Graeci, cui per ducentos aut amplius annos consenserunt: atqui vocem illam fuisse Symbolo insertam, & cum illa cani publice inter sacrorum solemnia, consenserunt Graeci per ducentos aut amplius annos; primus enim Photius grassante schismatis factione Latinos violati Symboli ausus est insimulare, nono scilicet saeculo, quantumvis usus ille jampridem invaluisset septimo saeculo, ut supra monuimus: ergo.

Objicies: illa additio facta est immerito, quae facta est contra autoritatem plurimorum Conciliorum generalium, summorum Pontificum, & sanctorum Patrum; atqui additio vocis *Filioque*, facta est Symbolo Constantinopolitano contra autoritatem plurimorum, summorum Pontificum & sanctorum Patrum.

Primo, contra auctoritatem Conciliorum generalium.

Concilii quidem Ephesini, in quo cum quidam Presbyter Charisius Symbolum Patribus obtulisset, eo perlecto definierunt;

runt ; *Alteram fidem nemini liceat proferre, vel conscribere, aut componere, præter eam quæ definita est a sanctis Patribus Nicæa congregatis cum sancto Spiritu ; qui ausi fuerint aut componere fidem alteram, aut proferre, vel offerre converti volentibus ad agnitionem veritatis . . . anathemati subjiciet.*

Concilii Chalcedonensis, quod relatis Symbolo Nicæno & Symbolo Constantinopolitano, sic habet : *Sufficeret quidem ad plenam cognitionem & confirmationem pietatis hoc sapiens & salutare divinæ gratiæ symbolum, de Patre enim & Filio & Spiritu sancto perfectionem docet. . . . propter hoc istis omnemque machinationem volens claudere sancta & œcumenica Synodus, prædicationem hanc ab initio immobilem docens, decrevit ante omnia fidem integram & intemeratam permanere 318. Patrum, & confirmat doctrinam quæ de substantia Spiritus sancti a Patribus 150. postea congregatis in regia civitate.* Actione 2. hæc dixerat Synodus : *Expositionem alteram jam nullus facit, neque tentamus, neque audemus exponere . . . . ista omnes dicimus, sufficiunt quæ exposita sunt, alteram expositionem non licet fieri.*

Concilii sexti generalis, quod est Constantinopolitanum actione quarta, lecta & recepta fuit Epistola Agathonis, quæ idem præscribit his verbis : *Quæ regulariter a Sanctis atque Apostolicis prædecessoribus & venerabilibus quinque Conciliis definita sunt, cum simplicitate cordis & sine ambiguitate a Patribus tradita fidei conservantes, unum ac præcipuum bonum habere semper optantes atque studentes, ut nihil de iis quæ regulariter definita sunt, minuatur, nihil mutetur, vel augeatur, sed eadem & verbis & sensibus illibata custodiantur.*

Et Concilii septimi generalis, quod post fidei definitionem sic habet : *Nos leges Patrum custodimus, nos eos qui addunt, vel qui adimunt, anathematizamus.*

Secundo, contra auctoritatem summorum Pontificum. Vigilii summi Pontificis, qui Epistola ad Eutychium Patriarcham Constantinopolitanum profitetur se suscipere synodum Chalcedonensem, quæ vetat, *ne quis præter Symbolum Nicænum docere, exponere vel tradere quidquam præsumat.* Et Agathonis cujus mox retulimus Epistolam, quæ lecta fuit & approbata in Concilio sexto generali.

Tertio, contra auctoritatem sanctorum Patrum, ita enim inter cæteros scribit sanctus Cyrillus Epistola ad Joannem Antiochenum : *Nullo autem modo patimur, ut ab aliquo fides illa sive fidei Symbolum convelliatur quod a sanctis quondam Patribus Nicænis editum est ; neque enim aut nobis, aut alii omnino alteri, vel ullum verbum ibi positum immutare, aut unam vicem syllabam præterire permittimus memores ejus qui dixit, Ne transferas terminos antiquos quos posuerunt Patres tui.* Ex quibus sic argumentor : ab iis prohibetur additio vocis *Filioque*, a quibus prohibetur ne quidquam addatur, conscribatur, proferatur præter ea quæ a sanctis Patribus Nicænis & Constantinopolitanis definita sunt : atqui a laudatis Conciliis generalibus, summis Pontificibus & sanctis Patribus prohibetur, ne quidquam addatur, conscribatur, & proferatur præter doctrinam Patrum Nicænorum & Constantinopolitanorum : ergo.

Dist. min. ne quid addatur contrarium, alienum & per modum novæ fidei, C. per modum explicationis fidei, N. atque ex præfatis testimoniis aliud quidquam colligi non posse, manifeste liquet attendenti ad occasionem in qua ejusmodi decreta emiserunt citati Patres.

In Concilio quidem Ephesino oblatum est a quodam Presbytero Charisio symbolum quod erat Nestorianum, & Theodori Mopsuesteni opus, licet Nestorio ipsi tribuatur a Græcis in Concilio

cilio Florentino, ut paulo supra ostendimus, cujus Symboli occasione prohibuerunt Patres Ephesini, ne antiquis fidei professionibus quicquam adderetur; tum quia symbolum illud jure merito novitatis & erroris suspectum erat, tum quia privata alicujus authoritate in lucem prodierat.

Quod spectat Concilium Chalcedonense: cum Eutyches nollet admittere duas in Christo naturas, ex eo quod illud dogma non legatur in Symbolis & professionibus fidei Conciliorum praecedentium: vindicare se ab haeresi conabatur, reos agens Eusebium & Flavianum, quod Symbolis Niceno, Constantinopolitano & Ephesino quicquam adderent, adeoque fidem Catholicam contemnerent, eam ob rem Patres Chalcedonenses professi sunt se nihil addere Symbolis, *sufficere quae definita sunt a Patribus Nicaenis*, eo scilicet sensu quod nihil adderent fidei contrarium, quia addebant fidei professioni, Christum esse ex duabus naturis compositum, quod quidem dogma, licet expresse non legeretur in Symbolo, tamen fidei non erat contrarium.

De Concilio Constantinopolitano idem patet in praefata enim Agathonis Epistola, vult solum summus Pontifex fidem antiquam non mutari, cum duae in Christo astruuntur voluntates, quia ejusmodi dogma quod negabant Monothelitae, continetur in Scripturis. Ex quibus recte intellectis conficitur, prohibitum quidem fuisse olim a Conciliis & summis Pontificibus, ne Symbolo quidquam adjiceretur, quod fidem immutaret, non autem quamcunque priscae fidei explicationem condemnatam.

Et vero licitum esse Symbolis aliquid addere per modum explicationis, ex eo maxime constat, quod nulla sit fere Synodus generalis, quae Symbolo vocem aliquam exponendae fidei causa non addiderit.

Nicaena quidem Synodus Scripturae sacrae & Symbolo Apostolorum hanc vocem addidit, *consubstantialis*, ut errorem Arianorum Christi divinitatem impugnantium confoderet.

Constantinopolitana addidit haec verba: *In Spiritum sanctum Dominum & vivificantem, qui cum Patre & Filio simul adoratur*, contra Macedonianos, qui divinitatem Spiritus sancti negabant.

Ephesina nihil quidem adjecit Symbolo; sed quod idem est, fidei definitioni addidit vocem *Deipara*, ut contra Nestorium beatam Virginem assereret Dei Matrem.

Chalcedonensis Synodus loco ejus quod habetur in Niceno, *natum ex Patre*, posuit, *consubstantialem Patris secundum deitatem, & consubstantialem nobis secundum humanitatem*, contra Eutychetis haeresim. Unde patet in illis Conciliis vetitam esse non quamcumque universim additionem, sed quae aliena esset a fide, contraria fidei.

Instabis: constat ex allatis testimoniis praefata Concilia prohibere quamcunque additionem, etiam quae fiat per modum explicationis, dicunt enim *expositionem alteram nullus faciat... sufficiunt quae exposita sunt, alteram expositionem non licet fieri*, ut habet Concilium Chalcedonense: ergo.

Dist. ant. quamlibet expositionem contrariam, vel inutilem, conc. quamlibet simpliciter, nego: patet responsio ex dictis.

Instabis: Illi censuerunt nihil esse addendum symbolo etiam per modum explicationis, qui data occasione nomen *Deipara* definitioni quidem fidei addiderunt, sed non symbolo: atqui Patres Ephesini definitioni quidem fidei nomen *Deipara* addiderunt, sed non Symbolo: ergo existimabant ne verbum quidem fidei explicativum inseri debere Symbolo.

Dist. min. ex eo quod hoc ipsis visum

sum fuit inutile, C. eo quod omnis additio illicita sit, N. scilicet istud inutile esse judicarunt Patres Ephesini, quia B. Mariam esse Deiparam ex ipso symbolo abunde notum erat, in quo legitur Christum esse Deum, & Deum esse incarnatum, unde sequitur Mariam esse Deiparam, natam ex Maria.

Instabis: ex eo quod docuit gessitque Leo III. summus Pontifex anno 809. Cum enim Galli post Hispanos Symbolum canerent cum illa voce *Filioque*, in hanc consuetudinem insurrexit Leo, ut constat ex actis collationis Legatorum Caroli Magni cum ipso Leone habitæ, quæ habetur apud Baronium ad annum 809. hac in contestatione, etsi fateatur summus Pontifex Spiritum sanctum procedere a Filio, tamen negat vocem *Filioque*, inserendam Symbolo & in Missa canendam. Et præterea, ut testatur Photius in Epistola ad Aquilejensem Patriarcham, in Basilica sancti Petri duas tabulas argenteas curavit affigendas, in quarum altera Symbolum legeretur latine scriptum, in altera vero græce exaratum absque illa voce *Filioque*. Ex quibus sic conficitur argumentum, illud profecto illicitum erat quod Leo III. summus Pontifex omnino improbavit: atqui vocem illam *Filioque*, Symbolo esse insertam, & publice cani in Ecclesia Leo III. summus Pontifex improbavit: ergo.

Dist. min. improbavit re non satis examinata, conc. post maturam deliberationem præhabitam, nego: verisimile est igitur huic additioni vocis *Filioque*, Leonem III. summum Pontificem obstitisse solummodo, quia rem sufficienti examine non ponderaverat, forte ignorabat a ducentis & amplius annis, morem fuisse receptum pene in omnibus Occidentis Ecclesiis, ut Symbolum cum illa voce caneretur, & ideo sine Ecclesiæ maximo detrimento deleri non posse vocem illam à Symbolo, quia scilicet inde existimassent fideles Spiritum sanctum non procedere a Filio, forte idipsum summo Pontifici non satis clare exposuerunt Legati missi a Carolo Magno. Præterea timuit ne novitatis argueretur, si hanc pateretur additionem, nulla, ut ipsi videbatur, urgente necessitate, nullo convocato Concilio: unde ipsius successores in eadem Ecclesia Romana, cæterarum Occidentis Ecclesiarum praxim lubenter amplexi sunt. Denique responderi potest id fecisse Leonem III. summum Pontificem, ut servaretur memoria Symboli Constantinopolitani, quæ poterat ista nova additione obliterari; ut inde certo constaret integram retineri fidem antiquam, qua de causa servantur in Ecclesia Symbola varia Apostolorum; Nicænum, Constantinopolitanum, &c. quibus ostenditur hæreticis, unam semper fuisse in Ecclesia fidem.

Utrum, si Spiritus sanctus non procederet a Filio, ab eo distingueretur.

ORtum habuit hæc quæstiuncula, ex eo quod multi Theologi ad astruendam contra Græcos processionem Spiritus sancti a Filio, illud usurpant argumentum, quo nempe contendunt Spiritum sanctum a Filio non fore distinctum realiter, si ab eo non procederet; ita præcipue S. Thomas & Thomistæ, quibus adversantur Scoti discipuli, qui docent etiam in hypothesi Græcorum Spiritum sanctum esse realiter distinctum a Filio.

CONCLUSIO.

Spiritus sanctus non distingueretur a Filio realiter, si ab eo non procederet.

Prob. Ad hoc satis est, quod in divinis distinctio realis non reperiatur, nisi inter ea quæ opponuntur oppositione relativa fundata in origine: atqui in divinis distinctio realis non reperitur,

tur, nisi inter ea quæ opponuntur oppositione relativa fundata in origine; eo enim solum fundamento probamus contra Sabellianos & Socinianos realem distinctionem Patris, Filii & Spiritus sancti, velut trium Personarum, & Patrem, Filium, & Spiritum sanctum non indicare duntaxat tres appellationes ejusdem suppositi quod inter Patrem, Filium & Spiritum sanctum occurrat oppositio relativa fundata in origine: ergo Spiritus sanctus a Filio non procederet, si ab eo non distingueretur realiter.

Objicies: Ea sententia est falsa, quæ falso nititur fundamento: atqui sententia Thomistarum falso nititur fundamento, nempe quod non sit distinctio realis, nisi inter ea inter quæ obviat relationis oppositio fundata in origine, sufficit enim ad distinctionem quod duo sint disparata: ergo.

Nego min. ut enim mox diximus, in astruendo Trinitatis mysterio contra Sabellianos in Socinianis redivivos, non alio nituntur fundamento Theologi; cum enim Sociniani dicant Patrem, Filium & Spiritum sanctum indicare quidem tria nomina, tria prædicata, tres appellationes ejusdem suppositi, non autem tria supposita, tres Personas; non alio argumento refelluntur a Catholicis, quam quia in Scripturis ita designantur Pater, Filius, & Spiritus sanctus, ut unus dicatur principium alterius, quod quidem recte probat distinctionem Personarum, idem enim suppositum non se ipsum producit, non se generat, a se non procedit; quo ratiocinio sublato Græci nihil respondere poterunt Socinianis contendentibus saltem Filium & Spiritum sanctum esse eandem Personam, quæ dicitur Verbum prout est ab intellectu, & Spiritus sanctus prout est a voluntate; proindeque falso non nititur fundamento sententia Thomistarum. Ad id vero quod dicitur sufficere ad distinctionem quod duo sint disparata: respondeo id verum quidem esse si agatur de distinctione formali, distinctione attributorum, formalitatum, non autem si agatur de distinctione reali Personarum: unde paternitas & spiratio activa sunt duo relativa disparata, quæ non distinguuntur nisi formaliter.

Instabis: in illa hypothesi Græcorum, in qua nempe Spiritus sanctus non procederet a Filio, esset in Filio filiatio, esset vero in Spiritu sancto spiratio passiva: atqui per filiationem & spirationem passivam realiter distingueretur Filius & Spiritus sanctus: ergo.

Nego min. siquidem cogitari posset filiationem & spirationem passivam esse tantummodo duas perfectiones, duo attributa formaliter distincta, quæ proinde duas Personas realiter distinctas non constituerent; sola enim relatio saltem quoad nos, multiplicat Trinitatem hoc solum fundamento, quod idem non se producat, a se non procedat; unde æternitas, immensitas, justitia, & misericordia in Deo non censentur constituere distinctas Personas, sed esse varia ejusdem Personæ attributa, quippe quæ non opponantur inter se relative.

Nec est quod dicatur maximam esse disparitatem inter justitiam & æternitatem ex una parte, & filiationem & spirationem passivam ex altera, quia per se notum est filiationem & spirationem passivam esse proprietates personales & relationes saltem disparatas, quod sufficit ut censeantur constituere duas Personas; hoc, inquam, nihil efficit, quia paternitas & spiratio activa tametsi sint relationes, non constituunt duas Personas realiter distinctas, præcise, quia inter illas non stat relatio fundata in origine.

Instabis: per illud Spiritus sanctus distingueretur a Filio, per quod constitueretur; idem est enim, ut ajunt, principium constitutivum ac distinctivum:

vum : atqui per spirationem passivam quam acciperet a Patre Spiritus sanctus, sufficienter constitueretur : ergo.

Dist. min. sufficienter constitueretur in ordine ad Patrem, conc. in ordine ad Filium, nego : scilicet cum in illa hypothesi Spiritus sanctus procederet a Patre, esset in eo spiratio passiva, in Patre autem esset spiratio activa : quibus positis conciperetur Spiritus sanctus a Patre distinctus realiter & constitutus in ordine ad Patrem, at non conciperetur constitutus respectu Filii a quo non procederet.

Instabis : vel filiatio & spiratio passiva constituerent Filium & Spiritum sanctum, tanquam duas personas realiter distinctas ; vel uni eidemque Personæ competerent : absurdum illud secundum ; ergo & primum.

Nego min. & dico præsupposita Græcorum sententia, in veris Theologiæ principiis Filium & Spiritum sanctum non fore nisi unam eandemque Personam, quæ diceretur Filius, prout procederet a Patre per intellectum, & Spiritus sanctus prout ab eodem procederet per voluntatem ; quamobrem Filius non esset quidem Spiritus sanctus formaliter, quia filiatio & spiratio passiva respicerentur ut duæ formalitates, sed esset Spiritus sanctus realiter eademque cum illo Persona.

Instabis : Termini actionum distinctarum realiter, distinguuntur & ipsi realiter : atqui in illa hypothesi Filius & Spiritus sanctus forent termini actionum distinctarum realiter, nempe intellectionis & volitionis : ergo distinguerentur realiter.

Primo, negari potest major, quia idem terminus, aut potius eadem persona ratione diversarum formalitatum distinctis actionibus potest produci, idem enim homo est a Deo per creationem, ab homine per generationem, existit nunc per generationem, erit autem aliquando per resurrectionem ; at in illa hypotesi Filius & Spiritus sanctus merito quidem respicerentur ut eadem Persona, sed habens diversas formalitates, filiationem scilicet & spirationem passivam, quæ responderent distinctis actionibus, puta intellectioni & volitioni.

Secundo, dist. maj. in creatis transeat, in divinis, subdistinguo ; si opponantur relative, conc. si non opponantur relative, nego.

Instabis : Spiratio passiva foret in Spiritu sancto proprietas vere personalis, ac proinde ipsa sola constitueret Spiritum sanctum ut veram personam a Filii persona distinctam : ergo.

Dist. ant. foret proprietas vere personalis in ordine & comparate ad Patrem, in quo esset spiratio activa, conc. comparate ad Filium, in quo non esset spiratio activa, nego : simile exemplum habemus in eadem Trinitate, fatentibus Græcis, spiratio enim activa est proprietas personalis in Patre, comparate ad Spiritum sanctum in quo est spiratio passiva, non autem comparate ad Filium : si nempe per proprietatem personalem intelligatur perfectio relativa quæ constituat aliquam Personam, eamque ab alia distinguat.

Et certe non modo hæc sententia nostra, quæ dicimus futurum, ut Spiritus sanctus non distingueretur a Filio, si ab eo non procederet, non fuit definita ab Ecclesia adversus Græcos, sed nec ab omnibus Latinis propugnatur ; volunt enim Scotistæ omnes Spiritum sanctum optime censeri distinctum a Filio ut veram & subsistentem personam, tametsi non procederet ab illo ; quo fit ut Græci non idcirco negent Spiritum sanctum esse distinctum realiter a Filio, quod non agnoscant illum a solo Patre procedere.

Objicies : Si Spiritus sanctus non procederet tanquam vera persona distincta a Filio, in ea scilicet hypothesi Græcorum, in qua procedit a solo Patre ; sequeretur Græcos esse hæreticos, non

so-

ſolum quia negant proceſſionem Spiritus ſancti a Filio, ſed quod cenſerentur myſterium Trinitatis evertere, non agnoſcentes trium Perſonarum diſtinctionem: ſed nemo umquam hujuſce erroris Græcos accuſavit: igitur ex illa hypoteſi quam admittunt, non ſequitur futurum ut Spiritus ſanctus non ſit perſona realiter diſtincta a Filio.

Diſt. maj. Græcos eſſe hæreticos, ſi definitum eſſet in Eccleſia Spiritum ſanctum non fore perſonam a Filio diſtinctam, in ea hypotheſi, in qua non procederet ab illo, C. ſi hoc tantum conſtet ex conſequentia ducta a Latinis adverſus Græcos, N. Itaque Græci non habentur hæretici, velut negantes Spiritum ſanctum eſſe perſonam a Filio diſtinctam, quia nimirum minime fatentur Spiritum ſanctum non eſſe perſonam a Filio diſtinctam; cum dicunt illum ab eodem Filio non procedere: conſequentia eſt ducta a Latinis, quam ipſi rejiciunt Græci: & quæ ab Eccleſia nuſpiam definita fuit; unde non ſunt propterea hæretici: quemadmodum Thomiſtæ non habentur ut hæreqici quod liberum hominis arbitrium evertant, tametſi alii plerumque Theologi dicunt per præmotionem Thomiſticam omnino deſtrui liberum arbitrium: quia nimirum ejuſmodi conſequentia nec admittitur a Thomiſtis, nec definita eſt ab Eccleſia.

TRACTATUS
DE
ANGELIS.

DE Angelis pauca dicemus, quod, præter eorum exiſtentiam & quaſdam operationes, de quibus mentio habetur expreſſa in divinis litteris, ea fere omnia quæ de iis tractari ſolent a Theologis, in conjecturis poſita ſunt.

Nomen & definitio Angeli.

ANGELI nomen, ſi etymologia ſpectetur, muneris eſt & officii, non naturæ, ut nimirum quod græce ἄγγελος dicitur, idem ſit quod apud Latinos eſt miſſus aut nuntius, quemadmodum docet Auguſtinus in Pſal. 103. Serm. 1. n. 15. *Spiritus autem*, inquit, *Angeli ſunt; & cum ſpiritus ſunt, non ſunt Angeli, cum mittuntur fiunt Angeli; Angelus enim officii nomen eſt, non naturæ. Quæris nomen hujus naturæ, ſpiritus eſt; quæris officium, Angelus eſt; ex eo quod eſt, ſpiritus eſt; ex eo quod agit, Angelus eſt.* Ubi videas obiter non modo Angelici nominis etymologiam attigiſſe ſanctum Doctorem; ſed & Angelorum exiſtentiam, & naturam, quantum pertinet ad Chriſtianam fidem & doctrinam, expreſſiſſe.

Definiuntur Angeli ſubſtantiæ creatæ, ſpiritales, completæ.

Subſtantiæ quidem creatæ, uti enim poſtea dicetur, Angelos a Deo fuiſſe creatos Chriſtiana Religio profitetur.

Additur, *ſpiritales*, hoc eſt omnis materiæ proprie dictæ expertes, in quo cum Deo & anima rationali hominum conſentiunt.

Denique dicunt ſubſtantiæ *completæ*, in quo differt Angelus ab anima noſtra quæ ſubſtantia eſt creata & ſpiritalis, ſed incompleta, quia de ſe pars eſt hominis.

De exiſtentia Angelorum.

CIRCA exiſtentiam Angelorum duo pertractari ſolent. Primum, an certo conſtet exiſtere Angelos. Secundum, utrum eorum exiſtentia ratione naturali demonſtrari poſſit.

Utrum exiſtant Angeli.

ANGELORUM exiſtentiam negarunt olim Sadducæi, qui, ut ait S. Lucas in Actis c. 23 affirmare auſi ſunt, *Non eſſe reſurrectionem mortuorum, neque Angelum, neque ſpiritum*, omnem hoc pacto ſubſtantiam ſpiritalem, quo nimirum ſenſu admittitur a Chriſtianis, aperte rejicientes; putabant enim perinde ut veteres Philoſophi Epicurei nihil eſſe in orbe univerſo, niſi quod corporeum eſt & ſenſu percipi poteſt.

In eodem quaſi errore verſantur Anabaptiſtæ qui omnia Scripturarum loca, in quibus aſſeritur Angelorum cuſtodia & dæmonum tentatio, de ſolis bonis vel malis cogitationibus interpretantur:

At facile revincuntur ex Scripturis ſacris, in quibus & frequentiſſima ſunt de Angelis atque evidentiſſima teſtimonia, Tobiæ 12. cap. *Ego ſum Raphael Angelus, unus ex ſeptem qui aſtamus ante Dominum.* Pſalm. 8. *Minuiſti eum* pau-

paulo minus ab Angelis. Math. 18. cap. *Angeli eorum in cælis semper vident faciem Patris*; adeo ut nemo qui Christianam suscepit fidem, ea de re possit unquam dubitare; quisquis enim sua paululum ratione uti voluerit, facile deprehendet in illis & similibus Scripturæ locis Angelos designari tanquam personas quibus facta & dicta tribuuntur, nec solas designari cogitationes aut inspirationes.

Atque idem colligitur peculiariter adversus Sadducæos, qui non aliam admittunt Scripturam quam Pentateuchum Moysis, ex multis scilicet historiis quæ ibi leguntur de Angelis Genes. 16. Exod. 14. Num. 22. ubi certe inducuntur Angeli tanquam veræ personæ. Unde cum cæteris Patribus sic loquitur S. Augustinus in loco mox laudato in Psal. 103. *Angelos novimus ex fide, & multis apparuisse scriptum legimus, & tenemus; nec inde dubitare fas nobis est*.

Objicies: De Angelis ne verbum quidem unum habetur initio Geneseos; ubi de rerum universitatis creatione agitur; qua vero de causa creationem Angelorum tacuisset Moyses, siquidem reipsa extitissent Angeli?

Respondeo id unum colligi posse ex hoc ratiocinio, Angelos non fuisse creatos cum cæteris creaturis, qua de re nihil certi affirmari potest, sed non est neganda idcirco Angelorum existentia, de quibus nimirum tam obvia & frequens habetur mentio in divinis litteris. Putant vulgo Interpretes de Angelis, uti de rebus corporeis & sensibilibus, loqui non debuisse Moysem, quia scribebat pro Judæis ad colenda corpora, ut solem & lunam, maxime propensis; quorum proinde creationem aperire non debuit, ne ab illo populo crederentur increati & divinis honoribus afficiendi.

At, inquies, Angelos in Scripturis nihil aliud designare quam inspirationes aut bonas aut malas, satis aperte innuitur ex eo quod Angelus nomen officii est, non naturæ, significans nuntium & legatum.

Respondeo Angelum designare personam aliquam, licet nomen sit officii: scilicet nomen est alicujus personæ sumptum ex ejus officio; ut cum aliquem designamus sub nomine Philosophi, vel Oratoris.

Utrum existentia Angelorum ratione naturali demonstrari possit.

SUNT qui existentiam Angelorum clare & evidenter demonstrari putent ex insolitis & mirabilibus quibusdam effectibus qui non semel prodierunt inter homines, quales potissimum sunt motus energumenorum, contra quos sit

CONCLUSIO.

Ratione naturali demonstrari non potest Angelorum existentia.

Probatur: Vel illa demonstratio, si qua daretur, esset a priori vel a posteriori: sed existentia Angelorum neutro modo demonstrari potest; non a priori quidem, quia nimirum Angeli non sunt ab ea causa producti, quæ cum iis necessariam habeat connexionem: Deus quippe libere non necessario illos creavit; neque etiam a posteriori; nulli enim proferuntur effectus, qui licet stupendi & mirabiles ad alias causas referri non possint quam ad Angelos, puta in animam rationalem hominis, vel in Deum solum: igitur existentia Angelorum invicte probari non potest ratione naturali.

Objicies: Plurimi sunt effectus in rerum natura: plurimi prodeunt identidem qui certe sunt ejusmodi, ut non possint aliis tribui causis quam spiritibus illis qui dicuntur Angeli apud Christianos & dæmones a Philosophis Ethnicis; hujus generis sunt solitæ Energumenorum operationes, qui interdum variis lo-

loquuntur idiomatibus, quæ nunquam didicerunt, aliaque pene innumera efficiunt vel etiam facinorosa, quæ ex una parte naturæ vires superant, ex alia vero Deo tribui non possunt. Insuper in eodem loco reponi potest uniformis cœlorum & syderum motus, quem cœlestibus illis intelligentiis facile tribuebant veteres Philosophi solo lumine naturali ratiocinantes citra ullum divinæ revelationis subsidium: igitur ratione naturali demonstrari potest existentia Angelorum.

Respondeo ex præfatis, & aliis ejusmodi effectibus certo colligi non posse existentiam Angelorum; quia nempe non ita necessario ab illis proficiscuntur, ut in alias causas refundi facile non possint, quod tamen requireretur ad veram & exquisitam demonstrationem, de qua præsens habetur quæstio; quidni enim v. g. uniformis ille & constans syderum motus dicetur ab ipso Deo universi orbis conditore & gubernatore impressus? Quidni stupendos & insolitos Energumenorum motus, aliaque subinde eorum opera, vel ipsi Deo vel animabus hominum separatis tribuemus, quemadmodum ex aliis corporibus in alia transitum animarum induxit olim Pythagoræ Schola?

Quibus certe non immerito addiderim inter ejusmodi opera quæ apud profanos scriptores leguntur, & quæ etiamnum a Christianis commemorantur, pleraque ficta esse & a superstitiosis hominibus somniata, quibus proinde nulla debetur fides, & quorum nulla quærenda est causa præter cerebrum illorum hominum ejusmodi figmentis accommodatissimum.

Nihil est autem quod existentiam Angelorum probet S. Thomas ex eo quod postulat ordo & perfectio universi, ut in eo sint aliquæ creaturæ quæ Deo creatori assimilentur per intellectum & voluntatem, per quas facultates universitatem rerum condidit.

Huic enim S. Thomæ rationi respondemus nihil omnino fuisse necesse, ut Deus mundum universum conderet in eo perfectionis statu in quo revera illum condidit, super ea re liberrimus fuit Deus, ac proinde ratio naturalis non infert necessario productos fuisse Angelos. Præterquamquod etiamsi non essent Angeli, non deesset tamen aliqua creatura spiritalis, nempe anima rationalis in homine.

De creatione Angelorum.

ANGELOS a Deo fuisse creatos nemo Christianus non profitetur; est ea de re disertum Apostoli testimonium ad Coloss. 1. ubi sic de Christo loquitur: *In ipso condita sunt universa in cœlis & in terra, visibilia & invisibilia, sive throni, sive Dominationes, sive Principatus, sive Potestates. Omnia per ipsum & in ipso creata sunt, & ipse est ante omnes.*

Tum & rem definiit Concilium Lateranense magnum: cap. *Firmiter*, his verbis: *Unum est universorum principium, Creator omnium visibilium & invisibilium, spiritualium & corporalium, qui sua omnipotenti virtute simul ab initio temporis utramque de nihilo condidit creaturam spiritualem & corporalem, Angelicam videlicet & mundanam.*

Verum ambigitur de tempore illorum creationis, utrum nempe ante vel post Mundum conditi fuerint.

Rem in dubio reliquit S. Augustinus lib. 11. de Civitate Dei cap. 32. quanquam alio in loco primo die factos illos putet, libro nempe 22. contra Faustum cap. 10. Unde & in duas & contrarias super isto negotio sententias abierunt antiquissimi Patres.

Priorem sententiam, hoc est, ante rerum istarum aspectabilium productionem creatos fuisse illos Spiritus, amplexi sunt Origenes Hom. 10. in Math. qui tamen in lib. 1. Periarchon cap. 1. fatetur non satis manifeste constare ex

Scripturis quandonam Angeli creati sint. S. Basilius Homil. 1. in Hexameron. S. Gregor. Nazianz. orat. 38. S. Ambros. lib. 1. Exam. cap. 5. S. Hilar. lib. 12. de Trinitate. S. Chrysostomus lib. 1. ad Stagirium. S. Damascenus lib. de Fide orthod. c. 3. & l. 4. c. 14. & alii.

At vero plures contra docuerunt non extitisse Angelos ante hanc rerum corporearum universitatem, ita nempe autor libri de Trinitate qui Novatiano solet ascribi, S. Epiphanius hæresi 65. Theodoretus quæst. 3. Autor quæstionum ad Antiochum quæ inter Athanasii opera leguntur quæst. 3. S. Augustinus lib. 22. contra Faustum cap. 10. Gennadius Massiliensis lib. de Dogmatibus Ecclesiasticis cap. 10. & alii passim.

Observat nec immerito doctissimus Petavius l. 1. de Angelis c. 15. n. 11. ex illis duabus & sibi oppositis opinionibus de tempore quo conditi sunt Angeli, neutram certe Scripturarum autoritate fultam, & frustra posterioris defensores in partes suas trahere hunc Ecclesiastici cap. 18. locum, *qui vivit in æternum, creavit omnia simul*. Siquidem ibi non de creaturis omnibus, sed de iis solum sermo habetur, quarum Moyses meminit in Genesi, vel recte dixeris hanc vocem *simul* idem significare quod *æqualiter*, hoc nimirum sensu quod Deus inducatur æqualiter creator visibilium & invisibilium, uno verbo omnium creaturarum, in quem similiter sensum accipi debent verba jam laudata Concilii Lateranensis, ubi Deus dicitur *Creator omnium visibilium & invisibilium, spiritualium & corporalium, qui sua omnipotenti virtute simul ab initio temporis utramque de nihilo condidit creaturam spiritualem & corporalem, Angelicam videlicet & mundanam*.

Aliter opinantur quidam alii qui dicunt, si Scripturas sacras consulamus, quamvis tempus illorum creationis expresse non designent, reperiri tamen unde duæ præfatæ opiniones evertantur: cum enim, inquiunt, Angeli secundum Scripturam nec ante nec post mundum aspectabilem creati sint, consequens fit ex ejusdem Scripturæ autoritate simul cum eo creatos fuisse.

Existimant tamen Theologi fere omnes fide divina non constare Angelos simul cum mundo corporeo creatos esse. 1. quia, ut diximus, hæc sententia non satis aperte legitur in Scripturis sacris. 2. quia in diversas opiniones super ea re abierunt SS. Patres; unde, ut ait Estius, una pars præ altera non est dicenda ut fidei contraria. 3. quia S. Thomas qui scripsit post Concilium Lateranense, quo potissimum hanc veritatem asseri & ita ut fide tenendam dici posset, hanc præsentem quæstionem expendens, ait duas esse hoc in negotio sanctorum Doctorum sententias, eamque solum probabiliorem appellat, quæ statuit Angelos simul cum mundo corporeo creatos esse, contrariam autem negat reputandum errorem. Tum vero scribens in hanc distinctionem dicit alteri sententiæ non esse præjudicandum, *quia non est determinatum*, inquit, *nec fide expressum*.

Quod spectat autoritatem Concilii Lateranensis supra adductam, constat, ut multi observant Theologi non infimæ notæ, mentem hujus Concilii nequaquam fuisse hanc sententiam de tempore creationis Angelorum definire, quamquam potuerint Patres tam recipere ut altera opposita probabiliorem, sed voluisse solum condemnare Origenis errorem qui docebat Angelos & animas multis sæculis ante mundum hunc corporeum extitisse, qui nimirum a Deo non fuerat conditus, nisi ut illi spiritus per corpora vel in corporibus punirentur.

Quærunt Theologi quo in loco creati sint Angeli.

Respondent plerique creatos esse in cœlo empyreo. 1. quia, ut ait S. Thomas 1. p. q. 61. art. 4. conveniens fuit crea-

creaturam ſpiritualem creari in ſupremo corpore, ſcilicet tanquam toti naturæ corporeæ præſidentem. 2. quia, ut ait Eſtius, ratio poſtulat non alium eſſe ullum locum aptiorem creationi Angelorum.

Notandum tamen, inquit, Angelos hic non dici creatos in cœlo tanquam in loco vel habitaculo præparato, ſicut homo creatus eſt in terra jam prius exiſtente, ſicut & cætera animalia in ſuis quæque locis; ſed ſignificatur Angelos, ut primum creati ſunt, non fuiſſe ſine loco, ſed eos ſimul cum loco, id eſt corpore in quo ab initio eſſent, creatos fuiſſe.

Objiciuntur contra iſtam ſententiam hæc verba Iſayæ cap. 14. ubi Angelus peccans inducitur ſic loquens, *in cœlum conſcendam, ſuper aſtra Dei exaltabo ſolium meum*. Quibus verbis ſupponitur eum non fuiſſe in cœlo quandoquidem in cœlum aſcendere voluit.

Reſpondet S. Thomas per cœlum hoc in loco intelligi non corporeum aliquod cœlum, ſed cœlum S. Trinitatis in quod aſcendere voluit Angelus peccans, ait enim, *& ero ſimilis Altiſſimo*. Quem ſenſum innuunt S. Auguſtinus lib. 14. de Civitate Dei cap. 13. & S. Ambroſ. Epiſt. 84.

Utrum Angeli ſint incorporei.

DIFFITERI non poſſumus quin multi e SS. Patribus vel antiquiſſimis tum Latini tum Græci aperte profeſſi fuerint corporeos eſſe Angelos; uti ex iis conſtabit teſtimoniis quæ mox adducemus; in eadem quoque verſati ſunt opinione quamplurimi e veteribus Theologis; ſed cum major nunc Theologorum pars contrariam propugnet partem præeuntibus multis Patribus, eam proinde ut multo veri propiorem trademus. Quapropter ſit.

CONCLUSIO.

Angeli ſubſtantiæ ſunt ſpirituales, & omnis omnino materiæ expertes.

Probatur 1. ex Scripturis, non ex iis quidem præciſe locis, in quibus Angeli dicuntur ſpiritus, quemadmodum v. g. legitur Pſal. 103. *qui facis Angelos tuos ſpiritus*. Quia nimirum corpora tenuiſſima, ut aer & ventus appellantur ſpiritus in Scripturis Pſalm. 148. *ignis, grando, nix, glacies, ſpiritus procellarum*.

Verum id melius colligitur ex eo quod Angelos ac dæmones Scriptura ſic appellat quandoque ſpiritus aut ſpirituales, ut ſpiritus notionem corpori vel rei corporeæ manifeſte opponat. Epheſ. cap. 6. *Non eſt nobis colluctatio adverſus carnem & ſanguinem, ſed adverſus principes & poteſtates, adverſus mundi rectores tenebrarum harum, contra ſpiritualia nequitiæ in cœleſtibus*.

Idem probatur ex legione ſpirituum quam Chriſtus ab uno homine ejecit, Marci 5. cap. hinc enim ſequitur integram dæmonum & conſequenter Angelorum in uno eodemque homine ſimul habitaſſe, adeoque dæmones illos nec minutiſſima fuiſſe corpora, nec ex minutiſſimis compoſitos corporibus; incredibile enim omnino eſt millia ſubſtantiarum corporearum in uno homine habitaſſe quandoquidem ſubſtantia quævis corporea, vivens ſcilicet, organis conſtare debet, & proinde corporea ſua extenſione inſignem aliquem occupare locum: ſunt igitur Angeli ſubſtantiæ omnino materiæ expertes.

Probatur 2. hæc noſtra ſententia, ex eo quod illam propugnarunt quamplurimi e SS. Patribus.

E Græcis quidem S. Ignatius Epiſtola ad Trallianos his verbis, *Cherubim Seraphimque excellentiam & ſpiritus ſublimitatem, Domini regnum, & incomparabilem Dei Patris omnipotentis divinitatem*.

S. Iræ-

S. Irenæus lib. 2. c. 54. sic loquitur de Gnosticis: *Animalem enim eum esse volunt, & per hunc facta esse non tantum quæ videntur hæc, sed & invisibilia, Angeli, Archangeli, Dominationes.*

Origenes lib. 6. Contra Celsum. *Nos*, inquit, *incorpoream substantiam non putamus igne conflagrare, neque in ignem resolvi, hominis animam vel Angelorum, Thronorum substantiam.*

S. Chrysostomus in lib. ad Stagirium, *Fecit*, inquit, *Angelos & Archangelos ac reliquas incorporeorum substantias.*

S. Gregorius Nissenus oratione 4. de Oratione Dominica, idem docet his verbis: *Omnis creatura rationalis partim in incorpoream, partim in corpoream naturam divisa est; est autem Angelica quidem incorporea, altera vero species nos homines sumus.*

Item Gregor. alter Naziamz. orat. 34. *Porro spiritus vocantur & ignis, illud tanquam intelligibilis naturæ, hoc tanquam purgandi vim habens.* Is insuper Angelos dicit incorporeos or. 38. & 42.

S. Basilius homilia quod Deus non est autor malorum, de diabolo sic loquitur: *Natura ipsius incorporea est secundum Apostolum dicentem, Non nobis colluctatio adversus carnem & sanguinem, sed adversus spiritualia nequitiæ.*

Eusebius Cæsariensis l. 4. de Demonstratione Evangelica cap. 10. *Cum Deus vellet*, inquit, *divitiarum suarum thesauros pluribus impertiri, essetque jamjam omnem rationalem creaturam in lucem producturus, incorporeas videlicet quasdam atque intellectuales divinas potestates, Angelos atque Archangelos materiæ expertes, & ex omni parte puros spiritus produxit.*

Idem habent S. Athanasius lib. de naturali communione. S. Gregorius Nazianz. orat. 2. de Theolog. S. Epiphanius heresi 26. Theodoretus in Epit. div. decret. S. Cyrill. Alex. l. 4. in Joan. & S. Damascenus l. 2. de Fide c. 3.

E Latinis vero S. Hilarius lib. 8. de Trinit. inter visibilia reponit Angelos his verbis: *Qui est Dei imago invisibilis, primogenitus omnis creaturæ, quia in ipso constituta sunt omnia in cœlis & in terra, visibilia, & invisibilia, sive Throni, sive Principatus, sive Potestates, sive Dominationes.* At certum est id omne esse incorporeum in mente S. Hilarii quod est invisibile, ibi enim probat Verbum esse invisibile, & incorporeum.

Lactantius idem omnino sensit, nam lib. 7. cap. 21. cum quærit quomodo animæ corporis expertes dari possunt: *Primum igitur*, inquit, *dicimus tantam Dei esse potestatem, ut etiam incorporalia comprehendat, & quemadmodum voluerit, afficiat. Nam & Angeli Deum metuunt, quia castigari ab eo possunt inenarrabili quodam modo, & dæmones reformidant Deum, quia torquentur ab eo & puniuntur.* Quæ ratio manifeste probat Angelos & bonos & malos esse incorporeos.

S. Hieronymus epist. 59. ad Avitum inter alios errores reprehendit in Origene, quod dixerit, *dæmones ob majora delicta aereo corpore esse vestitos*: hoc principio quod incorporalium vita incorporalis esse debeat.

S. Augustinus in Psal. 103. *Spiritus sunt Angeli, & cum spiritus sunt, non sunt Angeli; cum autem mittuntur fiunt Angeli: Angelus officii nomen est, non naturæ: quæris nomen hujus naturæ? Spiritus est: quæris officium? Angelus est. Ex eo quod est, spiritus est; ex eo quod agit, Angelus est.* Et lib. 1. Retractationum cap. 11. illam sententiam quæ ipsi dubia visa fuerat de Angelorum corporeitate retractat his verbis, *Angelorum sanctorum nomine omnem sanctam creaturam spiritalem in Dei secreto atque occulto ministerio constitutam nunc appellaverim, sed spiritus Angelicos sancta Scriptura nomine animarum significare non solet.*

Marius Victorinus l. 4. advers. Arium vocat *Angelos*, *Arcbangelos*, *Thronos*, *Glorias*, *caeteraque quae supra mundum sunt*, *incorporea*.

S. Gregorius Magnus lib. 4. Dialogorum cap. 29. probat Angelos etsi incorporeos igne cruciandos. *Si igitur diabolus ejusque angeli cum sint incorporei, igne cruciantur*. Et rursus lib. 4. Moral. cap. 9. *Angelus namque solummodo spiritus, homo vero & spiritus est & caro*.

Idem docent Leo Papa Epistola ad Turibium c. 6. Julius Africanus l. 11. c. 11. S. Fulgentius libro de Fide c. 3.

Ex quibus manifeste colligitur quam multos e SS. Patribus istam sententiam propugnasse.

Probatur 3. ex eo quod Patres Concilii Lateranensis quarti anno 1215. sic loquuntur cap. Firmiter, *Deus qui omnipotenti sua virtute simul ab initio temporis utramque de nihilo condidit creaturam spiritualem & corporalem, Angelicam videlicet & mundanam, ac deinde humanam quasi communem ex spiritu & corpore constitutam*. Ex quibus, licet sententiam de incorporeitate Angelorum tanquam de fide tenendam non contendamus, vel illum Canonem esse ipsius Conc. Lateranensis foetum omnino non constat; vel quia tanquam de fide definitum id solummodo censetur, quod ex instituto & matura praehabita deliberatione ab aliquo Concilio generali assertum est, incorporeitas autem Angelorum obiter dicatur hic, ita ut quo sensu incorporeum sumant Patres Lateranenses, sit penitus incertum; tamen accedente nunc Theologorum pene omnium consensu, qui haec verba Concilii interpretantur de vera & proprie dicta incorporeitate Angelorum, non video quomodo ab illa sententia possit quis recedere.

Non desunt etiam inter Theologos melioris notae qui in hujus opinionis confirmationem nonnullis utantur rationibus.

Prima est quam usurpat S. Thomas 1. p. q. 50. Postulat, inquit, universi perfectio ut quaedam substantia creata sit pure spiritalis, sunt enim in mundo creaturae quaedam pure materiales & corporeae, ut arbores & lapides, sunt aliae quaedam partim corporeae, partim spiritales, ut homo; sed creaturae omnino spiritales sunt Angeli.

Secunda est, quia si Angeli essent corporei, motus eorum in coelum vel e coelo nunquam esset sine miraculo; quoties enim e coelo in terram descenderent, vel in coelum redirent, vel fieret penetratio corporum, vel dividi coelum oporteret, sicque miracula forent perpetua, unde etiam & daemonibus competeret miracula patrare, quod videtur absurdissimum.

Tertia ratio est, quia cum Angeli toti creaturae corporeae praesint, debent consequenter esse naturae longe praestantioris; adeoque spiritales & incorporei.

Objicies: Illa sententia propugnari non potest, quae fere universae sanctorum Patrum autoritati adversatur, eatenus enim verisimilitudine caret, tametsi quibusdam aliis probetur: atqui sententia quae docet Angelos esse incorporeos, adversatur fere universae sanctorum Patrum traditioni: idque constat.

Primo quidem ex illis Patribus, q i haec verba capitis sexti Geneseos: *Videntes filii Dei filias hominum quod essent pulchrae, acceperunt sibi uxores ex omnibus quas elegerant*: intelligenda esse censuerunt de Angelis desertoribus, qui prae amore foeminarum e coelo in terras descenderunt: putarunt enim hos Angelos ex mulieribus vera generatione filios suscepisse, adeoque fuisse corporeos. Ita S. Justinus apologia prima his verbis: *Qui ab officio decedentes, victique foeminarum amore, susceperunt ex iis progeniem quam vulgus genios vocat*.

Athenagoras apologia ad Antoninum, idem opinatur his verbis: *Itaque a statu*

suo

suo defecerunt, alii quidem amore capti virginum & libidinis carnis accensi . . . ex amatoribus igitur gigantes, ut vocant, nati sunt.

Tertullianus libro de habitu muliebri cap. 2. hæc eadem scribit: *Nam illi qui ea constituerunt damnati in pœnam mortis deputantur, illi scilicet Angeli, qui ad filias hominum de cælo ruerunt, ut hæc quoque ignominia fœminæ accedat.*

Clemens Alexandr. l. 3. Stromatum. *Jam vero*, inquit, *Angeli quoque cum fuissent incontinentes, victi cupiditate sic e cælo descenderunt.*

S. Cyprianus lib. de disciplina & habitu virginum, ait vana esse ornamenta mulierum: *quæ omnino peccatores & apostatæ angeli suis artibus prodiderunt, quando ad terrena contagia, a cælesti vigore recesserunt.* Eadem vero docent Lactantius l. 2. c. 15. Eusebius Cæsariensis lib. 5. Præparationis Evangelicæ cap. 4. Severus Sulpitius lib. 1. sacræ historiæ. S. Ambrosius lib. 1. de Virgin.

Secundo, Angelos esse incorporeos ex iis ostenditur SS. Patribus, qui docent Angelorum substantiam esse corpus tenuissimum, aereum, æthereum.

S. Basilius lib. de Spiritu sancto c. 16. *In cælestibus virtutibus*, inquit, *substantia quidem earum pura spiritus est aereus, aut ignis immaterialis juxta id quod scriptum est, Qui facit Angelos suos spiritus & ministros suos ignem urentem, eapropter & in loco sunt & fiunt visibiles, dum iis qui digni sunt apparent in specie propriorum corporum.*

S. Augustinus lib. 8. de Civitate Dei cap. 16. ait dæmones esse, *genere animalia, animo passiva, mente rationalia, corpore aerea, tempore æterna.* lib. 11. cap. 23. *aereum corpus possidet pessimus dæmon, homo autem luteum corpus accepit.* Lib. 3. de Genesi ad litteram c. 10. *Quapropter etsi dæmones aerea sunt animalia, quoniam corporum aereorum natura vigent, & propterea morte non dissolvuntur, quia prævalet in eis elementum, quod ad faciendum quam ad patiendum est aptius.*

S. Damascenus lib. 2. de Fide orthodoxa cap. 2. *Nam*, inquit, *omne ad Deum collatum crassum & materiale comperitur, sola enim vere est immaterialis & incorporea divinitas.*

Ergo sententia hæc propugnari non debet.

Nego min. nempe illam sententiam quæ docet Angelos esse spiritales, fere universæ SS. Patrum doctrinæ adversari; & ratio est:

Primo, quia plerique ex iis Patribus quorum objiciuntur testimonia, loquuntur de corporibus assumptis & ascititiis, quæ interdum induerunt Angeli, cum hominibus apparere voluerunt, quod quidem verisimiliter opinati sunt ii qui Angelis corpora tribuerunt, hoc decepti testimonio Scripturæ, *videntes filii Dei filias hominum, quod essent pulchræ.* Ubi versio 70. habet, *ingressi sunt Angeli Dei ad filias hominum.* Neque enim Patres de propriis Angelorum corporibus locutos esse omnino constabit examinanti singula eorum verba.

Secundo, quia quamplurimi e sanctis Patribus Angelos esse immateriales negarunt, non absolute quidem, sed comparate ad Deum qui solus est immaterialis, quia solus est ubique, solus omnia pervadit, uti nempe loquuntur Cassianus collat. 7. & S. Gregor. Magn. l. 2. Mor. c. 3.

Tertio, quia nonnulli dicunt Angelos esse aereos, æthereos sua natura, ubi hoc de substantia spiritali intelligunt, sicut cum dicimus animum esse æthereum, hoc est spiritalem, & alterius ordinis quam sint elementa & corpora.

Quamobrem licet, ut fatemur, quidam e sanctis Patribus Angelos docuerint natura sua corporeos, hæc certe opinio nonnisi paucorum fuit, quibus cæteros longe plures & auctoritate majores

res merito opponimus, ut patet ex locis mox adductis.

Cæterum nostram sententiam qua Angelos natura esse incorporeos asserimus, nec ab omnibus & singulis Patribus traditam, nec velut fidei dogma tenendam proponimus, quocirca mirum videri non debet, si hac in re sancti Patres diversa senserint, quod luculente testatur sanctus Bernardus sermone 5. in Cantica, ubi proposita quæstione, an incorporei sint Angeli necne, hæc scribit: *Videntur Patres de hujusmodi diversa sensisse, nec mihi perspicuum est unde alterutrum doceam, & nescire me fateor; sed & vestris profectibus non multum conferre arbitror harum rerum notitiam.*

Objicies autoritatem Concilii Nicæni secundi, quod est septimum generale, in quo legitur & comprobatur sententia Joannis Thessalonicensis, qui testatur Ecclesiam Catholicam sentire Angelos esse corporeos, atque inde eos esse pingendos colligit his verbis apud Concilium act. 5. *De Angelis & Archangelis, & eorum potestatibus, quibus & nostras animas adjungo, ipsa Ecclesia Catholica sic sentit, esse quidem intelligibiles, sed non omnino corporis expertes & invisibiles, ut vos gentiles dicitis, verum tenui corpore præditos, & aereo sive igneo, sicut scriptum est, Qui facit Angelos suos spiritus & ministros suos ignem urentem.* Hæc cum lecta fuissent, Tarasius Patriarcha dixit, *ostendit Pater*, Joannes, *quod Angelos pingere oporteat, quando circumscribi possunt & ut homines apparuerunt*, respondique statim Synodus, *etiam Domine*. Ex quibus sic confici potest argumentum, Concilium Nicænum sua probat definitione, quod in hunc finem fuerat lectum & propositum a Joanne Thessalonicensi: atqui legerat & proposuerat Joannes Angelos esse corporeos, ac proinde pingendos: ergo definivit Concilium Nicænum Angelos esse corporeos.

Respondent nonnulli Theologi approbare quidem Concilium, quod dixerat Joannes Thessalonicensis pingendos esse Angelos, non autem quod prius affirmaverat illos esse corporeos.

Verum non arridet hæc responsio; primo, quia Concilium universim comprobat quæ lecta sunt & proposita a Joanne Thessalonicensi, nullam enim adhibet restrictionem; atqui proponit Joannes Thessalonicensis, statuit, & affirmat sentire Ecclesiam Catholicam, Angelos esse corporeos, aereo corpore præditos, ut inde evincat illos esse depingendos: ergo Concilium approbat quocunque tandem sensu quod dixerat Joannes Thessalonicensis Angelos esse corporeos.

Secundo, quia incredibile omnino videtur reprehensum non fuisse Joannem, qui ut ostenderet depingi posse Angelos, rationem attulisset falsam & communi Ecclesiæ doctrinæ adversantem; si nempe ea tum fuisset omnium opinio quod Angeli sint incorporei. Unde sequitur illam propositionem Joannis Thessalonicensis eo sensu intellexisse Patres Nicænos, quod vera corpora ascriberet Angelis, cum eos aereo vel igneo corpore præditos dixit.

Respondeo itaque dist. min. esse corporeos, hoc est, corporibus extraneis & assumptis indutos, C. hoc est natura sua corporeos, N. Itaque Joannes Thessalonicensis ex eo videtur solummodo ostendisse Angelos esse pingendos, quod sint corporei, hoc est, quod soleant sub formis corporalibus apparere hominibus, non autem quod sint natura sua corporei: atque in hunc sensum intellectam fuisse a Patribus Nicænis, quod rei summa est, propositionem, seu doctrinam Joannis Thessalonicensis, manifeste declarant, quæ addit Tarasius Patriarcha, *ostendit Pater* Joannes, *quod Angelos pingere oporteat, quando circumscribi possunt, & ut homines apparuerunt.* Ubi quod dixerat Joannes Angelos esse

cor-

corporeos, dicit Tarasius Angelos apparuisse hominibus, quibus statim subscribit synodus Nicæna, quæ proinde verba confirmat Joannis Thessalonicensis, eo sensu Angelos esse corporeos dicentis, quod soleat cum assumptis & alicitis corporibus apparere in terris, non autem eo sensu quod sint vere & natura corporei.

Utrum Angeli sint immortales.

Constat primo Angelos tum bonos tum malos nunquam interituros, nisi Deus præstitutum rerum ordinem evertat; de bonis quippe Angelis id habetur Lucæ 20. cap. ubi nobis promittitur æqualitas cum Angelis, cum vitam possidebimus æternam: *Illi vero qui digni habebuntur sæculo illo & resurrectione ex mortuis, neque nubent, neque ducent uxores; neque enim ultra mori poterunt, æquales enim Angelis sunt, & filii sunt Dei*. De malis vero expressa est Scripturarum doctrina, Math. 25. *Ite in ignem æternum qui paratus est diabolo & angelis ejus*. Angeli itaque seu boni seu mali nunquam desinent, æternumque vivent.

Sed quæstio est utrum ex natura sua habeant ejusmodi imortalitatem, an ex Dei gratia.

Qui sentiunt Angelos non ex natura sua, sed ex Dei gratia esse incorruptibiles, his nituntur fundamentis.

1. Ex eo quod Deus dicitur in Scripturis solus habere immortalitatem. 1. ad Tim. 6. cap. *qui solus habet immortalitatem*, a se nimirum & per naturam.

2. Ex nonnullis SS. Patrum testimoniis; ita nimirum,

S. Ambrosius lib. 3. de Fide cap. 2. *Magnus Angelus*, inquit, *immortalis est naturaliter, cujus immortalitas in voluntate Creatoris est*.

S. Hieronymus dialogo 2. contra Pelagianos cap. 3. *Et certe*, inquit, *legimus immortales Angelos, immortales Thronos, & Dominationes cæterasque Virtutes. Sed solus Deus est immortalis, quia non est per gratiam, ut cætera, sed per naturam*. Eadem fuit sententia Origenis, ut testatur Epiphanius in hæresi Orig. tum & S. Cyrill. Alex. lib. 20. thes. Idem docet S. Gregor. M. lib. 16. Moral. cap. 18. & S. Damascenus lib. de Fide orthod. cap. 3.

Est autem ea de re disertum Sophronii testimonium quod legitur Act. XI. sextæ Synodi his verbis: *Sic immortales perseverant Angeli, non quod naturam revera incorruptam habeant, ut diximus, aut substantia propter immortali consistent, sed quod gratiam divinitus sortiti sunt largitricem immortalitatis & incorruptibilitatis conciliatricem*.

Qui vero contendunt Angelos dici debere immortales ex natura sua, quæ familiaris est & recepta apud Theologos loquendi ratio, hac utuntur ratione. Angelus, ut supra probatum est, substantia est spiritalis: Sed substantia quæ ex natura sua spiritalis est & omnis corporeitatis expers, dici debet per naturam immortalis; nihil enim corrumpitur, nisi in quantum partes ejus dissolvuntur, vel quia forma separatur a materia; vel denique propter pugnam contrariæ qualitatis: sed substantia omnino spiritalis non habet partes quæ dissolvantur, non est composita ex materia & forma, tum & nihil habet sibi contrarium; igitur per naturam immortalis est Angelus, non per accedentem Dei gratiam.

Quod spectat vero momenta quæ in contrariam partem mox allata sunt, facile respondetur sublata æquivocatione quæ latere videtur in ea propositione qua dicuntur Angeli *immortales non esse per naturam, sed per Dei gratiam*. Si enim intelligatur hæc propositio eo sensu quod Deus non possit Angelos annihilare; quod nimirum per naturam sunt incorruptibiles, profecto certum erit.

An-

Angelos non eſſe immortales, & recte Deus ſolus cenſebitur immortalis: ſed quia fatentur Theologi Angelos poſſe a Deo in nihilum redigi, hocque pacto interire, eo tantum ſenſu dicunt Angelos per naturam eſſe immortales, quod, ut ait S. Thomas, in ſeipſo non habeant principium corruptionis, ut corpora & elementa, quæ partibus conſtant & principiis internis ſibi contrariis.

Atque ita facile concipitur quo ſenſu doceant SS. Patres Angelos non eſſe immortales niſi per gratiam Dei; per illam ſcilicet gratiam non intelligunt donum aliquod ordinis ſupernaturalis (hoc enim immortalitatis privilegium volunt commune bonis & malis Angelis, tum & animabus hominum damnatorum) ſed Dei beneplacitum, quo voluit Angelos condere immortales; ſic enim creationis beneficium gratia dici ſolet.

De Intellectu Angelorum.

CUm Angeli ſint natura ſua incorporei & ſpiritales, haud dubie intellectu præditi ſunt; omnis quippe ſubſtantia ſpiritalis duplici pollet facultate, intellectu & voluntate: unde hic quæſtio eſt ſolummodo de rebus eorum cognitioni ſubjectis, tum & de modo quo res omnes ſibi cognitas percipiant.

Quoad primum ſpectat, hoc ponendum eſt tanquam certiſſimum, Angelos omnes ſive bonos ſive malos multa ſcire & multa quoque ignorare: Et multa quidem ſcire patet,

1. Quia Deum cognoſcunt vel etiam lumine naturali & ſine peculiari gratiæ divinæ beneficio; quod invicte colligitur ex eo quod homines ipſi etiam in hoc ſtatu naturæ lapſæ Deum naturaliter cognoſcunt, teſtante Apoſtolo ad Rom. 1. cap. *inviſibilia Dei per ea quæ facta ſunt intellecta conſpiciuntur*. Quod certe multo magis tribui debet Angelis, quorum eſt longe ſubtilior vis cognoſcendi; ita S. Thomas 1. p. q. 56. art. 3.

2. Quia ſeipſos invicem cognoſcunt, ſibi namque invicem loquuntur, aliique alios illuminant, ut patet ex Daniel. 8. & Zach. 2. tum vero & unusquiſque Angelus ſeipſum cognoſcit, nequit enim intelligi ſubſtantiam ſpiritalem intellectu præditam ſeipſam non cognoſcere.

3 Angeli cognoſcunt res materiales, quod utique colligitur ex Scripturis, quæ docent inferiora hæc per Angelos adminiſtrari, ad Hebræos 1. cap. *omnes ſunt adminiſtratorii ſpiritus*. Certe niſi res cognoſcerent, earum curam habere non poſſent: igitur Angeli multa cognoſcunt.

Verum ex altera parte nonnulla quoque ignorant: Nam legimus Math. 24. diem & horam judicii ultimi ne Angelis quidem cœlorum fuiſſe cognitam, teſtante ipſo Chriſto his verbis, *de die autem illa & hora nemo ſcit, neque Angeli cœlorum*.

Quamobrem tria præſertim in quæſtionem adducuntur, quæ nimirum peculiarem videntur habere difficultatem. 1. utrum Angeli ſecretas hominum vel aliorum Angelorum cogitationes cognoſcant. 2. altera quæſtio proponitur de futuris. 3. demum, ambigitur an cognoſcant fidei noſtræ myſteria: quid nos ſuper his tribus propoſitis articulis ſentiamus, nunc aperiendum eſt.

PRIMA CONCLUSIO.

Angeli non cognoſcunt ſecretas & occultas cordium cogitationes.

Probatur ex eo nempe quod & legimus paſſim in Scripturis ſacris & apud SS. Patres hoc unius Dei proprium eſſe privilegium, quod intimas cordium cogitationes penetret.

In Scripturis quidem ſacris, Reg. 3. cap. 8. *tu noſti ſolus cor omnium filiorum homi-*

hominum. Ecclesiast. 42. *abyssum & cor hominum investigavit*. Jerem. 17. cap. *pravum est cor hominis & inscrutabile, qui cognoscet illud? Ego Dominus scrutans corda & renes*. Quod idem habetur Psal. 7. *scrutans corda & renes Deus*. 1. Corint. 2. *quis hominum scit quæ sunt hominis, nisi spiritus hominis qui in ipso est?*

Et apud SS. Patres, eadem traditur doctrina. S. Clemens Alexand. lib. 5. Stromatum: *Et quod a nobis*, inquit, *cordium appellatur cognitor, aperte interpretatur. Interrogatus enim Thales quid sit Deus, id respondit, quod neque principium habet neque finem. Tum sciscitanti altero ecquid lateret Deum homo quidpiam faciens? Et quinam, inquit, hoc posset, qui ne cogitans quidem latet?*

Clarius autem Origenes qui hom. 7. in Genesim sic loquitur: *Propositum habeo martyrium, non ex hoc dicere ad me Angelus poterit, quia nunc cognovi quod tu times Deum. Deo enim soli cognitum est propositum mentis. Si vero accessero ad agonem, prætulero bonam confessionem, quæ inferuntur constanter suscepero: tunc poterit dicere Angelus velut confirmans me & corroborans, Nunc cognovi quod tu times Deum.*

S. Ambrosius in cap. 5. Lucæ: *Dominus*, inquit, *salvos volens facere peccatores, & occultarum cognitione Deum se esse demonstrat*. Et ad ea Psalm. 50. *tibi soli peccavi; Quem*, inquit, *solum absconditæ cogitationum & mentis occulta non fallunt.*

S. Augustinus, Serm. 2. 3. cap. 5. *Cogitationes*, inquit, *quas modo non videt nisi Deus, omnes invicem videbunt in illa societate Sanctorum ... Cor videre Dei est, hominum autem non est, nisi de his quæ manifesta sunt, judicare.*

S. Chrysostomus homil. 4. in Math. ad illa verba, *hæc eo cogitante, Angelus in somnis apparuit Joseph*, sic loquitur: *Hoc signum fuit certissimum illum a Deo missum fuisse Angelum, quippe cum solius Dei sit arcana cordium nosse*. Et homil. 24. in Joan. *quæ in corde hominum insunt, nosse solius Dei est, qui singillatim corda finxit, Tu enim, inquit, nosti corda solus*. Ita cæteri vulgo Patres loquuntur. S. Cyrillus Alex. lib. 2. in Joan. S. Fulgentius lib. 2. ad Trasimundum cap. 16. S. Hilarius in Psal. 139. Petrus Chrysologus Sermone 50. Cassianus Collat. 7.

Ex quibus abunde colligitur & Angelos & dæmones minime nosse secretas cordium cogitationes, quandoquidem ejusmodi cognitio certissimum est divinitatis argumentum.

Non desunt tamen inter hodiernos Theologos qui putent ex indiciis quibusdam externis judicare posse Angelos quid secreto cogitent homines, quod etiam insinuare videntur nonnulli e SS. Patribus, uti v. g. S. Hieronymus in Psal. 16. his verbis: *Diabolus in anima intrinsecus nescit quid cogitet homo, nisi per exteriores motus intelligat*. Hoc ipsum etiam dixerat S. August. lib. de Divin. cap. 5. *Angeli*, inquit, *hominum dispositiones non solum voce prolatas, verum etiam cogitatione conceptas, cum signa quædam ex animo exprimuntur in corpore, tota facilitate perdiscunt*. Sed hanc suam mentem correxit lib. 2. Retract. cap. 30. *Rem*, inquit, *dixi occultissimam audaciore asseveratione quam debui. Nam pervenire ista ad notitiam dæmonum per nonnulla etiam experimenta compertum est. Sed utrum signa quædam dentur ex corpore cogitantium illis sensibilia, nos autem latentia, an alia vi & ea spirituali ista cognoscant, aut difficillime potest ab hominibus, aut omnino non potest inveniri*. Quapropter hoc etiam cum S. Augustino in dubio relinquemus, uti & multa sunt alia quæ solent in hocce tractatu examinari.

Se-

Secunda Conclusio.

Angeli certo non cognoscunt futura.

Probatur eodem plane argumento quo mox in præcedenti assertione usi sumus. Nimirum & sacris Scripturis & SS. Patrum autoritate constat solius Dei proprium esse futura cognoscere; loquimur autem de futuris liberis, non de iis quæ necessarias habent cum suis causis connexiones. Apud Isayam cap. 41. sic divinitatis suæ æmulos provocat Deus: *Accedant & nuntient nobis quæcunque ventura sunt, priora quæ fuerunt nuntiate, & ponemus cor nostrum, & sciemus novissima eorum, & quæ ventura sunt indicate nobis, annuntiate quæ ventura sunt in futurum, & sciemus quia dii estis vos*. Et cap. 44. *Ego primus & ego novissimus, & absque me non est Deus. Quis similis mei? vocet & annuntiet, & ordinem exponat mihi, ex quo constitui populum antiquum: ventura & quæ futura sunt, annuntient eis*.

Idem aperte docent SS. Patres. Sic apud Tertullianum Apolog. cap. 20. *idoneum testimonium divinitatis, veritas divinationis*. S. Hilarius l. 9. *proprium Deo quid aliud est quam cognitio futurorum?* S. Cyrillus Alex. l. 4. in Joan. *Nulli*, inquit, *alii quam uni ac soli naturali Deo futura nosse convenit*.

Quapropter in iis etiam quæ naturales habent causas, quales sunt tempestates, pluviæ & siccitates: nonnisi conjecturis ea prædicunt dæmones; ita ut sæpe ipsi fallantur, ut scribit S. Aug. lib. de Divinatione dæmonum cap. 6. *Falluntur*, inquit, *quia cum suas dispositiones prænuntiant, ex improviso desuper aliquid jubetur, quod eorum consilia cuncta perturbet, velut si aliquid disponant quilibet homines quibuslibet potestatibus subditi, quod non prohibituros suos præpositos arbitrantur, idque facturos se esse pronuntiant*.

Neque ex variis etiam syderum motibus atque influxibus divinare quidquam possunt Angeli, quod nimirum ad hominum vitam & constitutionem attineat, ut multis visum est Genethliacis, tum quia syderum influxus non sunt veræ nostrorum eventuum causæ, tum quia nec de iis quidquam certi vel ab Angelis vel a dæmonibus præsagiri potest.

Tertia Conclusio.

Angeli suapte vi & natura, citra peculiarem Dei revelationem non cognoscunt fidei nostræ mysteria.

Probatur ex Apostolo qui 1. ad Corint. cap. 2. docet neminem nosse quæ sunt Dei præter ipsum Dei spiritum: *Quis enim*, inquit, *hominum scit quæ sunt hominis nisi spiritus hominis qui in ipso est? ita & quæ Dei sunt nemo cognovit nisi Spiritus Dei*. Ea vero maxime Dei sunt quæ supernaturalia sunt, quæ nulla ratione attingi possunt, sed soli fidei proposita sunt ad credendum; & quæ proinde ab eo solo cognoscuntur, cui placuit ea revelare.

Ad hunc locum revocanda est, inquit Petavius lib. 1. de Angelis cap. 8. illa Patrum antiquorum sententia, qui existimarunt Filium Dei non ante conspectum ab Angelis quam naturam humanam induisset; quod utique docet S. Athanasius orat. 5. contra Arianos, ubi sic loquitur: *Invisibilis antea cælestibus virtutibus, nunc visibilis propter conjunctionem cum visibili homine. Visibilem porro dico non invisibili divinitate, sed divinitatis efficientia per humanum corpus*.

Item S. Chrysostomus homil. 11. in 1. Epist. ad Timoth. verba hæc enarrans Apostoli. *Deus apparuit in carne, justificatus est in spiritu, visus est Angelis*, ex iis colligit, *Angelos nobiscum videre cœpisse Dei Filium, cum antea non viderent*. Et homil. 1. in Joan.

ad

ad hæc verba, *Deum nemo vidit unquam*, hæc scribit, *qui manifestatus est in carne; manifestatio autem per carnem non est secundum substantiam; Nam quod ipse invisibilis sit non solum hominibus, sed & supernis virtutibus, cum dixisset Paulus, manifestatum esse in carne, subdidit, visum ab Angelis. Ergo ex quo carnem induit, tunc visus est ab Angelis, antea vero non ita videbatur.*

Theodoretus idem docet dialogo 1. *Apte ergo divinus dixit Apostolus (Deus manifestatus est in carne) per hanc siquidem apparuit natura quæ cerni non poterat, per hanc illam quoque viderunt Angelorum turmæ; visus est enim, inquit, Angelis. Nobiscum igitur hujus doni particeps facta est etiam incorporea natura.*

Et similiter Anastasius Sinaita lib. 1. ad Exameron, ait neque Angelos ante Filium Dei vidisse quam incarnaretur, nec nisi post homines eum vidisse factum hominem: *Ante Cherubim & Seraphim*, inquit, *Magi & Publicani & latrones & meretrices & peccatores facie ad faciem Deum viderunt, eoque se oblectarunt, & fruiti sunt, deinde eum sic transmiserunt videndum supernis virtutibus.*

. Hoc tamen eo sensu, ut opinor, accipi debet, quod Angeli suapte vi & natura non potuerint Verbi divini Incarnationem compertam habere, namque eos longe ante Incarnationem nosse quam reipsa fieret, satis aperte indicat Apostolus his verbis ad Hebræos, c. 1. *Et quum iterum introducit primo genitum in orbem terræ, dicit: Et adorent eum omnes Angeli Dei.* Unde colligitur eo momento quo in terram inductus est Dei Filius, hunc Patrem Angelis suis proposuisse adorandum.

Atque Verbum Dei ante cognitum fuisse bonis Angelis quam incarnaretur, inde liquet quod altissimum hoc Incarnationis mysterium cognoverunt Prophetæ, velut Isaias, quod certe absconditum fuisse Angelis qui cœlestium vaticinationum interpretes erant, non est probabile.

At illud non immerito dici posset de malis Angelis seu dæmonibus, quibus voluit Deus hoc idem mysterium latere, ut ait S. August. lib. 9. de Civit. Dei c. 21. ubi Angelorum & dæmonum scientiam sic distinguit: *Tantum eis innotuit*, inquit, *quantum voluit, tantum autem voluit quantum oportuit. Sed sic innotuit, non sicut Angelis sanctis, qui ejus, secundum id quod Dei Verbum est, participata æternitate perfruuntur; sed sicut eis terrendis innotescendum fuit; nimirum per quædam temporalia suæ virtutis effecta, occultissima signa præsentiæ quæ Angelicis sensibus, etiam malignorum spirituum potius quam infirmitati hominum possent esse conspicua. Denique quando ea paululum supprimenda judicavit, & aliquanto altius latuit, dubitavit de illo dæmonum princeps, eumque tentavit an Christus esset.*

Quo certe pertinet istud Apostoli testimonium 1. ad Corint. cap. 2. ubi sic de Sapientia Dei loquitur, *quam nemo principum hujus sæculi cognovit. Si enim cognovissent, nunquam Dominum gloriæ crucifixissent.* Principes enim sæculi hic dæmones esse multi censent Interpretes.

De modo quo fit cognitio Angelica.

Multas super ista re quæstiones proponunt plerique Theologi, quas non nisi obiter & paucis tractabimus; nullius enim pene momenti sunt, præterquamquod animus non est hæc omnia de Angelis investigare quæ certo sciri nec definiri possunt.

Quæri primum solet, an per species Angeli cognoscant ea quæ cognoscunt.

Respondent multi, Angelos absque ulla specie innata vel acquisita, sed per suam solam essentiam & intellectum omnia intelligere quæcunque intelligunt; tum quia, inquiunt, supervacanea est hujusmodi species, sufficitque nuda facultas intellectus ad id muneris, tum quia fictitium existimant quasdam admittere species seu rerum similitudines in intellectu, tum denique quia si intellectus Angelicus ejusmodi speciebus & rerum imaginibus foret instructus, semper intelligeret; quod nemo dixerit.

Respondent alii Angelos cognoscere quæcunque cognoscunt beneficio specierum quas appellant impressas; si modo sermo sit de objectis distantibus vel corporeis. Et ratio est, inquiunt, quia universe loquendo facultas cognoscitiva cognoscit objectum per speciem impressam, quando objectum per se non est præsens aut non est proportionatum: atqui res corporeæ non sunt proportionatæ Angelis per se immediate & sine specie impressa; objectum vero distans non est, ut per se patet, præsens: igitur in illa hypothesi Angeli non cognoscunt sine specie impressa.

Quæritur postea, supposito quod Angeli non nisi per species cognoscant objecta, quæ communior apud Scholasticos opinio est, undenam habeant ejusmodi species?

Quibusdam, Angeli habent species impressas ab initio ingenitas & naturali emanatione fluentes a propria substantia; si enim, ut ait Scotus, Angelus non haberet species ingenitas ab initio, singulas acciperet a rebus, quod defendi non potest.

Hanc porro sententiam rejiciunt alii, quia, inquiunt, si haberent Angeli species rerum ingenitas, numerus illarum determinatus esset; ita ut neque minui neque augeri posset, eo fere modo quo determinatus est numerus proprietatum quæ fluunt ab essentia: sed numerus specierum non ita determinatus est, ut neque augeri neque minui possit; quando enim augetur aut minuitur numerus rerum naturalium, augeatur necesse est numerus specierum quæ sunt in Angelo.

Volunt alii Angelorum species a rebus ipsis esse receptas, quomodo humanus intellectus ut cognoscat, species rerum habet ab objectis emissas.

Hoc ipsum vero negant alii plerique Theologi; quia, inquiunt, objecta saltem corporea emittere non possunt species spiritales: sed objecta corporea deberent in illa hypothesi emittere species spiritales, Angeli enim non possent cognoscere per species quæ non forent spiritales, sicut ipsi Angeli in quibus sunt, spiritales ipsi sunt.

Quapropter inter eos qui putant Angelos habere species a rebus ipsis, sunt qui nonnullam adhibent distinctionem inter res universales & singulares; aiuntque rerum incorruptibilium & universalium species esse Angelis ab initio suæ creationis ingenitas; rerum autem singularium & corruptibilium esse a rebus ipsis postea derivatas.

Est autem aliorum opinio qui censent Angelos suas omnes habere species infusas a Deo, quia nempe, inquiunt, Angeli suas habent species ab ea causa quæ defectum aliarum supplere debet: sed Deus supplere debet defectum aliarum causarum quæ non possunt agere, puta objecti quod per se directe & physice non potest agere in Angelos: igitur Angeli suas habent species a Deo infusas.

Quærunt postea Scholastici, quo tempore Angeli suas acceperint species.

Tum vero respondere solent Angelos a primo suæ creationis instanti accepisse species rerum naturalium actualiter existentium; nam eo tempore acceperunt suas species, quo res id postulabat; sed ita rem fieri certe postulabat natura rerum existentium; ad eas enim administrandas Angeli destinati sunt a Deo; ergo eas acceperunt a primo suæ creationis instanti.

Angeli tamen, inquiunt illi Theologi, non habuerunt species secretarum cordis cogitationum a primo suæ creationis instanti, si quas nempe habuerunt; tunc enim non habuerunt species secretarum cordis cogitationum, cum non potuerunt illas cognoscere: sed a primo suæ creationis instanti non potuerunt cognoscere secretas cordium cogitationes, nondum enim ad ipsos dirigebantur: igitur.

Quærunt postea, an per unam eandemque speciem Angelus possit multa intelligere?

Qui-

Quidam docent, non posse unam eandemque speciem multa repræsentare Angelo: ita Scotus; quia, inquit, unica ratio cognoscendi habet unum objectum adæquatum, nec idem potest assimilari pluribus diversis inter se; ac proinde una qualitas non potest esse similitudo tam diversarum rerum. Præterquamquod sequeretur ex opposita sententia, per unicam speciem repræsentari posse infinita, quod videtur absurdum.

Alii vero putant unam esse speciem aut qualitatem in Angelis plura repræsentantem, v. g. per unam speciem cognosci naturam specificam & omnia individua. Nam, inquiunt, Angelis denegari non debet quod majoris est perfectionis: sed majoris esset perfectionis quod Angeli per unicam speciem plura cognoscerent: igitur.

Quærunt insuper, an quo superior est Angelus, eo per pauciores species intelligat; qua de re varia sunt Theologorum placita.

Docent plerique omnes Thomistæ Angelos non solum hierarchiæ superioris & ordinis, sed etiam excellentioris naturæ intra eandem hierarchiam & ordinem, per pauciores species intelligere; cujus sententiæ hoc fundamentum est quod perfectior Angelus perfectius debet intelligere quam inferior, atque adeo per species magis universales. Addit S. Thomas quo perfectior est aliqua natura intellectualis, eo debere Deo magis esse similem in modo cognoscendi & perfectione intellectionis; perfectio autem intellectionis in eo maxime posita est, quod per unam simplicem essentiam tam varia cognoscantur: ergo perfectio Angeli in eo etiam erit ut per pauciores species plura intelligat.

Altera sententia est Scoti, qui affirmat Angelos superiores non intelligere per pauciores & universaliores species; quam similiter opinionem amplectuntur quotquot existimant Angelos accipere species a rebus ipsis; inde enim sequitur per unam & eandem speciem & qualitatem plura simul diversa non posse repræsentari.

Dehinc quærunt etiam Theologi, utrum Angeli cessare possint ab omni prorsus cognitione.

Quidam aiunt Angelum cessare non posse ab omni prorsus cognitione, quia volunt intellectionem actualem esse ipsam Angeli substantiam, non accidens superadditum.

Alii vero existimant Angelum cessare posse ab omni cognitione actuali, Angelus quippe est substantia essentialiter intellectiva in actu primo, non in actu secundo, ex natura sua habet quidem intellectum seu facultatem intelligendi, sed nihil vetat quominus illa facultas suo privetur actu.

Denique & nonnullas proponunt quæstiones de locutione & irradiatione Angelorum. Irradiatio, inquiunt, est illustratio unius ab alio, inferioris a superiori; locutio autem est manifestatio conceptuum; unde omnis quidem irradiatio est locutio, non omnis tamen locutio est irradiatio, quia nempe Angelus inferior alloquitur superiorem, nec tamen ipsum irradiat.

Quibus positis aiunt omnes Angelos se invicem alloqui: nam loqui nihil aliud est quam mentem suam alteri manifestare: sed omnes Angeli sibi invicem mentem manifestant; habent enim inter se perfectissimam societatem, & quidem eo perfectiorem humana societate, quo sunt substantiæ spiritales altioris ordinis: ergo Angeli se invicem alloquuntur.

Addunt Angelos ex qualibet distantia se invicem alloqui, quia nimirum ex qualibet distantia conceptus suos ad se invicem dirigunt.

Dehinc Angeli superiores irradiant inferiores; Nam irradiare est veritatem incognitam alteri manifestare; sed Angeli superiores veritatem incognitam inferioribus manifestant; quatenus nempe Deus veritatem aliquam supernaturalem immediate revelat Angelis superioribus, hi vero eam manifestant inferioribus: igitur Angeli superiores irradiant inferiores.

Ego vero existimo super illis fere omnibus quæstionibus nihil quicquam certi affirmari posse, nullum enim suppetit testimonium in sacris litteris, ex quo possimus recte colligere Angelos hoc vel illo modo intelligere; quamobrem aut in dubio maneat unusquisque, aut suo fruatur judicio.

De Voluntate Angelorum.

EST in Angelo voluntas. Nam in omni substantia intelligente est voluntas seu appetitus rationalis: atqui Angelus est substantia intelligens & spiritalis: igitur quilibet Angelus est voluntate præditus.

Est etiam in Angelo libertas. Nam in omni natura intellectuali est liberum arbitrium seu indifferentia ad agendum vel non agendum: sed Angelus habet naturam intellectualem: ergo præditus est libero arbitrio.

Quamobrem si ea nunc est natura Angelorum ut iis immobiliter adhæreant quæ semel elegerunt; si Angeli sancti non possunt a summo bono recedere si mali seu dæmones in suscepta jam malitia obfirmati constanter permaneant; non ita se res habuit in primo eorum ortu & conditione, ut recte disserit S. Fulgentius lib. de fide ad Petrum cap. 3. his verbis: *Sed hoc ipsum quod ab eo statu beatitudinis in quo sunt, mutari in deterius nullatenus possunt, non eis naturaliter insitum, sed postquam creati sunt, gratia divinæ largitate collatum. Si enim Angeli naturaliter incommutabiles fierent, nunquam de eorum consortio diabolus & ejus angeli cecidissent.* Scilicet quod boni Angeli in justitia perseverent, non eorum naturæ tribuendum sed gratiæ, & vicissim quod dæmones sint in malo obfirmati, libero eorum judicio tribuendum, ita ut utrique natura sua fuerint ad bonum & malum maxime indifferentes; adeoque libero arbitrio præditi.

Circa voluntatem Angelorum hæc veniunt in controversiam. 1. de eorum prædestinatione. 2. de reprobatione. 3. de eorum gratia 4. de lapsu & peccato dæmonum.

De Prædestinatione Angelorum.

CErtum est quosdam Angelos fuisse prædestinatos; quidam enim dicuntur in Scripturis sacris electi, quod idem est ac prædestinati; sic enim loquitur Apostolus 1. ad Timoth. cap. 5. *testor coram Deo & Christo Jesu & electis Angelis.* Favet autem ratio, quia prædestinatio nihil est aliud quam præparatio gratiæ, si sermo sit de prædestinatione ad gratiam, & gloriæ, si de prædestinatione ad gloriam; sed Deus & gratiam & gloriam bonis Angelis præparavit; utramque enim ipsis dedit: igitur.

Sed quæstio est utrum prædestinatio Angelorum facta fuerit a Deo ex prævisis meritis vel ante prævisa eorum merita, hoc est utrum præscientia boni usus gratiæ ipsis conferendæ, causa fuerit in Deo illius decreti quo statuit illis dare gloriam; vel utrum Deus hoc prius emiserit decretum quo voluit quosdam salvare, & ipsis consequenter quasdam gratias efficaces ad illam gloriam merendam destinaverit; nimirum in priori casu & hypothesi prædestinatio Angelorum facta fuisset ex prævisis meritis; in posteriori vero diceretur mere gratuita & facta ante prævisa merita.

Certum est insuper apud omnes Theologos, bona opera Angelorum per solas naturæ vires elicita, non fuisse in Deo rationem illos prædestinandi; quantumvis enim de causa prædestinationis Angelorum nihil definierit Ecclesia, quia tamen pridem definitum est quævis opera universim solis naturæ viribus elicita, per se non esse sufficientia ad promerendam cœlestem gloriam; in promptu est colligere eo similiter tendere mentem & doctrinam Ecclesiæ, summorum Pontificum, Patrum, & Conciliorum, opera Angelorum solis naturæ viribus elicita, non esse rationem in Deo illos prædestinandi.

Qua-

Quapropter de Angelis & eorum viribus ad merendum loquimur proportione servata, uti de hominibus. Nimirum dicimus Angelos gratia Dei indiguisse ad exercendum bonum opus & meritorium; gratiam ipsis fuisse necessariam ut caverent a peccato, ut tentationibus resisterent, ut denique in utilitia originali, in qua primum conditi fuerant, diutius perseverarent; ita ut tamen eis necessarium non fuerit speciale adjutorium ad perseverandum, sed ipsis tantum data fuerit gratia versatilis, quemadmodum mox dicturi sumus, perinde ut primo homini antequam caderet.

Quamobrem quæstio est hic de bonis operibus Angelorum, beneficio gratiæ versatilis a Deo tunc ipsis concessæ, elicitis; eo plane modo quo præcedenti volumine disputationem instituimus de prædestinatione hominum.

Tres præcipuæ sunt super isto negotio sententiæ.

Prima est eorum qui, uti & de prædestinatione hominum ratiocinantur Ochamus, Chatarinus & quidam alii, quosdam Angelos putant electos fuisse ante prævisa opera, alios vero ex prævisis bonis eorum operibus.

Hæc porro sententia nobis probari non potest, ea quippe nullo nititur fundamento; quamvis enim Deus potuerit, ut non diffitemur, quosdam Angelos ante prævisa eorum opera prædestinare, alios vero ex prævisis tantum meritis; tamen id ita fuisse revera factum a Deo & ordinatum nullo argumento, vel ex auctoritate Scripturæ & Patrum, vel ex penu rationis deprompto innotescere potest. Quin & ejusmodi inæqualitatis quam cum Angelis exercuisset Deus, nulla omnino afferri potest congruentia; si qua enim esset, omnes Seraphini debuissent insigniter prædestinari, quod tamen falsum est, quosdam enim ex illo supremo ordine lapsos verisimile maxime est.

Secunda sententia eorum est, qui existimant Angelos, ut homines, fuisse prædestinatos ante prævisa merita; & hujus opinionis duplex est classis pro duplici in mutuum modo explicandi vim & efficaciam gratiæ quæ suum consequitur effectum.

Sunt enim qui dicunt Angelos fuisse prædestinatos ante prævisa merita, quatenus Deus voluit eis præbere congruentem & opportunam vocationem, eosque collocare in iis circumstantiis, in quibus sciebat illos fore cooperaturos suæ gratiæ, atque perseveraturos; cæteros autem fuisse reprobatos ante prævisa peccata, quatenus illis negatum est illud speciale donum congruæ vocationis & circumstantiarum, licet illis sufficientissimum concesserit auxilium.

Alii dicunt Angelos fuisse prædestinatos ante prævisa merita; quatenus, inquiunt, Deus ab æterno decrevit efficaciter quibusdam Angelis conferre gloriam & consequenter ad illud decretum, eosdem per singulare & efficax gratiæ donum impulit ad perseverandum in gratia.

Tertia denique sententia est eorum qui dicunt Angelos bonos non fuisse ad gloriam prædestinatos nisi ex prævisis bonis eorum operibus, in quo differt eorum prædestinatio a prædestinatione hominum. Scilicet, quamvis nullum unquam opus bonum supernaturale ac potissimum perseverantiæ fuerit elicitum propria virtute & sine dono gratiæ tum ab Angelis tum ab hominibus; gratia tamen Dei non eodem modo operata est in Angelis qui perseverarunt, & in hominibus qui nempe post peccatum perseverant; in illis enim gratia non erat per sese efficax, sed versatilis, & ad nutum voluntatis poterat suum habere vel non habere effectum: in homine autem lapso talis est gratia qua perseverat, ut voluntatem infallibiliter & ineluctabiliter moveat ad bene operandum.

Atque sic exposito discrimine gratiæ quæ data fuit Angelis ad perseverandum ab illa quæ necessaria est homini lapso ad perseverandum, apparet facile quid sit discriminis inter prædestinationem Angelorum & prædestinationem hominum, quæ enim & qualis sit prædestinatio in mente

mente Dei, recte judicatur ex natura semel emporta gratiæ quam Deus confert. Unde si gratia versatilis data fuit Angelis ad perseverandum, a suo libero arbitrio hoc primum habuerunt boni Angeli quod perseveraverint; adeoque prædestinati non sunt ad gloriam ex mera Dei benevolentia, sed propter bonum gratiæ usum quem Deus præviderat, & quæ eum impulit ad illos remunerandos. Quæ vero contra datur homini lapso gratia per se efficax ad perseverandum, quæ hujusmodi est ut vim suam & efficaciam non accipiat a consensu voluntatis humanæ, inde sequitur prædestinationem hominum electorum, propositum esse miserendi, opus puræ Dei benevolentiæ, adeoque recte dici factam ante prævisa merita, ut ostendimus in tractatu de Attributis divinis.

Quapropter nos qui hanc postremam sententiam amplectimur, in id solum incumbemus, ut ostendamus Angelis, uti & primo homini ante peccatum & in statu innocentiæ constituto, datam fuisse solummodo gratiam versatilem ad perseverandum, quod utique probabimus autoritate S. Augustini, cujus magni facienda est hic doctrina præsertim cum in præsenti quæstione ad eam resolvendam nihil plane nobis suppetat neque in Scriptura, neque apud SS. Patres: sit igitur

CONCLUSIO.

Prædestinatio Angelorum facta est ex prævisis eorum meritis.

Probatur ex S. Augustino, qui cum hoc discrimen statuit inter hominem in statu innocentiæ positum, & hominem lapsum: quod nempe homo in statu innocentiæ per ipsum suum liberum arbitrium perseverare potuit sine gratia per se efficaci; in statu vero naturæ lapsæ requiritur gratia per se efficax ad perseverandum; docet Angelos ejusdem fuisse conditionis cum homine integro; unde sequitur manifeste primariam meritorum causam qua boni Angeli discreti sunt a malis, fuisse petendam ex propria illorum voluntate, non a gratia quæ in illis subdita erat libero arbitrio; adeoque prædestinationem qua sunt a Deo electi, fuisse propositum dandi vitam æternam pro justitia in qua eos per suum liberum arbitrium perseveraturos præviderat.

Est autem hæc diserta S. Augustini doctrina, quæque in hoc de gratia Dei negotio fundatissima est; ita nimirum lib. de correctione & gratia cap. 10. *Quapropter*, inquit, *saluberrime confitemur, quod rectissime credimus Deum Dominumque rerum omnium, qui creavit omnia bona valde & mala ex bonis exoritura esse præscivit, & scivit magis ad suam omnipotentissimam bonitatem pertinere, etiam de malis benefacere, quam mala esse non sinere, sic ordinasse Angelorum & hominum vitam, ut in ea prius ostenderet quid posset eorum liberum arbitrium; deinde quid posset gratiæ suæ beneficium justitiaque judicium. Denique Angeli quidam, quorum princeps est qui dicitur diabolus, per liberum arbitrium a Domino Deo refuga facti sunt. Refugientes tamen ejus bonitatem qua beati fuerunt, non potuerunt ejus effugere judicium, per quod miserrimi effecti sunt. Cæteri autem per ipsum liberum arbitrium in veritate steterunt, eamque de suo casu nunquam futuro certissimam scire meruerunt.*

Et cap. 11. ejusdem libri: *Quid ergo, Adam non habuit Dei gratiam? Immo vero habuit magnam, sed disparem: ille in bonis erat quæ de bonitate sui conditoris acceperat, neque enim ea bona & ille suis meritis comparaverat, in quibus prorsus nullum patiebatur malum....... istam gratiam non habuit homo primus, qua nunquam vellet esse malus, sed sane habuit in qua si permanere vellet, nunquam malus esset, & sine qua etiam cum libero arbitrio bonus esse non posset, sed eam tamen per liberum arbitrium deserere posset. Nec ipsum ergo voluit Deus esse sine sua gratia quam reliquit in ejus arbitrio..... tum ergo dederat homini Deus bonam voluntatem, in illa quippe*

cum.

eum fecerat qui fecerat rectum: dederat adjutorium sine quo in ea non posset permanere si vellet, ut autem vellet, in ejus libero reliquit arbitrio. Posset ergo permanere si vellet, quia non deerat adjutorium per quod posset, & sine quo non posset perseveranter bonum tenere quod vellet. Sed quia noluit permanere, profecto ejus culpa est, cujus meritum fuisset, si permanere voluisset, sicut fecerunt Angeli sancti qui cadentibus aliis per liberum arbitrium, per idem liberum arbitrium steterunt ipsi, & hujus permansionis debitam mercedem recipere meruerunt... posset enim perseverare si vellet, quod ut nollet, de libero descendit arbitrio, quando non poterit servire peccato, qua futura erat & homini, sicut facta est Angelis sanctis merces meriti. Idem docet lib. de dono persev. cap. 7. Et post illum S. Prosper lib. contra Collatorem cap. 19. S. Greg. M. lib. 5. Moral. cap. 28. S. Anselmus lib. de casu diaboli cap. 2. 3. & 4. Rupertus lib. 13. in Math. ac denique quamplurimi Doctores Scholastici.

Objicit Estius Scripturas universim affirmare Deum esse autorem & causam rerum omnium, formarum, actionum, motionum, Rom. 11. cap. *ex ipso & per ipsum & in ipso sunt omnia.* 1. Corint. 12. *qui operatur omnia in omnibus* Ephes. 1. *qui operatur omnia secundum consilium voluntatis suæ.* Act. 15. *in ipso vivimus, movemur & sumus.* Quod si ita est, inquit, non potuit Angelorum prædestinatio pendere ex prævisione meritorum; quandoquidem ipsa quoque merita sub ordine providentiæ Dei, qua parte prædestinatio est, tanquam effectus ejus continebantur.

Respondeo etiam in hoc nostro systemate de Angelorum prædestinatione, Deum esse vere autorem & causam rerum omnium, scilicet meritorum & bonorum operum in Angelis sanctis, quæ Deum impulerunt ad illos potius eligendos quam dæmones; neque enim dicimus ejusmodi bona opera ab iisdem fuisse elicita sine gratiæ divinæ auxilio; immo gratiæ hujus necessitatem etiam pro Angelis & homine nondum per peccatum vulnerato abunde agnoscimus & profitemur: *quod ergo, Adam non habuit Dei gratiam?* inquit S. Augustinus loco mox citato, *immo vero habuit, sed disparem.* Deus igitur fuit autor meritorum & perseverantiæ in Angelis sanctis; quanquam non habuerint gratiam per se efficacem ad perseverandum, quia nempe aliam habuerunt sine qua non potuissent perseverare; præterquamquod responderi merito posset hæc & alia similia Scripturarum loca pro hominibus in statu naturæ lapsæ consideratis intelligenda, nequaquam vero pro Angelis & Adamo in statu naturæ innocentis posito; quia nimirum pro hominibus non pro Angelis hæc scripta sunt.

Quapropter plus virium non habent quædam alia Scripturæ loca quæ profert idem Theologus, quale est illud 1. Corint. c. 4. *Quis te discernit? Quid autem habes quod non acceperis? Si accepisti, quid gloriaris quasi non acceperis?* Hæc enim ad homines referenda esse manifestum est ex aliis testimoniis quæ subinde laudat 2. Cor. 3. *Non quod sufficientes simus cogitare aliquid a nobis quasi ex nobis, sed sufficientia nostra ex Deo est.* Et ad Philippens. cap. 2. *Deus est enim qui operatur in vobis & velle & perficere.*

Ergo, inquies, boni Angeli seipsos discreverunt a malis, adeoque gloriari poterunt non in Deo, sed in seipsis, quod est contra Apostolum dicentem, *Si accepisti, quid gloriaris quasi non acceperis?*

Respondeo ita esse, nimirum Angelos bonos seipsos discrevisse a malis, beneficio nimirum gratiæ adjutos; sed quia talis erat illa gratia, ut voluntatem eorum ineluctabiliter non impelleret ad perseverandum, iique bona sua voluntate, & per liberum arbitrium steterunt, hinc possunt dici seipsos discrevisse citra ullam divinæ gratiæ factam injuriam.

Ex his autem facile & perspicue respondetur aliis multis similibus ratiociniis quæ in eumdem finem congerunt adver-

sarii,

sarii, cum nempe dicunt Angelos uti & homines nullum posse omnino motum, nullam actionem habere ex seipsis, sed cuncta a Deo accipere, eo ipso quo creaturæ sunt: quo quidem argumento utitur passim S. Thomas, ut ostendat efficacem Dei operationem in omnibus. Non est, inquam, multum roboris in ejusmodi rationibus adversus nostram sententiam, quia fatemur ultro, Deum esse primam causam cujuslibet motus creati, & Angelos ipsos absque Dei gratia non potuisse ullum sibi comparare meritum ad consequendam beatitudinem; sed inde non sequitur Deum fecisse illa bona opera in Angelis per gratiam de se efficacem; satis est, si dicamus illos indiguisse gratia versatili, qua posita sufficienter intelligitur dependentia creaturæ a Creatore.

Unde cum dicemus in tractatu de Gratia Dei, gratiam per se efficacem esse necessariam homini ad bene operandum in hoc statu naturæ lapsæ, id non repetemus, ut volunt Thomistæ, ex eo quod homo subjicitur Deo tamquam primæ causæ & primo motori; sed eo præcise quod liberum hominis arbitrium jam peccato originali labefactatum, de se nihil potest agere meritorium vitæ æternæ, nisi beneficio gratiæ victricis & per se efficacis; quod quidem ita esse aperte colligitur ex Scripturis, ex SS. Patribus, ac præsertim S. Augustino, qui hanc doctrinam de utriusque status discrimine tam diserte tradidit libro citato de correptione & gratia, ut mirum plane sit Thomistas hujus sancti Doctoris placitis cæteroquin addictissimos, ab ea tam aperte recessisse.

Objiciunt postea auctoritatem S. Augustini, de quo ait Estius dubitari valde quid senserit propter diversa loca in speciem pugnantia; is enim lib. 12. de Civit. Dei cap. 9. quærens efficientem causam bonæ voluntatis in Angelis, docet, si eam acceperunt in sua creatione, non dubium esse quin eam acceperint a Deo; alioquin sequi rem absurdissimam, ut meliores a seipsis quam a Deo facti fuerint; quæ quidem ratio manifeste ostendit gratuitam Angelorum prædestinationem. Nam si acceptatio gratiæ, solius est liberi arbitrii, discernens electos a reprobis, cum per eam Angelus melior factus fuerit, certe consequens erit meliorem a seipso factum Angelum quam a Deo. *Isti autem*, inquit, *qui cum boni creati essent, tamen mali sunt, mala propria voluntate quam bona natura non fecit, nisi cum a bono sponte defecit, ut mali causa non sit bonum, sed defectus a bono; aut minorem acceperunt amoris divini gratiam, quam illi qui in eadem perstiterunt. Aut si utrique boni æqualiter creati sunt, istis malo voluntate cadentibus, illi amplius adjuti, ad eam beatitudinis plenitudinem, unde se nunquam casuros certissimi fierent, pervenerunt*. Igitur Deus est prima causa perseverantiæ in Angelis.

Respondeo dubium non esse quin boni Angeli bonam voluntatem suam a Deo acceperint, sed non sequitur a seipsis meliores factos per liberum suum arbitrium quovis gratiæ divinæ adjutorio destitutum, unde nihil omnino conficitur ex istis S. Augustini verbis, etsi hoc ipsum continerent quod objicitur.

Instabis: Docet expresse S. Augustinus bonos Angelos qui perstiterunt in bono, fuisse amplius adjutos, aliis mala voluntate sua cadentibus: igitur discrimen bonorum Angelorum a malis refert in majorem gratiam, adeoque in gratiam de se efficacem.

Respondent plerique Theologi Augustinum, cum dicit bonos Angelos fuisse amplius adjutos, non de merito loqui, sed de præmio, quod illi amplius, id est supra priorem justitiam abundantius acceperint, quia nempe in justitia perseverantes acceperunt vitam æternam quæ in perfecta justitia consistit; hunceque S. Augustini sensum probant ex eo quod dicit, aliis cadentibus, scilicet in æternam miseriam, cui opponit beatitudinem, ad quam percipiendam bonos dicit adjutos.

Ego vero fateor ejusmodi interpretationem verborum sancti Augustini non esse recipiendam; disputat enim toto hoc capite

pite sanctus Doctor de causa efficiente hujus, melioris, & perseverantis voluntatis in creatura rationali, & maxime in Angelis, quam causam concludit esse Deum.

Quamobrem aliter respondeo & dist. Docet bonos Angelos amplius fuisse adjutos per gratiam fortiorem, quæ tamen non fuit gratia per se efficax, sed ex natura sua versatilis & libero arbitrio subjecta, C. amplius adjutos per gratiam de se efficacem, N. Verisimile est igitur S. Augustinum eo sensu dixisse bonos Angelos qui perseverarunt, fuisse amplius adjutos quam qui ceciderunt, quod illi nempe gratiam a Deo acceperint fortiorem, quæ tamen gratia erat versatilis, non per se efficax; quod certe systema abunde explicuit in libro mox citato de corrept. & grat. ex quo libro satius est mentem sancti Augustini super negotio gratiæ & prædestin. depromere, quam ex libris de Civit. Dei.

Objicies: S. Fulgentius lib. 2. ad Trasimundum cap. 2. ait cunctos Angelos uniformi ruinæ consortio opprimi potuisse, nisi quos vellet a peccato defendere, per gratiam scilicet, & ex sua benevolentia. *Profecto cognoscitur*, inquit, *uniformi cunctos opprimi potuisse ruina consortio, nisi quos vellet a casu pravitatis virtus illa defenderet, quæ sola mutari depravatrice non posset*. Et cap. 3. dicit eandem fuisse Angelorum gratiam, quæ nempe eos a ruina custodit, & quæ lapsum hominem reparavit: *Ipsa igitur etiam homini reparando fuit necessaria, quia non alia stantem Angelum a ruina potuit custodire, nisi illa quæ lapsum hominem post ruinam potuit reparare, una est in utraque gratia operata, in hoc ut surgeret, in illo ne caderet; in illo ne vulneraretur, in isto ut sanaretur*.

Resp. ad primum, id unum ibi contendere S. Fulgentium Angelis necessariam fuisse gratiam supernaturalem ut stare possent; is autem neutiquam docet illam gratiam, qua indiguerunt ad perseverandum & qua perseverarunt, fuisse per se efficacem, eorumque libero arbitrio minime subjectam.

Ad secundum vero facilis quoque responsio est; loquitur enim S. Fulgentius de gratia generice sumpta, ait eandem generice fuisse gratiam & in Angelis & in homine lapso, volens dumtaxat utrisque necessariam esse Dei gratiam ad bene agendum, eandem vero specie gratiam ipsis dari nequaquam docet. Præterquamquod gratiam disparem pro utroque statu hominis aperte statuit lib. 3. de veritate prædest. cap. 15. his verbis: *Liberum vero humanæ mentis arbitrium in primo homine rectum creatum est, non tamen sine adjutorio gratiæ, talis utique gratiæ, qua posset si vellet in eadem rectitudine permanere, & a qua posset si vellet, aversa voluntate discedere. Nunc autem in unoquoque homine gratia præveniens operatur, ut libertas arbitrii corrigatur.*

Objicies: S. Gregor. M. lib. 15. Moral. cap. 32. ad occulta Dei judicia refert, quod Angelorum alios in æterna luce sine lapsu permanere constituit, alios sponte lapsos damnavit. Et lib. 25. cap. 8. ait aliis cadentibus, alios a Deo fuisse solidatos, utique similiter casuros, nisi solidati fuissent.

Resp. Hoc solum colligi posse ex his S. Gregorii verbis, prædestinationem bonorum Angelorum ex Dei gratia & misericordia pendere, quod certe ultro fatemur; neque enim dicimus Angelos ex se suisque propriis meritis naturalibus sine gratiæ divinæ auxilio promeritos vitam æternam. Licet vero dicamus ejusmodi fuisse illam gratiam qua perseverarunt, ut ineluctabiliter eos non impulerit ad bonum, sed libero eorum arbitrio fuerit subjecta; tamen fieri potuit, ut qui perseverarunt, amplius adjuti fuerint quam alii qui ceciderunt, ut ajebat S. Augustinus loco supra citato: quo fit ut locus fuerit S. Gregorio Magno referendi ad occulta Dei judicia, quod alii inter Angelos in bono persliterint, alii vero in peccatum ceciderint.

Objicies: S. Bernardus Serm. 22. super Cantica, sic loquitur: *Qui erexit hominem lapsum, dedit stanti Angelo ne labe-*

laberetur, *sic illum de captivitate eruens*, *sicut hunc a captivitate defendens*. *Et hac ratione fuit aeque utrique redemptio solvens illum*, *& solvens istum*. Et in lib. de diligendo Deo ad initium loquens de lapsu hominis: *Qui hominibus*, inquit, *subvenit in tali necessitate*, *servavit Angelos a tali necessitate*: *& qui homines diligendo tales fecit*, *ne tales remanerent*, *ipse aeque diligendo dedit & Angelis ne tales fierent*. Ex quibus sic argumentari juvat: Angelus parem habuit gratiam ad perseverandum & ne caderet, cum ea quae data est homini lapso ad resurgendum; sed ex consensu omnium gratia Redemptoris pro hominibus fuit per se efficax, & supponit decretum praedestinationis. Igitur & in Angelis.

Dist. maj. parem generice, C. specifice, N. Vult solum S. Bernardus a gratia Dei, non a solis naturae viribus habuisse Angelos, quod in bono perstiterint, sicut divinae gratiae effectus fuit singularis & eximius pro hominibus, quod redempti fuerint; sed neutiquam probat hic sanctus Doctor datam fuisse Angelis gratiam efficacem qua defenderentur a casu & peccato, ut satis perspicuum est ex ejus verbis.

Neque vero aliud colligi potest ex Canone 19. Concilii Arausicani II. quem objicit Estius, ubi nempe haec verba leguntur: *Natura humana etiamsi in illa integritate in qua est condita, permaneret; nullo modo seipsam creatore suo non adjuvante servaret. Unde quum sine gratia Dei salutem non possit custodire quam accepit*, *quomodo sine Dei gratia poterit reparare quod perdidit?* His enim verbis indicant solummodo Patres Arausicani, hominem vel etiam ante peccatum non potuisse sine Dei gratia in integritate & justitia permanere, quod quidem etiam dicendum de Angelis ultro volumus.

Objicit Estius cum Scoto: Prior est voluntas finis quam mediorum; prius decernitur finis, quam cogitetur de mediis: sed gloria aeterna Angelorum est finis, & bona eorum opera sunt media quibus pervenerunt ad finem: ergo prius decreta fuit a Deo gloria Angelorum, quam praevisa fuerint eorum merita; adeoque praedestinatio Angelorum non est facta ex praevisis meritis.

Huic argumento facile respondetur a plerisque Theologis, revera priorem esse voluntatem finis quam mediorum, si finis non habet rationem praemii & mercedis, secus vero si sit merces & praemium: eatenus enim supponit media praevisa, supponit bona opera quae respiciantur, & ponderentur ab eo cujus est remunerare: quapropter, inquiunt, bona opera Angelorum prius a Deo praevisa sunt, quam decreverit ipsis dare gloriam, illos coronare, & ita fuerunt ratio praedestinandi bonos Angelos.

Nos autem jam monuimus in tractatu de Attributis divinis p. 632. ejusmodi quaestiones tum de praedestinatione hominum, tum de praedestinatione Angelorum non esse ad trutinam rationis definiendas; utrum enim Deus quemquam praedestinaverit ad gloriam ante praevisa merita vel ex praevisis meritis, quaestio est facti ex sola Dei voluntate pendens, nimirum potuit Deus electos suos gloriae suae destinare ex mero suo beneplacito, potuit contra nonnisi praevisis eorum bonis operibus talem gloriam decernere; certe utrumque possibile est, neutrum repugnat vel justitiae, vel misericordiae Dei, vel denique rectae rationi; quam vero viam inierit Deus, quem modum ex utroque illo elegerit, quaestio est inter Theologos, sed quaestio quam meo quidem judicio dirimere non possunt, nisi auctoritate Scripturae, vel SS. Patrum; quo fit ut praefatum & aliud quodvis simile ratiocinium magni pendere non debeamus.

De reprobatione Angelorum.

NOn est quod multa hic repetamus quae ad notionem, definitionem, & divisiones reprobationis attinent; haec enim satis superque exposita habentur in tractatu nostro de Attributis divinis, ubi de rede reprobatione hominum disseruimus. Neque vero & aliis omnino principiis ratiocinabimur de causa reprobationis Angelorum.

Scilicet Angeli mali reprobati sunt a Deo propter actuale peccatum in quod prolapsi sunt vi sui liberi arbitrii. Nam id aperte legitur in Scripturis, quæ universim asserunt neminem perire sine præcedenti culpa, Deumque non odio habere quemquam, sed impietatem. Psal. 5. *Non Deus volens iniquitatem tu es*. Sap. 1. *Nihil odisti eorum quæ fecisti*. 2. Petri 3. *Deus neminem vult perire*. Quæ quidem testimonia probant etiam reprobationem Angelorum fieri in pœnam culpæ admissæ; habent enim locum pro omni creatura rationali, & gratis diceretur ea non esse ad Angelos transferenda.

Sic vero & universim pronuntiant Patres & Concilia Deum non posse quemquam sine malis meritis damnare, ex eo nempe quod foret injustus, quia bonus est, quæ rationes manifeste evincunt hoc commune esse pro Angelis, & pro hominibus. Unum aut alterum duntaxat proferam testimonium, ne in re minime necessaria tempus teratur. S. Augustinus lib. 3. contra Jul. cap. 18. *Bonus est Deus*, inquit, *justus est Deus, potest sine bonis meritis liberare quia bonus est, non potest quemquam sine malis meritis damnare quia justus est*. Concilium Arausicanum II. canone 25. *Aliquos ad malum divina potestate prædestinatos esse non solum non credimus, sed etiam si sunt qui tantum malum credere velint, cum omni detestatione illis anathema dicimus*.

De Gratia Angelorum.

QUæritur 1. utrum in gratia creati sint Angeli.

Hoc ipsum negarunt multi veteres Theologi, Hugo a S. Victore, Magister Sententiarum, Rupertus & alii qui Angelos fatentur in justitia quadam naturali fuisse creatos, non tamen dono ullo supernaturali gratiæ instructos, contra quos sit

Conclusio.

Angeli omnes fuerunt in gratia creati, hoc est ab initio & in instanti suæ creationis gratiam Dei acceperunt qua bene viverent.

Probatur autoritate S. Augustini rem apertissime declarantis lib. 11. de Civit. Dei cap. 11. ubi sic de omnibus Angelis disserit: *Simul ut facti sunt, lux facti sunt; non ita tamen creati, ut quoquo modo essent, sed etiam illuminati, ut sapienter beateque viverent*. Et lib. 12. cap. 9. *Bonam voluntatem in eis quis fecerat, nisi ille qui eos cum bona voluntate, id est cum amore casto quo illi adhærerent, creavit, simul in eis & condens naturam & largiens gratiam? Unde sine bona voluntate, hoc est, Dei amore, nunquam sanctos Angelos fuisse credendum est*. Idem docet lib. de corrept. & grat. cap. 10. ubi dicit Angelos eam ab initio accepisse gratiam per quam perseverare potuissent, si voluissent, quanquam non acceperint eam charitatis abundantiam per quam perseverarent.

Astipulatur S. Cyrillus Alex. lib. 9. in Joann. cap. 6. ubi ait diabolum in veritate non stetisse, *quia*, inquit, *prolapsus est a veritate, nec manere voluit in sua sanctitatis origine; factus enim fuerat ad imaginem & similitudinem Dei, sed superbiendo retinuit quidem imaginem, amisit tamen veritatem similitudinis, quia ex justo & bono Angelo, diabolus injustus & malus factus est*.

Quod idem legitur in Catechismo ad Parochos in illa Symboli verba, *creatorem cœli & terræ*, hæc scribente: *Perspicuum est*, inquit, *diabolum reliquosque desertores angelos ab ortus sui initio gratia præditos esse*.

Hæc porro sententia non videtur apposite probanda ratione naturali, ut factum video apud plerosque Theologos post S. Thomam 1. p. q. 62. art. 3. Puto quippe recte potuisse Deum creare Angelos in mera justitia naturali, nec statim ab initio eos dono supernaturali gratiæ instruere; nec ulla plane ratio persuadet eum aliter se gessisse, utpote liberrimum, ad dona sua, nullo titulo debita, hoc vel illo tempore conferenda.

Objicies: S. Augustinus lib. de correptione & grat. cap. 10. scribit sic Deum ordinasse *Angelorum hominumque vitam, ut in ea prius ostenderet quid posset eorum liberum arbitrium, deinde quid posset suæ gratiæ beneficium*. Igitur existimabat Angelis statim & ab initio datam non fuisse gratiam qua bene viverent.

Dist. ant. quid posset eorum liberum arbitrium per gratiam adjutum, C. nulla prorsus gratia adjutum, N. Augustinus duplex ibi agnoscit adjutorium, primum scilicet adjutorium *sine quo*, alterum vero adjutorium *quo*: ait autem Angelis statim uti nec primo homini non esse quidem datum adjutorium quo perseverarent, datum vero adjutorium sine quo perseverare non poterant; voluit igitur Deus videre quid posset liberum arbitrium, sed adjutum, cui nempe dedit adjutorium *sine quo*; sed quia tale erat, ut libero arbitrio subjiceretur, verum est quod scribit sanctus Doctor Deum voluisse tunc videre quid posset liberum arbitrium; legatur caput undecimum ejusdem libri. *Quid ergo*, inquit, *Adam non habuit gratiam? Imo vero habuit magnam, sed disparem: ille in bonis erat, quæ de bonitate sui conditoris acceperat . i. istam gratiam non habuit homo primus, qua nunquam vellet esse malus, sed sane habuit in qua si permanere vellet, nunquam malus esset*.

Quæritur 2. utrum omnes Angeli in primo suæ creationis instanti meruerint.

In hac autem quæstione discutienda perdiu non immorabimur; præterquamquod enim non videtur esse magni momenti, non est aliunde ex quo quidquam certi super ea re definiri possit.

Quidam contendunt Angelos omnes quamvis in gratia conditos, per eam tamen nihil meruisse in primo instanti; scilicet volunt alios primum sibi ipsis adhæsisse per naturalem sui ipsorum cognitionem, quam vespertinam appellant, alios in Deum directos cognitione supernaturali, quam vocant matutinam: ita S. Thomas q. 63. art. 6. ad 4. *Instans primum, inquit, in Angelis intelligitur respondere operationi mentis Angelicæ, qua se in seipsam convertit per vespertinam cognitionem, quia in primo die commemoratur vespere, sed non mane; & hæc quidem operatio in omnibus bona fuit; sed ab hac operatione quidam per matutinam cognitionem ad laudem Verbi sunt conversi, quidam vero in seipsis remanentes facti sunt nox, per superbiam intumescentes. Et sic prima operatio fuit omnibus communis*. Quæ sententia nititur testimonio S. Aug. lib. 4. de Genesi ad litteram cap. 24. hæc scribentis: *Quia non remanet Angelica scientia in eo quod creatum est, quin hoc continuo referat ad ejusdem Verbi laudem atque claritatem. Nam si vel ad seipsam natura Angelica converteretur, seque amplius delectaretur, quam illo cujus participatione beata est; intumescens superbia caderet sicut diabolus*.

Alii vero sentiunt omnes Angelos primo instanti beatitudinem meruisse. Id probant ex Job cap. 38. ubi ait Dominus ab omnibus filiis Dei, hoc est Angelis, laudatum se tunc, quando ponebat fundamenta terræ, id est ab initio creationis mundi. Favet autem ratio, inquiunt, quia cum Angeli omnes in gratia creati sint, & aliquam verosimiliter operationem habuerint, non videtur cur illa operatio non fuerit beneficio gratiæ elicita, adeoque meritoria.

Quæritur 3. qualis gratia data fuerit Angelis ad perseverandum; an scilicet talis fuerit per quam perseverarent, vel solummodo per quam perseverare possent, si vellent.

Certe huic quæstioni abunde fecimus satis, cum diximus supra de prædestinatione Angelorum; ostendimus enim apertam hac in re doctrinam S. Augustini, tale esse auxilium quod datum est Angelis ad perseverandum, ut per illud non perseverarent, sed possent tantum perse-

ve-

verare, si vellent. Consulantur quæ ibi relata sunt ex libro de corrept. & grat.

Quæreret insuper, num præter gratiam creationis aut potius in creatione datam Angelis, aliud ipsis datum fuerit adjutorium, alia gratia ad perseverandum.

Respondemus affirmative, idque probamus ex S. Augustino, qui lib. de corrept. & grat. cap. 11. scribit Angelos per gratiam in creatione acceptam non potuisse perseverare, nisi præterea aliud eis fuisset datum adjutorium: *Quod adjutorium, inquit, si vel Angelo vel homini, cum primum facti sunt defuisset, quoniam non talis natura facta erat, ut sine divino adjutorio posset manere, si vellet; non utique sua culpa cecidissent, adjutorium quippe defuisset, sine quo manere non possent.*

De lapsu & peccato Angelorum.

CErtum est primo nullum ex Angelis natura sua seu creatione malum esse; quicquid enim a Deo creatum est, per se & ex natura sua bonum est: solus Manichæismo imbutus dixerit aliquid esse ex natura sua malum; quem errorem semper detestata est Ecclesia, & peculiariter de dæmonibus proscripsit Concilium Lateranense magnum cap. 1.

Certum est 2. quosdam ex Angelis a veritate defecisse, & in peccatum prolapsos; et abunde constat ex iis omnibus quæ referuntur in Scripturis sacris de malis Angelis & dæmonibus, qui non solum dicuntur mali, sed & prava sua voluntate homines ad peccatum sollicitare; unde dicuntur quasi per excellentiam mali spiritus: his positis,

Quæritur 1. quodnam fuerit primum dæmonum peccatum.

Prima & antiquissima opinio est quorumdam ex SS. Patribus, qui, cum Angelis corpora ascriberent, eos putarunt in stuprum cum mulieribus incidisse, jam citato loco decepti: *Cumque cœpissent homines multiplicari super terram, & filias procreassent, videntes filii Dei filias hominum quod essent pulchræ, acceperunt sibi uxores ex omnibus quas elegerant.* Scilicet pro *filiis Dei* quidam codices habebant *Angeli Dei*, ut legit Augustinus libr. 15. de Civitate Dei capit. 23. quam quidem sententiam infeliciter arripuerunt Athenagoras legatione pro Christianis; S. Clemens Alexandrinus lib. 2. pædag. cap. 2. & lib. 3 Stromatum; Tertullianus lib. de Idololatria cap. 9. & in lib. de habitu muliebri cap. 2. Lactantius lib. 2. cap. 15. Eusebius lib. 5. de Præparat. Evang. Methodius oratione de Resurrectione; & S. Ambrosius, tum in 1. Apologia David cap. 4. tum in lib. de Noe & Arca cap. 4.

Hanc porro perabsurdam opinionem refellunt alii Patres, & numero & autoritate majores. Contendit S. Augustinus lib. 15. de Civit. Dei cap. 23. ejusmodi peccatum tribui non posse Angelis, & ideo quos 70. Interpretes & Angelos & filios Dei nuncupant, docet filios Sethi fuisse, quam interpretationem tanquam verissimam probarunt postea Patres & Theologi.

S. Chrysostomus habet istam Veterum opinionem ut fabulam & blasphemiam hom. 22. in Genesim: eamque similiter refellunt Basilius Seleuciensis Orat. 6. Cassianus Collat. 8. c. 21. Philastrius Brixiensis in lib. de Hæresibus c. 59. S. Cyrillus Alexandrinus lib. 1. Glaphyrorum, & alii vulgo Interpretes.

Secunda sententia eorum est qui putant primum diaboli peccatum fuisse invidiam, qua nempe aut toti hominum generi invidit, aut, ut alii dicunt, Christo hominum capiti: ita sensisse videntur S. Irenæus lib. 4. cap. 78. Tertull. lib. 2. contra Marcionem cap. 10. S. Cyprianus in Tractatu de zelo & livore, cujus verba leguntur apud Augustinum lib. 4. de baptismo contra Donatistas cap. 8. Methodius cujus verba descripsit S. Epiphanius Hæresi 64. num. 21. S. Gregorius Nyssenus Orat. Cath. c. 6. & Lactantius lib. 2. cap. 8.

Sed istam sententiam expresse rejicit S. Augustinus lib. 11. de Genesi ad litteram cap. 14. his verbis: *Nonnulli dicunt quam bene diabolo fuisse casum a supernis sedibus, quo inviderit homini facto ad imaginem Dei, sed invidia sequitur superbiam, non præcedit. Non enim causa superbiendi est invidia, sed causa invidendi superbia.*

Idem habet Abbas Serenus apud Cassianum collat. 8. cap. 10. is enim nonnullis primum diaboli peccatum fuisse invidiam dicentibus, respondet invidia priorem esse superbiam: *Denique livoris ac seductionis materia, qua ut hominem deciperet instigatus est, de anterioris ruinæ extitit causa, quod scilicet de limo terræ nuperrime figuratum ad illam eum gloriam cerneret evocandum, unde cum esset unus de principibus se meminerat corruisse. Et ideirco priorem ejus lapsum quo superbiendo corruerat, quo etiam serpens meruerat nuncupari, secunda ruina per invidiam subsecuta est.*

Unde hæc verba Sapientiæ 2. cap. *invidia autem diaboli mors introivit in orbem terrarum*, debent eo sensu intelligi, quod per invidiam quidem mors introducta sit in genus humanum, sed ita ut priorem se agnoscat superbiam tanquam sui originem & radicem.

Quamobrem superbiæ peccato primum corruisse Angelos communis est & pervulgata fere omnium Patrum & Scholasticorum sententia. Hoc ipsum scilicet docent S. Athanasius in orat. de Virginitate. S. Gregorius Nazianzenus orat. 34. & 38. S. Chrysostomus homil. 22. in Genesim. S. Hieronymus in c. 16. Ezechielis. S. Augustinus lib. 12. de Civit. Dei, cap. 6. lib. 14. c. 13. & lib. 22. c. 1. S. Cyrillus Alexand. lib. 2. Comment. in Isayam. Theodoretus Epitome divinorum decretorum cap. de diabolo. S. Fulgentius lib. 1. ad Monimum cap. 17. Cassianus collat. 8. cap. 8. & 9. Gregorius Papa lib. Moral. 34. cap. 17. S. Bernardus Serm. 1. de Adventu, Sermone 33. in Cantica, & Serm. 1. de omnibus Sanctis.

Huic sententiæ favet apertissime Scriptura, Ecclesiastici cap. 10. *Initium omnis peccati superbia*. Tobiæ 4. *In superbia sumpsit initium omnis perditio*. 1. Timoth. 3. *Non Neophytum, ne in superbiam elatus in judicium incidat diaboli*. Quo & pertinent illa Lucæ 10. *Videbam satanam sicut fulgur de cœlo cadentem*. Hoc enim propter superbiam ejus a Domino dictum ex eo patet, quod Christus nonnihil superbientes reprimere voluit suos discipulos.

Ad hoc autem diaboli peccatum multi referunt vulgata illa Isayæ verba de Rege Babylonis quem vocat Luciferum c. 14. *Quomodo cecidisti de cœlo Lucifer, qui mane oriebaris? Corruisti in terram qui vulnerabas gentes? qui dicebas in corde tuo: In cœlum conscendam, super astra Dei exaltabo solium meum, sedebo in monte testamenti, in lateribus Aquilonis? Ascendam super altitudinem nubium, similis ero Altissimo.* Tum & illa quæ leguntur apud Ezechielem, cap. 28. quo sub Regis Tyri figura describi Angelorum principem contendunt: *Et elevatum est cor tuum in decore tuo, perdidisti sapientiam tuam in decore tuo in terram projeci te.* Quæ quidem de diabolo figurate intelligenda volunt plerique, cæteris id negantibus.

His addam permultos esse Theologos, qui docent Angelos non uno tantum peccati genere, sed pluribus deliquisse, nimirum superbia, odio in Deum, ingratitudine, invidia, immo & luxuria quadam spirituali, ut aiunt, qua nempe plus nimio propria excellentia & amore capti in seipsis delectati sunt.

Quærunt postea in quo sita fuerit Angelorum superbia, quodnam scilicet ejus fuerit objectum.

Contendunt multi in eo sitam diaboli superbiam, quod revera æqualitatem cum Deo appetiverit, quam quidem sententiam ex istis Scripturæ locis confirmant Isayæ 14. *Similis ero Altissimo*. Ezechiel. 28. *dixisti, Deus ego sum*. Ad Philippenses c. 2. de Christo ait Apostolus, *Non rapinam arbitratus est esse se æqualem Deo*, nempe uti diabolus arbitratus. Et 2. ad Thess. 2. de Antichristo dicitur:

Ex

Extollitur super omne quod dicitur Deus, aut quod colitur, ita ut in templo Dei sedeat ostendens se tamquam sit Deus.

Volunt alii non appetivisse quidem diabolum, ut Deo perfecte æqualis esset, sed in eo saltem ei similis esset quod nulli subjiceretur; quam tamen utramque opinionem rejicit S. Thomas 1. p. q. 63. art. 3. & quidem 1. quia sciebat Angelus hoc esse plane impossibile: non potuit autem Angelus optare rem impossibilem, nisi ex prævio errore qui non potuit esse in Angelo ante peccatum: 2. quia nulla creatura potuit appetere suum non esse: sed ita esset, si Angelus esset æqualis Deo: igitur.

Est & alia quorumdam opinio dicentium Angeli superbiam in eo fuisse, quod ultimum finem supernaturalem, aliquam scilicet cum Deo similitudinem comparare voluerit per solas naturæ suæ vires & ex propria industria, non per gratiam. Alii denique dicunt diabolum sibi appetivisse unionem hypostaticam cum Verbo divino quam cognoverat naturæ humanæ præparatam. Et præter istas opiniones extant adhuc aliæ, in quibus discutiendis diutius immorari mihi videtur supervacaneum.

Atque quod modo diximus de malorum Angelorum principe, seu diabolo, eum nempe primo per superbiam corruisse, idem etiam putamus dicendum de cæteris Angelis qui peccarunt; scilicet eos omnes ex amore propriæ excellentiæ superbientes a Deo aversos fuisse: quod quidem ita intelligendum est, ut unus inter Angelos prævaricatores fuerit cæteris autor ut peccarent, juxta hæc Matth. 25. verba, *Ite in ignem æternum, qui paratus est diabolo, & angelis ejus.* Et ista Apocalypsi. cap. 12. *Draco pugnabat & angeli ejus.* Hæc enim aperte innuunt unum fuisse inter eos Coriphæum & qui alios sibi inferiores ad peccatum provocavit.

Certe inter Angelos apostatas unum fuisse primum & principem supremum post Scripturam, cujus disertissima mox laudata sunt testimonia, tradunt vulgo sancti Patres Græci & Latini; Tertullianus lib. 2. contra Marcionem. Origenes homil. 9. in Matth. ad illa verba cap. 20. *erunt primi novissimi.* S. Hieronymus in cap. 4. Danielis. S. Augustinus lib. 11. de Genesi ad litteram cap. 19. S. Chrysostomus homil. 5. & 6. ad populum Antiochenum. S. Bernardus serm. 1. de. Adventu, & S. Thomas 1. p. q. 63. art. 7. Quamobrem principatum etiam regni nomine dæmonibus tribuit Scriptura sacra. Matth. 12. *Si satanas satanam ejicit, adversum se divisus est: quomodo ergo stabit regnum ejus?* ubi etiam Belzebub princeps dæmoniorum vocatur.

In quem locum relegati modo sint dæmones.

Communis ea est & veterum & recentiorum doctrina, non omnes malos Angelos, seu dæmones, statim post admissum peccatum in Tartarum relegatos, sed versari super terram vel in medio aere: ita nimirum sentiunt,

Athenagoras in legatione pro Christianis, ubi sic loquitur: *Hi igitur Angeli, qui tunc cælis excidissent, circa aerem & terram oberrantes, non amplius eo ubi supra cælos possunt: necnon animæ gigantum, dæmones illi sunt qui circa mundum oberrant.*

Tertullianus in Apologetico cap. 22. dæmones affirmat aeris incolas. *Habent*, inquit, *de incolatu aeris & de vicinia syderum & de commercio nubium cælestes sapere paraturas.*

S. Augustinus lib. 3. de Genesi ad litteram cap. 10. *In qua fortassis parte (aeris) si fuerunt ante transgressores Angeli cum principe suo nunc diabolo, tunc Archangelo, (nam nonnulli nostri non eos putant cælestes vel supercælestes Angelos fuisse) non mirum si post peccatum in hanc sunt detrusi caliginem, ubi tamen & aer sit & humore tenui contexatur.* Lib. 8. de Civit. Dei cap. 22. ait dæmones esse

spiri-

spiritus nocendi cupidissimos, qui in hoc quidem aere habitant, quia de cœli superioris sublimitate dejecti merito irregressibilis transgressionis, in hoc sibi congruo velut carcere prædamnati sunt. Nec tamen quia supra terram & aquam aereus locus est, ideo sunt meritis superiores hominibus.

Idem docent Eusebius in lib. 3. Demonstrat. Evang. S. Hieronymus comment. ad Epist. ad Ephesios in caput sextum. S. Chrysostomus homil. 4. in eandem Epist. ad Ephesios. Theodoretus orat. 3. contra Græcos. S. Fulgentius lib. de Trinitate cap. 8. Cassianus collat. 8. cap. 12. & S. Bernardus in Psalmum. *Qui habitat.*

Sunt autem ad hujus veritatis confirmationem apertissima Scripturarum loca, Job. cap. 1. & 2. Satan Deo respondet, *Circuivi terram & perambulavi eam.* S. Paulus Epist. ad Ephes. cap. 2. diabolum appellat principem potestatis hujus aeris; & cap. 6. vocat dæmones mundi rectores harum tenebrarum. S. Petrus 1. Epist. cap. 5. sic loquitur: *Adversarius vester diabolus tanquam leo rugiens circuit quærens quem devoret.* Quod idem invicte probat obsessio hominum a dæmonibus, tum & tentatio qua illos ad peccatum sollicitant; quæ quidem expressissime leguntur & non infrequenter in Scripturis.

At, inquies, tam necesse est omnes dæmones esse in inferno, quam omnes sanctos Angelos in cœlo; sed omnes Sancti sunt in cœlo, non versantur super terram: igitur nec dæmones in aere.

Respondemus cum S. Thoma 1. p. q. 64. art. 4. sicut duplex assignatur locus pro dæmonibus, alter in inferno, alter vero super terram propter homines, ita etiam duplicem esse locum pro bonis Angelis, unum in cœlo ut remunerentur, alterum super terram ad custodiam hominum: unde ex illa comparatione nihil omnino conficitur adversus hanc doctrinam.

Objiciuntur duo Scripturæ loca, in quibus diserte videtur affirmari dæmones omnes in infernum detrusos, adeoque nullos habitare apud homines, vel in aere, vel super terram Epist. 2. S. Petri cap. 2. *Si enim Deus Angelis peccantibus non pepercit, sed rudentibus inferni detractos in Tartarum tradidit cruciandos in judicium reservari.* Et Judæ Epist. cap. 6. *Angelos vero qui non servaverunt suum principatum, sed dereliquerunt suum domicilium in judicium magni diei, vinculis æternis sub caligine reservavit.* Igitur.

Respondeo inferri solummodo debere ex illis Scripturæ locis, multos ac plerosque dæmones in infernum tanquam proprium & sibi destinatum locum fuisse præcipitatos, ibique detineri: quod tamen non impedit quominus alii versentur super terram aut in aere, vel etiam multi ex iis qui primum in inferos dejecti sunt, ex iisdem inferorum claustris identidem exeant, ut nempe huc veniant homines tentaturi: nisi enim hoc pacto exponantur duo hæc Apostolorum loca, nequaquam conciliari poterunt cum aliis quæ mox a nobis adducta sunt, in quibus dæmones diserte dicuntur circuire terram, tentare, & obsidere homines &c.

Utrum dæmones pœnas modo & ante ultimum judicii diem patiantur.

HAnc quæstionem arduam valde & implicatam non diffitebor, sunt enim in hac materia duæ ex adverso respondentes ac contrariæ sententiæ; scilicet ex una parte ea videtur esse Veterum fere omnium opinio, dæmones nondum pœnas sibi destinatas perpeti, sed ultimum judicii diem expectare; ex altera vero jam constans in Ecclesia viget apud omnes Theologos doctrina, illos summo suo supplicio cruciari, quæ quidem duo non ita facile conciliari possunt, ut postea videbitur.

CONCLUSIO.

Dæmones omnes ex illo ipso tempore quo peccaverunt, damnationis suæ pœnam patiuntur, nec ultimi judicii diem expectabunt.

Probatur 1. ex Scripturis, in quibus satis aperte id significari videtur; ita S. Petrus 2. Epist. cap. 2. *Deus*, inquit, *Angelis peccantibus non pepercit, sed rudentibus inferni detractos in tartarum tradidit cruciandos, in judicium reservari.* Quæ sententia, cum, ut observat Estius, ambigua sit & obscura, clarior sic reddi potest ex græco: *Deus Angelis qui peccaverunt, non pepercit, sed catenis caliginis in tartarum missos tradidit in judicium asservatos*, vel *asservandos*.

Neque alia fuit mens Judæ Apostoli cap. 6. sic loquentis: *Angelos vero qui non servaverunt suum principatum, sed dereliquerunt suum domicilium, in judicium magni diei, vinculis æternis sub caligine reservavit.* Volunt enim illi Apostoli, dæmones jam esse missos in infernum, iisque Deum non pepercisse, quod sane intelligendum est non tantum de loco, sed & de pœna: multi enim ex dæmonibus adhuc versantur in aere, ut perspicuum maxime est ex citatis supra Scripturæ locis; præterquamquod illi dicuntur cruciandi & reservari pro futuro, qui nunc pro præsenti cruciantur.

Sunt etiam qui eamdem doctrinam astruant ex his verbis S. Jacobi Epist. cap. 3. *Lingua constituitur in membris nostris quæ maculat totum corpus, & inflammat rotam nativitatis nostræ inflammata a gehenna*; id est a diabolo, qui idcirco vocatur gehenna, quia semper obligatus est gehennæ ignis; sic enim v. g. verba Jacobi explicat Beda in eumdem locum: *A gehenna dicit, a diabolo & angelis ejus, propter quos gehenna facta est, & qui ubicunque vel in aere volitant vel in terris aut sub terris vagantur, sive detinentur, suarum semper secum ferunt tormenta flammarum, instar febricitantis, qui etsi in lectis eburneis, etsi in locis ponatur apricis, fervorem tamen vel frigus insiti sibi languoris evitare non potest. Sic ergo dæmones etsi in templis colantur auratis, etsi per aera discurrant, igne semper ardent gehennali.*

Probant autoritate S. Augustini, qui lib. de corrept. & grat. cap. 10. parem facit causam miseriæ dæmonum & beatitudinis Angelorum, quasi voluerit sanctus Doctor dæmones jam tum in miseria & cruciatibus jacere, uti & boni Angeli sua donantur felicitate, ultimum judicium minime expectantes.

Item afferunt testimonium autoris de Vita contemplativa, qui lib. 1. cap. 3. sic habet: *Hoc judicium, quod inter justos homines injustosque futurum dicimus, inter sanctos & invidos credimus factum.*

Tum & Prudentii in Hymno Hemitterii & Chelidonii loquentis de diabolo: *Confitens*, inquit, *ardere, sese, nam gehennæ est incola.* Et in Hamart. *Fumo stipatur & igne.* Et rursus: *Quem pœnis pensare prius sua facta necesse est corruptæ pro stupro animæ pr*o*que orbe perempto.*

Quibus addideris S. Thomam eadem expresse docentem 1. part. quæst. 64. art. 4. ad 3. ubi ait dæmones, vel etiam eos qui in aere caliginoso versantur, summa tamen affici miseria, idemque nunc latum a Deo judicium de malis Angelis ac de malis hominum animabus; in quam sententiam jam venerunt omnes fere Theologi, uti supra monuimus.

Favent autem & nonnullæ rationes Theologicæ neutiquam spernendæ.

Prima est quia multum verisimile est diaboli dæmonumque supplicium ita se habere, uti & gloriam ac mercedem bonorum Angelorum: sed bonorum Angelorum beatitudo non differetur usque ad ultimi judicii diem, sed ab ipso instanti ipsis data est, quo fuere in gratia confirmati, ut manifeste colligitur ex Matth. cap. 18. *Angeli eorum in cœlis semper vident faciem Patris.* Igitur & dæmones in æternam pœnam dejecti sunt ex quo a Deo aversi peccaverunt.

Secunda est, quia nulla suppetit ratio propter quam pœna dæmonum ad tempus usque judicii magni differatur; non enim sunt amplius in statu viæ ad merendum quicquam vel ad agendam pœnitentiam: per peccatum constituti sunt in termino, nulla venia ipsis promissa est, nullumve destinatum remedium: igitur pœnam pro merito nunc patiuntur, & ex eo ipso tempore quo ceciderunt.

Tertia ratio est, 1. ex Scripturis supra laudatis certum est dæmones jam in infernum præcipitatos, ubique præfectos suppliciis animarum damnatorum hominum: sed absurdum esset dicere dæmones habitare in inferno cum animabus damnatorum quæ pœnam ignis patiuntur, nec ipsos quoque pœnis sibi destinatis subjectos: igitur dæmones pœnam patiuntur suam ex quo peccaverunt, nec expectabunt judicii diem.

Objicies: Matth. 8. cap. dæmones Christo dicunt, *Venisti ante tempus torquere nos:* ergo nondum torquentur.

Respondeo ejusmodi tormentum de quo loquuntur dæmones in eo duntaxat positum, quod percipiebant futurum ut non possent in posterum tot perdere homines totque modis illos vexare, post Christi scilicet adventum. Atqui tormentum fuisse dæmonibus ita ejici ab hominibus, ut non ita facile possent illos seducere vel possidere, ex duplici potissimum momento colligitur.

1. Quia hoc manifestum est ex testimonio sancti Lucæ Evangelii c. 8. ubi scilicet unus ex dæmonibus sic Christum alloquitur: *Obsecro te ne me torqueas; præcipiebat enim*, inquit Evangelista, *spiritui immundo ut exiret ab homine*. Nimirum tormentum diaboli est, quod hominibus nocere non possit.

2. Quia ex multis Scripturæ locis apparet dæmones per Christum fuisse ex hominibus ejectos, Joan. 12. *Nunc princeps hujus mundi ejicietur foras*. Apocalyps. 12. *Nunc facta est salus & virtus & regnum Dei nostri & potestas Christi ejus, quia projectus est accusator fratrum nostrorum.*

At, inquies, dæmones rogant, ibidem Luc. 8. ne in abyssum, id est infernum, mittantur, metuentes scilicet ignis pœnam: ergo nondum cruciabantur.

Respondeo revera postulare dæmones ne in infernum mittantur, non quod non sint in inferno, hoc enim ipsum fatentur adversarii, sed quia vellent ibi non detineri, ut potestatem haberent amplius vexare homines.

Objicies: Matth. cap. 25. sic habetur: *Ite in ignem æternum qui paratus est diabolo & Angelis ejus*. 1. ad Corint. 6. *Nescitis quoniam Angelos judicabimus?* Igitur nondum Angeli mali uruntur igne, nondum judicati sunt.

Nego conseq. & ex priori quidem loco nequaquam sequitur dæmones nondum pœnam ignis sustinere; dicitur enim paratus diabolo & Angelis ejus, non quod nondum igne comburantur, sed ad significandum hanc esse impiorum hominum pœnam quæ datur Angelis Apostatis.

Quoad posteriorem locum spectat. Sunt qui per Angelos intelligunt Sacerdotes, qui nimirum a Malachia c. 2. dicuntur Angeli Domini. Alii qui hunc locum interpretantur de Angelis, ajunt revera eos in ultimo judicio judicatum iri a sanctis hominibus, quia viri sancti fuerunt hac in vita dæmonis victores, cui proinde in judicio insultabunt, eaque res erit superbissimis Angelis molestissima: præterquamquod ea forte est divi Pauli mens Apostolos Christo fore quasi assessores, quando omnes judicabit.

Objicies: ea sententia propugnari non debet, quæ minus probabilitatis habet quam opposita: sed ista sententia qua statuitur dæmones pœnam ignis nunc pati, minus habet probabilitatis quam opposita; cum enim hæ duæ sententiæ videantur utrinque nec Scripturis nec ra-

ratione stabiliri posse, superest ut illa censeatur opposita probabilior, quæ omnium fere Patrum testimonio nititur: atqui sententia opposita omnium fere veterum Patrum testimonio nititur: ita nimirum.

Tertullianus in Apologetico cap. 27. his verbis: *Nam licet subjecta sit nobis tota vis dæmonum & ejusmodi spirituum, ut nequam tamen servi metui nonnunquam contumaciam miscent, & lædere gestiunt, quos alias verentur. Odium enim etiam timor spirat, præterquam & desperata conditio eorum ex prædamnatione solatium reputat fruendæ interim malignitatis de pœnæ mora.*

S. Justinus Apolog. 1. *Qui dignas pœnas*, inquit, *& supplicia reportabunt sempiternis inclusi ignibus. Nam cum jam ab hominibus per nomen Jesu Christi superantur, documentum est hoc futurorum, qui tam ipsos quam eorum cultores manent in æterno igne cruciatuum, ita enim & Prophetæ omnes fore prædixerunt.* Apolog. 2. *Apud nos princeps malorum dæmonum serpens vocatur, & satanas & diabolus, quemadmodum & ex monimentis nostris, si scrutari velitis, potestis discere. Quem in ignem esse mittendum cum exercitu ipsius & hominibus qui eum sequuntur, in æternum puniendos Christus ante significavit. Porro quod nondum hoc factum sit a Deo propter hominum genus, cui mora hæc datur, id accidit. Prævidet namque quosdam ex pœnitentia salutem consecuturos, quosdam etiam qui nondum nati sunt.*

Tatianus orat. contra Gentes loquens de dæmonibus sic habet: *Quamobrem quod nunc peculiare habent, ut non similiter atque homines, moriantur: hoc ipsum & cum puniendi erunt ipsis aderit, ac vitæ sempiternæ participes non erunt, ita ut pro morte illius in immortali corpore compotes fiant. Quemadmodum autem nos quibus nunc facile mors supervenit, postea vel immortalitatem cum voluptate, vel tristitiam cum immortalitate assequemur, sic dæmones qui præsenti vita ad peccandum abutuntur, & perpetuo etiam vivendo moriuntur, eandem postea immortalitatem habebunt similem priori, qua ipsis intras quando vivebant.*

S. Irenæus lib. 5. cap. 26. *Bene Justinus dixit*, inquit, *quoniam ante Domini adventum nunquam ausus est satanas blasphemare Deum, quippe nondum sciens suam damnationem.*

Origenes homil. 8. in Exodum: *Quoniam Patres*, inquit, *id est diabolus & Angeli ejus, cæterique principes mundi hujus & rectores tenebrarum harum, & ipsi enim efficiuntur patres peccati, sicut & diabolus; quoniam*, inquit, *patres isti indigni sunt, qui in præsenti sæculo corripiantur, sed in futuro recipient quæ merentur.* Et lib. 5. in Epist. ad Rom. scribit, *diabolum & angelos ejus igni damnatos esse; eos vero qui non servaverunt suum principatum æternis vinculis constrictos reservari ad diem judicii.*

Minutius Felix in Octavio: *Et ideo apud eos etiam ipse Rex Juppiter per torrentes ripas & atram voraginem jurat religiose: destinatam enim sibi cum suis cultoribus pœnam præscius perhorrescit.*

Lactantius l. 7. Institutionum c. 29. *Sed & dominus illorum*, diabolus, *cum ministris suis comprehendetur ad pœnamque damnabitur, cum quo pariter omnis turba impiorum pro suis facinoribus in conspectu Angelorum atque justorum perpetuo igne cremabuntur in æternum.*

S. Epiphanius hæresi 39. quæ Sethianorum est, affirmat dæmones non modo damnationem suam ignorasse, sed etiam salutem per Christi adventum sperasse: *qua in re non minus considerandum illud quam admirandum venit, quemadmodum ille*, diabolus, *cum homines in absurda indignaque quamplurima fraudulenter pellexerit, atque in scelus pertraxerit, stupra videlicet, adulteria, libidines . . . nunquam tamen ante Christi Servatoris adventum contumeliosam in Dominum suum jactare vocem, vel rebellare sit ausus . . . illud enim perpetuum a Prophetis nuntiatum audierat, Christi Domini præsentiam eorum redemptionem fore qui peccassent & pœnitentiam susciperent. Quare & ipse misericordiæ nonnihil se consecuturum sperabat.*

Idem docet S. Augustinus lib. 13. de Civitate Dei cap. ultimo. *Sicut etiam*, inquit, *desertores Angeli, licet secundum modum quemdam mortui sint peccando, quia fontem vitæ deseruerunt, qui Deus est, quem potando, sapienter beateque poterant vivere, tamen non sic mori potuerunt, ut omnino desisterent vivere, atque sentire, quoniam immortales creati sunt, atque ita in secundam mortem post ultimum præcipitabuntur judicium. Ut nec illi vita careant, quandoquidem etiam sensu, cum in doloribus futuri sunt, non carebunt*. Vide & lib. 21. cap. 10. & 23. in Psal. 37. duplicem ignis pœnam agnoscit, unam pro præsenti, alteram in judicio.

Et S. Hieronymus in caput 25. Isayæ sic loquitur: *Hos igitur principes, qui suum non servaverunt gradum, congregabit Dominus in die judicii, quasi in uno fasce pariter colligatos, & mittet in lacum inferni, ut in illis quoque impleatur quod de impiis scriptum est, Lacum aperuit & effodit eum, & incidit in foveam quam fecit; & includentur in carcere, juxta illud quod ait Dominus: Ite in ignem æternum, qui præparatus est diabolo & angelis ejus.*

Theodoretus lib. 5. contra hæreses cap. 9. docet similiter diabolum & angelos ejus in ultimo judicio puniendos. *Igitur*, inquit, *puniendos illos esse certo dicimus. Consideremus vero deinceps an juste id patiantur, naturam ejusmodi a conditore sortiti.*

S. Fulgentius lib. de Trinit. cap. 8. *Ex quibus*, inquit, *quædam pars Angelorum nolens sui creatoris facere voluntatem, ab ejus contemplatione dejecta servatur in judicio punienda, Petro Apostolo dicente, Deus Angelis peccantibus &c. Merito quippe pœna ignis æterni in perpetuum punientur.*

Item Gregorius Magn. lib. 4. Moral. cap. 10. *Antiquus hostis*, inquit, *nequitiæ suæ vinculis astrictus, aliud est quod nunc patitur, aliud quod in fine patietur. Quia enim a lucis intimæ ordine cecidit, nunc semetipsum intrinsecus erroris caligine confundit. Sed post hæc amaritudine involvitur, quia ex merito spontaneæ caliginis æterno gehennæ tormento cruciatur. Dicatur ergo: Is qui serenitatem lucis intimæ perdidit, quid est quod ante extremum supplicium tolerat? Occupet eum caligo, subjungatur etiam quæ illum pœna subsequens etiam sine termino devastat &c. Involvi ergo amaritudine antiquus hostis dicitur, quia superbiæ ejus supplicia non solum omnimoda, sed etiam infinita præparantur.*

S. Bernardus quamquam in posterioribus Ecclesiæ temporibus degens, idem plane docet in sermone de transitu Malachiæ. *Definita quidem*, inquit, *sed nondum promulgata sententia est. Denique jam diabolo ignis paratus, etsi nondum ille præcipitatus in ignem, modico adhuc tempore sinitur malignari.*

Igitur communis fere omnium Patrum doctrina fuit, dæmones nondum igni extremoque supplicio traditos.

Sunt inter Theologos, qui ad solvendam hanc difficultatem, triplicem distinguunt diaboli damnationem; primam, qua damnatus est initio, quando propter superbiam dejectus est e cœlo, de qua damnatione loquitur Judas Apostolus loco supra citato, *non pepercit eis &c.* Secundam qua per Christum sua potestate in homines cecidit, quam damnationem insinuat S. Joannes c. 12. his verbis, *nunc princeps hujus mundi ejicietur foras*. Tertia denique erit in fine mundi & in ultimo judicio; tunc enim dæmones maximum tormentum sustinebunt, ex eo quod ipsorum malitia palam omnibus manifestabitur, iisque nunocendi in poſterum poteſtas auferetur:' his poſitis.

Reſpondent ubicunque Patres qui meminerunt judicii ſeu damnationis dæmonum ac ſupplicii tunc eis irrogandi, eos eſſe intelligendos de tertia damnatione, etiamſi, ut ait Eſtius, qui hanc uſurpat reſponſionem, nomine ignis hanc damnationem exprimant. Non enim per hoc ſignificatur dæmones ante illud tempus principali pœna non cruciari, ſed plenius quam antea comburendos & miſeriores fore per acceſſionem aliarum pœnarum.

Alii autem fateri non verentur hanc revera fuiſſe laudatorum Patrum ſententiam, quæ quidem etſi hoc tempore recepta non eſt, quia dæmones nunc pœnas ſuæ damnationis expendere Theologi omnes ſentiunt; non debet tamen, inquit Petavius, erroris vel hæreſeos nota inuri, quod neque Scriptura neque Concilium ullum hactenus docuit, dæmones extrema illa ſupplicia perpeti quæ parata iis eſſe dicuntur.

Id confirmat ex eo quod Florentina Synodus de hominibus ſtatuit in decreto fidei, eos qui in peccato mortali deceſſerint, in infernum detruſos, ibique pœnas luere ſibi debitas, & tamen de dæmonibus omnino taceant hujus Concilii Patres.

Sic vero modeſte de illa Patrum opinione loquendum confirmat idem Petavius ex ſancti Thomæ exemplo; is enim laudata eorum opinione qui dicunt, *uſque ad diem judicii differri pœnam ſenſibilem tam dæmonum quam animarum, & ſimiliter beatitudinem Sanctorum differri uſque ad diem judicii*, affirmat hoc ſecundum eſſe erroneum, & ſubdit illico: *Alii vero*, inquit, *licet hoc non concedant de animabus, concedunt tamen de dæmonibus*: cui ſententiæ nullam tribuit erroris vel hæreſeos notam; atque ſolummodo, *verius eſſe dicendum quod idem judicium ſit de malis animabus & malis Angelis, ſicut idem judicium eſt de bonis animabus & de bonis Angelis.*

Similiter Feuardentius in ſanctum Irenæum ſuper c. 26. l. 5. hanc Patrum, quæ & Irenæi fuit, ſententiam affirmat ſingularem, & a nemine tamen damnatam. Porro, inquit, *ſententiam illam quæ ſtatuit diabolum ante Domini adventum nondum ſuam ipſius condemnationem noviſſe, quamvis ſingularem eſſe libere agnoſcam, damnatam tamen vel a Conciliis vel a quoquam Veterum me legiſſe non memini.* Uti & commemorata nonnullorum autoritate, puta B. Andreæ Apoſtoli, S. Clementis Alexandrini, Origenis, S. Epiphanii, Oecumenii, qui eandem probant ſententiam, hæc addit: *De hac ſententia nihil adverſus tot Patres audemus pronuntiare.*

Diſtinguit Bellarminus lib. 1. de Sanctorum beatitudine cap. 6. duplicem in illis Patribus opinionem, nec eodem modo de illis omnibus & ſingulis judicat; *ſed Juſtini*, inquit, *Irenæi, Epiphanii, atque Oecumenii ſententiam non video quo pacto ab errore poſſimus defendere. Ceteri autem Patres duo quædam affirmant quæ veriſſima ſunt, dæmones in die judicii ex hoc aere in abyſſum præcipitandos, & eos adhuc expectare futura tormenta.*

Quapropter exiſtimat hic Scriptor eodem modo explicari poſſe præfata veterum Patrum teſtimonia, quo & ea interpretatur Eſtius mox laudatus; ita ut nempe voluerint dæmones torqueri quidem pœna gehennæ ante diem judicii, & tamen pœnarum tunc ſuarum plenitudinem habituros; quod pœnarum complementum adeo timent, ut in exorciſmis nulla re magis torqueri videantur, quam futuri judicii comminatione; unde exorciſmi fere omnes his verbis concludi ſolent, *Per eum qui venturus eſt judicare vivos & mortuos & ſeculum per ignem.*

Atque hoc pacto ſolvitur objectio quæ proponi merito poteſt ex Cæremoniis Eccleſiæ quæ baptiſmo præmittuntur,

tur,

tur, & in quibus inter exorcizandum hæc dicuntur diabolo: *Nec te lateat imminere tibi pœnas, tormenta, diem judicii, diem supplicii sempiterni, qui venturus est velut clibanus ardens, in quo tibi & universis Angelis tuis æternus veniet interitus, & ideo pro tua nequitia damnate & damnande da honorem Deo.* Per hoc enim quod diabolus dicitur damnatus & damnandus, significatur eum jam torqueri in inferno, sed pœnarum suarum complementum accepturum.

De pœnis Inferni.

POSTQUAM diximus Angelos malos, statim atque peccaverunt, in infernum detrusos, ibique pœnam ignis experiri non expectato ultimi judicii die, non abs re erit, si data occasione de illo igne tartareo nonnihil differamus; duo autem potissimum veniunt in controversiam: primum est, utrum ignis ille sit verus ignis & corporeus; secundum, quonammodo agat in Angelos qui puri videlicet spiritus sunt.

Utrum infernorum ignis sit corporeus.

CONCLUSIO.

COMMUNIS omnium Theologorum; imo & Christianorum doctrina est, verum & corporeum esse ignem inferorum, quo torquentur Angeli & animæ damnatorum hominum.

Probatur 1. ex Scripturis, Matth. 25. *Discedite a me maledicti in ignem æternum qui paratus est diabolo & angelis ejus.* Marci cap. 9. *Bonum est tibi debilem introire in vitam, quam duas manus habentem ire in gehennam, in ignem inextinguibilem.* Lucæ 16. dives in inferno sepultus postulat ut lingua sua refrigeretur aquæ gutta, quia cruciabatur in flamma. Apocal. cap. 20. *Bestia & Pseudopropheta in stagno ignis & sulphuris cruciabuntur die ac nocte.* Dixerat Isayas cap. ultimo, *vermis eorum non morietur, & ignis eorum non extinguetur.* Et Job. cap. 24. de impiis dicit, *transibunt ab aquis nivium ad calorem nimium.*

Certe hæc certa est atque indubitata regula apud omnes Theologos, verba Scripturæ, quantum fieri res, accipienda esse in sensu proprio & litterali, quando præsertim nec fidei catholicæ, nec bonis moribus adversatur; sed nec fidei catholicæ nec bonis moribus adversatur; sed nec fidei catholicæ nec bonis moribus repugnat, de igne vero & corporeo interpretari præfata Scripturæ loca: igitur nil vetat quominus verus & corporeus ignis dicatur esse in inferno; scilicet hæc verba, ignis inextinguibilis, calor, flamma cruciari, refrigerari, ignis proprietatem ut veram illius elementi conditionem indicant.

Probatur 2. ex SS. Patribus, quorum plerique hanc nostram amplexi sunt sententiam.

Ac 1. eorum proferam testimonium qui rem minime discutientes, an scilicet ignis tartareus sit corporeus vel metaphoricus, de pœnis quas in altera vita patiuntur dæmones & impii homines, sic loquuntur ut non dubitent verum ignem esse in inferno.

S. Justinus Apolog. 2. pag. 71. *Quem una cum militia & hominibus eum sequentibus in ignem missum, & per sæculum infinitum excruciatum iri prænonstravit Christus.* Et pag. 87. *injustos autem in perpetuo sensu una cum malis geniis in ignem mittet sempiternum.*

S. Irenæus lib. 4. c. 47. *Quibuscumque enim dixerit Dominus, Discedite a me maledicti in ignem perpetuum, isti erunt semper damnati &c.*

Minutius Felix: *Admonentur homines,* inquit, *doctissimorum libris & carminibus Poetarum illius ignei fluminis & de stygia palude sæpius ambientis ardoris, quæ cruciatibus æternis præparata & dæmo-*

monum indiciis, & de Prophetarum cognita tradiderunt.

Lactantius lib. 7. cap. 26. *Sed & Dominus illorum cum ministris suis comprehendetur, ad pœnamque damnabitur, cum quo pariter omnis turba impiorum pro suis facinoribus in conspectu Angelorum atque justorum perpetuo igni cremabitur in æternum. Hæc est doctrina sanctorum Prophetarum quam Christiani sequuntur.*

S. Chrysostomus homil. 9. in 1. ad Corinth. *Non est hæc parva*, inquit, *quæ proponitur quæstio, sed & de maxime necessariis & quæ quærunt homines omnes, an finem habeat ignis gehennæ? Nam quod non habeat quidem Christus pronuntiavit dicens: Ignis eorum non extinguetur.*

S. Gregorius Naz. orat. 40. *Est alter ignis non purgans, sed scelerum vindex, sive sodomiticus ille quem sulphure & procella permixtum Deus in peccatores omnes fundit, sive ille qui diabolo ejusque angelis paratus est; sive etiam ille qui ante faciem Domini præcedit, & in circuitu inimicos ejus inflammat, sive denique ille omnibus his formidabilior qui cum insomni illo verme conjunctus est, nec unquam extinguitur.*

S. Basilius homil. in Psalm. 33. de damnatis sic loquitur: *Subinde conspiciens barathrum in imum patens, tenebras impermeabiles quidem illas, ignemque obscurum, urendi quidem in tenebris vim habentem, luce vero destitutum.*

S. Hieronymus Comment. in Jonam ad ista verba cap. 3. *& pervenit verbum ad Regem*, hæc scribit: *Et sciamus peccatores in Evangelio mitti in ignem æternum qui præparatus sit diabolo & angelis ejus; & de his dici, Vermis eorum non morietur, & ignis eorum non extinguetur.* Vide & dialogum primum adversus Pelagianos, ubi illos hæreticos non impugnat quod dicerent in die judicii ignibus exurendos peccatores: consule similiter Apologiam secundam adversus Rufinum.

S. Fulgentius lib. de fide ad Petrum cap. 43. *Firmissime tene & nullatenus dubites.... quando per judicium justum segregabit justos ab injustis, bonos a malis, rectos a perversis; bonos constituet a dextris, malos a sinistris: & ex ejus ore justi æternique judicii sempiterna atque incommutabili prolata sententia iniqui omnes abibunt in combustionem æternam, justi autem in vitam æternam, iniqui semper arsuri cum diabolo.*

Eodem modo loquitur S. Leo Magn. Serm. 4. de Collectis, cap. 3. ubi verba faciens de ultimo judicio hæc habet: *Separabuntur ab injustis justi, a nocentibus innocentes; & cum præparatum sibi regnum recensitis misericordiæ operibus filii pietatis acceperint, exprobrabitur duritia sterilitatis injustis; & nihil habentes sinistri commune cum dextris, in ignem ad diaboli & angelorum ejus tormenta dispositum, omnipotentis judicii damnatione mittentur.*

Ex his vero & aliis similibus quæ passim reperias in scriptis omnium fere Patrum, colligere est, verum & corporeum ignem esse in inferno, eamque fuisse horum scriptorum sententiam, quamvis quæstionem accurate non examinaverint. 1. quia citant plerumque loca Scripturæ, in quibus fit mentio de igne diaboli tormentis destinato, huncque præsertim Matth. 25. *Ite maledicti in ignem æternum*: unde, qua ratione juxta laudatissimam regulam diximus, verba Scripturæ in sensu litterali accipienda, eadem quoque in illo sensu explicari debent SS. Patrum propositiones. 2. ad sensum metaphoricum & figuratum non recurrunt illi Scriptores, cum de igne tartareo disserunt; quod certe non omisissent, si vel incredibile, vel impossibile, vel tandem absurdum fuisset verum ignem & materialem admittere in inferno.

Sunt vero & alia nonnullorum Patrum

ralium, neque vermis est corporalis. Sed hæc ideo ponuntur, quia sicut ex multa cruditate & febres nascuntur & vermes, ita si quis non decoquat peccata sua, velut quadam interposita sobrietate abstinentiæ, sed miscendo peccata peccatis, tanquam cruditatem quamdam contrahat veterum & recentium delictorum, igne aduretur proprio & suis vermibus consumetur. Unde & Esayas ait? Ambulate in lumine ignis vestri & flammæ quam accendistis vobis. Ignis est quem generat mæstitia delictorum, vermis est eo quod irrationabilis animæ peccata mentem rei sensumque compungant, & quædam exedant viscera conscientiæ, quæ tanquam vermes ex unoquoque nascuntur. Quod idem docet S. Gregorius Nyssenus lib. de anima & resurrectione.

His adde S. Joannem Damascenum qui lib. 4. de fide orthodoxa cap. 28. sic habet: *Resurgemus ergo animabus iterum conjunctis corporibus incorruptibilibus factis & exutis corruptionem, & repræsentabimur terribili tribunali Christi. Et tradentur diabolus & dæmones ejus, & homo ejus, id est antichristus, & impii & peccatores in ignem æternum, non materialem qualis est apud nos, sed qualem novit Deus.* Igitur plerique Patres & non infimæ quidem notæ censuerunt non esse nec futurum unquam verum ac materialem ignem in inferno.

Respondeo verum esse nonnullos e SS. Patribus præfata Scripturæ loca interpretatos de igne quodam metaphorico, & consequenter existimasse verum non esse & corporeum ignem in inferno; sed nihil est quod propterea nos a nostra sententia, quæ nunc in scholis obtinet, quovis modo deterreat; inde enim solummodo sequitur in oppositas sententias ivisse sanctos Doctores: unde nostram non propugnamus tanquam dogma catholicum, cum scilicet, ut docent Bellarminus lib. 2. de Purgatorio cap. 11. Petavius lib. 3. de Angelis cap. 5. quæstio non fuerit ab ullo Concilio generali definita: immo cum Græci in Concilio Florentino affirmarent ignem Purgatorii non esse verum & corporeum ignem, sessione ultima in definitione fidei, ubi multa contra illos definiuntur, nihil omnino de igne Purgatorii asseritur. Fatemur itaque huic nostræ doctrinæ adversari Origenem, S. Gregorium Nyssenum, & S. Ambrosium.

Sed non idem omnino constat de Joanne Damasceno, cujus verba cum vulgata Theologorum sententia facile conciliari possunt, quatenus nempe videtur solum negare ignem esse in inferno, non quemlibet simpliciter, sed nostri similem, ejusdemque cum nostro igne elementari conditionis, *non materialem*, inquit, *qualis est apud nos, sed qualem novit Deus*.

Certe tametsi dicamus verum & corporeum esse ignem in inferis, non putamus illum ignem esse nostri similem, immo multum discriminis inter utrumque agnoscimus: nam ignis noster lucidus est, pabulo eget, extinguibilis, consumitque ea in quæ agit, non agens nisi in corpora: ignis autem tartareus cum in loco infimo, positus ubi sunt tenebræ exteriores, pabulo non indigens, & omnino inextinguibilis, uti sæpissime inculcatur in Scripturis, aget in animas damnatorum & dæmones, quos non consumet: igitur non erit nostri similis.

In hoc vero explicando utriusque ignis discrimine non solus versatur Damascenus, hoc enim & eleganter statuit Lactantius lib. 7. cap. 21. *Ut suffictare possit cruciatibus & igni sempiterno, cujus natura diversa est ab hoc nostro, quo ad vita necessaria utimur, qui nisi alicujus materia fomite alatur, extinguitur. At ille divinus per se ipsum semper vivit ac viget sine ullis alimentis, nec admixtum habet fumum, sed est*

est purus ac liquidus, & in aqua modum fluidus. Non enim vi aliqua sursum urgetur sicut noster, quem labes terreni corporis quo tenetur & fumus intermistus exilire cogit, & ad cælestem naturam cum trepidatione mobili subvolare. Idem igitur divinus ignis una eademque vi ac potentia cremabit impios & recreabit, & quantum e corporibus absumet, tantum reponet, ac sibi ipse æternum pabulum subministrabit.

Quapropter non ii omnes existimandi sunt verum & corporeum negasse ignem in inferno, qui hunc esse alium & a nostro diversum statuerunt; unde sanctus Gregorius Magnus loco supra citato docet gehennæ ignem corporeum esse simul & nostri dissimilem.

Quomodo ignis inferni agat in dæmones.

NASCITUR hæc quæstio ex eo quod supra docuimus, & dæmones ex una parte esse veros spiritus omnis materiæ experies, & ignem inferni ex alia parte vere corporeum esse; non levis quippe difficultas in explicando, quomodo id quod corporeum est agat in spiritum.

Putat S. Augustinus in hujusce rei disquisitione non esse valde laborandum, ut legimus in lib. 21. de Civ. Dei c. 10. Hac enim proposita quæstione, *Si non erit ignis incorporalis noxius, sicut est animi dolor, sed corporalis tactu noxius, ut eo possint corpora cruciari, quomodo in eo erit etiam pœna spirituum malignorum;* respondet: *Nisi quia sunt quædam sua dæmonibus corpora, sicut doctis hominibus visum est.... Si autem quisquam nulla habere corpora dæmones asseverat, non est de hac re aut laborandum operosa inquisitione, aut contentiosa disputatione certandum.* Addit tamen dæmones igne cruciari posse, tametsi sint incorporei. *Cur enim,* inquit ibidem, *non dicamus quamvis miris, tamen veris modis etiam spiritus incorporeos posse pœna corporalis ignis affici, si spiritus etiam hominum ipsi profecto incorporei, & nunc potuerunt includi corporalibus membris, & tunc poterunt corporum suorum vinculis insolubiliter alligari?*

Docet etiam Lactantius loco supra citato spiritus a Deo castigari modo quodam ineffabili. *Primum igitur,* inquit, *dicimus tantam esse Dei potestatem, ut etiam incorporalia comprehendat, & quemadmodum voluerit afficiat; nam & Angeli Deum metuunt, qui castigari ab eo possunt inenarrabili quodam modo, & dæmones reformidant Deum, quia torquentur ab eo ac puniuntur.*

Mirum vero quantum multum in hoc negotio laborant Theologi, dum, ut ait Petavius, quod investigari non potest, inexhausta curiositate percurrunt.

Quidam dicunt dæmones quidem ab igne torqueri, non quod revera ignis ipsis contrarius sit, sed quod dæmones eum ut sibi contrarium ac disconvenientem apprehendunt: hunc modum explicandi sumunt, quia vix, ut ajunt, intelligitur, nedum explicari potest, quid mali ab igne re ipsa pati possit spiritus.

Hæc sententia ab aliis refellitur, quia non satis cohæret cum Scripturis asserentibus dæmones a vero igne & vere torqueri, Lucæ 16. *Crucior in hac flamma.*

Altera opinio est eorum qui existimant dæmones torqueri in inferno sola apprehensione privationis desiderati boni; quam sententiam confirmant ex testimonio S. Ambrosii mox a nobis allegato, tum ex S. Hieronymo, qui in caput ultimum Isayæ hanc plerisque tribuit nec improbat, & ex Isidoro lib. 1. de summo Bono cap. 13.

Refelluntur vero communiter ab aliis Theologis, quia, ut mox diximus, non videtur satis explicari cruciatus dæmonum in inferno, vel & animarum, nisi admittatur vera actio ignis

cor-

corporei, quia expreſſiſſima ſunt loca ſuperius adducta; unde non ſatis eſt pœnam ſenſus ortam ex ſola cogitatione damni dæmonibus aſſignare, ſed opus eſt etiam pœnam ab igne derivatam ipſis tribuere.

Alii dicunt dæmones ab igne cruciari per ſpeciem aut cognitionem ab eo derivatam; ajunt nempe virtute Dei qui utitur igne tanquam inſtrumento, ſpeciem quandam intelligibilem in Angelo produci, & hanc eſſe cauſam triſtitiæ per quam divexatur; quomodo autem ejuſmodi ſpeciei impreſſio ſit cauſa triſtitiæ in dæmonibus, non eodem modo explicant illi Theologi, ſed his omnibus ſigillatim referendis lubenter ſuperſedeo, ne operam & tempus in re non neceſſaria collocemus.

Eſt aliorum opinio, dæmones eodem modo ab igne torqueri, quo animæ ab igne cruciantur in ipſo corpore, adduntque illam virtutem communicatam eſſe igni a Deo: ex his Theologis quidam dicunt dæmones ab igne pati, quatenus ignis calidus eſt, ac proinde vera paſſione qualem ſenſus reciperet, ab igne torqueri; unde volunt paſſionem dæmonis ejuſdem eſſe rationis cum ea quam ſenſus pateretur. Alii non concedunt ejuſdem eſſe rationis dolorem & paſſionem animæ, seu dæmonis & ſenſus corporei; ſed animam ſeparatam & dæmonem eodem modo torqueri, quo anima in corpore cruciaretur, non pœna corporea, ſed quadam alia a corpore derivata.

Denique communior apud Theologos ſententia eſt, dæmones ab igne torqueri per alligationem quam contra ſuam voluntatem patiuntur, & a qua non poſſunt ſe ipſos liberare; ita S. Thomas, S. Bonaventura, Scotus, Gabriel, Durandus, Maior, Hugo a Sancto Victore, & alii. Hoc nituntur fundamento ad aſſerendam ſuam opinionem, quod nullus alius videtur modus quo poſſint commodius explicare modum, quo torquentur dæmones per ignem.

At meo quidem judicio ſatius eſt Theologo ſuam hac in materia ignorantiam lubenter confiteri, in re ſcilicet quæ nec autoritate innoteſcit, nec ullis Philoſophiæ principiis elucidari poteſt. *Non eſt*, inquit S. Auguſtinus loco mox citato, *de hac re aut laborandum operoſa inquiſitione, aut contentioſa diſputatione certandum*. Dicendum pœna ignis affici dæmones, quia id aperte revelatum eſt in Scripturis; quomodo id fiat, omnino incertum, *miris*, *tamen veris modis*, inquit idem ſanctus Doctor.

Quæres in qua mundi parte ſit infernus.

Reſp. tria ſuper illa quæſtione dicta a S. Auguſt. 1. eſt lib. 20. de Civit. Dei cap. 16. id a nemine certo ſciri ac definiri poſſe. *Qui ignis*, inquit, *cujuſmodi*, *& in qua mundi vel rerum parte futurus ſit*, *hominem ſcire arbitror neminem*, *niſi forte cui divinus Spiritus oſtendit*. 2. lib. 12. de Geneſi ad litt. c. 33. videtur negare inferos eſſe ſub terris. *Unde autem*, inquit, *ſub terris eſſe dicantur inferi*, *ſi corporalia loca non ſunt*; *aut unde Inferi appellentur*, *ſi ſub terris non ſunt*, *merito quæritur*. 3. hanc ſententiam ipſe redarguit lib. 2. Retract. cap. 24. ubi recognoſcens libros de Geneſi ad litteram ſic habet: *In duodecimo de Inferis magis mihi videor docere debuiſſe quod ſub terris ſint*, *quam rationem reddere*, *cur ſub terris eſſe credantur*.

S. Chryſoſt. hom. 31. in Epiſt. ad Rom. quæſtione facta, ubinam gentium ſit gehenna, reſpondet *arbitrari ſe extra mundi hanc univerſitatem eſſe*. *Ut enim regum carceres & metalla procul collocari ſolent*, *ita & gehenna longe extra mundum iſtum conſiſtit*.

Verum ea nunc pervulgata opinio apud omnes Theologos obtinet, inferos in ipſa terra contineri, & illud probant ex ipſo vocabulo quod aperte significat locum infimum, occultum, subterraneum. Favet etiam, ut plerique volunt interpretes, id quod de Christo legitur Math. cap. 12. *Sicut enim fuit Jonas in ventre ceti tribus diebus & tribus noctibus, sic erit Filius hominis in corde terræ tribus diebus & tribus noctibus*. Hic enim cor terræ interpretatur de inferis quo descendisse Christus creditur in Ecclesia Catholica: id probat Maldonatus ex ipsa phrasi; nam, inquit, vox *beleb*, *in corde*, dicitur ab Hebræis pro in medio; quemadmodum legitur Psalm. 45. *Propterea non timebimus, dum turbabitur terra, & transferentur montes in cor maris*. Infernus autem, non sepulcrum in medio terræ est.

Hic porro, quanquam opportuna sit occasio, non inquiremus an dæmonum pœnæ sint æternæ, vel aliquo tandem tempore desituræ; huic nimirum quæstioni celeberrimæ nunc supersedeo, quia ejusdem pertractandæ proprius erit locus in tractatu nostro de Peccatis, ubi Deo dante pœnarum æternitatem invicte demonstrabimus, idque argumentis quæ ad malos angelos & impios homines peræque attinent.

De Angelorum numero variisque ordinibus.

MAGNO in numero esse Angelos sacræ passim produnt Litteræ. Danielis cap. 7. *Millia millium ministrabant ei, & decies millies centena millia assistebant ei*. Apocal. cap. 5. *Et erat numerus eorum millia millium*. Quæ verba innumerabilem Angelorum copiam præ se ferunt; unde Dionysius lib. de cœlesti Hierarchia cap. 14. *Multi sunt*, inquit, *superiorum mundo mentium beati exercitus, qui imbecillam & contractam eorum qui in materia versantur & in usu nostro sunt, numerorum rationem excedunt, quique cognitione tantum definiuntur ab sola mundo superiore, ac cælesti illorum intelligentia & scientia, quam iis divina, principisque & infinita sapientiæ effluentias feliciter impertitur*. Ex quibus colligere est innumerabiles esse Angelos, quamquam infinitus omnino non sit eorum numerus.

Certos ac diversos esse Angelorum ordines, certum semper atque indubitatum fuit in Ecclesia, id quippe apertissime legitur in Scripturis, ut mox patebit.

Novem Angelorum ordines totidemque vocabula post Dionysium describit S. Gregorius Magn. homil. 34. his verbis: *Novem Angelorum ordines diximus, quia videlicet esse, testante sacro eloquio, scimus Angelos, Archangelos, Virtutes, Potestates, Principatus, Dominationes, Thronos, Cherubim atque Seraphim. Esse namque Angelos & Archangelos pene omnes sacri eloquii paginæ testantur. Cherubim vero atque Seraphim sæpe, ut notum est, libri Prophetarum loquuntur. Quatuor quoque ordinum nomina Paulus Apostolus ad Ephesios enumerat dicens, Supra omnem principatum & potestatem, & virtutem & dominationem. Qui rursus ad Colossenses scribens ait, Sive Throni, sive Dominationes, sive Principatus, sive Potestates; Dominationes vero & Principatus ac Potestates jam ad Ephesios loquens descripserat. Sed ea quoque Colossensibus dicturus præmisit Thronos, de quibus necdum quidquam fuerat Ephesiis locutus. Dum ergo illis quatuor quæ ad Ephesios dixit, id est, Principatibus, Potestatibus, Virtutibus, atque Dominationibus conjunguntur Throni, quinque sunt ordines, qui specialiter exprimuntur; quibus dum Angeli & Archangeli, Cherubim atque Seraphim adjuncta sunt, procul dubio novem esse ordines inveniuntur*.

Neque audiendi sunt Erasmus, Bezа & alii, qui negant in illis Apostoli testimoniis certos commendari Angelorum ordines. Præterquamquod enim conceptissima sunt & disertissima in eam

tum

nem hæc Scripturæ loca, ut insuper confirmantur auctoritate Patrum omnium & Græcorum & Latinorum, puta Ignatii Martyris Epist. 2. ad Trallianos, S. Irenæi lib. 2. cap. 54. Origenis lib. 1. Periarchon cap. 5. & lib. 4. & 6. contra Celsum. S. Athanasii Epistola ad Serapionem, & lib. 3. contra Arianos. S. Epiphanii hæresi 64. S. Basilii lib. de Spiritu sancto cap. 16. S. Gregorii Naz. orat. 34. S. Gregorii Nysseni homil. 15. in Cantica. S. Chrysostomi homil. 4. in Genesim. S. Ambrosii lib. 1. Examer. c. 5. S. Hieronymi Comment. in Epist. ad Ephesios, & in Epist. ad Titum. S. Augustini lib. contra Priscillianistas & Origenistas cap. 10. & in Enchirid. cap. 58. S. Cyrilli Alex. Serm. 3. ad Græcos infideles & Commentariis ad Epist. Pauli ad Ephesios & Colossenses, aliorumque prorsus omnium, quorum testimonia consulere potes exscripta apud Petavium lib. 1. de Angelis cap. 1.

Observat ibidem hic Scriptor neminem veterum ante Dionysii tempora ejusque notorum cognitis operibus, ita ordinem istorum Angelicorum nomina posuisse; ut certo eos distinxerit, novemque, quomodo ille, constituerit; testis est super ea re locupletissimus S. Augustinus, qui libro contra Origenistas mox citato sic habet: *Certe ait Apostolus, sive Sedes, sive Dominationes, sive Principatus, sive Potestates, & esse itaque Sedes, Dominationes, Principatus, Potestates in cœlestibus apparatibus firmissime credo, & differre aliquid indubitata fide teneo? Sed quo me contemnas, quem magnum putas esse doctorem, quænam ista sint & quid inter se differant, nescio.* Et in Enchiridio jam citato: *Quid inter se distent, quatuor illa vocabula, quibus universam ipsam cœlestem societatem videtur Apostolus esse complexus, dicendo: Sive Sedes, sive Dominationes, sive Principatus, sive Potestates, dicant qui possunt, si tamen possunt probare quod dicunt; Ego me ista ignorare confiteor.* Ubi de Angelorum vocabulis & proprietatibus nonnisi cum hæsitatione loquitur.

S. Chrysostomus homil. 4. de incomprehensibili natura Dei docet infinitos esse illos Angelos præter illos ordines, quos Scriptura perhibet: *Sunt enim*, inquit, *sunt & aliæ Virtutes, quarum ne nomina quidem novimus. Cogitate enim quanta sit hæreticorum insolentia, servorum-ne appellationes quidem scimus, & illi Domini substantiam curiosius inquirunt. Sunt enim Angeli, & Archangeli, Throni, & Dominationes, & Principatus, & Potestates. Sed non soli isti sunt cœtus in cœlis, verum infinitæ gentes & nationes ineffabiles, quas nulla explicare potest oratio.*

Septem definite Angelorum ordines distinxit Cæsarius dialog. 1. *Septem vero*, inquit, *ordines sunt, uti Judæi scripsit; & sublimis enarrat Apostolus, quem secuti sunt divini sacrificii sacerdotes, ad Deum exclamant; Te celebrant laudibus Angeli, Archangeli, Throni, Dominationes, Principatus, Potestates, Virtutes;* ubi Seraphinos & Cherubinos omittit.

Autor commentariorum in Psalmos qui perperam Hieronymo ascribuntur, novem Angelorum ordines distinguit, uti & ipse Dionysius; sed in hoc ipso debet hoc opus abjudicari S. Hieronymo qui de Angelorum numero & appellatione semper dubitavit, ut aperte colligitur ex Comment. ad cap. 1. Epist. ad Ephesios. *Nunc quærendum*, inquit, *ubi Apostolus hæc quatuor nomina, Principatum loquor & Potestatem, Virtutem, & Dominationem scripta reperit, & in medium unde protulerit: Neque enim fas est eum qui divina lectione fuerat instructus aliquid locutum putare, quod in sanctis voluminibus non habetur. Arbitror itaque illum aut de traditionibus Hebræorum ea quæ secreta sunt, in medium protulisse, aut certe quæ quasi juxta historiam scripta sunt; nunc intellige-*

tia

rat legem esse spiritualem, sensisse sublimius.

Primus igitur Dionysius Angelos omnes distinxit in tres Hierarchias, & unamquamque Hierarchiam in tres choros seu ordines. *Qui autem*, inquit lib. de coelesti Hierarchia c. 3. *hierarchiam dicit, sacram quamdam universe ordinationem significat, ad divini illius decorem principatus expressam, & in hierarchicis ordinibus ac scientia propriæ illustrationis, in sacris sacris ritibus administrantem, ac suo principio, quantum fas est, assimilatam.*

In prima hierarchia, Seraphim, Cherubim, ac Throni censentur: In secunda, Dominationes, Virtutes, Potestates: in tertia, Principatus, Archangeli, Angeli.

Hierarchiæ nomine intelligitur ordo sacrarum personarum sub aliquo principe, qualis v. g. ordo Episcoporum, Presbyterorum, aliorumque Ecclesiæ ministrorum sub uno capite Christo, & ejus in terris Vicario Romano Pontifice.

Ordo seu chorus definitur, collectio personarum ejusdem muneris & officii in eadem hierarchia, ut in Ecclesiastica Hierarchia collectio Episcoporum, vel Presbyterorum.

Ex quibus sequitur hierarchiam non esse inter dæmones, quia non sunt sacræ personæ; tum vero non esse chorum in sanctissima Trinitate, quia licet Pater, Filius, & Spiritus sanctus sint personæ sacræ, nulli tamen capiti subjiciuntur.

Quomodo Angeli ab invicem differant.

QUæstio est utrum Angeli specie vel numero tantum differant ab invicem.

Volunt Thomistæ Magistrum hac in parte secuti, omnes & singulos Angelos differre ab invicem specie; addique S. Thomas [illegible] sed nec absolute [illegible] numero differre inter se solo [illegible]. Et ratio est, inquit, quia [illegible] numerica individuorum, quæ constituuntur intra eamdem speciem, petitur solum a materia, sola materia [illegible] cipium individuationis: unde [illegible] Angelis non sit materia, nec [illegible] materiam respectus & ordo, [illegible] in anima rationali ad corpus humanum, hinc sequitur Angelos non posse solo numero ab invicem discrepare; adeoque singulos a singulis differre specie.

Contendunt alii, Angelos diversæ hierarchiæ differre genere, Angelos autem diversi chori intra eamdem hierarchiam differre specie; denique Angelos ejusdem chori differre solo numero: quia, inquiunt, se habent Angeli [illegible] intelligibili, ut corpora in mundo sensibili; sed in mundo sensibili quædam corpora differunt genere, quædam specie, & quædam solo numero; igitur.

Cæteris autem Theologis, qui a vero alienum putant, quod apud Thomistas principium individuationis [illegible] ex materia, volunt consequenter Angelos quosdam differre solo numero, unam eamdemque naturam habentes; quin potius verisimilius [illegible] Angelos omnes unius esse ejusdemque naturæ, solo munere vel dignitate [illegible] se dispares, ut scribit S. Basilius lib. 3. contra Eunomium: *Inter Angelos*, inquit, *differentia est ordinis & dignitatis, & tamen ejusdem naturæ sunt omnes, sicut ejusdem appellationis.*

Atque istam lubenter amplector sententiam, si in hac quæstiuncula [illegible] quæratur judicium; siquidem [illegible] specifica juxta Philosophos non admittitur nisi inter ea quæ insigniter secundum naturam & substantiam differunt: sed non apparet quo tandem pacto dici possit Angelos ab invicem discrepare insigniter secundum naturam & substantiam; sunt enim singuli substantiæ

spi-

spiritales completæ, nec aliter differunt quam officio, munere & dignitate: igitur melius est dicere Angelos omnes solo numero non specie differre.

Aut forsitan rectæ rationi magis erit consentaneum dicere, nobis plane incertum an Angeli differant specie vel numero, quomodo suam hac in re ignorantiam confitentur multi e SS. Patribus, ut S. Augustinus lib. contra Priscillianistas c. 10. & in Enchirid. c. 58. quæ duo loca superius adducta sunt. Et sanctus Damascenus lib. 2. de Fide orthodoxa cap. 3.

De apparitionibus Angelorum.

CErtum est Angelos hominibus identidem apparuisse in specie corporali, ut ex innumeris colligitur exemplis quæ nobis suppeditant divinæ litteræ; Angeli scilicet apparuerunt Abrahæ, Moysi, Tobiæ & aliis quammultis, idque insuper confirmatur ex iis quæ leguntur Act. cap. 6. *Qui accepistis legem in dispositione Angelorum.* Et ad Galatas cap. 3. *Lex ordinata per Angelos in manu mediatoris.*

Verum de illis Angelorum apparitionibus nonnullæ solent institui quæstiones.

Quæritur 1. utrum illæ omnes Angelicæ apparitiones, quas Scriptura commemorat, veræ fuerint vel phantasticæ, sola nimirum facta immutatione in imaginatione eorum quibus apparuerunt Angeli.

Respondeo cum sancto Thoma p. 1. q. 51. art. 2. ejusmodi apparitiones veras fuisse, non phantasticas.

1. Quia, ut ait ille sanctus Doctor, quod videtur visione imaginaria; non videtur indifferenter ab omnibus, sed ab aliquo solum cui fit illa revelatio, quomodo S. Joannes vidit solus quæ vidit in Apocalypsi, nec ab alio quovis visa fuere: sed Scriptura sic commemorat plerumque Angelos apparentes, ut ab omnibus promiscue conspicerentur; namque Angeli v. gr. qui apparuerunt Abrahæ, visi sunt a tota ejus familia & ab ipsis etiam Sodomorum civibus, & similiter Angelus qui apparuit Tobiæ, ab omnibus indifferenter visus est: igitur.

2. Quia sic de illis Angelorum apparitionibus loquuntur Scripturæ, ut aperte significetur ad solam imaginationem referri nunquam posse, nisi Scripturæ verbis vis maxima inferatur; testantur quippe, visos, contrectatos, locutos fuisse Angelos, qui & nonnunquam ambulant, manducant & bibunt, ut colligitur ex variis ejusdem Scripturæ historiis.

Quæres 2. in quibus corporibus Angeli hominibus appareant.

Respondeo 1. Angelos non apparere in suis propriis corporibus, tum quia, ut fuse satis ostendimus, Angeli propria non habent corpora, substantiæ sunt spiritales; tum quia, etiamsi propria haberent corpora, nondum dici deberent apparere in suis & propriis corporibus, quia hæc Angelorum corpora forent invisibilia & minutissima.

Respondeo 2. Angelos apparuisse in corporibus assumptis, ex aere scilicet, vel aliqua quacumque materia formatis, quia nempe nullus est alius modus commodior ad explicandas Angelorum apparitiones; neque enim dici potest Angelos uti corporibus de novo creatis, quia nihil creatur de novo; tum vero nec corporibus vere naturam habentibus, quorum speciem præ se ferebant, quasi vera hominum corpora assumpserint, quoties apparuerunt in specie humana, ut opinatus est Tertullianus; nec enim veri homines fuissent illa corpora ab Angelis assumpta, quod repugnat; superest igitur ut dicantur apparuisse in corporibus assumptis & ex aere, vel quavis alia idonea materia formatis.

Quæres 3. quas operationes exerceant An-

Angeli in corporibus aſſumptis, an ſcilicet eorum actiones ſint vitales necne. Reſpondeo Angelos non exercere actiones vitales in iis corporibus quæ aſſumunt. Et ratio eſt quia ille non exercet actiones vere & proprie loquendo vitales, in quo non eſt corpus vere & accurate loquendo animatum & organicum; actiones enim vitales eſſentialiter pendet ab organis, ſed in corporibus aſſumptis ab Angelis non ſunt proprie loquendo organa; corpora illa quæ aſſumunt, non ſunt proprie ſed analogice tantum animata & viventia: igitur operationes quas in ipſis exercent Angeli, non ſunt vitales, non ſunt opera vitæ.

Quamobrem quando legimus in Scripturis Angelos ambulare, tangere, loqui, comedere, bibere, & alia id genus; ejuſmodi locutiones metaphoricæ ſunt, non litteraliter & proprio ſenſu intelligendæ; quatenus videlicet aliquid ſimile præfatis operationibus videntur agere, uti expreſſe docet Angelus Raphael in Tobia cap. 12. *Videbar quidem*, inquit, *vobiſcum manducare & bibere, ſed ego cibo invisibili & potu, qui ab hominibus videri non poteſt, utor*.

Cæterum non poſſunt quidem Angeli in aſſumptis corporibus oculos movere, brachia & pedes dirigere, movere corpora eo etiam modo quo moventur ab hominibus ambulantibus, cibum & potum trajicere in ſtomachum, & alia denique præſtare quæ a ſolo motu locali pendent; ſed illas actiones non exercerent vitaliter, beneficio ſcilicet organorum vitalium & proprie animatorum; quia immo in illis corporibus aſſumptis, quæcunque tandem ſint vel etiam hominum ſuſpenſorum, non ſunt organa proprie dicta, ſed tantum analogice & metaphorice, quemadmodum in ſtatua non eſt oculus proprie, ſed analogice tantum propter aliquam ſimilitudinem cum vero oculo.

Atque inde colligitur diſcrimen quod conſtitui ſolet inter actiones Angelorum in corporibus aſſumptis, & actionem qua Chriſtus Dominus poſt reſurrectionem comedit & bibit cum diſcipulis ſuis; ſcilicet corpus Chriſti quantumvis glorioſum & incorruptibile, erat tamen veris organis inſtructum & vere animatum: corpus autem ab Angelo aſſumptum non eſt animatum, ideo non ſunt organa niſi metaphorice.

At, inquies, tangere eſt actus vitalis, eſt enim actio ſenſus externi; ſed Angeli tangunt in corporibus aſſumptis: ergo exercent actiones vitales.

Diſtinguo: tangere per vitæ principium, contactu animato, concedo: contactu pure mathematico, ſine voluptatis aut doloris ſenſu, nego.

De miſſione & miniſterio Angelorum.

CErtum eſt Angelos mitti a Deo, ab illa quippe miſſione nomen mutuantur ſuum, ut jam a nobis obſervatum eſt; Angelus enim *non naturæ ſed officii nomen eſt ſignificans nuntium ſeu legatum*, inquit S. Auguſtinus poſt Apoſtolum qui hoc idem docuerat ad Hebræos cap. 1. his verbis: *Nonne omnes ſunt adminiſtratorii ſpiritus, in miniſterium miſſi propter eos? &c.*

Atqui tamen, ut recte obſervat Eſtius, Angeli dicendi non ſunt miniſtri hominum, ſed Dei, tametſi ad uſum, ſalutem & cuſtodiam hominum mittantur. Et ratio eſt quia miniſtri ſubjecti ſunt iis quorum ſunt miniſtri; at vero Angeli non ſunt ſubjecti hominibus, ſed Deo; igitur non ſunt miniſtri hominum. Quapropter miniſtri Dei dicuntur in Scripturis, nuſquam vero miniſtri hominum; Raphael non dicitur miniſter, ſed ductor filii Tobiæ.

Quæritur utrum ad res hominum in terris gerendas mittantur omnes & ſinguli Angeli: vel certi tantum ex uno aut altero ordine.

Variæ ſunt ſuper illa controverſia Theo-

Theologorum opiniones: quidam enim docent non omnes promiſcue mitti, ac ſupremæ potiſſimum hierarchiæ. Alii volunt tres ſolum choros poſtremæ hierarchiæ mitti. Concedit S. Thomas 1. p. q. 112. art. 4. quinque ſolos poſtremos ordines mitti ad infima miniſteria, ſuperiores vero quatuor nunquam a Deo digredi. Cæteri demum putant omnium ordinum Angelos mitti ad ſalutem hominum procurandam, quorum ſententiæ ſubſcribimus.

Conclusio.

Omnes Angeli ſancti mittuntur hominibus in miniſterium.

Probatur invicte ex diſertiſſimo Apoſtoli teſtimonio ad Hebræos cap. 1. ſic loquentis: *Nonne omnes ſunt adminiſtratorii ſpiritus in miniſterium miſſi propter eos qui hæreditatem capiunt ſalutis?* Hic Apoſtolus loquitur de omnibus omnino Angelis, nullo excepto; probat enim Chriſtum Angelis eſſe ſuperiorem, non quibuſdam certe ſed omnibus; aliter tota rueret Apoſtoli ratiocinatio, quandoquidem Chriſtus non conſtitueretur ſupra omnem Principatum, ſupra Cherubimos & Seraphimos, uno verbo non eſſet iis major qui non mitterentur.

Reſpondet S. Thomas duplicem eſſe miſſionem, unam interiorem ſecundum intellectuales, ut ait, effectus, prout ſcilicet unus Angelus illuminat alium; alteram exteriorem, quæ circa aliquod externum miniſterium verſatur: dehinc ait priorem miſſionem ad ſupremos etiam Angelos & digniores pertinere; poſteriores vero ad inferiores duntaxat.

Verum hæc interpretatio mihi non probatur: certum eſt quippe S. Paulum utrobique de miniſterio externo verba facere, ut aperte denotat vox *mitti*, quæ ad illam illuminationem Angelorum, qua ſuperiores dicuntur illuſtrare inferiores, referri non poteſt.

Probatur inſuper concluſio, quia Angeli ſupremorum ordinum miſſi nonnunquam dicuntur in Scripturis, Iſayæ 6. cap. unus Seraphimus miſſus dicitur ad Prophetam, ut eum a peccato mundaret. Michael qui omnium omnino Angelorum ſupremus cenſetur, in miniſterium tamen miſſus legitur, Daniel. 10. cap. Raphael, qui unus erat e ſeptem qui aſtant ante Dominum, Tob. 12. fuit tamen miſſus. Denique Gabriel, qui veriſimiliter non fuit ex infimis, miſſus eſt annuntiaturus quæ ad Chriſti nativitatem & adventum ſpectabant. Conſtat igitur omnes Angelos, nullo excepto, interdum mitti a Deo in miniſterium.

Quibus adde omnes Angelos venturos cum Chriſto ad judicandos homines in ultima mundi conflagratione, Matth. 25. *Cum autem venerit Filius hominis in majeſtate ſua, & omnes Angeli cum eo.* Unde ſequitur non eos ſolum, qui ſunt infimi ordinis, mitti plerumque hominibus, ſed omnes cujuſcumque chori, nullo excepto.

Probatur denique ex SS. Patribus, quorum plerique rem habentes contra Arianos Chriſti dignitatem & præeminentiam ex præfato Apoſtoli teſtimonio defendunt, in quantum videlicet inde conficitur omnes prorſus Angelos Chriſto fuiſſe ſubjectos: ſic S. Athanaſius orat. 2. contra Arianos. *Et Angeli quidem*, inquit *ſurſum deorſumque commeantes miniſtros ſe præbent, de Filio vero dicit: Et adorent eum omnes Angeli Dei.* Orat. 3. ſuperiorum etiam Angelorum ordines miſſos nominatim commemorat. *Multi*, inquit, *ſunt Archangeli, multi Throni, & Poteſtates, & Dominationes, millies millia & decies millies centena millia miniſtrorum aſſiſtunt & apparent, qui ſe promptos offerunt ut mittantur.*

S. Chryſoſtomus hom. 8. in Geneſim idem docet his verbis: *Non eſt datum Angelis, ut ſint conſilii participes, ſed ut aſſiſtant & miniſterio fungantur.*

Quod ut discas, audi magniloquentissimum Isayam de superioribus Angelorum virtutibus loquentem. Vidi Cherubim a dextris Dei & Seraphim, & tegebant facies suas. Vide etiam Comment. in Epist. ad Hebræos.

Item Eusebius Cæsariensis lib. 7. de Præpar. Evang. *Divinas Virtutes*, inquit, *natu Patris toti mundo præsidentes, & administros spiritus ad ministerium missos, propter eos qui hereditatem capiunt regni, ac sacros Angelos Dei & Archangelos, & intelligentem omnem naturam bonorum ministram, lucidam, & omnium bonorum quæ a Deo communicantur hominibus administram, regem universorum quodam satellitio stipare.*

Item docent S. Gregorius Nazianz. orat. 34. Gregorius Nyssenus lib. 1. contra Eunomium. Dydimus lib. 1. de Spiritu sancto. S. Ambrosius lib. 1. de Spiritu sancto cap. 10. S. Hieronymus Epistol. 142. quæ est ad Damasum. Cyrillus Alexandrinus lib. 2. de recta fide ad Reginas, & in l. 1. Commentariorum in Isayam. Theodoretus l. 3. contra Græcos, & lib. 5. hæreticarum fabularum cap. 7. S. Bernardus in sermone de S Benedicto, tum & in sermone primo de S. Michaele.

Objiciunt adversarii locum ex Danielis c. 7. depromptum, ubi discrimen aperte indicatur inter Angelos qui ministrant, & alios qui Deo semper assistunt, *millia millium ministrabant, & decies millies centena millia assistebant ei.*

Respondetur ex hoc argumento nihil omnino confici, quia recte intelligitur eosdem Angelos qui Deo assistunt, itidem ad homines mitti, non enim ulla ratione pugnant hæc duo, ministrare, & assistere; quin potius non uno in loco Scripturarum legitur eundem Angelum qui assistere dicitur, e cœlo mitti in terras, & nonnullis persungi ministeriis. Sic Tobiæ cap. 12. Raphael qui se unum e septem esse fatetur qui astant ante Deum, ad Tobiam tamen fuit missus. Sic Gabriel, qui similiter ante Deum astabat, *Ego sum Gabriel qui asto ante Deum.* Lucæ 1. missus tamen ad Verbi incarnationem annunciandam. Quod potest etiam confirmari ex Matth. 18. ubi docet Christus eos ipsos Angelos, qui nostri in terris curam gerunt, Deo semper assistere in cœlis, *Angeli eorum in cœlis semper vident faciem Patris.* Unde nihil omnino probat testimonium Danielis adversus nostram sententiam.

Utrum suus cuique homini detur Angelus custos.

Quin humanum genus vel etiam orbis universus Angelorum ministerio gubernetur, nemini dubium esse potest; id enim indicat Apostolus ad Hebræos c. 2. his verbis: *Non enim orbem terræ futurum Angelis subjecit Deus.* Quod quidem etiam docent SS. Patres ac Theologi.

Sed quæstio est, utrum præter generalem quandam administrationem, quæ in cæteras creaturas, tum spirituales tum corporeas, credita est Angelis; unicuique homini specialiter datus sit Angelus velut custos & rector.

Conclusio.

Unusquisque ex hominibus suum habet Angelum ducem & custodem.

Probatur primo ex Scripturis: Geneseos 48. Jacob dicit, *Angelus qui eruit me de cunctis malis, benedicat pueris istis.* Psal. 90. *Angelis suis mandavit de te, ut custodiant te in omnibus viis tuis. In manibus portabunt te, ne offendas ad lapidem pedem tuum.* Matt. 18. *Angeli eorum in cœlis semper vident faciem Patris mei qui in cœlis est.* Act. cap. 12. Petro fores pulsante dicunt fideles, *Angelus ejus est.* Docent itaque Scripturæ tam veteris quam novi Testamenti, singulos homines suum habere Angelum custodem,

Pro-

Probatur secundo ex Sanctis Patribus.

Origenes homil. 11. in Numeros, ex loco Actorum mox laudato hæc concludit: *Ergo intelligitur esse & alius Pauli Angelus, sicut est Petri, & alius alterius Apostoli, & singulorum per ordinem.* Et Homil. 20. *Adest unicuique nostrum etiam minimis qui sunt in Ecclesia Dei, Angelus bonus, Angelus Domini qui regat, qui moneat, qui gubernet, qui pro actibus nostris corrigendis & miserationibus exposcendis quotidie videat faciem Patris qui in cælis est.*

Eusebius l. 4. Demonstr. Evang. c. 6. *Optimus*, inquit, *omnium regnator, ipse altissimus Deus universi qui semper ea quæ seipsum decent facit, ne absque certis principibus ac præfectis instar jumentorum irrationalium essent, qui in terra versabantur homines, tutores illis & curatores, quasi quosdam armentorum duces, atque pastores divinos Angelos dedit.*

S. Basilius lib. 3. contra Eunomium: *Quod autem*, inquit, *unicuique fidelium adsit Angelus tanquam pædagogus aliquis & pastor, vitam gubernans, nemo contradicat qui Domini verborum meminerit dicentis, Ne contemnatis unum ex his pusillis, quoniam Angeli eorum semper vident faciem Patris mei, qui in cælis est.* Et Psalmista dicit: *Castrametabitur Angelus Domini in circuitu timentium ipsum. Et Angelus qui eruit me a juventute mea;* & cætera id genus. Idem docent alii omnes Græci, S. Clemens Alexandrinus lib. 4. Stromatum. S. Athanasius lib. de communi essentia. S. Gregorius Nyssen. lib. de vita Mosis. S. Chrysostomus homil. 59. in Matth. & hom. 3. in Epist. ad Colossenses. Theodoretus qu. 3. in Genesim, Methodius apud Damascenum in Eclogis, & Didymus apud eumdem.

At eamdem plane doctrinam secuti sunt Latini; unum instar cæterorum proferam Hieronymum, qui Comment. in cap. 1. Habacuc sic loquitur: *Alioqui quomodo potest sic habere Deus hominem quasi pisces maris & velut reptilia quæ non habent principem: quum Angeli singulorum quotidie videant faciem Patris qui in cælis est, & circumdet Angelus Domini in circuitu timentium eum, & eripiat eos.* Vide etiam S. Ambrosium lib. 2. in Lucam cap. 2. & S. Bernardum serm. 12. in Psalm. 90. & lib. 5. de Considerat. cap. 4.

Quid vero præstent Angeli custodes, & in quem usum hominibus in tutelam a Deo sint dati, eleganter more suo describit Petavius l. 2. de Angelis c. 6. ubi ait unicuique suum esse comitem custodemque Angelum, *qui illius sospitatis, educationis, vitæ totius ac sempiternæ præsertim salutis curam gerat, qui dæmonum insidias & imminentia undique pericula propulset, animos ad virtutem faciat, timidos confirmet, mœrentes recreet, laborantes adjuvet, lapsos erigat, opportuna monita suggerat, orantibus assistat, & eorum preces offerat Deo; postremo qui perfunctos hujus vitæ casibus post obitum excipiat, & ad beatorum societatem transferat.* Quæ quidem ex Scripturis & sanctis Patribus excerpsit eruditus Scriptor.

Quæres utrum, sicut unusquisque ex hominibus bonum habet Angelum ad custodiam, ita & malum habeat ad exercitium.

Respondeo negative. 1. quia hæc sententia nullum habet in Scripturis fundamentum, ut & illa quam multis & quidem validissimis testimoniis astruximus, de bonis quidem Angelis nominatim & expresse dicitur, *Angelus ejus est &c. Angeli eorum vident faciem Patris, &c.* Sed nihil simile legitur de malis Angelis.

2. Ejusmodi ordo seu agendi ratio, qua nimirum singulis hominibus unus deputaretur a Deo malus Angelus quo tentarentur, pugnat manifeste cum providentia & bonitate Dei; hoc enim ageret Deus, ut unusquisque suum haberet dæmonem, hoc est suum tentatorem, quo impellerentur ad peccandum;

absurdum consequens, quia Deus ex Scripturis intentator malorum est: igitur.

3. Etiamsi diceretur solum Deum uti malitia dæmonum ad exercitium & probationem Electorum, falsum adhuc esset unicuique ex hominibus datum esse malum Angelum: sunt enim quam multi homines, quibus frustra deputarentur & assisterent dæmones, scilicet infantes, qui priusquam ad usum rationis perveniant, exerceri ad virtutem non possunt. Tum vero infirmi homines, qui satis per se ipsos ad vitium proni sunt, nec tentatore indigent. Denique nec necesse videtur, ut tentatores deputet pro infidelibus, qui malitiæ satis addicti sunt, nec ullo egent virtutis exercitio.

Quapropter non est audiendus Origenes, qui memoratam opinionem astruere conatur ex libro Pastoris homil. 35. in Lucam his verbis: *Legimus*, inquit, (*si tamen cui placet hujusmodi Scripturam recipere*) *justitiæ & iniquitatis Angelos super Abrahæ salute & interitu disceptantes, dum utræque turmæ suo eum volunt catui vindicare. Quod si cui displicet, transeat ad volumen quod titulo Pastoris scribitur, & inveniet cunctis hominibus duos adesse Angelos, malum qui ad perversa exhortatur, & bonum qui ad optima quæque persuadet. Scribitur alibi quod assistant homini sive in bonam sive in malam partem duplices Angeli.*

Certe, ut non immerito conjicit Estius, ea opinio manasse videtur ex Gentilium errore, qui singulis hominibus, ut nati erant, duos concedebant genios, unum bonum, cui bona omnia; alterum malum, cui mala omnia quæ per vitam contingebant, ascribere non dubitarunt.

Quæres 2. an Civitatibus, Provinciis, & Regnis administrandis ascripti sunt Angeli tutelares.

Respondeo affirmative; hoc ipsum enim ita esse unanimi consensu docuerunt sancti Patres Græci & Latini, quorum testimonia fuse exscripta consulere poteris apud doctissimum Petavium lib. 2. de Angelis cap. 7. satis erit pro ratione instituti nostri ea indicare; scilicet citantur ibi Origenes homil. 28. in Numeros, homil. 13. in Ezechielem, & 35. in Lucam. Eusebius Cæsariensis lib. 4. Demonstrationis Evangelicæ c. 6. S. Basilius l. 3. adversus Eunomium. S. Epiphanius hæresi 51. num. 34. S. Chrysostomus hom. 2 in Epist. ad Colossens. S. Hieronymus in Ezechielis cap. 28. Rufinus in Symbolum Apostolorum. Theodoretus in cap. 1. ad Colossenses, & lib. 5. hæret. fabul. c. 8. Dionysius lib. de cœlesti Hierarchia cap. 9. Isidorus Hispalensis lib. 1. Sentent. c. 12. & alii.

Hi autem Scriptores aut saltem eorum plerique, cum mundi nationibus & populis præpositos esse Angelos tutelares docent: id imprimis asserunt ex his verbis Deuteronomii cap. 32. *Quando dividebat Altissimus gentes, quando separabat filios Adam, constituit terminos populorum juxta numerum filiorum Israel*. Septuaginta enim Interpretes sic vertunt, *Constituit terminos gentium juxta numerum Angelorum Dei*. Quam interpretationem secuti sunt plerique illi veteres.

De potestate Angelorum circa res corporeas.

Est illa communis & pervulgata Theologorum opinio, Angelis omnibus seu bonis seu malis inesse potestatem quandam in res corporeas; quod nimirum sic omnia sunt a Deo constituta, ut res corporeæ spiritibus tanquam dignioribus subjiciantur: id ipsum docet sanctus August. lib. 3. de Trinit. c. 4. aliique SS. Patres, & postea S. Thomas 1. p. q. 110. art. 2. & 3. & communiter omnes Scholastici.

Atque hæc veritas aperte colligitur ex Scripturis. Job 14. dicitur de diabolo, *Non*

Non est super terram potestas quæ comparetur ei: unde Satan concussit quatuor angulos domus filii Job. Psal. 90. de Angelis dicitur, *in manibus portabunt te.* Quæ quidem locutio indicat virtutem movendi. Item Apostolus ad Ephes. c. 2. diabolum vocat principem hujus aeris, & c. 6. dæmones appellat potestates, & mundi rectores tenebrarum.

Quod si quæratur quousque extendatur illa Angelorum tam bonorum quam malorum potestas, quæ nempe naturali sua virtute sine speciali Dei auxilio agant, profecto dictu difficillimum; quicquid enim stupendum atque insolitum ab iis factum commemoratur in divinis litteris, minime probat iis inesse naturalem virtutem ejusmodi effectus producendi, quos forte nonnisi Deo volente aut specialiter jubente vel permittente, ediderunt. Lubens itaque propositæ quæstioni respondeo cum S. August. rem in dubio relinquens: *Quid autem possint per naturam*, inquit l. 3. de Trinit. c. 9. *non possint per prohibitionem; & quid per ipsius naturæ suæ conditionem facere non sinantur, homini explorare difficile est, imo vero impossibile, nisi per illud donum Dei, quod Apostolus commemorat dicens, Alii dijudicatio spirituum.*

Si quis autem insuper quærat, an per Angelos vera interdum fiant miracula, respondemus negative; quia Deo maxime propria est operatio miraculorum; aliter Christus minus bene per miracula probasset suam divinitatem. Hanc porro quæstionem satis difficilem & implicatam suo commodius loco expendemus in Tractatu de Fide, cum Religionis Christianæ veritatem demonstrabimus ex veris & non fucatis Christi miraculis.

Utrum & quomodo Angelus sit in loco.

Angelus est in loco; quicquid enim est, alicubi est; & timendum esset, ne quod diceretur in nullo esse loco, censeretur consequenter neutiquam esse.

Quærunt Theologi per quid Angelus sit in loco formaliter.

Meminisse juvat quæ de Deo dicta sunt in Tractatu de Attributis, hæc enim difficultas plane communis est Deo & Angelis, manat enim ex ratione spiritus, de quo difficile intelligimus modum existendi in loco.

Angelus non est in loco formaliter per operationem transeuntem; per illud enim Angelus non est in loco, quod supponit Angelum existentem in loco; prius est enim esse in loco, quam operari in loco: sicut prius est esse simpliciter, quam operari simpliciter. Igitur Angelus non est in loco formaliter per operationem.

Est autem in loco formaliter per suam extensionem virtualem, quæ in eo posita est quod per se totum sit extra se totum in eodem loco; non est enim alius modus quo possit explicari positio & diffusio substantiæ spiritalis in loco.

Nimirum, ut alibi diximus, hoc pacto præsentiam animæ rationalis ejusque positionem in corpore humano explicant sancti Patres; ita Sanctus Aug. Epist. 166. his verbis: *Per totum corpus, quod animat*, inquit, *non locali diffusione, sed quadam vitali intentione porrigitur. Nam per omnes ejus particulas tota simul adest, nec minor in minoribus, & in majoribus major; sed alicubi intensius, alicubi remissius, & in omnibus tota, & in singulis tota est.*

BREVIS INTRODUCTIO
AD
SCRIPTURAM SACRAM.

PRUDENTER admodum sacræ Theologiæ Parisiensis Facultas, pietatis non minus quam doctrinæ parens, paucis abhinc annis sancivit, ut qui ex alumnis suis esse Baccalaurei cuperent, aut essent Licentiæ stadium proxime ingressuri, prævio de Scriptura sacra examine tentarentur. Dolebat pia mater modo genitos infantes asperis jejunisque Scholasticæ cibis tantummodo pastos, rationabile & sine dolo divini Verbi lac non satis ardenter concupiscere, aut ne degustare quidem; adeo ut illi (quod vehementer olim de nonnullis temporis sui Christianis querebatur Chrysostomus *) sic ignorent Scripturas sacras, ut nequidem Epistolarum Apostoli numerum plane scirent. Accessit sacra Facultas ad hanc studiorum partem, quæ tunc maxime laborabat, & sapienti decreto præsens huic malo remedium attulit. Utinam præciperet per integrum triennii Theologici spatium, duorum saltem Professorum de Scriptura sacra excipi a suis lectiones, quibus consecrarentur cætera stadii illius studia, ac velut sale condirentur. Nos autem, ut interim plurimorum desiderio, & religioni nostræ faciamus satis, breve hic totius Scripturæ compendium subjicimus, seu prævias tradimus ad Scripturam sacram institutiones; quibus præmuniti Theologiæ candidati Baccalaureatus & Licentiæ examen tentare possint.

Nomen & definitio Scripturæ sacræ.

NOmine Scripturæ sacræ intelligitur collectio librorum ab Autoribus sacris, afflante Spiritu sancto, scriptorum.

Variis nominibus designatur sacra illa collectio.

Dicitur *Scriptura* vel *Scriptura* simpliciter & sine addito, per excellentiam, ut ajunt, propter eximiam qua quidem supra cæteras scriptiones eminet dignitatem; Scriptura quidem, ut loquitur Apostolus 2. ad Timoth. c. 3. his verbis, *omnis Scriptura divinitus inspirata*. Ubi nomine Scripturæ intelligit Apostolus singulos veteris & novi Testamenti libros. Et Scripturæ, ut ait ipse Christus Joan. 5. *Scrutamini Scripturas*.

Dicitur *Testamentum*, qua voce non intelligitur suprema morientis voluntas, sed fœdus Dei cum Ecclesia initum, ut observat S. Hieronymus Comment. in c. 2. Malachiæ. *Notandum*, inquit, *quod in plerisque Scripturarum locis, Testamentum non voluntatem defunctorum sonat, sed pactum viventium*.

Biblia & *Biblia sancta*, id est Libri sancti, quia sunt a Deo qui sanctitas ipsa est, & in nobis sanctitatem gignere & fovere possunt.

Canon, & propterea *Libri Canonici* & *Canonica Scriptura*. Scilicet Canon quandoque significat regulam, quod quidem etiam dici posset de Scriptura sacra, seu doctrina in Scripturis tradita, ad cujus

* *Comm. in Epist. ad Rom. in Epitome.*

cujus normam formari debent fides & mores nostri Canon tamen, ut puto, hic significat sacrorum Librorum catalogum; unde Libri Canonici dicuntur ii omnes qui reponi debent in Catalogo Librorum sacrorum.

Eadem collectio dicitur etiam Scriptura Catholica, hoc est, digna ab omnibus visa quæ ponatur in Catalogo: unde Epistolæ Jacobi, Petri, Joannis & Judæ dictæ sunt peculiariter Catholicæ, ut ostenderetur nonnullos de earum autoritate immerito dubitasse; atque adeo eas cum reliquis canonicis consentire.

Denique sunt & alia quamplurima vocabula, quibus donatur plerumque Scriptura sacra, nimirum sermo Dei, verbum Dei, doctrina fidei, sacræ litteræ, doctrina sacra, testimonium Domini, & alia id genus.

Ex quibus sequitur Scripturam sacram merito definiri collectionem librorum ab Autoribus sacris, afflante Spiritu sancto, scriptorum, cujus definitionis veritas maxime elucescet ex resolutione quæstionum, quæ mox proponendæ sunt.

Quinam sint Libri canonici habemus ex Concilio Tridentino, quod illos nominatim ac distincte recensuit sessione quinta his verbis: *Sacrorum librorum indicem huic decreto adscribendum censuit sacrosancta Synodus, ne cui dubitatio suboriri possit quinam sint qui ab ipsa Synodo suscipiuntur. Sunt vero infra scripti Testamenti veteris, quinque Moysis, id est, Genesis, Exodus, Leviticus, Numeri, Deuteronomium, Josue, Judicum, Ruth, quatuor Regum, duo Paralipomenon, Esdræ primus & secundus qui dicitur Nehemias, Tobias, Judith, Esther, Job, Psalterium Davidicum 150 Psalmorum, Parabolæ, Ecclesiastes, Canticum Canticorum, Sapientia, Ecclesiasticus, Isayas, Jeremias cum Baruch, Ezechiel, Daniel; duodecim Prophetæ minores, id est, Osea, Joel, Amos, Abdias, Jonas, Michæas, Nahum, Habacuc, Sophonias, Aggæus, Zacharias, Malachias; duo Machabæorum, primus & secundus. Testamenti novi quatuor Evangelia, secundum Matthæum, Marcum, Lucam & Joannem; Actus Apostolorum a Luca Evangelista conscripti, quatuordecim Epistolæ Pauli Apostoli ad Romanos, duæ ad Corinthios, ad Galatas, ad Ephesios, ad Philippenses, ad Colossenses, duæ ad Thessalonicenses, duæ ad Timotheum, ad Titum, ad Philemonem, ad Hebræos, Petri Apostoli duæ, Joannis Apostoli tres, Jacobi Apostoli una, Judæ Apostoli una, & Apocalypsis Joannis Apostoli. Si quis autem libros ipsos integros cum omnibus suis partibus, prout in Ecclesia Catholica legi consueverunt, & in veteri Vulgata Latina Editione habentur, pro sacris & canonicis non susceperit ... anathema sit.*

Atque eo magis huic Synodi Tridentinæ definitioni adhærendum est, quod non est alia regula per quam secernantur Libri Canonici a non Canonicis, quam Ecclesiæ definitio: quod utique constat.

Primo, quia generatim loquendo solius est Ecclesiæ universalis controversias circa fidem emergentes dirimere: sed controversiæ quæ de numero & delectu Librorum canonicorum emergunt, maxime pertinent ad fidem, ex hoc enim pendent pene omnes aliæ quæstiones: igitur.

Secundo, vel istius controversiæ judex censetur Ecclesia, vel Scriptura ipsa, vel privatum cujusque judicium: atqui istud nec cadere potest in ipsam Scripturam sacram, nec in privatorum judicium; in ipsam quidem Scripturam, tum quia (generatim loquendo) judex debet esse vivus non mortuus, ut litigantium rationes audire possit; tum quia agitur de ipsa Librorum canonicorum, quos plerique hæretici e medio tollunt, autoritate comprobanda: quo fit ut judicium de Scripturis per Scripturas ipsas nullo pacto idoneum esse possit. Neque etiam istud cadere potest in privatorum sententiam;

pro-

pro sua enim factione quisque definiret, quæ sibi faverent, eaque a Deo assereret esse revelata. Quocirca superest ut dicatur solam Ecclesiam habere potestatem discernendi verbum Dei a verbis hominum, Libros canonicos a non canonicis.

Tertio, quia non aliam tenuerunt regulam sancti Patres, ut quosdam libros in sacrorum numerum reciperent, vel ex eodem rejicerent, ut inter alios aperte docet sanctus Augustinus lib. contra epistolam Manichæi cap. 5. ubi illa est omnium sermone trita sententia, *Evangelio non crederem, nisi me Catholicæ Ecclesiæ commoveret autoritas.*

Hinc sequitur eum pro hæretico esse habendum, qui aliquem e libris, quos esse canonicos definiit Concilium Tridentinum, vere canonicum esse negaret. Et e contra, cum ætate sancti Hieronymi non constaret Apocalypsim esse canonicam, de illius autoritate potuisse aliquem dubitare absque fidei dispendio.

Hinc etiam colligitur e libris relatis in Canone quem texuit Synodus Tridentina, quosdam esse qui in Judæorum Canone non reperiuntur, ut historia Tobiæ & Judith, Salomonis Sapientia, Ecclesiasticus, Prophetia Baruch, & Libri duo Machabæorum; qui tamen singuli vere sunt canonici, quia ab Ecclesia recepti fuere. Et e contra alios esse, qui a nonnullis viris doctissimis laudati fuerunt quasi canonici, quales sunt Oratio Manasse, quæ est appendix libri secundi Paralipomenon, liber tertius & quartus Esdræ, tertius & quartus Machabæorum, appendix libri Job, Psalmus 151. libri Ecclesiastici additamentum, præfatiuncula lamentationum Jeremiæ: qui quidem libri non sunt canonici, quia ab Ecclesia nunquam recepti fuere.

Hinc demum audiendi non sunt qui nulla Librorum sacrorum additamenta, qualia sunt v. g. sex postrema libri Esther capita, non reponunt inter Libros canonicos; siquidem ejusmodi additamenta spectabat Synodus Tridentina his verbis præfati decreti, *libros integros cum omnibus suis partibus, prout in Ecclesia Catholica legi consueverunt.*

Quæres 2. utrum ille numerus Librorum canonicorum fuerit jam ab Ecclesia definitus ante Concilii Tridentini tempora.

Respondeo affirmative. Scilicet in Concilio Carthaginensi III. quod habitum est anno 397. iidem omnes & soli libri qui continentur in Canone Synodi Tridentinæ, leguntur Canone 47. Initio quinti seculi Innocentius I. eosdem agnoscit Libros canonicos Epist. 111. quæ est ad Exuperium Tolosanum. Anno 494. Gelasius summus Pontifex Romæ Concilium congregavit ex 70. Episcopis, ubi iidem recensentur Libri canonici, præter Librum secundum Esdræ: verum in illo Catalogo mendum irrepsisse, ex eo maxime liquet, quod de illius libri autoritate nemo unquam dubitaverit. Demum Eugenius IV. in Instructione ad Armenos, quæ est ad calcem Concilii Florentini, præfatos libros declarat canonicos.

Ex quibus sequitur laudatum Scripturæ Canonem a Patribus Tridentinis non fuisse primo conditum.

Quæres 3. an præter illos libros qui nunc in Ecclesia habentur ut canonici, alii fuerint libri Scripturæ.

Respondeo multos fuisse conscriptos qui citantur in aliis libris, & deinde amissi sunt. Scilicet citatur Num. c. 21. *Liber bellorum Domini*. Josue cap. 10. *Liber justorum*. Lib. 3. Regum c. 11. *Liber rerum gestarum Salomonis*, & alii ejusmodi, qui temporum injuria periere.

Quæres 4. utrum illi libri qui amissi sunt, divini fuerint & canonici apud Judæos.

Respondeo varias & oppositas esse super ea re Doctorum sententias. Sunt enim

enim qui volunt quosdam ex libris amissis fuisse canonicos, alios vero non fuisse canonicos. Dicunt alii hos omnes nullo excepto fuisse canonicos. Denique docet S. Augustinus lib. 18. de Civitate Dei cap. 38. nullos fuisse canonicos.

Quæres 3. quo argumento probari possit libros qui habentur canonici, fuisse revera conscriptos ab iis quibus tribuuntur.

Utrum Scriptura sacra divinitus fuerit inspirata.

SCripturam sacram fuisse vere a Deo inspiratam & quoad vetus & quoad novum Testamentum, aperte legitur tum in ipsis Scripturis, tum apud SS. Patres.

Primo, quod spectat Scripturas veteris Testamenti, hoc habemus ex ipso Christi & Apostolorum testimonio. Lucæ c. 1. *Sicut locutus est per os sanctorum qui a sæculo sunt Prophetarum ejus.* Cap. 4. *Hodie impleta est hæc Scriptura in auribus vestris.* Et 24. *Incipiens Christus, a Moyse & omnibus Prophetis, interpretabatur illis in omnibus Scripturis quæ de ipso erant.*

Joan. cap. 5. *Scrutamini Scripturas, quia vos putatis in ipsis vitam æternam habere, & illæ sunt quæ testimonium perhibent de me.* Actorum c. 1. *Oportet impleri Scripturam quam prædixit Spiritus sanctus per os David de Juda.....* *Omnes Prophetæ a Samuel & deinceps qui locuti sunt, annuntiaverunt dies istos.* Ad Heb. cap. 1. *Multifariam multisque modis olim Deus loquens Patribus in Prophetis.* Ubi Christus & Apostoli testantur Scripturas veteris Testamenti fuisse a Deo inspiratas, idque persuasum fuisse ipsis Judæis.

Secundo, id constat de Scriptis novi Testamenti ex hoc celeberrimo S. Pauli testimonio in Epistolam 2. ad Timoth. *Ab infantia sacras Litteras nosti, quæ te possunt instruere ad salutem per fidem quæ est in Christo Jesu. Omnis Scriptura divinitus inspirata utilis est ad docendum, ad arguendum, ad corripiendum, ad erudiendum in justitia.* Porro si qua est Scriptura divinitus inspirata, id maxime competit iis quæ scripta sunt ab Evangelistis & Christi Apostolis.

Scilicet Christus ipsis promiserat futurum ut eos doceret omnem veritatem & inspiraret. Joan. 14. *Spiritus Paracletus quem mittam vobis a Patre, ille docebit vos omnem veritatem.* Marci 13. *Nolite præcogitare quid loquamini, sed quod vobis datum fuerit, in illa hora id loquimini: non enim vos estis loquentes, sed Spiritus sanctus.*

Probatur deinde ex sanctis Patribus.

Clemens Romanus Epistola ad Corinthios n. 8. sic loquitur: *Divinæ gratiæ ministri per Spiritum sanctum de pœnitentia locuti sunt.* Et num 45. *Scripturas diligenter inspicite, quæ Spiritus sancti vera sunt oracula.*

S. Justinus in Apolog. 2. *Quod vaticinantes*, inquit, *non alia quam divino verbo afflati agantur, vos quoque dicturos esse reor.*

S. Irenæus lib. 2. adversus hæreses c. 47. *Credere autem*, inquit, *hæc talia debemus Deo qui & nos fecit rectissime scientes, quia Scripturæ quidem perfectæ sunt, quippe a Verbo Dei & Spiritu dictæ.*

Clemens Alexandrinus in admonitione ad gentes appellat Scripturas, tum quia sacros faciunt homines; tum quia, ut ait Apostolus, divinitus sunt inspiratæ.

Tertullianus lib. 1. de cultu fœminarum cap. 3. *Legimus omnem Scripturam ædificationi habilem divinitus inspirari.*

Origenes idem docet lib. 4. Periarchon cap. 1. cui titulum præfixit, quod Scripturæ divinitus inspiratæ sunt.

Ita demum cæteri Patres, tum Græci tum Latini, S. Athanasius libro ad Marcellinum, S. Cyrillus Jerosolymitanus catech. 4. de sacra scriptura, S. Basilius proœmio in Psalm. S. Greg. Niss. orat. 6. contra Eunom., S. Greg. Nazianz. contra Julianum orat. 3. S. Epiph. hæresi 48. S. Chrysost. hom. 37. in c. 15. Geneseos. S. Ambros. Epist. ad Justum; S. August. lib. 11. de Civit. cap. 2. & lib. 18. cap. 38. S. Cyrillus Alexand. in Isayam lib. 3. S. Gregor. Magnus præfat. in exposit. libri Job. S. Damascenus lib. 4. cap. 18. S. Anselmus tract. de Concordia gratiæ & liberi arbitrii; & alii passim quorum testimonia hic referre nostri profecto instituti non est, ea designasse sat erit.

Et vero non minus in suis scriptis afflati fuere Spiritu sancto Apostoli, quam in sermonibus & concionibus: atqui quando docebant Apostoli & concionabantur, Spiritu sancto erant afflati, ut testatur ipse Christus Dominus Matthæi 2. his verbis: *Non enim vos estis qui loquimini, sed Spiritus Patris vestri qui loquitur in vobis*. Ergo.

Objicies: Si autores librorum canonicorum afflante Spiritu sancto scripsissent, eadem esset in singulis libris dictio, idem foret stilus, in iis nulli occurrerent solœcismi, nihil non emendatum & perpolitum: atqui in singulis libris non est eadem dictio, eadem phrasis, non idem stilus; occurrunt in iis solœcismi, menda plurima & ineleganter scripta: ergo afflante Spiritu sancto non scripserunt sacri Autores.

Respondeo ad summum ex isto ratiocinio colligi posse, libros canonicos non esse a Deo assistante & inspirante quoad verba singula, quoad voces ipsas quibus contexti sunt; quod quidem ultro fatemur, ut mox dicturi sumus.

Objicies: Adeo certum est Evangelistas & Apostolos non accepisse ex revelatione aut afflatu Dei quæ litteris mandarunt, ut summæ ipsis curæ fuerit verba sua & historias ex argumentis mere humanis, puta ex testimonio sensuum confirmare, nunquam vero ex inspiratione Dei; ita v. g. sanctus Lucas non dixit, Factum est ad Lucam verbum Domini, ut solent dicere Prophetæ, verum [illegible] loquitur: *Quoniam quidem multi [illegible] ordinare narrationem quæ in nobis completæ sunt rerum*. Et S. Petrus Act. 10. Christum annuntians in Judæa: *Nos*, inquit, *testes sumus omnium quæ fecit in regione Judæorum*. Et S. Joannes 1. Epist. cap. 1. *quod audivimus, quod vidimus oculis nostris, quod perspeximus, & manus nostræ contrectaverunt.... annuntiamus vobis*. Igitur.

Respondeo id unum colligi posse ex his Scripturæ testimoniis, Apostolos præter autoritatem divinam quæ suis narrationibus competebat, aliam insuper conciliasse humanam, ex certissimis testimoniis petitam; quod certe non impedit quominus divino Spiritu fuerint afflati, cum scribebant: una quippe certitudo non destruit aliam: immo utramque conjungi posse aperte indicat Christus Dominus his verbis Joann. 15. *Cum autem venerit Paracletus, quem ego mittam vobis a Patre, Spiritum veritatis, qui a Patre procedit, ille testimonium perhibebit de me, & vos testimonium perhibebitis, quia ab initio mecum estis*. Ex quibus sequitur Apostolos testimonium perhibere de Christo, quia Spiritus veritatis in iis loquitur, & quia ipsi viderunt Christum ejusque miracula.

Objicies: Multa sunt in Scripturis quæ Deo indigna videntur, qualia sunt multa atrocissima convicia & imprecationes quæ nonnisi ab animo furoris & vindictæ pleno manare potuerunt; sic v. g. S. Paulus Act. 23. cum jussu Principis Sacerdotum percuteretur, hunc contumeliose vocavit parietem dealbatum, grande sane convicium, quod a spiritu Dei qui benignus est in omnibus, vehementer alienum est: igitur.

Respondeo 1. in illis divi Pauli verbis nihil esse Deo indignum, qui nempe summi Pontificis injustitiam redarguere potuit citra ullam criminis speciem, sed potius ex æquitatis zelo & amore. Lege S. Chrysost. homil. 48. in Acta Apost.

Respondeo 2. etiamsi quidquam hac in occasione peccasset S. Paulus, hinc nihil adversus nostram sententiam de inspiratione Scripturarum inferri; neque enim

Deidicimus eos omnes qui agunt vel loquuntur in Historiis sacris, divino actos Spiritu, legimus interdum malefacta, odia, vindictas, imprecationes, mendacia & alia id genus; quæ certe non contendimus a Deo fuisse inspirata, sed dicimus eum Scriptorem, qui talia commemorat, divino afflatum Spiritu, unde hic S. Paulus non loquitur ut Scriptor sacer, recte vero S. Lucas qui verba & actionem Pauli denarrat.

Objicies: Extant multa in Scripturis sacris quæ Deo indigna sunt, adeoque ab eo nusquam inspirata; hæc omnia hic referre longius esset, unum ex quolibet exemplum proferetur. 1. Extant errores; Matthæus v. g. cap. 27. Jeremiam appellat pro Zacharia, ut observant S. Hieronymus in Epist. ad Pammachium de optimo genere interpretandi, & S. Augustinus libro 3. de consensu Evangelistarum cap. 7. 2. Extant contradictiones manifestæ, nam v. g. S. Marcus cap. 15. ait Christum fuisse cruci affixum hora tertia, & sanctus Joannes cap. 19. scribit jam fuisse horam quasi sextam. 3. Multa leguntur incerta, Lucæ cap. 1. *Mansit autem Maria cum illa quasi mensibus tribus*; ubi loquitur Lucas cum dubitatione. 4. Et habentur res plane inutiles quæ ad religionem nullo modo pertinent, ut quod legitur v. g. Tobiæ cap. 11. *Præcucurrit canis qui simul fuerat in via, & quasi nuntius adveniens blandimento sua caudæ gaudebat*. Igitur Dei inspirationi tribui non debent Scripturæ.

Nego propositionem, & respondeo his quatuor capitibus quæ objiciuntur.

Ad primum quidem dico, tam certo constare Scripturas fuisse a Deo inspiratas, ac proinde nulli errori obnoxias, ut si quid minus accuratum irrepsisse videretur, satius esset confiteri, vel hunc locum non satis intelligi, vel textum in illa parte mendosum esse. Quapropter in primo exemplo quod objicitur, dicendum cum sancto Augustino ea nomina Jeremiæ ac Zachariæ; jubente Deo, sibi invicem substitui potuisse, quia nimirum omnes Prophetæ eodem spiritu locuti sunt.

Ad secundum dico, veras non esse contradictiones in iis quæ referuntur ab Autoribus sacris, quanquam difficile sit plerumque ejusmodi contradictiones apparentes conciliare, aut propter nominum diversitatem & ambiguitatem, aut ex alia quadam causa. Unde in exemplo quod objicitur, dico veram non occurrere contradictionem inter Marcum & Joannem. Scilicet Christus Dominus cruci fuit affixus eo temporis spatio quod est inter finem horæ tertiæ, quod idem sextæ initium erat, & finem sextæ quod erat initium nonæ; sanctus autem Joannes ex fine spatium illud appellans, dixit Christum fuisse crucifixum hora sexta: Marcus vero ex initio spatium temporis appellans, dixit Christum fuisse cruci affixum hora tertia. Erat quippe in more positum apud Hebræos, ut diem distribuerent in quatuor partes, quarum singulæ tribus constabant horis, & insuper ut horæ sequentes ex præcedentibus nomen acciperent.

Ad tertium respondeo, ejusmodi particulam *quasi*, quæ non semel legitur apud Autores sacros, certum non esse dubitationis argumentum, quia idem prorsus significat ac *circiter*; unde quando similiter legitur Joann. 10. *discubuerunt ergo viri numero quasi quinque millia*: idem est ac si diceretur, circiter quinque millia.

Ad quartum denique dico, multa quidem contineri in sacris Scripturis, quæ aliis utiliora sunt in ordine ad Fidem Christianam & hominum salutem; sed contendo alia, quæ levioris forsitan momenti sunt, non esse omnino inutilia; possunt enim nonnihil conferre ad integritatem narrationis, eamque simplicitatem quæ ipsi majorem fidem conciliat.

Objicies: Multa leguntur in Scripturis, quæ quotidie negantur vera sine fidei dispendio, quæque magis scripta sunt juxta vulgares opiniones, quam secundum rei veritatem: sic v. g. dicitur solem vere stetisse, terram stare immobilem; sol & luna dicuntur luminaria magna, tametsi sint stellis fixis minora, & alia id genus: igitur Scripturæ sacræ doctrina non fuit divinitus inspirata.

Respondeo inspirationi divinæ Scripturarum non officere, quod multa ibi legantur, quæ inter Philosophos controvertuntur, & fide etiam illæsa a multis revocantur in dubium. Et ratio est, quia licet peculiariter afflaret Spiritus sanctus, sinebat tamen ut scriberent Autores sacri humano more & vulgi opinionibus consentaneo, neque enim Deus, ut aiunt SS. Patres & Interpretes, voluit informari Philosophos & Mathematicos, sed Christianos.

Objicies: Si divinitus inspirati fuere Scriptores sacri, nullam experiri debuerunt in scribendo laborem, nullam difficultatem, nullum adhibere conatum, nullus fuit propriæ industriæ locus: atqui tamen Scriptores sacri testantur se multum laborasse in scribendis libris, sic enim v. g. loquitur Autor libri secundi Machabæorum cap. 2. *Et nobis*, inquit, *ipsis, qui hoc opus breviandi causa suscepimus, non facilem laborem, immo vero negotium plenum vigiliarum & sudoris assumpsimus*. Igitur.

Nego major. quia nempe in iis quæ fiunt ab homine, Deo singulariter operante vel afflante, locum semper habet proprius labor & industria, quemadmodum docent Theologi manere liberum hominis arbitrium, ut veram agendi facultatem quæ in opere bono partes habet suas, tametsi determinetur voluntas per gratiam Dei.

Quæres utrum eo sensu inspirati dicantur libri sacri, quod Deus singula verba suggesserit.

Respondeo negative; idque constat,

Primo, quia ex testimoniis quæ tum ex Scriptura ipsa, tum ex SS. Patribus adducta sunt, colligitur solummodo doctrinam & sententias Librorum canonicorum esse a Deo inspiratas, ut suam servent auctoritatem & infallibilitatem, necesse non est ut singula verba suggesserit Spiritus sanctus, diversis enim vocibus eadem exprimitur doctrina.

Secundo, quia Scriptura sacra non minus censetur esse Verbum Dei in singulis versionibus Græcis, Latinis, Gallicis, alteriusque idiomatis quam in textu primigenio quo exarata est: atqui si sacra Scriptura esset a Deo afflante & suggerente ipsa verba, profecto versiones non censerentur esse Verbum Dei, quippe quæ non essent a Deo quoad voces: ergo.

Tertio, quia in illis libris diversus est stilus, in quibusdam elegans est dictio & phrasis, in aliis imperitus sermo, ut de Amos Propheta observavit sanctus Hieronymus. *Amos Propheta*, inquit, *fuit imperitus sermone, sed non scientia*. Unde etiam sanctus Augustinus libro 2. de consensu Evangelistarum, docet in lectione Scripturarum nihil aliud esse inquirendum, quam sententiam loquentis, ne, inquit, *miseri aucupes vocum apicibus quodammodo litterarum putemus ligandam esse veritatem*.

Quarto denique, quia non iisdem verbis eadem referuntur ab Autoribus sacris, nam v. g. Christi sententias & gesta diverso plane modo enarrant Evangelistæ, ex quibus perspicuum fit res & sententias esse a Deo inspirante, non autem verba & voces.

Nec est quod objiciantur hæc Christi verba, quæ leguntur Matthæi 5. *Amen dico vobis, donec transeat cœlum & terra, iota unum, aut unus apex non præteribit a lege, donec omnia fiant*. Siquidem inculcat solummodo Christus, singula Dei mandata ad ultimum usque esse observanda, unde ait versiculo sequenti, *qui ergo solverit unum de mandatis istis minimis, minimus vocabitur in regno cœlorum*.

Quæres utrum singula quæ continentur in Scripturis sacris, hoc est, non modo dogmata, Prophetiæ & præcepta moralia, sed etiam facta historica, veritates philosophicæ & geographicæ, aliaque id genus, Spiritu sancto afflante scripta sint

Re-

Respondeo affirmative: siquidem id evincunt manifeste, & ipsius Scripturæ & sanctorum Patrum testimonia superius a nobis adducta; liquet enim ex iis Scripturam sacram esse divinam, esse a Deo divinitus inspiratam, esse verbum Dei: atqui hæc falsa essent, si nempe Scriptura esset tantum a Deo, qua parte continet præcepta & leges; major enim pars in factis historicis & genealogiis describendis insumitur: ergo afflatu Dei scripta censeri debent ea omnia quæ continentur in Scripturis.

Adde quod, ut ait Melchior Canus, fluctuaret passim & legentium & audientium fides, dum ignorarent, quonam Spiritum hominis an Dei, una qualibet Chronicorum Sanctorum particula scripta fuisset: deinde quam facile erit cuique res vel graves, vel leves, pro suo arbitratu ingenioque æstimare, nemo non videt.

Quomodo facta fuerit inspiratio Scripturarum.

NOTANDUM 1. tribus modis intelligi Scripturas fuisse inspiratas, nempe per revelationem, per afflatum, & per assistentiam. Scilicet quamtumvis fateantur omnes Catholici Scripturas sacras a Deo fuisse inspiratas, istud tamen explicant alii de revelatione, alii de assistentia, alii denique de afflatu.

Jam vero revelatio divina, est rei alicujus ignotæ divinitus facta manifestatio, quo sensu Christus ipse dicitur, cum in terris degeret, omnia fidei nostræ dogmata Apostolis revelasse, ita ut nulla deinceps facta fuerit revelatio.

Afflatus divinus, est actio quædam extraordinaria Dei, qua concipitur aliquem ad certas veritates scribendas in tempore præsenti determinare, quo sensu Scripturas esse divinas mox dicturi sumus.

Assistentia denique consistit in peculiari præsidio, quo fit ut, licet Deus doctrinam aliquam Scriptoribus non suggerat, non sinit tamen, ut aliquem errorem admittant; quo sensu in definitionibus Conciliorum generalium Deum assistentem agnoscimus. Quibus annotatis,

Respondeo 1. Scripturas sacras non fuisse quoad omnes suas partes a Deo revelatas, scilicet ut scite observat Melchior Canus lib. 2. cap. 18. *Quæ sacri Autores scripsere, hæc in duplici sunt differentia: quædam quæ supernaturali solum revelatione cognoscebant... alia vero naturali cognitione tenebant, quæ scilicet aut oculis viderant, aut manibus etiam attrectaverant: atque hæc quidem supernaturali lumine & expressa revelatione ut scriberentur non egebant.*

Et ratio est, quia, quemadmodum Deus non deficit in necessariis, ita non redundat in superfluis: atqui ad ea scribenda quæ naturali lumine nota erant, ut præcepta moralia quæ sunt juris naturalis; vel quæ Scriptores sacri viderant & manibus attrectaverant, profecto expressa revelatione Dei non indiguerunt. An v. g. peculiari & expressa revelatione indiguit Moses, ut exitum populi de Ægypto, maris rubri transitum, & alia quæ ipse ediderat miracula, describeret? an revelatione opus fuit sancto Paulo, ut scriberet 2. ad Timoth. cap. 4. *Penulam, quam reliqui Troade apud Carpum, veniens affer tecum?* & alia hujusmodi, quæ passim apud sacros Autores leguntur; ergo non videtur admittenda revelatio omnium & singularum rerum quæ in libris canonicis continentur.

Quamobrem ipsi Autores sacri alia se via quam per revelationem nonnulla cognovisse, non semel indicant. Testatur S. Lucas initio Evangelii se accepisse ex oculatis testibus quæ scripturus erat: *Sicut tradiderunt nobis qui ab initio ipsi viderunt, & ministri fuerunt sermonis.* S. Joannes ait se scribere quod vidit propriis oculis, cap. 19. *Et qui vidit testimonium perhibuit.* Et cap. 1. Epist. 1. *Quod audivimus,* inquit, *quod vidimus oculis nostris, quod perspeximus, & manus nostræ contrectaverunt ... annuntiamus vobis.*

Respon-

Respondeo 2. satis non esse ad Scripturas sacras, quod dicantur esse a Deo assistente. Ratio est, quia admitti debet a Catholicis Scripturam sacram esse verbum Dei: atqui præsupposita solummodo assistentia Dei, absque ulla revelatione & sine ullo afflatu Spiritus sancti, jam Scriptura dici non poterit verbum Dei; ejusmodi enim assistentia Deus in sententias, aut verba librorum canonicorum nihil quidquam influit; unde cum illa assistentia, quæ merum est ex parte Dei præsidium, ne in scriptis obrepat error, verba scriptoris sunt verba hominum, non verbum Dei, quemadmodum definitiones Conciliorum generalium aliunde non revelatæ, verba sunt humana non divina, tametsi peculiari Dei assistentia roborentur Patres Conciliorum, quo fit ut eorum sanctiones sint infallibiles: ergo ad Scripturæ sacræ autoritatem non sufficit assistentia.

Quocirca reliquum est ut dicamus admittendam esse veram & proprie dictam inspirationem, quæ sit verus Spiritus sancti loquentis & dictantis afflatus; nam ut ait Melchior Canus loco jam citato, *Ille, Christus, ait, vos docebit omnia, & suggeret vobis quæcumque dixero vobis; alias etiam oblita suggeret ... non supernaturalia modo, sed & naturalia suggeret ... Atque Apostolus; Nos, ait, non spiritum hujus mundi accepimus, sed spiritum qui ex Deo est, ut sciamus quæ a Deo donata sunt nobis, quæ & loquimur ... Nihil ergo Autores sacri tacitis oratis scribebant, sed scribentium calamum Spiritus ipse attemperabat ... Spiritu igitur sancto inspirati, quæcumque Scripturæ partes scripsere sancti Dei homines.*

At, inquies, ergo saltem non est admittenda inspiratio eorum omnium, quæ humana scientia noverant Autores sacri, quæ vel oculis viderant vel manibus attrectaverant; quemadmodum ad ista, ut diximus, necessaria non fuit revelatio.

Nego paritatem: ratio est, quia licet ad Scripturæ ejusdem veritatem & certitudinem satis esset, ut illa vel sensibus, vel ratione comperta esset Autoribus sacris; non sufficiebat tamen ad autoritatem & dignitatem Verbi divini, quia Verbum est divinum, quocirca opus fuit saltem inspiratione, seu afflatu divino.

Hinc videas quam impius eorum sit error, qui in levibus saltem lapsos fuisse Autores sacros ausi sunt affirmare: nam, ut ait Augustinus, si in sacro quovis libro una quælibet falsitas reperitur, totius libri certitudo interit. Præterea si in subitis concionibus Spiritus sanctus Apostolorum linguas attemperabat, quid in scriptis quæ futura erant æterna? Et si novi Testamenti idonei administri Apostoli & Evangelistæ facti sunt, illorum profecto sufficientia non ex illis, sed ex Deo est, illorum proinde error Dei est, non illorum.

Divisio Librorum Canonicorum.

SCRIPTURA dividitur primum in vetus & novum Testamentum. Vetus continet quinque & quadraginta libros, & novum viginti, septem juxta præfatam recensionem Patrum Tridentinorum.

Licet autem hi libri omnes ex æquo habeantur Canonici, & apud nos ejusdem sint autoritatis, vulgo tamen dividuntur in protocanonicos & deuterocanonicos.

Protocanonici dicuntur illi, quorum autoritas certa semper fuit & indubitata apud omnes Catholicos.

Deuterocanonici dicuntur illi de quorum autoritate dubitarunt nonnulli Catholici, nec nisi progressu temporis agniti sunt canonici in universa Ecclesia; quales sunt ex veteri Testamento libri Tobiæ, Judith, Esther, Sapientiæ, Ecclesiasticus, Baruch, Davidis pars, Machabæorum primus & secundus; & ex novo Testamento partes quædam Evangeliorum, videlicet caput ultimum Evangelii secundum Marcum, id quod dicitur de Christo apud S. Lucam cap. 18. *Quod videns civitatem flevit super illam*; & cap. 22. quæ pertinent ad historiam de sanguineo Christi sudore. Item historia mulieris adulteræ quæ legitur

tur initio capitis octavi in Evangelio secundum Joannem ; item Epistola Jacobi, secunda Petri, secunda & tertia Joannis, Epistola Judæ, Apocalypsis sancti Joannis.

Rursus Libri canonici dividuntur in legales, historicos, sapientiales seu morales & propheticos: quæ quidem divisio locum habet in libris utriusque Testamenti.

In veteri quidem Testamento libri legales quinque numerantur, nimirum Genesis, Exodus, Leviticus, Numerus & Deuteronomium.

Historici numerantur septemdecim, videlicet liber Josue, Judicum, Ruth, quatuor Regum, duo Paralipomenon, duo Esdræ, Tobias, Judith, Ester, Job, & duo Machabæorum.

Sapientiales sunt sex, nempe Psalterium, Proverbia, Ecclesiastes, Cantica Canticorum, Sapientia, Ecclesiasticus.

Prophetici sunt sexdecim, scilicet quatuor Prophetæ majores, & duodecim minores.

In novo autem Testamento libri legales quatuor sunt, nempe quatuor Evangelia. Historici, sunt Actus Apostolorum. Sapientiales, quatuordecim Epistolæ S. Pauli & aliorum Apostolorum canonicæ septem. Liber Propheticus unus solum designatur, nempe Apocalypsis in qua describitur futurus Ecclesiæ status.

Quæres 1. quis fuerit Judæorum canon, quotve libri in eo contineantur.

Resp. in veteri Judæorum canone contineri libros omnes antiqui Testamenti supra laudatos, præter libros Tobiæ, Judith, Ester, Sapientiæ, Ecclesiastici & duos priores Machabæorum. Hi vero libri non fuerunt in Hebræum canonem admissi, quia non alius videtur hujus canonis autor quam Esdras Synagogæ scriba, qui post captivitatem Babylonic. omnes Scripturæ sacræ libros in unum veluti corpus redegit; unde, cum temporibus Esdræ nondum scripti fuissent præfati libri, mirum nequaquam est, si in canone non fuerint recensiti.

Quæres 2. quo tandem pacto fieri potuerit, ut isti libri qui non reperiuntur in canone Judæorum, habeantur tamen apud nos ut canonici, ejusdemque sint in Ecclesia autoritatis, atque alii libri qui dicuntur protocanonici.

Ratio dubitandi est, quia ejusmodi libros esse canonicos & divinos non constat, neque ex ipsis Scripturis, neque ex antiqua traditione, quin potius huic doctrinæ manifeste adversatur traditio Judæorum, qui hos libros e suo canone semper expunxerunt; qua in re etiam nulla accessit nova revelatio, per quam innotesceret admittendos esse tanquam inspiratos & canonicos.

Respondeo potuisse Ecclesiam citra quamlibet revelationem, sed præhabito diligenti examine, præhabita matura disquisitione canonicos ac divinos declarare aliquos libros, quamquam ab omnibus ac singulis antea Ecclesiis canonici non haberentur; cum præsertim sermo habeatur de libris quos certe constat esse Judæorum, in quibus nullus est error, quos tanquam divinos citarunt plurimæ Ecclesiæ, quamplurimi SS. Patres, & qui demum multa continent Christianorum pietati fovendæ perutilia. Sed istæc omnia merito dici possunt de libris qui non reperiuntur in Canone Judæorum: igitur recte potuerunt Patres Tridentini hos libros inter canonicos & divinitus inspiratos annumerare.

De variis Scripturarum Editionibus.

PRÆCIPUÆ Scripturarum Linguæ & Editiones sunt Hebraica, Græca, Latina, & aliæ in vulgari idiomate editæ, de quibus sigillatim nunc dicendum.

De Textu Hebraico.

QUÆRITUR 1. num Lingua Hebraica primum scripti fuerint omnes Libri Canonici.

Respondeo omnes veteris Testamenti Libros hebraice primum fuisse scriptos, iis tamen exceptis, qui post Esdram græce scripti sunt: Libros autem novi Testamenti

menti græce primitus exaratos, si Evangelium S. Matthæi excipias, quod lingua Hebræa vel Syriaca scriptum fuit.

Quæres 2. utrum Textus Hebraicus, qualis nunc extat in Polyglottis nostris, sit authenticus.

Certum est 1. eatenus authenticum censeri textum Hebraicum, quatenus cum primigenio consentit, eumque certo repræsentat.

Certum est 2. a nemine nunc affirmari posse, quis ille textus, ex iis nempe qui leguntur in Polyglottis, primigenium repræsentet: eorumdem enim locorum variæ sunt lectiones in variis exemplaribus, quæ modo cum græca vel latina versione consentiunt, modo ab illis differunt.

Quamobrem respondeo textum Hebraicum esse authenticum in iis locis, in quibus cum versione græca LXX. Interpretum & Vulgata nostra consentit, qua in re criticæ regulis utendum est.

Quæres 3. utrum textus Hebraicus, qualis nunc extat, sit integer, vel a Judæis olim de industria fuerit corruptus.

Respondeo non fuisse a Judæis corruptum. Primo, quia summa cum veneratione semper libros sacros exceperunt Judæi, ut suos excipiunt Christiani. Secundo, quia innumera propemodum erant apud Judæos illorum librorum exemplaria; unde fieri non poterat, ut singuli simul eadem loca immutarent aut interpolarent. Tertio, quia nullibi scelus hoc ipsis exprobat Christus. Quarto, si post Christi tempora suos libros interpolassent Judæi, in odium scilicet Christianæ Religionis, ea certe præ cæteris sustulissent vaticinia, quæ Christum probant esse Messiam, quod tamen præstitum non est: ergo textus Hebraicus non fuit de industria corruptus a Judæis.

Quæres 4. utrum textus Hebraici auctor, vel solummodo restaurator sit Esdras. Ratio dubitandi est, quia nonnulli dicunt Scripturam sacram omnino periisse tempore captivitatis Babylonicæ, ac deinde reparatam fuisse ab Esdra singula penitus verba dictante. Nititur hæc sententia lib. 4. Esdræ cap. 14. ubi habetur Esdram divino Spiritu afflatum per quadraginta dies dictasse quinque viris multa volumina.

Respondeo, Esdram ad summum librorum sacrorum restauratorem fuisse, qui nempe libros tempore captivitatis dispersos collegit, ac in certo quodam ordine disposuit, sed eorumdem non fuisse auctorem singula dictando. Ratio est, quia ut Esdras librorum sacrorum vere auctor constituatur, supponi debet illos periisse in transmigratione: atqui falso supponeretur sacros libros periisse in captivitate Babylonica.

1. Quia non est verisimile Sacerdotes & Levitas summa cum cura non asservasse sacros codices, cum Babylonem abducti fuere.

2. Quia lib. 2. Esdræ cap. 2. Scriptura sacra dicitur Lex Mosis, non Esdræ: *Et dixerunt Esdræ Scribæ ut afferret librum legis Moysi quam præceperat Dominus Israeli*.

3. Quia probabile non est Danielem & Ezechielem, qui cum Rege Joachim Babylonem ducti fuerant captivi, sacros libros secum non asportasse, quin imo videtur illos habuisse Danielem tempore ipsius captivitatis; sic enim Deum ipse alloquitur cap. 9. *Omnis Israel prævaricati sunt legem tuam .... sicut scriptum est in Lege Moysi, Omne malum hoc venit super nos*.

4. Quia legitur cap. 6. Esdræ, post reditum in Jerusalem constitutos fuisse Sacerdotes & Levitas in vicibus suis, *sicut scriptum est in libro Moysi*, at nondum e captivitate redierat Esdras, ut patet ex capite sequenti: ergo non perierant omnia exemplaria hebraica tempore captivitatis; adeoque necesse non fuit ut ea iterum Scribis dictaret Esdras.

Porro liber quartus Esdræ, quo nititur altera sententia, nequidem innuit Scripturam sacram iterum ab Esdra dictatam fuisse; præterquamquod apocryphus est, & ab Ecclesia nunquam receptus iste liber.

De

De Versionibus Græcis.

VAriæ numerantur Græcæ Editiones antiqui Testamenti. Prima & omnium celeberrima est versio quæ dicitur Septuaginta Seniorum, quamquam credatur vulgo facta a duobus & septuaginta viris e Judæa in Ægyptum missis. Secunda facta est ab Aquila Pontico, anno Christi 128. Is fuit, ut ait S. Hieronymus, verborum Hebræorum interpres diligentissimus. Tertia facta est circa annum 200. a Symmacho gente Samaritano, & deinde ad Judæos converso, qui sensum e sensu, non verbum e verbo expressit, teste sancto Hieronymo. Quarta est Theodotionis circa eadem tempora degentis. Quinta versio græca, dicta est Jerichontina, eo quod sine ullo autoris nomine reperta in doliis quibusdam in urbe Jericho. Sexta dicebatur Nicopolitana, eo quod similiter reperta est absque nomine autoris in doliis apud Nicopolim. Deinde Origenes interpretationem Septuaginta Seniorum, Aquilæ, Theodotionis & Symmachi, in unum volumen redegit, distinctis quatuor columnis, ita ut omnes & singulæ eodem aspectu possent videri: hæc exemplaria dicta sunt quadrupla a quatuor columnis. Postea his addidit e regione textum Hebraicum, quem duobus columnis descripsit, in una Hebraicis caracteribus, in alia Græcis: hæc exemplaria dicta sunt hexapla, a sex columnis. His denique adjunxit versionem Jerichontinam & Nicopolitanam; quæ exemplaria dicta sunt Octapla: hoc opus ad nos non pervenit.

Quæres primo, quid sit sentiendum de versione Septuaginta Interpretum.

Respondeo primo, a multis Recentioribus spuriam haberi historiam illius versionis, qua scilicet narrant ab Eleazaro summo inter Judæos Sacerdote ad Ptolomæum Philadelphum Regem Ægypti, missos fuisse duos & septuaginta viros Hebræos senes, qui ex Hebræo idiomate in Græcum verterent sacros libros, quæ fabula, inquiunt, autorem habet Aristæum quemdam sub imperio Ptolomæi degentem; cui & aliud mendacium superstruxerunt alii, nempe singulos scriptores in singulis cellulis inclusos eadem penitus scriptitasse. Hanc porro historiam falsam omnino & suppositam esse probant.

Primo, quia manifeste patet illud opus non a Gentili, sed a Judæo quodam profectum; quæcumque enim leguntur in illa historia, Judæum & Judaicam Religionem professum sapiunt: hic nimirum Scriptor libros Mosis appellat ubique divinos, ejus leges sanctissimas: ibi Deum Judæorum ut unum Deum verum & universi orbis ducem prædicat ipse Ptolomæus, & alia id genus, quæ quidem ab Aristæo gentili profecta nemo dixerit.

Secundo, quia simili plane stilo scripta sunt acta omnia quæ adducuntur in præfata historia; Edictum scilicet & Epistola Regis Ptolomæi ad Eleazarum summum Sacerdotem, & ejusdem Eleazari ad Regem Epistola, quod aperte ostendit totum hoc ab eodem commentum fuisse.

Tertio, & meram fabulam esse, quod narratur de septuaginta cellulis; sola lectio, inquiunt, aperte monstrat qua ex causa ejusmodi cellulæ; nonne satius fuit, ut illi Scriptores simul conferentes invicem hanc interpretationem ederent? *Nescio*, inquit S. Hieronym. præfatione in Pentateuchum, *quis primus autor septuaginta cellulas Alexandriæ mendacio suo extruxerit, quibus divisi eadem scriptitarint, cum Aristæus ejusdem Ptolomæi ὑπερασπιστὴς, & multo post tempore Josephus nihil tale retulerint, sed una basilica congregatos contulisse scribant non prophetasse? aliud est enim Vatem, aliud esse Interpretem.*

Contra vero contendunt alii Theologi aperte falsam esse hanc sententiam Scaligeri & aliorum qui versionem LXX. Seniorum revera a LXX. Interpretibus fuisse adornatam negant; imo sunt qui dicant hanc opinionem esse temerariam, quod, inquiunt, constanti ac perpetuæ traditioni quam a Judæis accepit Ecclesia, mani-

manifeſte adverſatur. Scilicet hæc hiſtoria verſionis LXX. Interpretum legitur lib. 2. Machab. cap. 1. relata ab Ariſtobulo Judæo; ſcripta quoque fuit a Joſepho lib. 12. Antiq. cap. 2. a Philone lib. 2. de Vita Moſis; a S. Iren. lib. 3. cap. 25. a S. Juſtino Apolog. 2. a Clemente Alexandr. lib. 1. Stromatum, a Tertull. Apolog. cap. 18. ab Euſebio lib. 8. de Præparat. Evangel. a S. Auguſtino lib. 8. de Civit. Dei, cap. 31. & lib. 2. de Doctrina Chriſt. cap. 15.

Reſpondeo ſecundo, quicquid ſit de veritate illius hiſtoriæ, & antiquiſſimam & authenticam maxime fuiſſe iſtam verſionem, quæ ante Chriſti tempora facta fuerat, & ſub titulo Septuaginta Interpretum in lucem prodiit. Siquidem authentica dicitur illa verſio quæ publicam habet autoritatem, fidemque facit in controverſiis: atqui verſio LXX. Interpretum publicam habuit autoritatem in Synagoga Judæorum, ante Chriſti tempora; eam uſurparunt ipſe Chriſtus & Apoſtoli in ſuis ſcriptis, ac demum in Eccleſia uſu & autoritate Patrum conſecrata eſt: ergo non fuit authentica.

Quæres ſecundo, utrum eadem verſio Septuaginta Interpretum adhuc ſit authentica.

Duplex eſt ſuper ea re Theologorum ſententia.

Prima eſt eorum qui dicunt verſionem Septuaginta Interpretum etiam adhuc authenticam eſſe. Primo, quia divinam ipſi autoritatem tribuunt non modo Judæi, Joſephus & Philo, ſed & antiquiſſimi Patres, Juſtinus, Irenæus, Origenes & alii plerique. Secundo, quia Apoſtoli & Evangeliſtæ hac verſione uſi ſunt, quando laudarunt vetus Teſtamentum. Tertio, quia non aliam uſurpavit ab omni ævo Eccleſia Græca. Quarto denique, quia Sixtus V. eam ſolemni Decreto approbavit his verbis: *Volumus & ſancimus ad Dei gloriam, & Eccleſiæ utilitatem, ut vetus Græcum Teſtamentum juxta Septuaginta ita recognitum & expolitum ab omnibus recipiatur & retineatur, quo potiſſimum ad Latinæ vulgatæ Editionis, & veterum SS. Patrum intelligentiam utantur, prohibentes ne quis de hac nova Græca Editione audeat in poſterum quidquam immutare.*

Altera ſententia eorum eſt qui contendunt authenticam quidem dicendam hancce verſionem, ſi cum Hebraico textu conſonaret, prodiretque pura & integra; ſed quia hoc ipſi deeſt, ut oſtendit S. Hieronymus præfat. in Pentatheucum; in quæſtionibus hebraicis, & in libro de optimo genere interpretandi, aiunt illam non eſſe omnino authenticam, ſed in his tantum locis, in quibus & cum Hebræo textu & cum Vulgata noſtra editione conſentit.

De Verſionibus Latinis.

CErtum eſt innumeras prope fuiſſe Editiones Latinas ante S. Hieronymi tempora, ut ipſe teſtatur præfat. in Joſue his verbis: *Cum apud Latinos tot ſint exemplaria quot codices, & unuſquiſque pro arbitrio ſuo vel addiderit, vel ſubtraxerit quod ei viſum eſt.* At præ cæteris una fuit in uſu apud Occidentales, quæ deinceps dicta fuit Vetus ceu Itala, de qua S. Auguſtinus lib. 2. de Doct. Chriſt. cap. 15. hæc diſſerit: *In ipſis interpretationibus Itala cæteris præfertur; nam eſt verborum tenacior cum perſpicuitate ſententiæ.* E græco textu adornata erat hæc verſio: verum quoniam in illa verſione aliiſque latinis interpretationibus multa Scripturæ loca minus accurate reddebantur, ſanctus Hieronymus Teſtamentum vetus ex Hebræo in Latinum vertit; quæ quidem verſio in Eccleſia magis ac magis, ita ut cæteræ verſiones Latinæ ſubito evanuiſſe videantur, ut colligitur ex ſancto Gregorio Magno lib. 20. Moral. cap. 23. & ſancto Iſidoro lib. 1. de Offic. cap. 12.

Verſio hæc noſtra eſt Vulgata, qua nunc utitur Eccleſia Latina, & quam authenticam declaravit Concilium Tridentinum his verbis ſeſſ. 4. cap. 2. *Inſuper eadem*

dem sacrosancta Synodus, considerans non parum utilitatis accedere posse Ecclesiæ Dei, si ex omnibus Latinis Editionibus quæ circumferuntur sacrorum librorum, quænam pro authentica habenda sit, innotescat; statuit & declarat, ut hæc ipsa vetus & vulgata editio, quæ longo tot sæculorum usu in ipsa Ecclesia probata est, in publicis lectionibus, disputationibus, prædicationibus & expositionibus pro authentica habeatur, ut nemo illam rejicere quovis prætextu audeat vel præsumat.

Quæres 1. utrum revera Vulgata nostra sit S. Hieronymi opus.

Respondeo non unam esse super ea re Theologorum sententiam. Quidam enim dicunt Vulgatam, qualis nunc extat, eandem esse cum *Itala* qua utebantur Ecclesiæ ante sancti Hieronymi tempora. Alii docent Vulgatam nostram ex illa veteri Itala & nova S. Hieronymi permixtam. Ex his alii dicunt sic utramque illam versionem esse mixtam, ut quidam libri integri sint ex Itala; alii autem integri ex S. Hieronymi elucubratione. Volunt alii ne unum quidem librum extare in tota versione Vulgata, qui omnino sit vel ex Itala vel ex nova sancti Hieronymi, sed singulos Vulgatæ libros ex utraque versione fuisse permixtos.

Denique hæc communior inter eruditos sententia est: 1. vulgatam versionem, quoad spectat novum Testamentum, non aliam esse quam veterem Italam, prout eam ad Græcum textum accurate emendavit sanctus Hieronymus. 2. si sermo sit de libris antiqui Testamenti, sive Psalterium Vulgatæ non idem esse, sed plane diversum ab interpretationibus quas tum ex Hebræo textu, tum ex Græco edidit. 3. dicunt libros Sapientiæ, Ecclesiastici & Machabæorum nunquam a S. Hieronymo translatos. 4. denique, reliquos veteris Testamenti libros putant a S. Hieronymo ex Hebræo Latine redditos, & ita ex variis versionibus coaluisse Vulgatam, quæ hodie in Ecclesia obtinet.

Quæres 2. quo sensu Tridentina Synodus Vulgatam versionem declaraverit authenticam.

Constat primum inter Catholicos mentem Patrum Tridentinorum non fuisse hocce in decreto Vulgatam versionem primigeniis textibus Hebraicis & Græcis anteponere, quasi nempe sola illa sit authentica. Et ratio est, quia hoc solummodo voluerunt Patres Tridentini statuere, quænam ex variis Latinis versionibus, quæ tunc temporis undique circumferebantur pene innumerabiles, vel etiam ab hæreticis aut omnino adornatæ, aut saltem interpolatæ, esset cæteris anteponenda & ad fidem faciendam magis idonea; id aperte colligitur ex ipsis Synodi verbis: *Sacrosancta Synodus considerans non parum utilitatis accedere posse Ecclesiæ Dei, si ex omnibus Latinis editionibus quæ circumferuntur, quænam pro autentica habenda sit, innotescat*: Ubi Latinam versionem, quam declarant authenticam, non comparant cum Hebræis & Græcis textibus, sed cum aliis Latinis versionibus.

Dehinc duplex est potissimum sententia Theologorum circa sensum quo Vulgata declaratur authentica.

Prima eorum est, qui contendunt eo sensu versionem Vulgatam declaratam fuisse authenticam, quod ab omni prorsus mendo immunis sit: quia nimirum, inquiunt, Tridentina Synodus non potuisset verbis tam disertis prohibere, *ne quis illam rejicere quovis prætextu audeat vel præsumat*.

Altera sententia quam amplectimur, est eorum qui existimant eo tantum sensu Vulgatam fuisse declaratam authenticam, quod fidem facit in Ecclesia, ita ut in publicis lectionibus & disputationibus nemini liceat eam rejicere, quod non impedit quominus levissima saltem errata possint in ea reperiri.

Atque id aperte colligitur ex iis Scriptoribus qui Concilio Tridentino adfuerunt, adeoque mentem Patrum optime noverant. Sic nimirum loquitur Vega lib. 15. de Justificatione cap. 9. ubi Calvino respondet: *Ne frustra labores*, inquit, *in ostendendis vitiis vulgatæ editio-*

nis. Synodus non approbavit menda, quæ linguarum periti, & in sacris litteris mediocriter versati, in eo deprehendunt... Eatenus valuit eam authenticam haberi, ut certum omnibus esset nullo eam defœdatam errore, ex quo perniciosum aliquod dogma in fide & moribus colligi possit. Hoc idem testantur Salmero, Melchior Canus, Bellarminus & alii complures.

Quapropter licet a Patribus Tridentinis Vulgata hæc versio declarata fuerit authentica, non defuit tamen cura & sollicitudo summorum Pontificum & Doctorum, ut eandem a nonnullis mendis repurgarent. Affirmat Sixtus V. in Bulla suæ editioni præfixa, omnes codices Bibliorum tunc emendatissimos prodire. Clemens VIII. novam paulo post editionem aggressus est, in qua plurimos errores qui in Sixtina editione remanserant, emendavit. Denique Lucas Brugensis aliique doctissimi viri in omnibus Scripturæ libris plurima notarunt quæ in Vulgata adhuc supersunt.

Objicies: Non videtur quo tandem pacto potuerint Patres Tridentini Vulgatam nostram declarare authenticam, si nemine dissentiente plura in illa reperiantur menda, adeo ut emendatione indigeant: igitur.

Nego ant. in eo quippe posita est correctio quam postulant summi Pontifices aliique viri doctissimi, ut collatis variis exemplaribus Latinis, ea seligantur loca quæ magis cum Græcis & Hebræis fontibus consentiunt; tum vero & nonnulla corrigantur menda, quæ Typographorum incuria forte in textum irrepserant. Quod certe non impedit quominus Concilium Tridentinum, cui tempus non suppetebat ejusmodi exemplaria examinandi, & Bibliorum emendationi ultimam manum apponendi, eam versionem declarare potuerit authenticam, quæ cæteris inter Latinas erat emendatior.

Objicies: Ut Vulgata versio foret authentica, hujus auctor debuisset esse infallibilis: sed Vulgatæ versionis auctor non fuit infallibilis, ut testatur sanctus Augustinus Epist. 10. ad S. Hieronymum his verbis: *Unde etiam nobis videtur aliquando te quoque in nonnullis falli potuisse:* igitur immerito declarata est authentica a Patribus Tridentinis.

Nego maj. satis enim fuit, si Patres Tridentini merito judicaverint auctorem Vulgatæ Editionis non errasse, necesse non erat ut eum judicarent absolute infallibilem. Porro judicarunt non immerito hunc Scriptorem, qui squis ille tandem sit, non fuisse deceptum: viderunt enim Vulgatam versionem in omnibus fere consentientem cum Hebraicis & Græcis exemplaribus; aut si in quibusdam dissidet, verisimile esse hæc Vulgatæ versionis loca Hebraico & Græco textui anteponenda, ex eo quod ipsa verbis expressis leguntur citata apud antiquissimos Patres, vel alios probatæ fidei Scriptores.

At, inquies, ea versio non est authentica quæ cum primigenio textu non consentit; sed versio Vulgata cum primigenio textu, cum Hebraico nempe & Græco sæpius non consentit; ergo non debet dici authentica.

Dist. maj. Si primigenius ipse textus sit omnino purus & integer, C. si non sit ab omni mendo immunis, N. Profecto non constat primigenium Scripturæ textum ab omni prorsus mendo immunem esse, unde & quandoque ipsi anteponenda est Vulgata versio, secundum nimirum regulam modo a nobis praescriptam.

De versionibus in lingua vulgari editis.

Innumeras extare versiones sacri textus in lingua vulgari editas, in lingua nempe Gallica, Hispanica, Italica, Germanica &c. nemo in dubium revocare potest.

Quæritur autem an expediat hujusmodi versiones in linguam vernaculam factas, omnibus indiscriminatim de plebe & imperitis atque etiam feminis legendas tradere.

Respon-

Respondeo, nihil impedire quominus versiones in lingua vernacula adornatæ populis & imperitis tradantur legendæ, adhibito tamen aliquo temperamento, & habita ratione personarum, temporis & loci; quando scilicet non est aperte timendi locus ne plebs illa Scripturarum lectione, quæ per se utilissima est, abutatur: idque constat,

Primo, quia non modo Sacerdotibus, sed & omnibus viris de plebe concedebatur lex vetus, sic volente Deo, cujus minister fuit fidelissimus Moyses, Deuteronom. 1. *Hæc sunt verba quæ locutus est Moyses ad omnem Israel trans Jordanem.* Et cap. 5. *Vocavitque Moyses omnem Israelem, & dixit ad eum: Audi Israel cæremonias atque judicia quæ ego loquor in auribus vestris hodie.* Et cap. 31. eadem Moysi præcipit Deus: *Leges verba legis hujus coram omni Israel, audientibus eis, & in unum omni populo congregato, tam viris quam mulieribus, parvulis & advenis qui sunt intra portas tuas, ut audientes discant.* Quocirca in more positum erat apud Judæos, ut divinas Scripturas palam & coram omni populo legerent, ut constat ex cap. 4. & 16. sancti Lucæ, tum ex cap. 5. Joan. Act. 8. & 17. aliisque innumeris novi Testamenti locis.

Secundo, quia Scripturarum lectionem omnibus Christianis præceperunt Apostoli & Evangelistæ. *Hæc scripta sunt*, inquit Joan. cap. 20. *ut credatis, quia Jesus est Christus Filius Dei, & ut credentes vitam habeatis in nomine ejus.* Sic non Presbyteris solum, sed & laicis & omni populo, suas Epistolas dirigere solet Apostolus. Rom. 1. *Omnibus qui sunt Romæ dilectis Dei, vocatis sanctis.* 1. Corint. 1. *Ecclesiæ Dei quæ est Corinthi sanctificatis in Christo Jesu, vocatis sanctis, cum omnibus qui invocant nomen Domini nostri Jesu Christi.* Ephes. 1. *Omnibus sanctis, qui sunt Ephesi, & fidelibus in Christo Jesu.*

Tertio; quia docet constans & perpetua Ecclesiæ praxis, Christianis populis concessam fuisse divinarum Scripturarum lectionem in lingua vulgari; unusquisque in sua domo habuit sacros Codices, ad communem eorum usum exhortabantur sancti Patres, velut ad spiritale pabulum quo nutriuntur fideles, & quotidie edere debent; ita Clemens Romanus Epistola ad Corinthios, S. Irenæus lib. 2. cap. 46. S. Clemens Alexandrinus Pædagog. lib. 1. cap. 2. Origenes lib. 4. contra Celsum; S. Basilius Epist. ad Gregorium Nazianz. S. Hieronym. Epist. ad Lætam, S. Augustinus lib. 6. Confess. cap. 5. & lib. 15. de Civit. Dei cap. 25. S. Chrysostom. homil. 2. in Matth. & cæteri nullo excepto.

Nec est quod objiciatur adversus illam sententiam improbatas atque proscriptas identidem fuisse ejuscemodi versiones in lingua vulgari; quod potissimum præstitum est a Concilio Tridentino & Theologis Parisiensibus. Si enim non modo res, sed & circumstantiæ attentius inspiciantur, constabit profecto nullius omnino esse ponderis, quæ tum ex Concilio Tridentino, tum ex sacra Facultate Parisiensi adduci solent.

Objicitur igitur 1° auctoritatem Concilii Tridentini, quod in regula quarta Indicis sic habet: *Cum experimento manifestum sit, si sacra Biblia vulgari lingua passim sine discrimine permittantur, plus inde, ob hominum temeritatem, detrimenti, quam utilitatis oriri, hac in parte judicio Episcopi aut Inquisitoris stetur, ut cum consilio Parochi vel Confessarii, Bibliorum a Catholicis Auctoribus versorum lectionem in vulgari lingua eis concedere possint, quos intellexerint ex ejusmodi lectione non damnum, sed fidei atque pietatis augmentum capere posse, quam facultatem in scriptis habeant; qui autem absque tali facultate ea legere, seu habere præsumpserit, nisi prius Bibliis Ordinario redditis, peccatorum absolutionem percipere non possit.*

Verum circa hanc regulam nonnulla observari possunt, ex quibus manifeste colligitur a Concilio Tridentino prohibitas non fuisse versiones in lingua vulgari.

gari. Primo quidem non esse hanc regulam ipsius Concilii Tridentini opus, sed longe post ejusdem Synodi dissolutionem editam. Secundo, quia hæ similes regulæ quæ ad calcem Concilii Tridentini leguntur, nullam autoritatem obtinuerunt in Gallia, ubi nec approbatæ, nec unquam lectæ & publicatæ fuerunt. Tertio, quia lex illa, qua tenentur fideles scriptis habere facultatem legendi Scripturas, nunquam viguit in ulla Orbis Christiani parte.

Objiciunt 2. hanc praxim notatam a sacra Facultate Parisiensi in censura quam tulit adversus Erasmum anno 1527. Dixerat Erasmus: *Exclamant indignum facinus, si mulier vel coriarius loquatur de sacris litteris*. Et in alia propositione: *Me autore sacros libros leget agricola, leget faber, leget latomus*. In quas propositiones sic pronuntiant Majores nostri: *Perpensa multorum impudenti temeritate, recte dicimus indignum esse facinus, quod idiotæ & simplices suo judicio permittant res sacras, & legant in suam linguam conversas, de illis disserant aut disputent*.

Respondeo hic Majores nostros non omnem penitus improbasse versionem in lingua vulgari. Primo, quia loquuntur habita ratione temporum, in quibus idiotæ & simpliciores ejuscemodi versionibus abutebantur. *Hac tempestate*, inquiunt, *perspecta hominum malitia & recte perpensa multorum hujus temporis impudenti temeritate ..... absque ulla explicatione idiotis & simplicibus eis abutentibus, non eas pie & humiliter legentibus*. Secundo, quia consuetum ipsis fuit, ut versiones etiam in lingua vulgari, secluso abusu, approbarent. *Quamvis*, inquiunt, *in quamcumque linguam versentur sacræ litteræ, suapte natura sanctæ sunt & bonæ*. Tertio, quia præfata censura insurgunt solummodo Magistri Parisienses in Erasmum, qui omnium & singulorum indifferenter librorum, etiam Cantici Canticorum lectionem omnibus de plebe licitam esse & convenientem docebat: sed omnem versionem divinarum Scripturarum in lingua vulgari non improbarunt.

Quid sit & quotuplex Scripturæ sensus.

RESpondeo, sensum proprie loquendo alicujus propositionis esse genuinam & simplicem terminorum significationem.

Est autem pervulgata & communis apud Theologos haec sensuum Scripturæ divisio, qua quidem sensus alius dicitur litteralis, alius mysticus: iste vero triplex, allegoricus, tropologicus, & anagogicus. Sensus litteralis, &, ut aiunt multi historicus, iste est quem primum Autor sacer per verba significare voluit; mysticus vero ille est quem non voces ipsæ proxime, sed res per voces significatæ referunt.

Allegoricus est, quando mysterium aliquod fidei nostræ designatur.

Tropologicus, quando aliquid ad mores nostros pertinens insinuatur.

Anagogicus denique, qui refertur ad ea quæ sunt alterius vitæ; quorum quidem quatuor sensuum una civitas Jerusalem facile nobis præbere potest exemplum: nam in Scriptura sacra Jerusalem ad litteram est civitas Palæstinæ; in sensu allegorico, Christi Ecclesia; in sensu anagogico, cœlestis civitas; & in sensu tropologico, anima nostra. Hos quatuor sensus indicavit Augustinus lib. 1. super Genesim ad litteram cap. 1. his verbis: *In libris omnibus sanctis intueri oportet quæ ibi æterna intimentur, quæ facta narrentur, quæ futura prænuntientur, quæ agenda præcipiantur vel moneantur*. His autem duobus versibus continentur:

Littera gesta docet, quid credas allegoria.
Moralis quid agas, quo tendas anagogia.

Sensus mysticus & spiritalis iterum duplex est; necessarius scilicet, & liber seu arbitrarius: necessarius ille dicitur, quem

certo

certo & evidenter constat ab Autore sacro fuisse intentum, ut illud v. g. Psal. 2. *Filius meus es tu, ego hodie genui te*. Quod juxta sensum mysticum necessarium intelligitur de Christo, sicque innumera propemodum alia quæ leguntur in Scriptura sacra; atque etiam ejusmodi sunt omnes parabolæ, similitudines & prophetiæ, quarum sensus spiritualis & mysticus est necessarius, & a Spiritu sancto intentus.

Sensus vero mysticus arbitrarius ille est, quem sacer Scriptor ne quidem secundario intendit, & tamen ad rem aliquam applicant Scriptores Ecclesiastici, qui sensus solet dici *accommodatitius*. Sic canit Ecclesia de quovis Confessore & Pontifice: *In tempore est justus, & in tempore iracundiæ factus est reconciliatio*: quod de Noe dixit Ecclesiasticus cap. 44. nullum alium iisdem verbis indicare volens.

Ubi hoc diligentissime observandum quod præscribit Tridentina Synodus sessione 4. non esse videlicet ad profanos sensus transferenda Scripturæ verba, cum usurpantur ejusmodi sensus accommodatitius. *Sacrosancta Synodus temeritatem illam reprimere volens, qua ad profana quæque convertuntur & torquentur verba & sententiæ sacræ Scripturæ, ad scurrilia scilicet, fabulosa, vana, adulationes, detractiones, superstitiones, impias & diabolicas incantationes, divinationes, sortes, libellos etiam famosos, mandat & præcipit ad tollendam hujusmodi irreverentiam & contemptum, ne de cætero quisquam quomodolibet verba Scripturæ sacræ ad hæc aut similia audeat usurpare, ut omnes hujus generis homines temeratores & violatores Verbi Dei, juris & arbitrii pœnis per Episcopos puniantur*.

Quæres 1. utrum idem locus Scripturæ sub eadem littera plures habeat sensus.

Respondeo affirmative; quia metaphoræ, parabolæ, prophetiæ duplicem sine dubio pariuntur sensum; alterum, qui litteralis est & historicus; alterum, qui, licet mysticus & spiritualis, est tamen proprius, quia ab Autore sacro fuit intentus.

Quæres 2. utrum idem locus duplicem habere possit sensum litteralem.

Respondeo cum distinctione: si enim per sensum litteralem intelligatur sensus proprius & ab autore intentus, ut multi volunt, profecto idem locus, puta in parabolis & prophetiis, duplicem habet sensum litteralem, sensum scilicet ipsorum terminorum, & sensum rei significatæ; si vero per sensum litteralem intelligatur sensus ipsius litteræ, ipsorum tantummodo terminorum: quo pacto satius est accipere sensum litteralem, per oppositionem scilicet ad sensum spiritualem & mysticum; unicus profecto est sensus litteralis in quovis Scripturæ loco.

Quæres 3. utrum ad alicujus dogmatis catholici confirmationem sensu mystico uti possint Theologi.

Respondeo affirmative: si nempe intelligatur quæstio de sensu mystico necessario & proprio; negative autem, si de sensu mystico arbitrario sermo sit.

Quæres denique, utrum locus habens sensum mysticum naturalem & necessarium, quales sunt prophetiæ de Christo explicandæ, retineat aliquem sensum litteralem.

Respondeo affirmative, idque probatur nonnullis exemplis: nam v. g. Matth. cap. 2. Christo applicatur illud Oseæ cap. 11. *Ex Ægypto vocavi Filium meum*. Quod tamen apud ipsum Oseam Prophetam litteraliter intelligitur de populo Israel. Similiter Joan. cap. 19. Christo applicatur id quod litteraliter dictum fuerat de Agno Paschali Exodi 12. *Os illius non confringentis*. Adeoque idem Scripturæ locus duplicem plerumque habet sensum ab Autore sacro intentum.

Porro germanum Scripturæ sensum non esse a privata cujusque & arbitraria interpretatione depromendum; sed ab ipso Ecclesiæ universalis judicio prudenter admodum sancit Tridentina Synodus Sess. 4. his verbis: *Præterea ad coercenda petulantia ingenia, decernit ut nemo*

suæ

suæ prudentiæ innixus, in rebus fidei & morum ad ædificationem doctrinæ christianæ pertinentium sacram Scripturam ad suos sensus contorquens contra eum sensum quem tenuit & tenet sancta Mater Ecclesia, cujus est judicare de vero sensu & interpretatione Scripturarum sanctarum, aut etiam contra unanimem consensum Patrum, ipsam Scripturam interpretari audeat.

Nonnulla de singulis sigillatim Libris discutiuntur.

Quinque priorum, qui appellantur Genesis, Exodus, Leviticus, Numeri, Deuteronomium, & uno vocabulo Pentateuchus, autor est Moyses; quod quidem manifeste colligitur ex ipsis libris, in quibus Moses dicitur res a populo Dei gestas, Dei mandata, legem & universos sermones scripsisse. Exodi 24. *Scripsit autem Moyses universos sermones Domini.* Deuteron. cap. 31. *Scripsit itaque Moyses legem hanc, & tradidit eam Sacerdotibus filiis Levi, & cunctis senioribus Israel.* 3. Regum 2. ad Salomonem hæc dicit Dominus: *Observa ut custodias mandata Domini Dei tui, ut ambules in viis ejus, & custodias ceremonias ejus, & præcepta ejus, & judicia & testimonia, sicut scriptum est in lege Moysi.*

Idem constat ex ipsius Christi Domini autoritate, qui ad Mosem velut Scriptorem remittit Judæos, Joan. 5. *Si Mosi crederetis, crederetis forsitan & mihi.* Quæ vero in mente & existimatione Judæorum scripserat Moses præter Pentateuchum? Tum denique ex unanimi omnium nationum fide & consensu, quæ Mosem ut primum Judæorum Religionis Ducem & Apostolum agnoverunt; quo argumento manet certum Pentateuchi scriptorem fuisse Mosem, quomodo certum est atque indubitatum a Virgilio scriptam Æneidem, & ab Homero Iliadem.

Quod si quis objiciat ad calcem Deuteronomii describi mortem & sepulturam Mosis, adeoque Deuteronomium saltem ab eo non fuisse scriptum.

Respondeo id unum ex illo argumento colligi posse, hanc Deuteronomii particulam, quæ capite ultimo continetur, ab alio Autore, forte a Josue vel a Synagoga aliis Mosis operibus adjectam fuisse.

Neque est etiam quod dicatur legi in Pentateucho quædam urbium & locorum nomina, quæ ipsis nonnisi post mortem Mosis imposita sunt, Genes. cap. 10. *Ninivem*, cui hoc nomen dedit Ninus, qui juxta communem opinionem, longe post Mosis ætatem vixit, temporibus scilicet Deboræ. *Ur Chaldæorum* Geneseos capit. 1. quod nomen incognitum erat temporibus Mosis, hæc enim regio appellabatur Padan aram. *Dan* legitur cap. 17. sed nomen *Dan* huic urbi non fuit impositum, nisi cum sexcenti viri tribus Dan urbem dictam Lais aut Lesem ceperunt, ut refertur Judicum cap. 18. & cætera id genus.

Siquidem facile responderetur hæc locorum & urbium nomina mutata fuisse vel ab Esdra, cum Libros sacros reparavit, vel ab ipsa forte Judæorum Synagoga, ut scilicet a populo melius intelligerentur Libri sacri.

Genesis primus Pentateuchi liber, idem est ac generatio seu ortus; sicque dicitur, quia in eo cœli & terræ, omniumque orbis universi generatio potissimum describitur. Complectitur hic liber historiam bis mille & trecentorum circiter annorum, ab ortu scilicet Mundi ad obitum usque Josephi.

Exodus sic appellatur, quia ab afflicti populi Israelitici liberatione & exitu ab Ægypto in terram Chanaan incipit: Exodus enim idem est ac exitus. Continet autem hic liber res per 145. annos gestas; a morte Josephi scilicet ad erectum Tabernaculum.

Leviticus, tertius est Mosis liber, qui sic dicitur, quod in eo fuse tractetur id genus legum, quæ ad cæremonias & officium Levitarum pertinent, ut oblationes, sacrificia, festorum celebratio, &c.

Chro-

Chronologia libri unico anno absolvitur.

Numerorum liber sic dicitur, quod in ipsa fronte Moses & Aaron ineant populi Israelitici censum & numerum. Historiam complectitur annorum 39.

Deuteronomium sic appellatur a *δευτερον secundus*, & *νομος lex*, hoc est, *secunda lex*; non quod alia sit ab ea quæ in monte Sinai data est, sed quod denuo repetita fuit a Mose, in gratiam eorum qui primam in deserto promulgationem non audiverant. Continet hic liber historiam fere duorum mensium.

Quinque illi præfati libri dicuntur uno verbo Pentateuchus a *πεντε* id est *quinque*, & *τευχος instrumentum*.

Josue liber nomen accepit a Josue, populi Israelitici post Mosem duce, cujus historiam complectitur. Chronologiam quod attinet, in ea figenda non consentiunt omnes, videtur tamen imperium Josue fuisse annorum 17. Quis sit illius autor non omnino constat; probabile est totum fere librum ab ipso Josue conscriptum, juxta hæc postremi capitis: *Scripsit quoque Josue omnia verba hæc in volumine legis Domini*.

Judicum liber sic nuncupatur, quod vitam & facta eorum contineat; qui post mortem Josue populum Israeliticum gubernarunt, & Judices dicti sunt: hi fuere Othoniel, Aod, Debora, Gedeon, Abimelech, Thola, Jair, Jephte, Abesan, Ahialon, Abdon, Samson, Heli & Samuel, quo postulantibus Hebræis in Regem eorum inunxit Saulem. Quod spectat chronologiam, a quiete terræ beneficio Othonielis primi Judicis data ad Samsonis usque mortem effluxerunt anni 288. De autore libri disputatur: non fuit verisimiliter ab ipsis Judicibus conscriptus, quia videtur esse unius texturæ textorisque opus: conjicitur esse Samuelis, qui non adeo negligens fuerit, ut Judicum historiam oblivione extingui pateretur.

Liber Ruth, pars est & veluti appendix libri Judicum; sic tamen dicitur, quia unicam Ruth historiam continet. Fuit ista Moabitis, quæ cum Booz, in cujus agro spicas colligebat, lætissimum iniit conjugium, & cui peperit Obed Davidis avum, unde Christus genus suum ducit: contigisse videtur illa historia circa tempus Aod.

Libri Regum quatuor sunt. Duo priores dicuntur ab Hebræis libri Samuelis; a Latinis vero libri Regum, ut duo posteriores, quod præter Samuelis historiam, Regum Judæ & Israel facta contineant. Primus liber res sub Heli & Samuele gestas, tum vitam & mortem Saulis continet. Secundus liber totum Davidis imperium complectitur. In tertio describuntur res gestæ quinque Regum Juda, & octo Regum Israel; depingitur imprimis Salomonis gloria. Denique continet quartus liber res gestas sexdecim Regum Juda, & duodecim Regum Israel. Circa autorem quatuor istorum librorum nihil certi affirmari potest; viginti quatuor priorum primi libri capitum autor vulgo creditur Samuel, cujus mors describitur in vigesimo quinto capite; reliqua vero libri primi & secundus integer Nathan & Gad Prophetis tribuuntur ob illud 1. Paralipom. cap. 29. *Gesta autem David Regis priora & novissima scripta sunt in libro Samuelis videntis, & in libro Nathan Prophetæ, atque in volumine Gad videntis*. Continent hi quatuor libri historiam 600. fere annorum.

Libri Paralipomenon duo sic dicti sunt, eo quod prætermissa in præfatis libris historicis accurate narrantur: utriusque libri autor incertus.

Esdræ libri duo sunt. Prioris autor unanimi fere omnium consensu censetur Esdras, legum peritus interpres & sacrorum librorum restaurator. Continet historiam populi post reditum e captivitate Babylonica in patriam. Posterior liber dicitur Esdræ, quia res conjunctas cum præcedentibus enarrat; autorem habuit Nehemiam: sic enim incipit, *Verba Nehemiæ*: continet res gestas per annos circiter duodecim.

Tobiæ liber hoc nomen præ se fert,

quia de utroque Tobia patre & filio agit. An vero ab alterutro, vel utroque, vel alio quopiam scriptus fuerit, nihil certi definiri potest. Temporis, quo hæc historia contigit, ratio ex ipso libro colligitur: legitur enim primo capite fuisse Tobiam in eorum numero qui Ezechiæ Regis temporibus a Salmanazar in captivitatem abducti sunt. Chaldaice scriptus fuit liber ille, qui forte eam ob rem pro canonico non agnoscitur ab Hebræis.

Liber Judith nomen suum accipit a fortissima muliere Judith, cujus præclarum facinus describit. Ejus autor incertus, non reperitur quoque in Canone Judæorum. Historiam Judith esse meram parabolam falso affirmarunt multi Protestantes, quia Veteres ab ipsis Apostolorum temporibus Judith heroinam quæ vere extiterit, celebrarunt. Argumentum libri est victoria Judith, qua, occiso Holopherne, liberata dicitur Judæa. An contigerit historia hæc ante vel post captivitatem Babylonicam, incertum.

Liber Esther sic dicitur ab Esther, cujus historiam describit. Quo tempore contigerit historia, non plane compertum est: ambigitur enim quis ille fuerit Assuerus Estheræ maritus, quem alii dicunt Cambysem, alii Artaxerxem Mnemonem, alii Darium Histaspem. Libri Esther dubius est autor.

Liber Job exquisitam de mirabili patientia Job narrationem continet: hæc vera est non fabulosa historia; tum quia de Job ut vero homine qui extiterit, loquitur Scriptura, recensens ejus nomen, terram quam habitabat, liberos, eorumque numerum, ac demum ejus possessiones & amicos, quod quidem fabulam non redolet; tum quia de ipso mentio habetur in nonnullis aliis Scripturæ libris, Ezechiel cap. 14. Tobiæ cap. 2. tum denique quia Job ut verus homo non scenicus & fabulosus commendatur ab omnibus fere SS. Patribus; quamquam non diffiteamur multa hocce in libro poetice & figurate scripta. Quis sit autor libri Job, & quo tempore vixerit sanctissimus ille vir, omnino incertum.

Liber Psalmorum canonicus est & antiquissimus; plurimi enim ex eo versiculos describunt Prophetæ. Continet centum & quinquaginta Psalmos: quæ collectio Psalterium dicitur Davidis, non quod singuli Psalmi ab uno Davide fuerint compositi; siquidem nonnulli sunt Davide posteriores, ut iste, *Super flumina Babylonis*, qui post captivitatem Babylonicam fuit decantatus; sed quia eorum maxima pars est Davidis. Sunt illi Psalmi totidem cantiones variæ, opus plane divinum, mire elegans & jucundum.

Libri Proverbiorum autorem se in fronte operis profitetur Salomon his verbis, *Parabolæ Salomonis filii David Regis Israel*; & præterea 3. Reg. c. 4. legitur ter mille parabolas a Salomone scriptas. Continet ille liber plurima fidei & morum præcepta utilissima.

Ecclesiastes est quoque Salomonis, ut indicant hæc verba quæ initio libri leguntur, *Verba Ecclesiastæ filii David Regis Jerusalem .... Ecce magnus effectus sum, & præcessi omnes sapientia*. Juxta plurimos videtur iste liber a Salomone scriptus post ejus pœnitentiam.

Liber Cantici Canticorum, quasi diceremus excellentissimum Canticorum, ex omnium pene consensu est Salomonis; in sensu litterali & historico nuptias Salomonis cum Sunamitide describit; in sensu autem mystico, quem diximus necessarium & a Spiritu sancto intentum, Jesu-Christi cum Ecclesia sanctissimam unionem exhibet. Sacros amores non profanos continet iste liber.

Liber Sapientiæ sic dicitur, quia de origine, dignitate & differentiis Sapientiæ tractat. Tribuitur vulgo Salomoni propter hæc verba capitis noni, *Tu elegisti me Regem populo tuo, & dixisti me ædificare templum in monte sancto tuo*. Quæ unius videntur esse Salomonis; sed non est tamen merito inscriptus Salomoni; tum quia hebraice non fuit compositus,

positus, siquidem *stylus ipse græcam eloquentiam redolet*, teste S. Hieronymo; sive quia non reperitur in Canone Judæorum. E libris sacris expungitur a Novatoribus, sed immerito; quippe quem canonicum esse dedita opera ostendit S. Augustinus, lib. de prædest. Sanctor. cap. 14.

Liber Ecclesiastici autorem habuit Jesum filium Sirach, ut indicatur aperte cap. 50. his verbis: *Doctrinam sapientiæ & disciplinæ scripsit in codice isto Jesus filius Sirach Jerosolymita*, qui plurimas Salomonis sententias collegisse videtur. Canonicus est iste liber, quem, licet a multis Veteribus non fuerit admissus, Ecclesia demum universa recepit. Plurima virtutis & pietatis præcepta continet.

Libros morales excipiunt in Canone Scripturæ sacræ libri prophetici, qui singuli autorum præferunt nomina. Prophetæ alii dicuntur majores, quorum plura extant opera; alii minores, quorum pauciora. Majores quatuor numerantur; minores duodecim, de quibus sigillatim.

Isaias fuit de tribu Juda, vir apprime nobilis, Amosi se filium declarat, non ejus qui inter Prophetas recensetur, sed alterius, ut testatur sanctus Hieronymus in cap. 1. Isaiæ; quo tempore vixerit habemus e prima libri fronte: *Visio Isaiæ filii Amos, quam vidit super Judam & Jerusalem in diebus Oziæ, Joathan, Achaz & Ezechiæ Regum Juda*. Quamplurima de Christi adventu, vita & miraculis prophetavit.

Jeremias e Tribu sacerdotali pene adhuc puer vaticinatus est sub Josia, Joacha, Joachin, Jechonia, & Sedecia per annos circiter 40. ad Urbis usque excidium. Prædixit imminentem ruinam Jerusalem; populum hortatus est ad pœnitentiam, & plurima de Christo prophetavit, quæ quidem continentur quinquaginta duobus capitibus, dempto capite quinquagesimo secundo, quod forte ab Esdra scriptum est. Lamentationum metrice scriptarum autorem se prodit Jeremias, cum earundem cap. 3. suas deplorat calamitates. Legitur postea Prophetia Baruch, Jeremiæ discipuli, quæ continetur capitibus sex, quorum postremum Jeremiæ Epistola est.

Ezechiel vir quoque de sacerdotali genere cum Jechonia Rege in Chaldæam deportatus est, ibique vaticinari cœpit anno quinto captivitatis.

Daniel e Tribu Juda & regio semine oriundus, pene puer Babylonem cum Joachimo Rege deportatus est; vixit ibi ad finem usque captivitatis. Danielem Prophetiæ autorem esse merito colligitur, tum e cap. 7. v. 1. *Anno primo Baltasar Regis Babylonis Daniel somnium vidit*; tum e cap. 8. v. 1. *Anno tertio regni Baltasar Regis, visio apparuit mihi, Ego Daniel*; tum ex ipso Christo Domino dicente, Matth. 24. *Cum videritis abominationem desolationis quæ dicta est a Daniele Propheta*. In decimo-tertio capite prophetiæ hujus legitur famosa Susannæ liberatio, & in decimo-quarto historia Idoli Bel; quod utrumque est Danielis.

Quatuor majores Prophetas excipiunt duodecim minores, sic nuncupati, ut jam monuimus, quod pauca jam supersint eorum vaticinia; unico libro seu volumine concludebantur apud Hebræos, quæ divisa exhibet vulgata nostra versio, serie tamen temporum quibus prophetarunt minime servata.

Oseas prophetavit in regno Israel, regnante Jeroboam II. & in Juda regnantibus Ozia, Joathan, Achaz & Ezechia; prædicit captivitatem populi futuram, aliaque quamplurima; jussu Domini in uxorem duxit mulierem fornicariam.

Joel non definit tempus quo prophetavit; is futuram populi afflictionem, tum & satis aperte Messiæ adventum prædixit.

Amos pauperrimus pastor & custos armenti in urbe Techua, prophetavit in diebus Oziæ Regis Juda, & regnante in Israel Jeroboam Joæ filio; futuram decem Tribuum captivitatem prædixit.

Abdiæ tempus omnino incertum. S. Hieronymus eum arbitratur coævum fuisse Oseæ, Joeli & Amos. Vaticinatur adversus Idumæos.

Jonas, Propheta Amathi filius, prophetavit regnante Jeroboam in Israel, & in diebus Oziæ Regis Juda missus est a Deo in urbem Niniven, regnante tunc temporis Phul, patre Sardanapali Ninivitarum Rege; prædixit futurum Ninivitis exitium, nisi pœnitentiam agerent: ejus historia & prædicatio, tum vera & non fucata Ninivitarum pœnitentia ibi referuntur.

Michæas prophetavit temporibus Joathan, Achaz & Ezechiæ Regum Juda; sermonem habet de judiciis Dei, futuramque prædicit captivitatem.

Nahum creditur prophetasse post cladem decem tribuum factam a Salmanazare, & ante expeditionem Sennacherib adversus tribum Juda. Prædixit exitium Regis Assyriorum, & devastationem Ninive per Chaldæos.

Habacuc patria & tempus ignorantur: prophetasse creditur sub Manasse ante captivitatem Babylonicam, quam prædicit futuram; quo posito alius esset ab eo Habacuc, qui legitur prandium attulisse Danieli in lacum leonum.

Sophoniæ tempus indicat ipse initio vaticinii: *Verbum Domini quod factum est ad Sophoniam filium Chusi filii Godoliæ, filii Amariæ, filii Ezechiæ in diebus Josiæ filii Amon Regis Judæ*. Prædicit excidium Palæstinorum, Moabitarum, Ammonitarum.

Aggæus prophetavit anno secundo Darii Regis, post captivitatem scilicet Babylonicam: primo suæ prophetiæ capite increpat Judæos quod domum Dei ædificare negligerent; in secundo autem præclarum de Christo vaticinium continetur.

Zacharias prophetavit illo ipso anno Darii qui creditur secundum probabiliorem sententiam Darius Histaspis filius. Is populum quoque hortatur ad templum Domino ædificandum.

Malachias postremo loco inter Prophetas vaticinatus est, scilicet post ædificationem templi: hortatur enim Judæos ad offerenda in templo sacrificia munda quidem & Deo digna; prædicit sponte mox futuram Christi legem.

Libri Machabæorum extant quatuor, e quibus duos priores solum ut canonicos recepit Ecclesia; sic appellari creduntur a Juda Machabæo, qui primus fuit inter filios Matathiæ, qui fortissimus populi Judaici vindex nomen suum Judæis tribuit: dicti sunt quoque Halmonei vel Assamonei. Continent hi libri historiam Judæorum 45. annorum aut circiter. Non sunt profecto ejusdem autoris, ut aperte colligitur ex diversitate chronologiæ & stili dissimilitudine; continent eamdem historiam: autor prioris omnino ignoratur, posterioris creditur Jason Cyrenæus, qui libris quinque hanc scripsit historiam, & quorum epitomen solummodo hic habemus. Hactenus de libris canonicis antiqui Testamenti.

De novo nunc loquor Testamento, quod Græcum esse non dubium est, inquit S. Hieronymus, *excepto Apostolo Matthæo, qui primus in Judæa Evangelium Christi Hebraicis litteris edidit*. Hujus partes præcipuæ sunt quatuor Evangelia, quæ Christi Domini vitam & gesta describunt. Evangelii nomen significat bonum nuntium, qua voce satis frequenter usi sunt Apostoli, ut legem novam & Christi prædicationem significarent. Quatuor sunt Evangelia, quæ certo eorum sunt Evangelistarum quorum præ se ferunt nomina; puta Matthæi, Marci, Lucæ & Joannis: quippe quæ ipsis tribuuntur ab omnibus priorum sæculorum Scriptoribus Ecclesiasticis, eaque solummodo recepta sunt in Ecclesia Catholica, tametsi plures fuisse qui Evangelia scripserint: Lucas Evangelista testatur, dicens: *Quoniam quidem multi conati sunt ordinare narrationem, quæ in nobis completæ sunt, rerum*. Quæ quidem, inquit Hieronymus, a diversis Autoribus edita, diversarum hæreseon fuere principia.

Evan-

Evangelium secundum Matthæum sic dicitur, quia revera scriptum fuit a sancto Matthæo: Is quidem qui & Levi dicebatur, ex Publicano Apostolus, ut narrat ipse capite nono, primus in Judæa propter eos qui ex circuncisione crediderant, Evangelium Christi hebraicis litteris verbisque composuit. Textum hunc hebraicum primigenium, qui nunc apud nos non extat, in manibus habuit sanctus Hieronymus, ut testatur in catalogo Scriptorum Ecclesiasticorum. Quam mundi partem peragraverit Matthæus prædicans Evangelium, & quo mortis genere vitam finierit, omnino incertum.

Evangelium secundum Marcum, a beato Marco discipulo & interprete Petri scriptum fuit. Non est confundendus Evangelista cum quodam Joanne Marco Pauli & Barnabæ socio, cujus frequens habetur mentio in Actis Apostolorum: siquidem nuspiam Evangelista Marcus dicitur Joannes. Non scripsit Evangelium latine, ut perperam docet Baronius, sed græce: cum enim antiqui Patres testantur omnes libros novi Testamenti græce fuisse scriptos, excipiunt Evangelium Matthæi & Epistolam Pauli ad Hebræos, neutiquam vero Evangelium sancti Marci: hic mortuus est Alexandriæ, cujus fundaverat Ecclesiam.

Evangelium secundum Lucam, ejus est haud dubie, qui Medicus fuit Antiochensis, ut legimus ad Colossens. cap. 4. *Salutat vos Lucas Medicus*, sectator divi Pauli Apostoli, & omnis peregrinationis ejus comes, græco idiomate scripsit; erat enim, inquit S. Hieronym. græci sermonis non ignarus: scripsit Evangelium, sicut audierat a S. Paulo. Quo genere mortis obierit, plane dubium.

Evangelium secundum Joannem quarto loco positur, scilicet eo videntur ordine disposita quatuor Evangelia, quo secundum tempus ab Evangelistis edita sunt. Joannes Apostolus filius Zebedæi, ante vocationem piscator, & quem Jesus amavit plurimum, adversus Cerintum, aliosque hæreticos, qui Christi divinitatem impugnabant, Evangelium composuisse creditur. Græce scripsit.

Hæc quatuor Evangelia ab Ezechiele & sancto Joanne prædicta fuisse conjecit sanctus Hieronymus, ut & alii plurimi veteres. Sic vero ille procemio Commentariorum in Matthæum cap. 1. *Hæc quatuor Evangelia multo ante prædicta Ezechielis quoque volumen probat, in quo prima visio ita contexitur: Et in medio similitudo quatuor animalium, & vultus eorum facies hominis, & facies leonis, & facies vituli, & facies aquilæ. Prima hominis facies Matthæum significat, qui quasi de homine exorsus est scribere: Liber generationis Jesu Christi Filii David, Filii Abraham. Secunda Marcum, in qua vox leonis in eremo rugientis auditur: Vox clamantis in deserto. Tertia vituli, quæ Evangelistam Lucam a Zacharia Sacerdote sumpsisse initium præfigurat. Quarta Joannem Evangelistam, qui assumptis pennis aquilæ, & ad altiora festinans de Verbo Dei disputat . . . . Unde & Apocalypsis Joannis introducit quatuor animalia plena oculis, dicens: Animal primum simile leoni, & secundum simile vitulo, & tertium simile homini, & quartum simile aquilæ volanti.* Ex quibus intelligitur qua de causa hæc quatuor animalia cum Evangelistis depingi soleant.

Sequitur liber Actuum Apostolorum, græce scriptus a sancto Luca Evangelista. Inscribitur nomine Actuum Apostolorum, licet singulorum vitam & gesta non contineat, sed quia communem eorum historiam, cum in Judæa Evangelium prædicarunt, antequam dispergerentur, summatim describit. Acta potissimum S. Pauli, cujus sectator & comes fuit, memoriæ tradidit Lucas. Historiam triginta circiter annorum continet iste liber, quæ scilicet *usque ad biennium Romæ commorantis Pauli pervenit, id est usque ad quartum Neronis annum*, inquit Hieronymus.

Extant postea in Canone Scripturarum plurimæ Apostolorum Epistolæ; quatuordecim

decim sancti Pauli; Petri Apostoli duæ; Joannis Apostoli tres; Jacobi una, & Judæ una: de quibus multa dicere hic nihil necesse est: in Bibliis nostris unaquæque argumentum operis exhibet in fronte. Singulæ quæ Paulo tribuuntur, ejus nomen præ se ferunt, excepta Epistola ad Hebræos; quapropter istam esse Pauli & canonicam dubitarunt nonnulli inter veteres, quæ tamen communi demum Ecclesiarum consensu recepta est. Aliæ septem Epistolæ dictæ sunt Catholicæ, quia non privatæ alicui Ecclesiæ, ad instar Epistolarum Pauli, sed multis Ecclesiarum fidelibus directæ sunt, si tamen duæ postremæ sancti Joannis excipiantur.

Apocalypsis seu revelatio unicus e libris novi Testamenti propheticus, ab Evangelista Joanne scriptus, ut satis aperte colligitur ex initio ipsius libri: *Apocalypsis Jesu Christi quam dedit illi Deus palam facere servis suis quæ oportet fieri cito, & significavit mittens per Angelum suum servo suo Joanni, qui testimonium perhibuit Verbo Dei, & testimonium Jesu Christi quæcumque vidit.* Hunc librum composuit in insula Pathmos, & septem Asiæ Ecclesiis direxit, ut ipse testatur cap. 1.

Quæres denique quot sint mundi ætates.

Respondeo septem esse mundi ætates: scilicet spatium illud annorum quæ effluxerunt a creatione Mundi ad ortum Domini nostri Jesu Christi. Dividi solet in sex ætates, quæ simul collectæ conficiunt 4000. annos. Prima ætas a creatione mundi ad diluvium, estque 1656. annorum. Secunda ætas a diluvio ad vocationem Abrahæ, estque annorum 426. Tertia ætas a vocatione Abrahæ ad Exodum ex Ægypto, estque annorum 430. Quarta ætas ab Exodo ad constructionem Templi, estque annorum 479. Quinta a constructione Templi ad finem captivitatis Babylonicæ, estque annorum 475. Sexta ætas a fine captivitatis ad Christum natum, estque 531. Et septima additur ætas, quæ a Christo nato incipit, estque juxta æram vulgarem annorum 1761.

INDEX QUÆSTIONUM
& Conclusionum Tractatus de SS. Trinitate.

Concl.

Sol-

INDEX QUÆSTIONUM

& Conclusionum Tractatus de Angelis.

BRE-

BREVIS INTRODUCTIO

F I N I S.

INDEX
RERUM, ET MATERIARUM
PRO SECUNDO TOMO.

nis omnino materiæ expertes. 200
Angelorum Spiritualitas PP. testimoniis confirmatur. 201
Contraria opinio nonnisi paucorum fuit. 203
Regulæ generales circa Patres admittentes Angelos corporeos. 203
Jo: Thessalonicensis putavit Angelos corporeos, & quomodo ejus sententia a Nicæno probata. 204
Anonymus Gallus unitatem numericam in tribus divinis personis negat. 22
Negat relationes originis. 54
Nec non distinctas proprietates in Personis & personales. 65
Antenicæni Patres ab Arianismi nota purgantur. 121
Apparitiones Dei in Veteri testamento juxta Patres fuere Filii. 214 256
Angelorum an fuerint veræ vel Phantasticæ. 239
In quibus corporibus factæ fuerint. 239
Et quas operationes cum iis exercuerint. 240
Ariana impietate defenduntur Patres Antenicæni, & qui sint. 121
Ariana labe infectus non fuit Eusebius Cæsariensis. 147
Arianorum error de Verbo divino adducitur. 84
S. Athanasius testimonium perhibet de fide Origenis circa divinitatem verbi. 144
Ab Ariana impietate vindicat Dyonisium Alexandrinum. 145
Athanasio infensus Eusebius Cæsariensis non tamen ob id hæreticus. 161
Augustinus docuit prædestinationem Angelorum factam fuisse ex præviis meritis. 214
Docuit Dæmones nunc etiam igne torqueri. 228

B

Basilius a Dei nomine Spiritui Sancto tribuendo œconomiæ causa abstinuit. 174
Sed divinitatem spiritus Sancti non modo agnovit, sed etiam strenue propugnavit adversus Pneumatomachos. 173
Biblia Sacra ejus nomen & definitio. 246
Quinam ejus Libri Canonici (vid. Canonici Libri) 247
Fuit vere a Deo inspirata tum quoad Vetus Testamentum tum quoad novum. 249
Explicantur ea Bibliorum Sacrorum loca, quæ prima fronte Deo indigna videntur. 250
Pluribus ostenditur Deum non singula verba dictasse sanctis Auctoribus. 252
Singula non modo Dogmata, sed & facta historica Spiritu Sancto afflante scripta sunt. 252
Quot modis intelligatur Scripturas Sanctas a Deo inspiratas. 253
Non fuit quoad omnes sui partes a Deo revelata. 253
Satis non est quod dicatur assistente Deo. 254
Admittendus est pro Scriptura Sancta verus Spiritus Sancti afflatus. 254
Quis & quotuplex sit Scripturæ Sensus. 262
Utrum idem Scripturæ locus sub eadem litera plures habeat Sensus. 263
An idem locus duplicem habere possit sensum litteralem. 263
Utrum ad alicujus Dogmatis confirmationem Sensu mystico uti possit Theologus. 263
Utrum locus Scripturæ habens sensum mysticum naturalem & necessarium retineat aliquam sensum lit-

lit-

C

D

DÆmon - quodnam fuerit primum Dæmonum peccatum. 221
In quo sita Angelorum superbia. 222
Dæmones non omnes in inferaum modo sunt relegati. 223
Ex illo tempore quo peccarunt damnationis suæ pœnam patiuntur, nec extremi Judicii diem expectabunt. 225
Opposita tamen Sententia ab Ecclesia non est damnata. 229
Quin propugnata fuit a pluribus Patribus. 227
Alii intelliguntur de complemento suarum pœnarum, quod accepturi sunt in extremo Judicii die. 228
Horum pœna est ignis infernalis. vid. Ignis, Infernus.
Distinctio - quænam detur inter relationes originis tum relate ad se, quam ad essentiam divinam, vel attributa absoluta. 58
An si Spiritus sanctus a Filio non procederet ab eo distingueretur. 192
Divinitas Christi Domini probatur. 85
Spiritus sancti, Patri, & Filio consubstantialis contra Macedonianos propugnatur. 177
Filii Dei a Patribus Antenicænis non fuit propugnata, quia aperte ab illis agnita. 121
Dionysius Alexandr. non male sensit de Verbi divinitate. 144

E

EBionæus negat Christi divinitatem. 83
Ætates Mundi quot sint. 170
Ephesinum Concilium non egit secundum leges dispensationis cum Theodoreto. 182
Sed potius illum non reprehendit, quia nihil contra Fidem Catholicam de processione Spiritus sancti peccasse intellexit. 183
Epiphanius putat Dæmones ex Christi adventu aliquam misericordiam consecuturos. 228
Essentia quid importet. 3
Confunditur cum natura. 4
Eunomianus Spiritum sanctum procedere a Filio docuit, sed ut creaturam. 182
In hoc sensu Theodoretus negavit Spiritum sanctum procedere a Filio. 183
Et in eodem Anathematismos Cyrilli impugnavit. 184
Eusebius Cæsariensis Verbi divinitatem non semel adstruit. 147
Docuit ante hæresim Arii Christum esse verum Deum eumdem cum Patre. 148
Cur distulit subscribere voci *Omousion*. 150
Sincere postea subscripsit. 150. 160
Ario nimium indulsit, non tamen in hoc hæreticus. 160
Eustathio & Athanasio infensus, sed neque in hoc hæreticus. 161
Existentia - recte dici potest tres esse in divinis personis existentias. 74

F

FIliatio est proprietas relativa. 54
Est vera perfectio. 57
Quomodo distinguatur a spiratione activa. 59
Est proprietas notionalis. 61
Filius Dei cur dicatur genitus a Patre. 143
Non autem Spiritus sanctus. ibid.
Cur imago Patris, & cur Verbum. 78
Objectiones hæreticorum divinitatem Filii oppugnantium. 83
Ejus divinitas ostenditur diversimode. 85
Quo sensu Patres Filium Dei dicant Mi-

Divinus Patris habet virtutem assimilativam. 45
Est principium quo proximum generationis Filii. 51
Quomodo intellectus Angelorum res cognoscant. (Vid. Ang.) 219
Joachimus Abbas, ejus error circa unitatem naturæ divinæ. 22
Jo: Damascenus quo sensu neget ignem esse in Inferno. 233
Jo: Thessalonicensis ejus Epistola de Lectura Angelorum. 204
Irenæus impugnator non fuit divinitatis Filii. 127
Sustinet Diabolum ante Christi adventum ignorasse suam damnationem. 227
Irradiatio Angelorum quid sit. 211
Justinus Filii Dei divinitatem non impugnavit. 121
Quo sensu Filium Dei dicat Ministrum Patris. 123
Putavit Dæmones nondum supplicio torqueri. 227

L

LActantius ejus locutiones de Filio Dei explicantur. 146
Latina & Græca Vocabula in Tract. de Trinit. adhibita explicantur. 3
Latina Versio Scripturarum quæ & qualis (vid. Versio) 258
Latini male arguuntur a Græcis de corrupto Symbolo. 189
Latinus. Historia dissidii inter Latinos & Græcos Schismaticos de Processione Sp. Sancti. 173
Leo III. vocem illam *Filioque* publice cani in Ecclesia improbavit ut non satis examinata. 192
Locutio Angelorum quid sit. 211

M

MAcedonius omnium apertissime divinitatem Sp. Sancti impugnavit. 166
Meritum: Utrum omnes Angeli initio suæ creationis meruerint, incertum dicimus. 220
Missio quid significet in Trinitate unam Personam mitti ab alia. 11 64
Quid ad veram missionis rationem requiratur. 64
Cur Pater numquam legatur missus. 64
Ex missione divinarum Personarum revincitur erroris Sabellius. 64
De missione Angelorum. 240
Omnes cujuscunque ordinis mittuntur a Deo hominibus. 241
Mundus, quot ejus ætates. 170
Mysterium: Angelus nequit cognoscere Mysteria nostræ fidei circa Dei revelationem. 209

N

NAtura quid sit. 4
Secundum ethimon idem significat ac usia. 4
Una est non specie tantum, sed numero natura in tribus divinis personis. 22
Quinam unitatem numericam in Deo denegaverint, etsi divinitatem fassi sint. 22
Quamnam unitatem agnoverint Patres in natura divina. 24
Natura divina per se proxime & immediate spectata seorsim e facultatibus non est principium quo proximum divinarum processionum. 49 50
Naturali lumine demonstrari non potest Trinitatis Mysterium. 33
Vel illud esse possibile. 33
Notio in Trinitate quidnam significet. 11
Quænam conditiones requirantur ad veram & proprie dictam notionem. 60
Quot sint notiones in divinis personis. 61
Novatianus quo sensu Spiritum Sanctum Filio minorem dicat. 172
Nicænum Concilium II. non probavit Angelorum corporeitatem. 204

On-

O

ORigenes sumpsit hypostasim pro persona non pro natura. 141
Ab Arianismi nota purgatur cum Huetio, etsi duriora habeat verba de Filio Dei. 136
Quo sensu dicat Verbum esse Patris opificem. 140
Quid velit significare dum dicit Patrem & Filium duos esse substantia & hypostasi, & unum in concordia. 141
Quinam Origeni Arianismi notam impegerunt. 143
Athanasius testimonium perhibet de fide Origenis. 144
Putavit ignem Inferni esse metaphoricum. 232

P

PAter Cælestis an dici possit initium Filii. 76
An Auctor & causa Filii. 77
An & quo sensu sit principium & fons divinitatis. 76
Quotupliciter nomen Patris in divinis accipiatur. 77
Est ingenitus. 78
Quomodo intelligenda Christi verba: *Pater major me est*. 114
Quo sensu Eusebius, aliique Patres tam Antenicæni, quam Postnicæni appellent Patrem Deum majorem, Deum patiorem. 152
Paternitas est proprietas relativa. 54
Est vera perfectio. 57
Quomodo distinguatur a Spiratione activa. 59
Est proprietas notionalis. 61
Patres SS. longe plures Angelorum Spiritualitatem agnoverunt quam corporeitatem. 201
Plures docuerunt nondum Dæmones pœnas sibi destinatas perpeti. 227
Alii tamen de Complemento pœnarum possunt explicari. 228
Triplicem diaboli damnationem distinxerunt. 228
Persona quid secundum nominis Etymon significet. 6
Ejus ratio constitutiva, & intrinseca non est posita in triplici negatione. 7
Idem nunc significat ac hypostasis. 8
Quinam hæretici realem trium Personarum in Deo distinctionem rejecerint. 12 13
Plures esse in Deo personas ex Vet. Testamento probatur. 13 14
Evincitur melius ex novo, & Patrum traditione constanti. 15
Unam esse non specie tantum, sed numero in tribus Personis naturam divinam ostenditur. 23
Quot sint relationes in tribus divinis personis. (vid. Relatio) 54
Sunt in tribus Personis distinctæ proprietates & personales. 65
Personæ divinæ per quid constituantur in ratione personæ & ut talis personæ. 68
Quænam locutiones de tribus personis possint adhiberi. 74
Deus Pater generavit Personam non alium Deum. 85
Spir. Sanctus est res subsistens, seu Persona, non merum attributum. (Vid. Filius Dei, Christus Verbum Spir. Sanctus) 163
Plato non rectam habuit Trinitatis notitiam, & quam habuit ex sacris litteris hausit. 37 38
Principium quid sit, quid principium quod, & quid principium quo. 49
Principium: Natura divina per se proxime, & immediate spectata non est principium quo proximum processionum divinarum. 49
Nec etiam relationes sunt principium proximum earumdem processionum. 50
Bene vero intellectus & voluntas. 51
Pneumatomachi quinam fuerint, & Macedonius eorum Dux. 166

Præ-

Prædestinatio illa Angelorum facta fuit ex præviis meritis. 214
Processio quid significet. 11
Admittendæ sunt in Deo processiones. 38
Et quidem duæ tantum, nec plures, nec pauciores. 40
Processio Filii est generatio, non item Processio Spiritus Sancti. 41
Cur prima dicatur potius generatio quam secunda. 43
Refelluntur explicationes Suaresii & Riccardi Victorini. 44
Dissidium inter Latinos & Græcos Schismaticos de Processione Spiritus Sancti. 173
Processio Spir. Sancti a Filio contra Græcos Schismaticos demonstratur. 176

R

Relatio quid importet. 11
Relationes divinæ non sunt principium proximum divinarum processionum. 50
Quotuplicis generis sint in Deo. 54
Quatuor sunt relationes originis in tribus divinis personis. ibid.
Relationes originis sunt in Deo reales. 55
Sicuti & relationes communes tribus Personis. 56
Relationes Originis sunt veræ perfectiones, licet relativæ. 57
Distinguuntur realiter in ordine ad se spectatæ. 58
Comparatæ vero ad essentiam divinam, vel attributa absoluta distinguuntur formaliter. 58
Relatio propria cujuslibet Personæ est constitutivum ejusdem ut talis. 70
Reprobatio, quænam causa reprobationis Angelorum. 228.

S

Sabellius & Sabelliani errores eorum de SS. Trinitate. 12
Saducæi negant existentiam Angelorum. 196
Scriptura Sacra, & ejus partes. (Vide Biblia Sacra, & Canonici Libr. & Versio Sacræ Scripturæ.)
Socinianorum error circa Trinitatem. 13
Errarunt circa Spiritum Sanctum. 166
Christi Domini divinitatem negant. 185
Species. An per species fiat Angelorum cognitio. 209
An per species acceptas a rebus, vel a Deo infusas. 210
Si per infusas quo tempore eas acceperint. ibid.
An per unam eamdemque speciem Angelus possit multa percipere. ibid.
An quo Angelus superior est, eo per pauciores species intelligat. 211
Spiratio passiva cur non sit subsistentia. ibid.
Spiratio tam passiva, quam activa sunt proprietates relativæ. 54
Sunt veræ perfectiones. 57
Spiratio activa non distinguitur realiter tum a Paternitate tum a filiatione. 59
Bene vero formaliter. 60
Utraque est proprietas notionalis. 61
Cur spiratio activa non sit subsistentia relativa. 70
Spiritualis. Angeli sunt substantiæ Spirituales. 200
Spiritus Sanctus, est vera Persona subsistens, non merum Dei attributum. 163
Quinam Divinitatem Spiritum Sanctum impugnarunt. 166
Divinitas Sp. S. consubstantialis Patri & Filio contra Macedonianos propugnatur. 167
Cur nonnulli Patrum Spiritum Sanctum expressis verbis non appellent Deum. 173
Historia controversiæ inter Græcos & Latinos de Processione Spiritus Sancti. ibid.
Spiritus Sanctus a Filio procedit. 176
In

In Scripturis Sacris dicitur mitti a Filio, & cur. ibid.
Græcorum Veterum auctoritatibus Processio Sp. Sancti a Filio demonstratur. 177
Spiritus Sanctus: cur Patres in Concilio Constantinopolitano definierint illum esse Deum & procedere a Patre, nulla mentione facta processionis a Filio. ibid.
Theodoretus negavit Sp. S. procedere a Filio in sensu Eunomianorum. 182
Proinde merito non fuit reprehensus a Patribus Ephesinis. 183
Cyrillus eodem plane modo sententiam Theodoreti approbavit &c. 186
Cur Cyrillus occupatus a Theodoreto, quod dixisset Spiritum Sanctum proprium Filii, propositionem explicet, de consubstantialitate, non vero de Processione. 187
Quo sensu Jo. Damascenus neget Spiritum Sanctum esse ex Filio. 188
Symbolum oblatum Concilio Ephesino a Charisio non est Nestorii sed Theodori Mopsuesteni. 185
Particula *Filioque* merito fuit addita Symbolo. 189
Leo III. quid voluerit de voce illa *Filioque*. 192
An si Spiritus Sanctus non procederet a Filio distingueretur ab eo. 192
Spiritus Sanctus est subsistens seu persona non merum Dei attributum 163
Substantia quotupliciter accipiatur apud Auctores. 4
Quomodo secundum communem Ecclesiæ usum. 5
An dici possit tres in Deo esse substantias. 73 142
Suppositum quid importet. 9
Discrimen inter suppositum & personam. ibid.
Subsistentia denotat modum existendi in substantia. ibid.
Quotuplex is modus sit. ibid. & 69
Quot sint in Deo subsistentiæ & cur dicantur relativæ. 70
Subsistentia absoluta communis Personis non datur in Deo. 71
Symbolum oblatum Concilio Ephesino a Charisio non est Nestorii, sed Theodori Mopsuesteni. 185
Symbolo Constantinopolitano non est facta additio particulæ *Filioque* contra auctoritatem Conciliorum Generalium. 189
Symbolis licitum est aliquid addere per modum explicationis. 191

T

Tertullianus Arianis non præluxit. 127
Quo sensu in Filio Dei duplicem distinguat nativitatem. 127
Textus Hebraicus Sacræ Scripturæ an sit authenticus. 225
Quisnam ejus Auctor. 225
Tridentinum Concilium quo sensu declaraverit authenticam nostram Vulgatam. 239
Theodoretus non negavit processionem Spiritus sancti a Filio, eo sensu, quo modo negant Græci, sed tamen in sensu Eunomianorum. 182
Errorem Eunomianorum Cyrillo apposuit. 184
Sed postea fassus est Cyrillum mutasse sententiam. 186
Trinitas - hoc vocabulum secundum æthimologiam pluralitatem personarum significat. 11
Hæretici Trinitatem denegantes qui. 12. 13
Contra Judæos & hæreticos Personarum Trinitas ostenditur. 13. 14
Refutantur Socinianorum cavillationes, contra S. Scripturam. 15
Probatur ex Patribus primorum Sæculorum, & ex factis totius retro antiquitatis. 17. 18
Socinianorum ratiocinationes sophisticæ adversus distinctionem Persona-

In

sonarum refutantur. 18
Ex objectione Paganorum veteribus Christianis facta, quod plures colerent Deos invictissime deducitur fides Christianorum circa Trinitatem. 16
Cum Trinitate Personarum unam esse in Deo numero naturam, & non tantum specie demonstratur. 23
Genuinus est versiculus Epistolæ 5. S. Joannis. 27
Erasmi, Socini, & Richardi Simonii contra hunc argumenta solvuntur. 29
Trinitatis existentia lumine naturali demonstrari positive non potest. 33
Quin nec Mysterium Trinitatis esse possibile. 36
An hoc mysterium ante Christi tempora fuerit cognitum. 37. 38
An & quot dentur in Trinitate Processiones. 38
Quodnam earum sit principium. 49
Quot sint in Trinitate relationes. (*vide* Relatio) 54
Quot sint notiones. (*vid.* Notio) 61
Quænam locutiones de Trinitate Personarum adhiberi tute possint, nec ne. 74
Male de Spiritus sancti divinitate non sensit. 172
Putavit Dæmones non torquendos nisi in extremo Judicii die. 227

V

VErbum sola Processio Verbi est generatio & cur. 43
Ex quorum cognitione procedat Verbum divinum. 78
Variæ circa Verbum Theologorum Sententiæ. 79
Nugatoria & inutilis est distinctio instantium in cognitione divina. 79
Quo sensu Dionysius Alexandrinus scripserit Verbum non esse naturaliter Filium Dei, sed adoptive. 144
Versio Sacræ Scripturæ - de textu Hebraico Sacræ Scripturæ. 255
An lingua Hebraica primum scripti fuerint omnes libri. ibid.
Textus Hebraicus est authenticus in iis locis, in quibus cum versione Græca, & Vulgata nostra consentit. 256
Utrum Esdras sit Auctor Textus Hebraici, an solum restaurator. 256
Quot sint Græcæ Versiones veteris Testamenti. 257
Quid sentiendum de Versione 70. Interpretum. ibid.
Utrum eadem Versio adhuc sit authentica. 258
De Versionibus Latinis Sacræ Scripturæ. ibid.
Vulgata quæ hodie in Ecclesia obtinet ex variis versionibus coaluit. 259
Quo sensu vulgata Versio declarata sit authentica a Tridentino. 259
Authenticitas hæc non obstat quominus menda aliqua levissima in vulgata reperiantur. 260
Versio Sacræ Scripturæ - an expediat versiones in lingua vernacula factas omnibus indiscriminatim legendas tradere. 261
Unitas numerica in Deo datur. 22
Quinam unitatem numericam in divinis denegarunt. ibid.
Quamnam unitatem in divinis agnoverunt Patres. 24
Voluntas divina - ei non competit assimilare in natura. 45
Est principium quo proximum Processionis Spiritus sancti. 51
Est in Angelis voluntas & libertas. 212
Vulgata editio Sacræ Scripturæ an sit Hieronymi opus. 259
Ex quibus nam Versionibus coaluerit. 259
Quo sensu authentica declarata a Tridentino. ibid.

FINIS

www.ingramcontent.com/pod-product-compliance
Lightning Source LLC
Chambersburg PA
CBHW031345230426
43670CB00006B/438
* 9 7 8 3 7 4 2 8 0 8 8 6 8 *